Um século de Favela

Um
século
de
favela

Um século de Favela

Alba Zaluar
Marcos Alvito
organizadores

5ª edição

FUNDAÇÃO GETULIO VARGAS
EDITORA

ISBN — 85-225-0253-6

Copyright © 2006 Alba Zaluar e Marcos Alvito

Direitos desta edição reservados à
EDITORA FGV
Rua Jornalista Orlando Dantas, 37
22231-010 — Rio de Janeiro, RJ — Brasil
Tel.: 0800-021-7777 — 21-3799-4427
Fax: 21-3799-4430
e-mail: editora@fgv.br — pedidoseditora@fgv.br
web site: www.editora.fgv.br

Impresso no Brasil / *Printed in Brazil*

Todos os direitos reservados. A reprodução não autorizada desta publicação, no todo
ou em parte, constitui violação do copyright (Lei nº 9.610/98).

Os conceitos emitidos neste livro são de inteira responsabilidade dos autores.

1ª edição — 1998; 2ª edição — 1999; 3ª edição — 2003; 4ª edição — 2004; 5ª edição
— 2006; 1ª reimpressão — 2008; 2ª reimpressão — 2011; 3ª reimpressão — 2012;
4ª reimpressão — 2015; 5ª reimpressão — 2019.

REVISÃO DE ORIGINAIS E TRADUÇÃO DO TEXTO Cocaine and parallel politics in the Brazilian
urban periphery: constraints on local level democratization, de Elizabeth Leeds: Luiz
Alberto Monjardim

REVISÃO: Aleidis de Beltran e Fatima Caroni

CAPA: Inventum Design e Soluções Gráficas

FOTO DA CAPA: Ricardo Azouri

Ficha catalográfica elaborada pela Biblioteca
Mario Henrique Simonsen/FGV

Um século de favela / Alba Zaluar e Marcos Alvito (orgs.). —
5ª ed. — Rio de Janeiro : Editora FGV, 2006.

372p.

Inclui bibliografia.

1. Favelas — Aspectos sociais — Rio de Janeiro (RJ). 2. Rio
de Janeiro (RJ) — Condições sociais. I. Zaluar, Alba. II. Alvito,
Marcos. III. Fundação Getulio Vargas.

CDD-301.363098153

Sumário

Introdução   **7**
Alba Zaluar e Marcos Alvito

**Dos parques proletários ao Favela-Bairro: as políticas públicas
nas favelas do Rio de Janeiro**   *25*
Marcelo Baumann Burgos

"A palavra é: favela"   *61*
Jane Souto de Oliveira e Maria Hortense Marcier

**Mangueira e Império: a carnavalização do poder pelas escolas
de samba**   *115*
Myrian Sepúlveda dos Santos

Galeras *funk* cariocas: os bailes e a constituição do *ethos* guerreiro   *145*
Fátima Regina Cecchetto

Capoeira e alteridade: sobre mediações, trânsitos e fronteiras   *167*
Sonia Duarte Travassos

Um bicho-de-sete-cabeças   *181*
Marcos Alvito

Crime, medo e política   *209*
Alba Zaluar

Cocaína e poderes paralelos na periferia urbana brasileira: ameaças à democratização em nível local   *233*
Elizabeth Leeds

Drogas e símbolos: redes de solidariedade em contextos de violência   *277*
Clara Mafra

Marginais, delinquentes e vítimas: um estudo sobre a representação da categoria favelado no tribunal do júri da cidade do Rio de Janeiro   *299*
Alessandra de Andrade Rinaldi

Os universitários da favela   *323*
Cecília L. Mariz, Sílvia Regina Alves Fernandes e Roberto Batista

Poemas   *339*
Deley de Acary

Cidade de Deus   *349*
Pablo das Oliveiras

Introdução[*]

> Alba Zaluar
> Marcos Alvito

FALAR DE FAVELA é falar da história do Brasil desde a virada do século passado. É falar particularmente da cidade do Rio de Janeiro na República, entrecortada por interesses e conflitos regionais profundos. Pode-se dizer que as favelas tornaram-se uma marca da capital federal, em decorrência (não intencional) das tentativas dos republicanos radicais e dos teóricos do embranquecimento — incluindo-se aí os membros de várias oligarquias regionais — para torná-la uma cidade europeia. Cidade desde o início marcada pelo paradoxo, a derrubada dos cortiços resultou no crescimento da população pobre nos morros, charcos e demais áreas vazias em torno da capital. Mas isso também se deveu à criatividade cultural e política, à capacidade de luta e de organização demonstradas pelos favelados nos 100 anos de sua história. E a capital federal nunca se tornou europeia, graças à força que continuaram a ter nela a capoeira (ou pernada ou batucada), as festas populares que ainda reuniam pessoas de diferentes classes sociais e raças, as diversas formas e gêneros musicais que uniam o erudito e o popular, especialmente o samba.

Mas a favela ficou também registrada oficialmente como a área de habitações irregularmente construídas, sem arruamentos, sem plano urbano, sem esgotos, sem água, sem luz. Dessa precariedade urbana, resultado da pobreza de seus habitantes e do descaso do poder público, surgiram as imagens que fizeram da favela o lugar da carência, da falta, do vazio a ser

---

[*] Gostaríamos de agradecer ao prof. Zairo Cheibub, que nos ajudou a pensar este livro quando ele era apenas um projeto. Infelizmente, outros compromissos profissionais não permitiram que ele continuasse a organizar conosco este volume, cuja existência também se deve a ele.

preenchido pelos sentimentos humanitários, do perigo a ser erradicado pelas estratégias políticas que fizeram do favelado um bode expiatório dos problemas da cidade, o "outro", distinto do morador civilizado da primeira metrópole que o Brasil teve. Lugar do lodo e da flor que nele nasce, lugar das mais belas vistas e do maior acúmulo de sujeira, lugar da finura e elegância de tantos sambistas, desde sempre, e da violência dos mais famosos bandidos que a cidade conheceu ultimamente, a favela sempre inspirou e continua a inspirar tanto o imaginário preconceituoso dos que dela querem se distinguir quanto os tantos poetas e escritores que cantaram suas várias formas de marcar a vida urbana no Rio de Janeiro.

Do dualismo que persiste em muitas das atuais interpretações das favelas, o Arquivo Nacional, no Rio de Janeiro, guarda um interessante documento datado de 4 de novembro de 1900. Trata-se de uma carta do delegado da 10ª circunscrição ao chefe de polícia, dr. Enéas Galvão. Nela podemos ler:

> Obedecendo ao pedido de informações que V. Excia., em ofício sob nº 7.071, ontem me dirigiu relativamente a um local do *Jornal do Brasil*, que diz estar o morro da Providência infestado de vagabundos e criminosos que são o sobressalto das famílias no local designado, se bem que não haja famílias no local designado, é ali impossível ser feito o policiamento porquanto nesse local, foco de desertores, ladrões e praças do Exército, não há ruas, os casebres são construídos de madeira e cobertos de zinco, e não existe em todo o morro um só bico de gás, de modo que para a completa extinção dos malfeitores apontados se torna necessário um grande cerco, que para produzir resultado, precisa pelo menos de um auxílio de 80 praças completamente armadas.

A proposta do cerco, prossegue o delegado, nem ao menos era inédita:

> Dos livros desta delegacia consta ter ali sido feita uma diligência pelo meu antecessor que teve êxito, sendo, com um contingente de 50 praças, capturados, numa só noite, cerca de 92 indivíduos perigosos.

A solução ideal, porém, era outra, sugere o delegado ao chefe de polícia:

Parece, entretanto, que o meio mais prático de ficar completamente limpo o aludido morro é ser pela Diretoria de Saúde Pública ordenada a demolição de todos os pardieiros que em tal sítio se encontram, pois são edificados sem a respectiva licença municipal e não têm as devidas condições higiênicas.
Saúde e fraternidade,
o delegado

A carta do delegado foi encaminhada a um assessor do chefe de polícia, acompanhada do seguinte parecer, datado de 8 de novembro de 1900:

Parece-me que ao sr. prefeito devem ser pedidas, a bem da ordem e moralidade públicas, as providências que julgar necessárias para a extinção dos casebres e pardieiros a que alude o delegado.

Dois dias depois, com um lacônico "sim", o dr. Enéas Galvão, chefe de polícia do Distrito Federal, endossava o parecer de seu assessor. Aqui perdemos o fio da meada histórica e não sabemos se jamais o prefeito veio a receber tal correspondência. De qualquer forma, os dois documentos existentes no Arquivo Nacional são importantes por dois motivos. Em primeiro lugar, mostram que o "morro da Favela", apenas três anos depois de o Ministério da Guerra permitir que ali viessem a se alojar os veteranos da campanha de Canudos (terminada em 1º de outubro de 1897), já era percebido pelas autoridades policiais como um "foco de desertores, ladrões e praças do Exército". E mais, a carta do delegado da 10ª circunscrição parece conter a primeira menção à favela como um duplo problema: sanitário e policial (aos quais o assessor de Enéas Galvão acrescentou a "moralidade pública"), que poderia, por isso mesmo, ser resolvido de um só golpe. A ideia da favela como um "foco", a menção à "limpeza", isto é, a retórica centrada nas concepções de uma "patologia social" e da "poluição" estava destinada a uma longa permanência na cena institucional carioca do século XX. Porém, a proposta de cercar um morro habitado pelas "classes perigosas" não era nova (como atestam os registros da 10ª delegacia) nem parecia ser fruto único e exclusivo da mente das autoridades policiais. Assim podemos depreender de uma notícia publicada também no *Jornal do Brasil*, na famosa coluna "Queixas do Povo", ainda no mês de novembro de 1900:

Diversos caixeiros de lojas de fazendas da rua da Carioca vieram pedir que reclamássemos do sr. delegado da 6ª circunscrição urbana as providências contra uma quadrilha de menores gatunos que se acouta no morro de Santo Antônio, perto da passagem dos *bonds* elétricos.

Anteontem à noite, um desses larápios, auxiliado por um grupo de companheiros, furtou da casa n° 39 daquela rua um par de calças que estava à mostra.

A relativa insignificância do objeto furtado, entretanto, não parece ter impedido uma reação imediata e coletiva dos comerciantes daquela rua, denotando, talvez, a frequência do problema:

Perseguidos pelos reclamantes referidos, evadiram-se por aquele morro, sendo presos somente dois, por um guarda noturno; os outros, antes de fugirem à polícia, juraram aos seus perseguidores vingarem-se deles.

A providência solicitada pelos comerciantes à autoridade policial é a seguinte: "Um cerco bem dado, estudando o sr. delegado antecipadamente o terreno do morro, teria bom resultado".

Moral da(s) história(s): já no início deste século os morros da cidade eram vistos pela polícia e alguns setores da população como locais perigosos e refúgios de criminosos. Examinando as estatísticas criminais, um especialista em história da polícia desmente essa ideia, afiançando que, nas diversas regiões da capital federal de então, "a distribuição dos tipos de crimes e contravenções é semelhante".[1] O ponto que gostaríamos de enfatizar é o seguinte: apesar do que se afirma com frequência na literatura sobre a favela, esta já começa a ser percebida como um "problema" praticamente no momento em que surge, muito embora, a despeito dessa clara oposição à sua presença na cidade, tenha continuado a crescer sem interrupção. Senão vejamos: cinco anos depois das matérias publicadas no *Jornal do Brasil* de 1900, Everardo Backheuser, num artigo da revista *Renascença* sugestivamente intitulado "Onde moram os pobres", afirmava que a "Favela", embora contasse com apenas 100 casebres, já era motivo de preocupação para Pereira Passos:[2]

O ilustre dr. Passos, ativo e inteligente prefeito da cidade, já tem as suas vistas de arguto administrador voltadas para a "Favela" e em

Introdução

11

breve providências serão dadas de acordo com as leis municipais, para acabar com esses casebres.

O ativíssimo Pereira Passos, entretanto, nada fez de concreto em relação à "Favela", que continuou a existir e a crescer. Mas o morro da Providência mantinha desperta a atenção das autoridades, como denota uma interessante caricatura — com o título "O governo e as favelas" — publicada na revista *O Malho* em 1908. O dr. Osvaldo Cruz, ostentando uma braçadeira com o símbolo da saúde no braço esquerdo, expulsa a população da "Favela", penteando os cabelos, cobertos de gente, de um monstro mal-encarado. A legenda informava: "A Higiene vai limpar o morro da Favela, do lado da estrada de ferro Central. Para isso, intimou os moradores a mudarem-se em 10 dias". Mais uma vez, não deu em nada. No mesmo ano, Olavo Bilac[3] escreve uma crônica cujo título, "Fora da vida", parece dizer que a única existência que merece ser chamada como tal é a que transcorria nas avenidas e bulevares da cidade reformada. Comentando o fato de ter conhecido uma lavadeira no morro da Conceição (perto do que hoje é a praça Mauá) que não descia ao centro da cidade há 34 anos, afirma em tom épico:

Fizemos cá embaixo a Abolição e a República, criamos e destruímos governos (...) mergulhamos de cabeça para baixo no sorvedouro do "Encilhamento", andamos beirando o despenhadeiro da bancarrota, rasgamos em avenidas o velho seio urbano, trabalhamos, penamos, gozamos, deliramos, sofremos — vivemos. E, tão perto materialmente de nós, no seu morro, essa criatura está lá 33 anos tão moralmente afastada de nós, tão separada de fato da nossa vida, como se, recuada no espaço e no tempo, estivesse vivendo no século atrasado, e no fundo da China (...) essas criaturas apagadas e tristes, apáticas e inexpressivas, que vivem fora da vida, se não têm a glória de ter praticado algum bem, podendo ao menos ter o consolo de não ter praticado mal nenhum, consciente ou inconscientemente...

Talvez a crônica de Bilac seja uma chave para entender o porquê dos planos de "limpeza" das favelas não irem adiante: simplesmente não "valia a pena". Será preciso esperar até 1927 para que a favela conste efetivamente de um plano oficial — embora não implementado — de "remodelação, extensão e embelezamento" da capital da República preparado por um urbanista francês, Alfred Agache. No capítulo referente às favelas, ele propõe a transferência da população ali residente, até então desfrutando de uma "liberdade individual ilimitada" que criava sérios problemas "sob o ponto de vista da ordem social e da segurança, como sob o ponto de vista da higiene geral da cidade, sem falar da estética".[4]

Não há o que negar no bom senso de apontar para a liberdade na construção que passou a ameaçar as encostas e as matas da cidade, mas a composição dos habitantes (em termos étnicos, culturais, econômicos), as formas de moradia e as condições de vida das favelas variaram muito em um século de existência, completado em 1997, mantendo seu potencial de alteridade sempre alto. Por isso a utilização da favela como um espelho invertido na construção de uma identidade urbana civilizada tomou várias formas.

Bilac, na crônica referida, chama a favela de "uma cidade à parte" e "a mais original de nossas subcidades". "Encravada no Rio de Janeiro, a Favela é uma cidade dentro da cidade" escreve o jornalista Benjamin Costallat, enquanto o sambista Orestes Barbosa afirma, categórico: "Há, sem dúvida, duas cidades no Rio". Sempre crítico, Lima Barreto não perdoa: "Vê-se bem que a principal preocupação do atual governador do Rio de Janeiro é dividi-lo em duas cidades: uma será europeia e a outra indígena". Entre o parnasiano Bilac, que nega a contemporaneidade da favela e de seus moradores, e Lima Barreto, o mais acerbo inimigo da "Belle Époque Tropical", há, decerto, muitas diferenças.

De qualquer forma, em todos esses autores que escreveram entre 1908 e 1923, o conceito de *dualidade* está presente no discurso sobre a favela carioca. As origens desse pensamento, na verdade, devem ser buscadas no século passado, referindo-se a oposições englobadoras de cada lado da sociedade brasileira. Como ensina Eunice Durham,[5] a própria ideia da existência de dois Brasis remonta aos relatos dos viajantes estrangeiros que estiveram por aqui no século XIX:

> Afirmava-se a existência de uma dualidade fundamental, através da qual se costumava opor, de um lado, a tecnologia rudimentar e a organização patrimonial do sistema tradicional, retrógrado e pobre, baseado nas relações pessoais de dominação, lealdade e obrigações mútuas; de outro, um sistema capitalista industrial em expansão, progressista e rico, fundado na concepção do lucro, na racionalização do processo produtivo, na burocratização das instituições, na impessoalidade das relações interpessoais.

Pensada para exprimir o abismo entre o mundo urbano brasileiro, localizado no Sul e Sudeste, e o mundo tradicional do Nordeste e do Norte,

Introdução

essa dualidade foi usada em diferentes contextos e com diferentes conotações para expressar a superioridade de uma região, estado, cidade ou parte da cidade sobre outras regiões, estados, cidades ou partes da cidade. No Rio de Janeiro, essa reflexão sobre a dualidade brasileira encontrou na oposição favela x asfalto uma de suas encarnações. Pela sua importância política e cultural, capital do país durante 250 anos, o Rio de Janeiro sempre representou a "ponta estratégica do processo de modernização".[6] Arriscamo-nos a dizer que, ainda hoje, a despeito do seu enfraquecimento econômico e da maior variedade de centros políticos e culturais importantes, o Rio de Janeiro representa metonimicamente o Brasil justamente porque mantém essa tensão entre o pessoal e o impessoal, entre o moderno e o antigo, entre a ordem e a desordem, tensão para a qual a presença da favela tem oferecido modelos, desafios e contestações, além dos estilos de dança e gêneros musicais, dada a grande criatividade cultural nela desenvolvida. Aqui ainda são buscados os símbolos (positivos e negativos) da nacionalidade a partir dessa tensão e para expressá-la.

Talvez por isso o Rio de Janeiro tenha sido palco de diversas tentativas épicas de resolução do assim chamado "problema das favelas". Façamos uma "viagem" até 1948. Naquele ano, pela primeira vez foi realizado um censo das favelas do Rio de Janeiro, por iniciativa da prefeitura do então Distrito Federal. O texto que precede as tabelas estatísticas surpreende, ainda mais por se tratar de documento oficial e público, decerto distribuído às diversas instâncias governamentais e de larga circulação. Segundo o texto, os "pretos e pardos" prevaleciam nas favelas por serem "hereditariamente atrasados, desprovidos de ambição e mal ajustados às exigências sociais modernas"; e mais:

> O preto, por exemplo, via de regra não soube ou não poude [sic] aproveitar a liberdade adquirida e a melhoria econômica que lhe proporcionou o novo ambiente para conquistar bens de consumo capazes de lhe garantirem nível decente de vida. Renasceu-lhe a preguiça atávica, retornou a estagnação que estiola (...) como ele todos os indivíduos de necessidades primitivas, sem amor-próprio e sem respeito à própria dignidade — priva-se do essencial à manutenção de um nível de vida decente mas investe somas relativamente elevadas em indumentária exótica, na gafieira e nos cordões carnavalescos...

No mesmo ano em que foi realizado o censo, o então jornalista Carlos Lacerda publicou uma série de artigos dramáticos propugnando a "Batalha do Rio de Janeiro" ou a "Batalha das favelas". O tema toma conta das redações: *Correio da Manhã, O Globo, Diário da Noite, Tribuna da Imprensa,* em todos esses órgãos jornalísticos o destaque absoluto é a questão das favelas e a "Batalha do Rio de Janeiro". Afinal, as favelas eram "reservatórios de germes" (potencialmente mais perigosos do que uma bomba atômica), "trampolins da morte", devido aos desabamentos. Até mesmo a imprensa paulista não deixou de prestar a sua solidariedade: "Copacabana, por exemplo, está cercada por um cinto de favelas que vêm descendo as encostas (...) e ameaçam invadir o arrebalde catita e altamente valorizado". No ano em que o Partido Comunista Brasileiro foi o terceiro mais votado, Lacerda alertava:

> aqueles que não quiserem fazer um esforço sincero e profundo para atender ao problema das favelas, assim como aqueles que preferirem encará-lo como caso de polícia, têm uma alternativa diante de si: a solução revolucionária [pois os] comunistas (...) oferecem a expropriação dos grandes edifícios e a ocupação de todo o edifício como solução imediata, redutora e fagueira a quem vive numa tampa de lata olhando o crescimento dos arranha-céus.

Ao fim do mês de maio, o *Correio da Noite* já anunciava: "400 milhões de cruzeiros serão empregados na construção de habitações higiênicas em centros residenciais devidamente urbanizados". Menos de dois meses depois, em 8 de julho de 1948, o prefeito Mendes de Moraes, instado pelo presidente da República, o marechal Dutra, cria sete comissões encarregadas de trabalhar na solução do problema das favelas e na elaboração do plano da "Batalha do Rio". Curiosamente, já era dezembro, um mês após as eleições, a *Folha Carioca* assinalava: "Profundo silêncio na campanha das favelas — um programa grandioso que ficou apenas no papel".

A favela, vista pelos olhos das instituições e dos governos, é o lugar por excelência da *desordem.* Vista pelos olhos de outras regiões, estados e metrópoles que concorrem com o Rio de Janeiro pela importância cultural e política do país, especialmente São Paulo, ela é também, por extensão, a própria imagem da cidade. Os estereótipos que se formam da cidade são os mesmos desenvolvidos pela favela. Ao longo deste século, a favela foi representada como um dos fantasmas prediletos do imaginário urbano: como foco de doenças, gerador de mortais epidemias; como sítio por excelência de malandros e ociosos, negros inimigos do trabalho duro e honesto; como amontoado promíscuo de populações sem moral.

Com a chegada de levas de nordestinos, que traziam outra bagagem cultural, a favela também passou a ser vista como reduto anacrônico de migrantes de origem rural mal-adaptados às excelências da vida urbana, ignorando-se os conflitos que advieram da convivência forçada num espaço cada vez menor entre negros cariocas ("de raiz") e migrantes nordestinos.

Na década de 70, quando o esquema dualista de conceber a cidade era tão criticado, o lugar da favela, segundo o discurso sociológico, surpreenderia alguns desmemoriados observadores de hoje. Não faz tanto tempo assim, em pleno regime militar, dizia-se que a favela era "um complexo coesivo, extremamente forte em todos os níveis: família, associação voluntária e vizinhança" (Boschi, 1970). Aprofundando o pensamento desse autor, Perlman (1976:136) chega a afirmar que os favelados, além de estarem dotados de forte sentimento de otimismo, teriam uma "vida (...) rica de experiências associativas, imbuídas de amizade e espírito cooperativo e relativamente livre de crimes e violência". Os autores citados não estavam delirando. Assim era o *ethos* predominante entre os favelados, assim concretizavam-se em práticas os jogos sociais nos quais se engajavam, assim se justificavam sociologicamente as demandas para a sua inclusão no campo da política e da economia nacionais. Mas havia uma atividade subterrânea que na década seguinte transformou a vida dos favelados e que veio a mudar o discurso sociológico sobre a favela, trazendo de volta as metáforas dualistas. Com a chegada do tráfico de cocaína em toda a cidade, a favela — onde as quadrilhas se armaram para vender no mesmo comércio que movimenta o resto da cidade e do país — passou a ser representada como covil de bandidos, zona franca do crime, hábitat natural das "classes perigosas". Por extensão, assim o Rio de Janeiro passou a ser visto na mídia e no imaginário das pessoas no vasto território nacional.

Assim, a despeito de diferentes roupagens, sempre de acordo com um contexto histórico específico, o favelado foi um fantasma, um outro construído de acordo com o tipo de identidade de cidadão urbano que estava sendo elaborada, presidida pelo higienismo, pelo desenvolvimentismo ou, mais recentemente, pelas relações autorreguláveis do mercado e pela globalização.

A ironia do que se vive hoje nas cidades brasileiras, incluindo o Rio de Janeiro, é que a *polis*, a cidade inventada pelos gregos, como forma política, criação do espaço público e da convivência democrática, é o *locus* da busca da imortalidade, da permanência de uma pessoa na memória dos homens pela atividade pública, pela ação política na condução das "ações que se fazem por meio de palavras", pelo "ato de encontrar as palavras adequadas no momento certo, independentemente da informação ou comunicação que transmitem".[7] É o discurso, como meio de persuasão, que dava o significado e a imagem dominante da vida na *polis* grega: "tudo era decidido mediante palavras e persuasão, e não através da força e da violência".

Muitas mudanças ocorrem no imaginário associado à cidade moderna, entre as quais a perda de importância da ação política no espaço público. Esta provavelmente é consequência do surgimento da sociedade de massas ou da convivência, na mesma cidade, de milhões de pessoas, fato totalmente estranho à experiência urbana da Grécia antiga. Por isso, nos tempos modernos, perde força o sonho dos homens, nos tempos clássicos, de ingressar na esfera pública "por desejarem que algo seu fosse mais permanente que suas vidas terrenas", escapando do destino dos escravos que viviam obscuros e "morreriam sem deixar vestígio algum de terem existido".[8] Era essa a principal característica, aliás, da escravidão nos tempos antigos: o escravo não tinha direito à palavra e, portanto, à superação da obscuridade. Teriam os homens (e as mulheres), nas cidades modernas, deixado inteiramente de lado a busca, mesmo que vã, da fama, da glória ou daquilo que os gregos chamavam de "imortalidade", teriam se tornado escravos? Não resta dúvida de que isso continuou a ocorrer num espaço público não mais definido pela atividade política *stricto sensu*, oposta às relações no mundo privado.[9] As artes, o esporte e, em alguns momentos, a atividade guerreira na defesa das nações substituíram essa procura, sem se oporem totalmente ao mundo da intimidade ou à esfera privada. Os muitos modos pelos quais os meios de comunicação de massas acabaram por afetá-la, às vezes perversamente, não mereceram ainda a devida atenção para serem desvelados.

Voltemos ao dualismo de representações tão presentes no pensamento e que criam um outro estrangeiro, distante e oposto, operações tão caras ao pensamento totalitário e conservador. O artificialismo das divisões espaciais duais muitas vezes foi antes o resultado da ideologia daqueles que as concebiam do que uma realidade na vida dos citadinos. Tornou-se um equívoco tanto no plano das práticas sociais quanto das ideias e valores. Quanto mais não seja porque, no mundo urbano, a pluralidade de culturas em coexistência numa área com sistemas de comunicações frequentes entre suas divisões impede que cada uma delas se feche para as outras. Mas essa maneira de pensar a cidade se manteve e foi confirmada pela própria maneira de fazer a pesquisa urbana, tornando as divisas espaciais duais meras descrições de culturas "locais" e contrastando-as entre si, cada uma delas reificada por uma identidade, uma referência a si mesma decorrente dessa visão teórica. Assim, no mundo urbano desse final de milênio, substituiu-se o enfoque da desorganização social pelo enfoque da exclusão, conceito englobador de uma série de temas e problemas nem

Introdução

sempre claramente diferenciados, nem sempre rigorosamente definidos. Mas, nas metáforas utilizadas para representar espacialmente a cidade, a maneira de fraturá-la não mudou, apesar do apelo para a teoria da globalização, como se existissem cidades duais, ou seja, cidades divididas em duas partes hermeticamente separadas, muitas vezes usadas como sinônimos de cidades globais.[10]

O poder do modelo dicotômico para descrever a cidade dividida já estava presente na obra de João do Rio, dândi identificado com os valores aristocráticos de uma elite vanguardista e que percorreu antros da boemia, descreveu religiões não oficiais e visitou morros cariocas. João do Rio, falando da favela, sente-se "na roça, no sertão, longe da cidade". Se bem que sua atividade jornalística fosse um desmentido da divisão bipartida, a representação sintética e econômica segundo os eixos alto/baixo, refinamento/selvageria, avanço tecnológico/atraso, centro/periferia domina as suas imagens da cidade como microcosmo da sociedade moderna.[11] No entanto, livros recentes sobre a história musical do Rio de Janeiro falam dos encontros entre os músicos e literatos eruditos com os poetas e compositores populares, da mistura de gêneros e estilos musicais que sempre marcou a produção cultural do Rio de Janeiro.[12] Onde se dariam, pois, a segregação e a construção de barreiras, e onde se construiriam as pontes e os caminhos dos fluxos constantes entre seus pedaços? Duas histórias da virada do século podem nos ajudar a esclarecer o enigma.

Um livro de Aluísio de Azevedo, recentemente republicado, narra, cheio de humor e ironia, uma macabra história real passada no final do ano de 1884, quando a notícia da prisão de um suposto desordeiro, seguida dias depois pelo anúncio do enterro de uma pessoa com o mesmo nome, deu ensejo a um acirrado debate na imprensa da época. Os detalhes da história são de uma terrível atualidade, deixando claro que, em mais de 100 anos de história republicana, os problemas do sistema de justiça no Brasil permaneceram os mesmos, embora multiplicados várias vezes. A mídia carioca já exercia então uma vigilância crítica permanente do que acontecia nas esferas jurídico-policiais e na política governamental, acompanhada pelos literatos. Nesse caso de mistério e de flagrante desrespeito aos direitos mínimos de cidadania, não há favelados nem negros. Há apenas pessoas exiladas de um sistema verdadeiramente liberal, de um Estado que exerça minimamente suas funções de proteção e garantia. Nas palavras de Plínio Doyle, que apresenta o livro:

> Mas quem seria esse Castro Malta ou Castro Mattos, personagem da mais impressionante novela de mistério, que teve por cenário o Rio de Janeiro imperial?

Era um ilustre desconhecido? Seria um operário, encadernador, empregado da Casa Laemmert, como queriam os jornais? Vagabundo, eterno desempregado, desordeiro, bêbado habitual, capoeira conhecido, segundo a Polícia? Ladrão, como disse uma testemunha?...

Tudo começou, depois do obituário, com um *post scriptum* de *O Paiz*, na primeira página, onde o jornalista indagava sobre o destino que teria sido dado a João Alves Castro Malta, preso pela Polícia no dia 17 e desaparecido desde então; os amigos, que procuravam Castro Malta, suspeitavam que o falecido e enterrado como Castro Mattos fosse o mesmo Castro Malta, cujo nome fora trocado; por mero engano, disse a Polícia mais tarde; propositadamente, para encobrir um crime monstruoso, dizia sempre *O Paiz*, diziam os amigos do verdadeiro Castro Malta, dizia a imprensa toda. E o *post scriptum* terminava pedindo a abertura de um inquérito para apurar esse caso "tão estranho, tão confuso, tão emaranhado de circunstâncias contraditórias", e ainda, para honra das próprias autoridades, indispensável se tornava a exumação do corpo para verificação de sua identidade e para o conhecimento de sua verdadeira *causa mortis*...

A outra história, nada incomum entre sambistas na década de 30, é a dos empregos e atividades de Geraldo Pereira, narrada em sua biografia.[13] Nessa história, os encontros, as convivências e as trocas entre brancos e negros, morro e cidade, e até mesmo sambistas e policiais não podem permanecer ocultos por quaisquer impedimentos ideológicos. Nela, nem os favores do policial impediram o espírito crítico do sambista de se manifestar, mesmo quando era uma portaria da polícia que estava em questão. E apesar de criar o Bloco das Sete, Geraldo Pereira não perdeu o emprego arrumado pelo policial amigo dos sambistas:

Ficou pouco tempo como ajudante do irmão na tendinha do Buraco Quente. Insatisfeito, queixou-se aos amigos, que logo trataram de conseguir um emprego para ele: foi ser soprador de vidro na Fábrica de Vidro J. S. (...) Não permaneceu muito tempo nessa insólita profissão. O próprio Manoel Araújo (seu irmão, dono de tenda no morro e camareiro da EFCB) arranjou, meses depois, uma colocação para ele como auxiliar de apontador na Central do Brasil. Passava o dia fora, mas à noite, quando voltava para o morro, reunia-se com os amigos para improvisar sambas e batucadas na casa de Alfredo Português, figura muito querida na Mangueira e

Introdução

de grande importância na vida de Geraldo Pereira. Alfredo Português era carpinteiro, pedreiro, pintor e sambista fundador da Escola de Samba Unidos da Mangueira (escola que nasceu para fazer oposição à Estação Primeira de Mangueira, mas acabou juntando-se a ela). Era "um lusitano não de Trás-os-Montes, mas de cima do monte" — como gostava de afirmar — e pai adotivo do compositor Nélson Sargento.

Geraldo já andava bem enturmado com o pessoal do samba no morro quando conheceu o major Couto, policial amigo e protetor de vários sambistas, que o levou para a Prefeitura. Tinha 18 anos de idade quando tirou sua carteira de motorista e foi trabalhar no volante do caminhão da Limpeza Urbana, emprego que preservou até a morte. Por ser apadrinhado do "major" Couto, Geraldo Pereira desfrutava de muitas regalias. Faltava constantemente ao trabalho, sempre que tinha uma batucada ou uma roda de samba no morro da Mangueira. Depois que se tornou um compositor conhecido continuou faltando, mas aí já para fazer seus ensaios, gravações e apresentações. Numa dessas noitadas de samba no Santo Antônio, Geraldo ajudou a fundar o bloco Depois das Sete, título inspirado em portaria da Secretaria de Polícia, que proibia a venda de cachaça depois das sete horas da noite. Como o mote já estava dado, os seus alegres sambistas jogaram o bloco nas ruas com uma alegoria bastante interessante e oportuna: um boneco preto sambando em cima de barril de aguardente...

As duas histórias, narradas por diferentes autores em épocas diversas, falam de fatos reais, acontecimentos que remetem a verdades históricas de uma mesma cidade que comporta tamanha diversidade nas relações entre diferentes raças, diferentes classes sociais, entre funcionários do Estado e pessoas comuns, na impossibilidade de chamá-los de cidadãos. Qual então o caráter ou o espírito dessa cidade, ultimamente usada para decantar o que há de pior no país e na República fundada pelos coronéis e oligarquias das províncias que apoiaram o golpe de Estado desfechado pelos militares e que passou à história como a "proclamação da República"? Qual o lugar que nela ocupa a favela e que relações seus moradores, do asfalto e do morro, mantêm entre si?

A classificação bipolar surge de uma ordem social imaginada de tal modo que qualquer ambiguidade, fronteira sombreada e experiência contínua oferecem poucos instrumentos para pensar esses problemas. Essa classificação é devedora de uma ordem social que se estriba na clareza de quem são os amigos e os inimigos, ou seja, uma ordem pré-moderna, das sociedades de pequena escala, das províncias, mas dificilmente aplicável às metrópoles. Nestas aparecem os estranhos não convidados, os que carregam as marcas do ambíguo e do misturado, os que partilham ao mesmo tempo da proximidade das relações morais e da distância do que não se conhece, firmando um terceiro elemento entre amigos e inimigos.[14] Ora, a classificação bipolar não poderia representar a peculiar mistura de ordem e desordem que sempre caracterizou o Rio de Janeiro. Mesmo assim, é possível identificar, na mesma cidade, diferentes maneiras de se relacionar com o estranho, com o que não é amigo nem inimigo, assim como diversos modos de criar as pontes entre amigos e inimigos. Eis o que se apreende a respeito do Rio de Janeiro, a partir da história dos gêneros musicais aí criados, especialmente o samba. A cidade não é bipartida, muito pelo contrário.

Entre as organizações vicinais, nos Estados Unidos, logo surgiram nos anos 20 deste século as gangues juvenis nos bairros pobres, habitados por imigrantes que ainda não se haviam integrado ou ascendido socialmente. Já no Rio de Janeiro, e posteriormente em outras cidades brasileiras, nesse mesmo período surgiram, nas favelas e bairros populares, as escolas de samba, os blocos de carnaval e os times de futebol para representá-los e expressar a rivalidade entre eles. Várias diferenças entre os dois países ficam claras desde então: entre as gangues estadunidenses, os conflitos eram manifestamente violentos, apelando para as figuras guerreiras e as armas, tendo desde sempre um caráter étnico e de vizinhança, visto que a peculiar segregação étnica das cidades estadunidenses sempre confundiu etnia e bairro, raça e bairro. Nessas organizações desenvolveu-se um *ethos* guerreiro, visto que em tais bairros pobres, desde o início do século, conquistar a fama, sair da obscuridade da massa era algo que se fazia também através do simbolismo guerreiro no qual se baseavam as reputações dos homens jovens que lutavam por suas gangues contra os jovens das outras e que buscavam o enriquecimento pelos meios que a gangue, como negócio, possibilitava.[15]

No Rio de Janeiro, a rivalidade entre os bairros pobres e as favelas, sem excluir totalmente o conflito violento, expressava-se na apoteose dos desfiles e concursos carnavalescos, nas competições esportivas entre os times locais, atestando a importância da festa como forma de conflito e socialidade que prega a união, a comensalidade, a mistura, o festejar como antídotos da violência sempre presente mas contida ou transcendida pela festa. A pretensão à glória, apesar do comunitarismo existente nesse imaginário, nunca esteve ausente. A fama de artista ou desportista movia, e continua movendo, as ambições pessoais nesses locais, marginalizados, de muitos modos, na cidade do Rio de Janeiro, mas sem chegarem a ser guetos raciais ou étnicos, tais como os existentes nos Estados Unidos.

Não se pode deixar de sublinhar também a capacidade de luta dos favelados na defesa de seu local e estilo de moradia. Após 100 anos de luta, empregando diferentes formas de organização e demanda política, inclusive o carnaval, a favela venceu. Há menos de duas décadas, mudou a legislação, e hoje a favela é feita de habitações em alvenaria. Os frágeis barracos, facilmente destrutíveis, desapareceram. Desde o final dos anos 70, a favela tem luz em cada casa. Durante os anos 80 ela adquiriu serviços, mais ou menos precários, de água e esgoto. Ninguém fala mais de remoção. Mais recentemente, os projetos de urbanização e saneamento, fruto de pequenas vitórias acumuladas do movimento de favelados, fazem surgir ruas e praças, mais ou menos planejadas, mais ou menos discutidas com a população local. Tudo indica que a favela, garantida a continuidade da política pública, independentemente do partido político no poder, poderá ter finalmente sua infraestrutura urbana refeita e melhorada, transformando--se em bairro da cidade. Entretanto, a luta está longe de terminar. Não só porque os projetos são lentamente implementados, mas porque hoje a favela enfrenta novos e terríveis problemas, em face do terror imposto tanto pela polícia, na repressão ao tráfico, quanto pelos próprios traficantes, cada vez mais afastados da população local. Além disso, novos conflitos surgiram e ameaçam aquilo que fez da favela um espaço propício à organização e à criação cultural, livre dos constrangimentos da crença incontestada, do maniqueísmo e da intolerância religiosos. Irá a favela desaparecer?

Estudar uma favela carioca, hoje, é sobretudo combater certo senso comum que já possui longa história e um pensamento acadêmico que apenas reproduz parte das imagens, ideias e práticas correntes que lhe dizem respeito. É, até certo ponto, mapear as etapas de elaboração de uma mitologia urbana. É também tentar mostrar, por exemplo, que a favela não é o mundo da desordem, que a ideia de carência ("comunidades carentes"), de falta, é insuficiente para entendê-la. É, sobretudo, mostrar que a favela não é periferia, nem está à margem: Acari, por exemplo, é o centro, o nó de uma série de práticas e estratégias de grupos bem específicos: a burocracia municipal, estadual e federal, políticos e/ou candidatos, jornalistas, policiais, membros de entidades civis laicas e religiosas, associações de moradores, comerciantes, traficantes, moradores em geral e, *last but not least*, pesquisadores, atuando de forma perene ou ocasional e influindo no cotidiano da favela. Cidade de Deus, conjunto habitacional construído com o dinheiro da Aliança para o Progresso num projeto de Carlos Lacerda, vinga-se dos defensores da remoção e reproduz, no plano horizontal cheio de ruas e praças, todas as formas de associação e todos os problemas que existiam nas 23 favelas de onde vieram seus moradores. A favela elege políticos (ou os faz cair em desgraça), proporciona material para um produto midiático valioso sob a forma de medo ou estranheza, gera financiamentos nacionais e internacionais, tanto para ações diretas de caráter assistencial e/ou religioso quanto para pesquisas; a favela é o campo de batalha frequente pela conquista da opinião pública. É o espaço de práticas de enriquecimento (lícito e ilícito), é o palco de ações que se traduzem em promoções na carreira, em prestígio ou desgraça junto aos pares (do quartel ou da academia, por exemplo). E sempre foi sobretudo o espaço onde se produziu o que de mais original se criou culturalmente nesta cidade: o samba, a escola de samba, o bloco de carnaval, a capoeira, o pagode de fundo de quintal, o pagode de clube. Mas onde também se faz outro tipo de música (como o *funk*), onde se escrevem livros, onde se compõem versos belíssimos ainda não musicados, onde se montam peças de teatro, onde se praticam todas as modalidades esportivas, descobrindo-se novos significados para a capoeira, misto de dança, esporte e luta ritualizada.

Os artigos deste livro cumprem essa função desmistificadora de diversas formas, abrindo um leque variado de temas: as políticas públicas, os "favelados" diante do tribunal do júri, a representação da favela na música popular brasileira, os novos conflitos religiosos e familiares que dividem a favela internamente, a guerra de símbolos no "campo religioso", as escolas de samba, suas tradições e patronos, o tráfico de drogas, a repressão policial e as transformações da dinâmica local, as organizações comunitárias e os desafios ao avanço da cidadania, a rivalidade entre galeras *funk*, as trajetórias individuais de "favelados" que chegam à universidade... A última palavra fica por conta dos versos de Deley de Acari e Pablito da Cidade de Deus, poetas e moradores de favelas, pois a *Ilíada* nos ensina que somente os poetas são capazes de enxergar o passado e o futuro.

Notas

1. Bretas (1997:74).

2. Apud Zylberberg (1992:26).

3. Apud Zylberberg (1992:110).

4. Apud Zylberberg (1992:33).

5. Durham (1973:8-9).

6. Carvalho (1994:16).

7. Arendt (1987).

8. Ibid.

Introdução

9. Habermas (1991).

10. Sassen (1991) e Castels & Mollenkopf (1992).

11. Gomes (1996).

12. Velloso (1996), Cabral (1996), Vianna (1995), Gardel (1996) e Braga (1997).

13. Vieira, Pimentel & Valença (1995).

14. Bauman (1995).

15. Jankowski (1991).

Referências bibliográficas

Arendt, Hannah. *A condição humana*. 3 ed. Rio de Janeiro, Forense Universitária, 1987. 338p.

Azevedo, Aluísio de. *Mattos, Malta ou Matta*. Rio de Janeiro, Nova Fronteira, 1985.

Bauman, Zygmunt. Modernity and ambivalence. In: Featherstone, Mike (ed.). *Global culture*. 7 ed. London, Sage, 1995.

Braga, Sebastião. *O lendário Pixinguinha*. Rio de Janeiro, Muiraquitã, 1997.

Bretas, Marcos. *A guerra das ruas: povo e polícia na cidade do Rio de Janeiro*. Rio de Janeiro, Arquivo Nacional, 1997.

Boschi, Renato. *População favelada do estado da Guanabara*. Rio de Janeiro, Dados, 1970.

Cabral, Sergio. *As escolas de samba do Rio de Janeiro*. Rio de Janeiro, Lumiar, 1996.

Carvalho, Maria Alice Rezende. *Quatro vezes cidade*. Rio de Janeiro, Sette Letras, 1994.

Castels, Manuel & Mollenkopf, John (eds.). *Dual city: restructuring New York*. New York, Russel Sage Foundation, 1992.

Durham, Eunice. *A caminho da cidade*. São Paulo, Perspectiva, 1973.

Gardel, André. *O encontro entre Bandeira e Sinhô*. Rio de Janeiro, Biblioteca Carioca, 1996.

Gomes, Renato C. *João do Rio*. Rio de Janeiro, Relume-Dumará, 1996.

Habermas, Jürgen. *Pensamento pós-metafísico*. Rio de Janeiro, Tempo Brasileiro, 1991.

Jankowski, Martin Sanchez. *Islands in the street*. Berkeley, University of California Press, 1991.

Perlman, Janice. *The myth of marginality*. Berkeley, University of California Press, 1976.

Sassen, Saskia. *The global city: New York, London, Tokyo*. Princeton, Princeton University Press, 1991.

Velloso, Monica Pimenta. *Modernismo no Rio de Janeiro*. Rio de Janeiro, Fundação Getulio Vargas, 1996.

Vianna, Hermano. *O mistério do samba*. Rio de Janeiro, Jorge Zahar, 1995.

Vieira, L. F.; Pimentel, L. & Valença, S. *Um escurinho direitinho, a vida e obra de Geraldo Pereira*. Rio de Janeiro, Relume-Dumará, 1995.

Zylberberg, Sônia. *Morro da Providência: memórias da Favella*. Rio de Janeiro, Secretaria Municipal de Cultura, 1992. (Coleção Biblioteca Carioca.)

Dos parques proletários ao Favela-Bairro
as políticas públicas nas favelas
do Rio de Janeiro*

Marcelo Baumann Burgos

A meu irmão Ricardo Tadeu

MAIS DO QUE uma cronologia das intervenções públicas em favelas do Rio de Janeiro, este trabalho pretende caracterizar o nexo existente entre as representações do "problema favela" e a atuação, frente ao mesmo, do poder público e de instituições sociais como a Igreja Católica.

Considerando que o início das políticas públicas em favelas do Rio remonta à década de 40, essa retrospectiva percorre 50 anos de história de intervenções, dado que já indica a extrema dificuldade de resolução do problema. E não foi por falta de vontade política que o problema favela deixou de ser resolvido: o que o exame dessas intervenções públicas em favela autoriza a concluir é que o obstáculo central à sua solução foi a interrupção, pelo regime militar, da luta democratizante que vinha sendo desenvolvida por organizações de favelas entre os anos 50 e início dos 60.

MARCELO BAUMANN BURGOS é professor do Departamento de Ciências Sociais da Pontifícia Universidade Católica (PUC-Rio).

* Este trabalho teria sido impossível sem as discussões travadas no âmbito do grupo de pesquisa do qual participei ao longo de 1996, organizado no contexto da pesquisa "Cultura política e cidadania: uma avaliação do Favela-Bairro". Sou grato, por isso, a Maria Alice Rezende de Carvalho, Zairo Cheibub e Marcelo Simas. Agradeço também a Marcos Alvito, um dos coordenadores deste livro, por suas valiosas críticas a este trabalho.

Como é sabido, a modernização conservadora promovida no período militar não dispensou esforços no sentido de abolir a luta por direitos dos excluídos da ordem social e política.[1] Análogo ao que se fez com a estrutura sindical e partidária, também as organizações de favelas seriam desmanteladas nesse período. Contudo, ao contrário do que ocorreu com as organizações operárias, o mundo dos excluídos não conheceu um processo de reorganização capaz de inseri-lo no contexto da transição democrática em curso nos anos 80. No Rio de Janeiro, onde a presença dos excluídos na cena política assumira importância inédita nas décadas de 50 e 60, a questão torna-se dramática, uma vez que a tiranização das favelas e conjuntos habitacionais pelo tráfico inibe a retomada da comunicação de seus interesses com a nova institucionalidade construída com a redemocratização do país. Assim, mais do que o déficit de direitos sociais, são os déficits de direitos civis e políticos que permanecem como principais obstáculos à integração da cidade, e são eles que ainda fazem do Rio de Janeiro uma "cidade escassa", na arguta metáfora utilizada por Maria Alice Rezende de Carvalho.[2]

A descoberta do problema favela: a alternativa parques proletários

A distância social que separa o mundo popular carioca da elite da cidade, sobretudo no Rio de Janeiro da República Velha (Carvalho, 1987), retarda o ingresso das favelas na agenda das políticas públicas. A essa invisibilidade política correspondem barreiras no plano societal, legados da herança escravocrata, ainda muito viva na memória da cidade. Sintoma disso é a interdição dos negros nas equipes de futebol dos clubes da cidade, situação que somente começa a ser superada a partir de 1923, com o campeonato levantado pelo time de negros e mulatos montado pelo Vasco da Gama.[3]

Porém, como já observou José Murilo de Carvalho (1987:41), o mundo subterrâneo da cultura popular carioca "engoliu aos poucos o mundo sobreterrâneo da cultura das elites", sendo exemplo disso, segundo aquele autor, a festa portuguesa da Penha, "aos poucos tomada por negros e por toda a população dos subúrbios, fazendo-se ouvir o samba ao lado dos fados e das modinhas". Emblema dessa aproximação é o laço de amizade que, nos anos 30, une o sambista do "asfalto", Noel Rosa, ao poeta do "morro", Cartola (Silva & Oliveira Filho, 1989). Aliás, também é nesse período, mais precisamente em 1935, que as escolas de samba passam a fazer parte do programa oficial do carnaval da cidade, por iniciativa do prefeito Pedro Ernesto.[4] Em suma, através da cultura, e muito

Dos Parques Proletários ao Favela-Bairro

especialmente da música popular, as favelas começam a ser incorporadas à vida social da cidade.

Mas, aqui, cultura e política permanecem como dimensões apartadas, até porque a restrição ao voto do analfabeto inibe qualquer tipo de participação da grande maioria dos moradores das favelas na competição eleitoral ao longo da República Velha. Tal situação pouco se altera no período de Vargas, cuja política social, como se sabe, confere exclusividade àqueles com ocupação formal no mercado de trabalho e portadores de carteira profissional — a isso que Wanderley G. dos Santos denominou "cidadania regulada".[5] Não por acaso, a única política habitacional então existente para a população de baixa renda, organizada em 1933, beneficiava exclusivamente empregados de ramos de atividades cobertas pelos Institutos de Aposentadorias e Pensões (IAPs). A restrição ao direito de voto dos analfabetos e aos direitos sociais dos que estavam fora do mercado de trabalho formal explica a invisibilidade política das favelas até então.

O Código de Obras da cidade, de 1937, registra com precisão a situação marginal das favelas: por serem consideradas uma "aberração", não podem constar do mapa oficial da cidade; por isso, o código propõe sua eliminação, pelo que também tornava proibida a construção de novas moradias, assim como a melhoria das existentes. E para solucionar o problema sugere a construção de habitações proletárias "para serem vendidas a pessoas reconhecidamente pobres" (Silva, 1981:6). Da orientação do Código de Obras surgirá a experiência dos parques proletários, efetivada no início dos anos 40.

Assim é que a "descoberta" do problema favela pelo poder público não surge de uma postulação de seus moradores, mas sim do incômodo que causava à urbanidade da cidade, o que explica o sentido do programa de construção dos parques proletários, que tem por finalidade, acima de tudo, resolver o problema das condições insalubres das franjas do Centro da cidade, além de permitir a conquista de novas áreas para a expansão urbana. Essa abordagem sanitarista do problema está bem caracterizada pelo fato de o primeiro plano oficial voltado para as favelas da cidade ser organizado pelo então diretor do Albergue da Boa Vontade, Vítor T. Moura, a pedido da Secretaria Geral da Saúde do Distrito Federal. Entre outras medidas, Moura sugere: a) o controle da entrada, no Rio de Janeiro, de indivíduos de baixa condição social; b) o retorno de indivíduos de tal condição para os seus estados de origem; c) a fiscalização severa das leis que proíbem a construção e reforma de casebres; d) a fiscalização dos indivíduos acolhidos pelas instituições de amparo; e e) a promoção de forte campanha de reeducação social entre os moradores das favelas, de modo a corrigir hábitos pessoais e incentivar a escolha de melhor moradia (Valla, 1984:3).

O caráter autoritário e excludente das propostas de Moura é evidente, mas não deve surpreender. Afinal, em um contexto dominado pela cidadania regulada, o problema favela não podia ser lido pelo ângulo dos direitos sociais. Pré-cidadãos, os habitantes das favelas não são vistos como possuidores de direitos, mas como almas necessitadas de uma pedagogia civilizatória — eis a representação que emoldura a experiência dos parques proletários. A esse respeito, é bastante conhecida a descrição feita pelos Leeds dos mecanismos de controle utilizados nos parques: além de atestado de bons antecedentes, seus moradores tinham que se submeter a sessões de lições de moral.[6] E como, no início dos anos 40, Vargas buscava estreitar seus vínculos com as camadas populares, os parques também seriam palco de festas e eventos políticos, através dos quais os seus moradores deveriam expressar sua gratidão ao presidente da República; consta que Vargas chegou a receber as chaves de uma casa no Parque Proletário da Gávea para seu uso pessoal (Parisse, 1969:64).

Entre 1941 e 1943, foram construídos três parques proletários (na Gávea, no Leblon e no Caju), para onde se transferiram cerca de 4 mil pessoas, com a promessa de que poderiam retornar para áreas próximas daquelas em que viviam, assim que estivessem urbanizadas (Valla, 1984:4). Mas, ao contrário do prometido, os moradores acabaram permanecendo muito tempo nesses parques (Valladares, 1978:23), deles saindo somente bem mais tarde, expulsos, quando da valorização imobiliária dos respectivos bairros, particularmente os dois primeiros.

A favela como um problema moral

Um efeito não esperado da experiência dos parques proletários foi pôr em contato o Estado e os excluídos, dando ensejo a um processo embrionário de organização dos moradores das favelas, preocupados com a generalização da alternativa dos parques. Era evidente que o autoritarismo da pedagogia civilizatória ensaiada e a precariedade das instalações (concebidas como provisórias) não faziam dos parques uma ideia atraente para os moradores das favelas, razão pela qual criaram, ainda em 1945, as comissões de moradores, inicialmente no morro do Pavão/Pavãozinho e pouco depois nos morros do Cantagalo e da Babilônia, como forma de opor resistência a um suposto plano da prefeitura de remover todos os moradores para os parques (Fortuna & Fortuna, 1974:103). Pouco depois, favorecidas pela restauração da ordem democrática, essas comissões formulariam, pela primeira vez, uma pauta de direitos sociais referente a problemas de infraestrutura de suas localidades.

Dos Parques Proletários ao Favela-Bairro

Como se vê, despertados pela intervenção do poder público e ante a ameaça de perderem suas casas e suas redes sociais pelo deslocamento forçado, os moradores das favelas começaram a constituir-se em ator político. É verdade que a preservação, pela Constituição de 1946, da restrição ao voto de analfabetos ainda mantinha fora da competição política a grande maioria de seus moradores, inibindo sua participação até mesmo em engrenagens de tipo clientelista.

De todo modo, o impulso organizativo dos excluídos foi suficiente para despertar nos setores conservadores da cidade o velho temor da sedição, mais tarde traduzido no *slogan* "é necessário subir o morro antes que os comunistas desçam" (Lima, 1989:73 e segs.). Foi instrumentalizando esse fantasma que a Arquidiocese do Rio de Janeiro e a prefeitura da cidade negociaram a criação de uma instituição dedicada à "assistência material e moral dos habitantes dos morros e favelas do Rio de Janeiro". Daí surgiu, ainda em 1946, a Fundação Leão XIII, que tinha por finalidade principal oferecer uma alternativa à pedagogia populista estado-novista. No lugar da ideia de Estado-nação e do apelo a lideranças carismáticas, a Igreja oferece a cristianização das massas; no lugar da coerção, oferece a persuasão, motivo pelo qual não se exime de incentivar a vida associativa nas favelas, "dentro de um espírito democrático e de responsabilidade pessoal de cada um de seus membros, sendo totalmente banido desse movimento qualquer ideia paternalista ou de protecionismo mal compreendido e prejudicial à recuperação moral do homem" (Valla, 1984:7). Ao invés do conflito político, promete o diálogo e a compreensão; ao invés da luta pelo acesso a bens públicos, o assistencialismo; no lugar da crítica, a resignação; em vez do intelectual orgânico, a formação de lideranças tradicionais.[7]

Entre 1947 e 1954, a Leão XIII estendeu sua atuação a 34 favelas, implantando em algumas delas serviços básicos como água, esgoto, luz e redes viárias, e mantendo centros sociais em oito das maiores favelas do Rio, entre as quais Jacarezinho, Rocinha, Telégrafos, Barreira do Vasco, São Carlos, Salgueiro, Praia do Pinto e Cantagalo (Leeds & Leeds, 1978:199). Porém, ao que tudo indica, a escala e o modelo do trabalho realizado pela Fundação não foram capazes de inibir uma articulação maior entre os moradores das favelas e outros segmentos da sociedade carioca.

Especialmente a partir dos anos 50, nota-se o estabelecimento de ligações mais consistentes entre a favela e a política, inclusive com o surgimento de lideranças que estabelecem vínculos orgânicos com os partidos. Concomitantemente, o capital cultural das favelas também começa a ser valorizado, fato que contribui para aproximar os moradores das favelas de segmentos intelectuais da classe média da cidade. São estudantes, profissionais da imprensa, literatos e artistas, que começam a frequentar as favelas a fim de partilhar, entender e revelar seu estoque de cultura. Segundo Maria Alice Rezende de Carvalho (1994:102), constituem uma "*intelligentsia* sem lugar", que havia permanecido "apartada do grande movimento de incorporação da intelectualidade carioca às agências culturais do Estado, em curso desde Vargas". Pelas mãos desses intelectuais, as favelas ganham uma identidade positiva e estabelecem contatos mais largos com a cidade, fora do controle do Estado e da Igreja.[8]

A politização do problema favela exige da Igreja e do poder público um aprofundamento do seu trabalho junto às favelas. Para tanto, em 1955, a Igreja cria a Cruzada São Sebastião. Por seu turno, em 1956, o governo municipal cria o Serviço Especial de Recuperação das Favelas e Habitações Anti-higiênicas (Serfha). Em ambos os casos, estão em jogo iniciativas que procuram articular o controle político a uma pauta mínima de direitos sociais referente a problemas de infraestrutura. O Serfha teria atuação modesta até 1960, limitando-se a apoiar as duas instituições da Igreja. Quanto à Cruzada São Sebastião, à diferença da Fundação Leão XIII, buscaria reunir de forma mais concreta urbanização e pedagogia cristã, vendo nisso "a condição mínima de vivência humana e elevação moral, intelectual, social e econômica" (Valla, 1984:8).[9]

Entre 1956 e 1960, a Cruzada realiza melhorias de serviços básicos em 12 favelas, executando 51 projetos de redes de luz, urbanizando parcialmente uma favela (Morro Azul) e completamente a favela Parque Alegria. Também constrói, no Leblon, o conjunto habitacional que ficaria conhecido como Cruzada, primeira experiência de alojamento de moradores nas proximidades da própria favela que habitavam (Valladares, 1978:23).

É interessante notar que, se a Leão XIII trabalhava com a perspectiva de influir nas associações de moradores e na formação de lideranças, a Cruzada atuaria de forma mais direta, posicionando-se, em alguns momentos, como interlocutor dos moradores das favelas junto ao Estado, tal como ocorreu em 1958 e 1959, quando negociou com a administração pública a não remoção de três favelas então ameaçadas, Borel, Esqueleto e Dona Marta (Valladares, 1978:23).

O que não impediu que, em 1957, os moradores das favelas criassem uma entidade autônoma para negociar seus interesses: a Coligação dos Trabalhadores Favelados do Distrito Federal, fundada com o objetivo de lutar por melhores condições de vida para os moradores das favelas, "através do desenvolvimento de um trabalho comunitário" (Fortuna & Fortuna, 1974:104). A presença desse novo interlocutor indica que a categoria *favelado*, originariamente forjada para identificar negativamente os excluídos e justificar ações civilizatórias arbitrárias do Estado e da Igreja, estava sendo requalificada. Com presença informal no mercado de trabalho e, portanto, desconectada da luta operária, a categoria *favelado* emprestava uma identidade coletiva aos excluídos, dando-lhes maior possibilidade de lutar por direitos sociais.

A demonstração de capacidade autônoma de organização denunciava, por outro lado, que a pedagogia cristã não assegurava o controle esperado. A chegada dos próprios moradores das favelas à arena política exigia uma reformulação do Estado; vai ficando claro que o véu do discurso religioso devia ser retirado para que a negociação pudesse ocorrer no terreno próprio da política moderna, com sua crua linguagem dos interesses. De fato, já no final dos anos 50, a Igreja começa a ser criticada por segmentos da burocracia pública, que a acusam de assistencialista e paternalista, especialmente por sua atuação contra a remoção de algumas favelas. Significativo, nesse caso, é o depoimento de Geraldo Moreira, então secretário municipal da Agricultura, à Sociedade de Análises Gráficas e Mecanográficas Aplicadas aos Complexos Sociais (Sagmacs), por ocasião do estudo sobre as favelas cariocas realizado em 1958 sob encomenda do jornal *O Estado de S. Paulo*. Entre outras coisas, Moreira afirma: "O papel das autoridades [públicas] é esse: dar apoio moral a essa gente, dar-lhes responsabilidade moral. Tanto a Fundação Leão XIII como a Cruzada São Sebastião contribuem para o aumento da 'miserabilidade deliberada' e desperdiçam dinheiros públicos sem dar soluções ao problema. Mas, a grande maioria da população favelada é autossuficiente, carecendo tão somente de orientação, apoio e boa vontade das autoridades".[10]

A favela como um problema político

A resposta do poder público foi, a princípio, apostar na revitalização do Serfha, que, a partir de 1960, com a criação do estado da Guanabara, passou a fazer parte da Coordenação de Serviços Sociais do Estado. Sob o comando de José Arthur Rios, o Serfha procurou, entre 1961 e 1962, a aproximação com as favelas, estimulando inclusive a formação de associações de moradores onde estas não existiam — até maio de 1962, criaram-se 75 associações. Conforme salientou Rios, em entrevista concedida aos Leeds, o primeiro objetivo do trabalho do Serfha era "capacitar o morador como tal a ganhar certa independência para tratar com as autoridades estatais em vez de ter de depender de favores políticos" (Leeds & Leeds, 1978:212). Todavia, examinando bem, e em que pese ao seu ideal democratizador, o que prevaleceu foi a tendência a subordinar politicamente os moradores das favelas. Assim, na prática, a ação do poder público apenas acenava com a substituição da Igreja pelo Estado. Revelador disso é o acordo que cada uma das novas associações é obrigada a assinar com o Serfha, pelo qual assumem um caráter híbrido, que confunde sua identidade de representante dos moradores com a de interlocutor do Estado junto aos mesmos. São compromissos das associações:

• cooperar com a Coordenação de Serviços Sociais na realização de programas educacionais e de bem-estar;

• cooperar na urbanização da favela, recolhendo quaisquer contribuições dos residentes para a melhoria local, responsabilizando-se pela utilização de tais contribuições e submetendo-as à supervisão da coordenação;

• contribuir para a substituição progressiva dos barracos por construções mais adequadas e cooperar através da mobilização do trabalho para a realização de outras obras de emergência na favela;

• solicitar a autorização da Coordenação para a melhoria de casas, especificando as necessidades de reparo e manutenção;

• impedir a construção de novos barracos, vindo, quando necessário, a esta coordenação para apoio policial;

• contribuir para a manutenção da ordem e o respeito à lei nas favelas, garantindo, ainda, o cumprimento das determinações da coordenação e do governo.

Em contrapartida, o Estado compromete-se, entre outras coisas, a:

• fortalecer a associação da favela e nada fazer nas favelas ou vilas operárias sem anúncio ou acordo prévio;

• supervisionar a utilização dos recursos recolhidos pela associação e aplicados em melhorias na favela;

• substituir progressivamente os barracos por construções mais adequadas, com a ajuda dos próprios favelados;

• autorizar a melhoria dos barracos existentes, tendo sido os reparos aprovados pela associação (Leeds & Leeds, 1978:248-9).

Os termos do acordo não deixam dúvidas: a moeda de troca da promessa de urbanização é o controle político das associações pelo Estado, arranjo que deveria criar uma cumplicidade entre as lideranças locais e o poder público, situação favorecida pelo fato de que o Estado optara por iniciar

Dos Parques Proletários ao Favela-Bairro 33

seu trabalho em favelas que ainda não estavam politicamente organizadas. Em suma, no lugar da estratégia católica de formar lideranças tradicionais, o Estado oferece uma alternativa com resultados mais imediatos — a cooptação de lideranças.

É claro que esse arranjo ainda poderia trazer algum benefício aos moradores das favelas, na medida em que lhes propiciaria um canal de acesso ao poder público e, com isso, algum poder de barganha. Porém, essa experiência do Serfha não duraria mais do que um ano e meio, sendo interrompida com a demissão de Rios pelo governador Carlos Lacerda. O motivo era evidente: o Serfha trazia a marca do governo anterior, tendo sido criado durante a gestão de Negrão de Lima, em sua rápida passagem, entre 1956 e 1957, pela prefeitura da então capital federal, nomeado por Kubitschek. O esvaziamento do Serfha coincide com a criação da Companhia de Habitação Popular (Cohab), empresa que deveria realizar uma nova política habitacional, baseada na construção de unidades para famílias de baixa renda.[11]

Enquanto o Estado procurava a melhor forma de negociação com os excluídos, as lideranças dos moradores de favelas continuavam avançando em sua estrutura organizativa, tendo fundado, em 1963, a Federação da Associação de Favelas do Estado da Guanabara — Fafeg (Fortuna & Fortuna, 1974:104). Criava-se, assim, por meio de uma identidade baseada tão somente nas condições de habitação, uma possibilidade de incorporação política dos moradores das favelas à vida da cidade. A destinação, pela Assembleia Legislativa, em 1963, de 3% da arrecadação estadual para obras de melhoramento em favelas denotava a capacidade de articulação política já alcançada por esse segmento.[12]

Logo viria a resposta do Estado. Preocupado com o amadurecimento organizacional das favelas, prevê, além da Cohab, a criação de mecanismos mais acertados para o controle político. A alternativa veio com a reforma da Fundação Leão XIII, que em 1963 passou de órgão vinculado à Igreja a autarquia do Estado. A experiência acumulada em favelas pela Leão XIII seria de grande valia para que se pudesse exercer uma vigilância mais estreita da vida política das favelas. Também à Igreja isso interessava, pois dava destinação a uma instituição a essa altura inteiramente esvaziada. Atribuiu-se então à fundação, entre outras coisas, a responsabilidade pelo reconhecimento oficial da existência das associações, além da função de designar uma comissão para coordenar e fiscalizar as eleições de suas diretorias.

A princípio, sem se definir entre a remoção e a urbanização, o governo estadual trabalhou simultaneamente com as duas perspectivas. De um lado, construiu, entre 1962 e 1965, com financiamento norte-americano (do Usaid), a Cidade de Deus e as vilas Kennedy, Aliança e Esperança; de outro lado, "urbaniza algumas poucas favelas" (Leeds & Leeds, 1978:220). A construção dos conjuntos habitacionais tinha por objetivo, contudo, a remoção de algumas favelas da cidade, fator que iria produzir grande tensão, em face da resistência de seus moradores. O deslocamento para áreas distantes dos locais de trabalho, a deficiente oferta de transportes, a ruptura dos laços de sociabilidade desenvolvidos na favela de origem e a péssima qualidade das casas oferecidas seriam, segundo Perlman (1977), as principais razões da reação dos moradores das favelas às remoções.

Não obstante, com o golpe de 1964, criam-se as condições necessárias à aventura "remocionista". Agora, para furar a resistência dos moradores das favelas, a essa altura representados pela Fafeg, o Estado colocaria soldados armados, como no traumático caso da favela do Pasmado, ocorrido ainda em 1964. Diante do que estava por vir, pode-se dizer que a escala das remoções realizadas até 1965 foi modesta, embora tenha atingido cerca de 30 mil pessoas. De toda maneira, seriam julgadas pelas urnas, na eleição para governador realizada em abril de 1965. A derrota de Flexa Ribeiro, candidato da situação, para Negrão de Lima, da coalizão PTB--PSD, teria sido fortemente determinada pelos votos dos pobres, chamando a atenção a esmagadora vitória de Negrão nas urnas onde votaram moradores dos novos conjuntos habitacionais.[13]

"Remocionismo" autoritário: a erradicação do problema favela

Com Negrão de Lima no governo, a tendência era retomar a trilha deixada pelo Serfha, criado durante sua passagem pela prefeitura, em 1956, fazendo supor que a via urbanizadora das favelas voltaria a ser privilegiada e que, no lugar do controle duro e direto, tentar-se-ia restabelecer a estratégia de cooptação. De fato, a princípio a Cohab foi deixada de lado, atribuindo-se maior ênfase ao trabalho da Fundação Leão XIII junto às associações de moradores. No entanto, distante da pedagogia cristã dos anos 50, baseada na percepção dos habitantes de favelas como "irmãos cristãos", agora a Leão XIII pautaria sua ação por uma leitura que via a favela como o lugar do vício e da promiscuidade, "refúgio de criminosos".[14]

Diante dessa reelaboração da identidade do *favelado*, nem mesmo a lógica de negociação baseada na cooptação de lideranças, experimentada no início dos anos 60 pelo Serfha, poderia ser implantada; afinal, ela fora desenvolvida tendo em vista uma outra identidade do *favelado*, aquela que vinha sendo politicamente construída e que, inclusive, dera lugar a uma

Dos Parques Proletários ao Favela-Bairro

entidade federativa, a Fafeg. A polarização entre o mundo da ordem e o lugar da desordem devolve a representação da favela aos termos da década de 40, da favela como o hábitat de indivíduos pré-civilizados, e, por isso, não cabe mais o diálogo com suas entidades políticas: a discussão sobre o que fazer com as favelas torna-se impermeável à participação de seus moradores.

Informado por essa representação do problema favela, o governo do estado assina em 1967 o Decreto nº 870, que coloca as associações de moradores sob controle da Secretaria de Serviços Sociais. Em 1968, já no contexto do AI-5, assina o Decreto E, nº 3.330, que, revogando o Decreto nº 870, estabelece como "finalidade específica das associações de moradores a representação dos interesses comunitários perante o governo do estado". Além disso, reconhece a existência de apenas uma associação em cada comunidade, condicionando tal reconhecimento ao cumprimento de uma série de exigências.[15] Ao fixar a competência das associações, esse novo decreto completa a obra iniciada em 1961 pelo Serfha, subvertendo o papel das associações, que de representante dos moradores passam a fazer as vezes do poder público na favela, cabendo-lhes, entre outras atribuições, controlar, autorizando-as ou não ("consultados os órgãos do Estado"), as reformas e consertos nas habitações, bem como reprimir novas construções.[16]

Mas, se no plano político o governo do estado já optara pelo controle dos excluídos, com isso fazendo eco ao curso tomado pelo regime militar, ainda não se definira quanto ao tipo de programa executivo a ser realizado junto às favelas, hiato que é explorado por um grupo de intelectuais interessados em viabilizar uma proposta de urbanização democrática. Assim, possivelmente pelos compromissos assumidos em campanha, Negrão de Lima autorizou um grupo de jovens arquitetos, planejadores, economistas e sociólogos a formar a Companhia de Desenvolvimento de Comunidades — Codesco (Perlman, 1977:276-7), que tinha por filosofia enfatizar a "importância da posse legal de terra, a necessidade de deixar que os favelados permanecessem próximos aos lugares de trabalho, e a valorização da participação dos favelados na melhoria dos serviços públicos comunitários e nos desenhos e construção das próprias casas". Três favelas foram selecionadas pela Codesco como projeto piloto: Brás de Pina, Morro União e Mata Machado, tendo o plano se concretizado nas duas primeiras.[17]

Contudo, a alternativa Codesco seria atropelada pela retomada, logo em seguida, da via "remocionista". É que, pouco depois da organização da Codesco, o governo federal criou, ainda em 1968, a Coordenação da Habitação de Interesse Social da Área Metropolitana do Grande Rio (Chisam), com o objetivo de ditar uma política única de favela para os estados da Guanabara e do Rio.

Ao contrário da Codesco, que apostava na capacidade organizativa e participativa dos moradores das favelas, a Chisam definia as favelas como um "espaço urbano deformado", habitado por uma "população alienada da sociedade por causa da habitação; que não tem os benefícios de serviços porque não paga impostos". Razão pela qual entendia que "a família favelada necessitaria de uma reabilitação social, moral, econômica e sanitária; sendo necessária a integração dos moradores à comunidade, não somente no modo de habitar, mas também no modo de pensar e viver" (Valla, 1984:17). Diante de tal diagnóstico, a solução do problema favela deveria conhecer uma resposta parecida com a que se tentou dar nos anos 40: a sua erradicação. De fato, a missão declarada da Chisam era "exterminar as favelas do Rio de Janeiro". E para essa missão subordinou a Cohab, que desde 1965 encontrava-se politicamente controlada pelo BNH — embora o governador continuasse responsável pela nomeação de seu presidente. A propósito, não é difícil entender que, naquelas circunstâncias, politicamente isolado no plano nacional (era o único governo de oposição restante no país), Negrão de Lima não tenha sequer esboçado reação à determinação federal sobre o rumo da política de habitação no estado. Então, com recursos do BNH, a Cohab deu início a um programa maciço de construção de conjuntos habitacionais, a serem ocupados por moradores de favelas (consta que o objetivo da Chisam era remover 100 famílias por dia) (Perlman, 1977:242).

Ocorre que o plano de erradicação de favelas enfrentaria uma forte reação dos moradores das favelas da cidade, já esboçada nas primeiras experiências — ainda no governo Lacerda —, cujo custo político ficara bem registrado no resultado das eleições de 1965. Organizados politicamente e representados por uma Fafeg que congregava cerca de 100 associações de moradores, os habitantes das favelas lutariam de forma desesperada para não serem removidos, entrincheirados na identidade politicamente construída de *favelado*. A história dessas remoções, ocorridas sobretudo entre 1968 e 1975, representa um dos capítulos mais violentos da longa história de repressão e exclusão do Estado brasileiro. Na verdade, sabe-se muito pouco a seu respeito, mas o que se sabe permite supor a extensão da sua dramaticidade.[18]

A já comentada estrutura institucional montada pelo governo do estado, através da Fundação Leão XIII, e que previa um forte controle da vida associativa das favelas, embora não estivesse diretamente articulada à Chisam, era consoante com as suas exigências e foi posta a seu serviço. De grande importância, nesse sentido, foi o expurgo da Fafeg, logo após os "memoráveis congressos de favelados por ela organizados em 1967 e 1968, nos quais se fizeram representar mais da metade das favelas cariocas", tornando explícito o desejo de seus moradores: urbanização, sim; remoção,

Dos Parques Proletários ao Favela-Bairro

não (Santos, 1984:36). A magnitude desses eventos teria criado a ocasião propícia para a cassação da diretoria da Fafeg, "cujo presidente seria preso, morrendo logo depois", após o que houve eleição, sendo os nomes das chapas submetidos ao exame da Secretaria de Segurança.[19] Feito o expurgo, a Fafeg ganharia o *status* de "assessora" do governo do estado, tendo poderes para, entre outras coisas, "indicar as associações que possuem condições para receber auxílio financeiro do governo".

O sumiço de muitas lideranças de moradores das favelas, o atrelamento das associações ao Estado e a sensação de impotência causada pelo terror imposto nas favelas já removidas fizeram com que muitas associações passassem a trabalhar pela remoção; já não representavam os moradores e sim o Estado, como fica claro no caso da favela da Catacumba, descrito por Janice Perlman (1977:59), onde a "associação foi coagida a transformar-se num comitê de guardas uniformizados de 31 homens para impedir qualquer tipo de melhorias nas casas, a entrada ou saída da favela sem autorização e a mudança de novas famílias para lá".[20]

Apesar de tudo, um dado impressionante na experiência "remocionista" é a capacidade de resistência dos moradores das favelas. Em meio à repressão do início dos anos 70, e em que pese ao expurgo a que fora submetida, a Fafeg organizou, em 1972, o III Congresso de Favelados do Estado da Guanabara, com a participação de 79 associações, que mais uma vez defendem a necessidade de urbanização das favelas.[21] Tal resistência tornou o programa de remoções bastante custoso politicamente, e se não foi essa a razão determinante para o seu esvaziamento a partir de 1975, é preciso levá-la em conta se se quer entender como foi possível a permanência de 52 favelas em bairros tipicamente ocupados pelos setores médio e alto da sociedade carioca, como Copacabana e Tijuca, entre outros.

Nos casos em que a remoção foi consumada, o sentimento de resistência deu lugar a estratégias alternativas de recusa às imposições decorrentes da nova condição de morador de conjunto habitacional. Em seu *Passa-se uma casa*, Lícia Valladares (1978) descreve em detalhe algumas dessas estratégias que, no geral, revelam a fraca adesão dos removidos à alternativa conjunto habitacional, fato que, inclusive, fez com que muitos deles optassem pela venda da nova casa e pela volta a uma outra favela.

Dado interessante é que a resistência às remoções interferiu na contabilidade dos técnicos do BNH, que esperavam poder recuperar parte do investimento através das mensalidades que seriam pagas pelos novos moradores dos conjuntos habitacionais. A forma forçada da remoção e a péssima qualidade das casas que lhes foi imposta acabaram fazendo com que a inadimplência se convertesse em forma de reação.[22] Como resposta ao não pagamento, o governo deu "uma espécie de castigo pela pobreza", expulsando os inadimplentes para casas de triagem, construídas em regiões afastadas do Centro da cidade, como as de Paciência, em Santa Cruz.[23]

Um dos fatores decisivos para esvaziar o "remocionismo" teria sido o deslocamento do público-alvo dos investimentos do BNH. Apesar de sustentado por recursos extraídos dos trabalhadores — FGTS —, o BNH passou a utilizar parte dos US$350 milhões a princípio disponíveis para a remoção das favelas no financiamento de projetos habitacionais para as classes média e alta. Com isso, de acordo com Perlman (1977:245), apenas US$100 milhões seriam efetivamente gastos com o programa de remoção.

Mas há também que considerar uma hipótese complementar para explicar o esvaziamento do programa de remoções: como o "remocionismo" objetivava não apenas desocupar áreas de grande valor imobiliário, mas também desmantelar a organização política dos excluídos, é plausível afirmar que, em 1975, esta última missão já pudesse ser dada como cumprida. De modo análogo ao que se fez com as organizações partidárias e sindicais, também as lideranças de favelas foram torturadas e assassinadas. Além disso, a própria identidade coletiva dos excluídos, baseada na condição de *favelado*, parecia ter sido fragmentada pela presença de uma nova categoria de excluídos: o morador de conjunto habitacional. Nesse caso, entretanto, logo fica evidente que a condição de habitante de uma casa equipada com infraestrutura oficial e cuja propriedade é formalmente reconhecida pelo poder público não basta para conferir um *status* diferenciado, ao menos no que se refere à sua cultura política. Até porque, aos poucos, esse novo espaço, ocupado por homens e mulheres oriundos de diferentes favelas,[24] vai sendo simbolicamente reapropriado, dando lugar a novas identidades, herdando das favelas não apenas a sua sociabilidade, mas também a mesma distância em relação ao Estado e à institucionalidade política.

Não são nada modestos os números da operação remoção: em torno de 100 mil pessoas foram removidas no espaço de sete anos (1968-75), tendo sido destruídas cerca de 60 favelas. Não obstante, os dados revelam que foi quase insignificante o impacto sobre a participação relativa dos moradores das favelas no conjunto da população da cidade, o que se explica, em parte, pelos efeitos imprevistos do programa, que, como salientou Valladares (1978:80), retroalimentou o crescimento das favelas, na medida em que muitos dos removidos retornam às favelas após venderem suas casas nos conjuntos habitacionais. Mas o impacto também foi atenuado pelas taxas de migração, ainda altas na década de 70, e pela igualmente elevada taxa de crescimento vegetativo. Se em 1970 os moradores de favelas representavam 13,2% da população da cidade, na década seguinte ainda representavam 12,3% (Valladares & Ribeiro, 1995:62).

Quanto ao saldo político da operação, ainda hoje estamos computando, sendo difícil subestimar a profundidade do trauma por ela criado, além das consequências produzidas pelo aborto do processo de organização e participação dos excluídos na vida política da cidade.

Clientelismo e ressentimento

A desarticulação da estrutura política dos excluídos, decorrente do "remocionismo", destrói os vínculos horizontais que vinham sendo elaborados desde a década de 50 e, ao subverter a natureza representativa das associações de moradores, tornando-as porta-vozes do Estado junto às favelas, acaba impedindo também a democratização das relações infralocais, que, como já identificara Machado da Silva em texto de 1967, tendiam a reproduzir na favela o sistema de dominação mais geral.[25]

A desfiguração do *favelado* como ator político era, como se viu, um dos objetivos presentes no "remocionismo", e seu relativo sucesso deixa um vazio político. Nesse vazio, duas lógicas distintas porém complementares se vão impondo: de um lado, o ressentimento gerado pelo "remocionismo" terrorista tende a distanciar a vida social das favelas e dos conjuntos habitacionais da vida política da cidade, tornando carente de legitimidade o poder público e suas instituições, aí incluídas as associações de moradores, em muitos lugares confundidas com o Estado; de outro lado, desenvolve-se uma dinâmica clientelista, resultante de uma acomodação pragmática dos excluídos às oportunidades existentes num contexto constrangido pelo autoritarismo.

Entre 1975 e 1982, é essa dialética entre clientelismo e ressentimento que vai caracterizar a relação dos moradores de favelas e conjuntos habitacionais com o poder público e a restrita vida política existente. O ressentimento pode produzir revolta, mas sobretudo tende a gerar afastamento e apatia em relação à política; e o clientelismo dos anos 70 reflete esse momento, substituindo a luta por direitos pela disputa por pequenos favores. Essa dialética é reforçada pela quase completa ausência, nesse período, de políticas públicas mais amplas, voltadas para as favelas.

Prevalece, então, o cálculo maximizador das lideranças locais, as quais, como já nos mostrou Eli Diniz (1982:157), mesmo cientes do alcance limitado dessa dinâmica para a coletividade, entendiam ser possível "aproveitar as brechas existentes, através de relações pessoais de lealdade, ou através de contatos informais com um determinado político, para obter uma pequena melhoria para o grupo, ou mesmo uma ajuda individual". Nesse contexto, a tendência à oligarquização, identificada por Machado da Silva, deixa de sofrer a concorrência de uma lógica democratizadora baseada em uma identidade coletiva mais ampla e, por isso, capaz de se sobrepor às diferenças econômicas e socioculturais internas às favelas. Mais que isso, porém, aquela tendência passa a ser legitimada em nome do cálculo maximizador.

O próprio espectro da remoção contribuía para reforçar essa lógica maximizadora, pois, a essa altura, cada "migalha" conquistada junto ao poder público, por intermédio do político "amigo da comunidade", também tinha como função latente a própria consolidação da favela: a iluminação de uma praça, o arruamento de uma via, a instalação de tanques públicos, enfim, qualquer benefício, por pequeno que fosse, adquiria essa função latente de consolidação da favela.

No entanto, com a distensão relativa do regime militar a partir de 1975, o "remocionismo" parecia uma hipótese afastada, inclusive porque a revalorização da moeda voto tendia a tornar todo o sistema um pouco mais sensível aos interesses dos excluídos. Uma demonstração de que o trauma do "remocionismo" fora bem compreendido pelas autoridades é que, ao voltar ao problema favela através do Promorar, o governo federal optaria por um programa de urbanização.[26] Tendo sido o último grande programa integrado executado pelo governo militar em relação às favelas, o Promorar basearia suas ações "na preservação do acervo popular local, dando prioridade para o saneamento básico, erradicação das palafitas e transferência de título de propriedade aos moradores" (Silva, 1984:69).

A experiência "remocionista" encontrava-se estigmatizada, e o que a moldura institucional do Promorar estava a indicar é que a polarização entre remoção e urbanização deixava de presidir o debate em torno das favelas; na década seguinte, o eixo da discussão seria outro: como integrar as favelas à cidade.

A partir de 1979, refletindo a abertura do regime, ocorre uma retomada do dinamismo da vida associativa no país, e nesse momento as associações de moradores adquirem especial relevância. No caso das favelas do Rio de Janeiro, é de se notar o surgimento de uma dissidência da Faferj, sendo os termos do debate estabelecido com a Faferj oficial bastante elucidativos da tensão que começa a se estabelecer entre a lógica clientelista conformada nos anos 70 e as alternativas que começam a ser vislumbradas com o processo de abertura. Como observa Eli Diniz (1982:156), a Faferj oficial "não vê como legítimo utilizar a entidade representativa dos interesses de um dado grupo como instrumento de pressão junto ao governo", cabendo-lhe somente "solicitar ao Estado, que deve conceder, de acordo com o princípio de reciprocidade que deve nortear as relações entre a instância dos interesses e a instância do poder". Diversamente, a dissidência "valoriza os processos de organização e conscientização, encarando a pres-

Dos Parques Proletários ao Favela-Bairro

41

são não apenas como legítima mas necessária". Ela aposta na autonomia e "rejeita a tutela do Estado", conclui Diniz. A conformação de uma Faferj dissidente denota que estava preservada uma alternativa à dialética da apatia. Mas a eleição de Brizola, em 1982, de algum modo demonstrava que esse ainda não era o seu momento.

Do ponto de vista dos excluídos do Rio de Janeiro, as eleições de 1982 dão ensejo à tradução política do ressentimento. Era a primeira oportunidade, desde a eleição de Negrão de Lima em 1965, que teriam os excluídos de se manifestar diante do Executivo. Nessa hora, ao se darem conta de que havia uma alternativa desvinculada da ditadura e da lógica clientelista construída pela máquina chaguista, despejam nela os seus votos. Os candidatos Miro Teixeira e Sandra Cavalcanti, de um modo ou de outro, tinham seus nomes ligados àquela história. Moreira Franco era do partido do governo militar; já o candidato do PT, Lisâneas Maciel, falava mais para o operariado, não exatamente para os excluídos; então, coube a Leonel Brizola capturar esse voto, o voto "super-revoltado", para usar a expressão flagrada por Alba Zaluar (1985:255), à época fazendo pesquisa de campo na Cidade de Deus.

Apesar de surpreendente, a vitória de Brizola não pode ser lida como uma ruptura completa com os anos 70. Ao menos no que se refere aos excluídos, apenas revela a outra face da moeda, cunhada no ressentimento. No entanto, constitui clara indicação de que a nova democracia teria de comportar a presença dos excluídos numa escala impensável no período democrático de 1946 a 1964.

A solução Brizola

Fiel ao perfil do voto que o elegeu, o governo Brizola desenvolveria uma agenda social especialmente voltada para as favelas do Rio de Janeiro, onde a situação de infraestrutura era muito precária. Segundo levantamento realizado pela prefeitura no início dos anos 80, apenas 1% das 364 favelas cadastradas era servido por rede oficial de esgoto sanitário completa (6% dispunham parcialmente do serviço); 6% possuíam rede de água total, e 13%, rede parcial com caráter oficial; e em 92% das localidades, a única forma de esgotamento pluvial era a drenagem natural pelo terreno. A coleta de lixo só foi considerada suficiente em cerca de 17% das áreas faveladas.

Através do Programa de Favelas da Cedae (Proface), desenvolvido entre 1983 e 1985, o governo levaria sistemas de água e esgoto a cerca de 60 favelas, incorporando-as à rede dos seus bairros; a Comlurb comprou microtratores adaptados às condições das favelas, viabilizando assim a coleta de lixo nas mesmas; um programa de iluminação pública foi iniciado em julho de 1985 pela Comissão Municipal de Energia, visando a superar o déficit então existente, já que apenas 47 das 364 favelas cadastradas dispunham de sistemas de iluminação pública; igualmente importante é o programa Cada Família um Lote, a cargo da Secretaria de Estado do Trabalho e da Habitação, que incluía a regularização da propriedade em áreas faveladas: "o programa repassa a preços simbólicos os lotes a seus moradores, que se tornarão seus proprietários definitivos com todos os direitos legais decorrentes deste fato" (Cavallieri, 1986:23-5, 28-30).

Outra dimensão muito importante da política desenvolvida para as favelas pelo governo Brizola é a sua política de direitos humanos, com a qual, em contraste com o governo anterior, esperava definir uma nova conduta para as polícias civil e militar perante os excluídos, baseada no respeito a seus direitos civis.

De fato, muitas foram as frentes de trabalho mobilizadas a partir de 1983, mas o problema da distância e do ressentimento em relação à institucionalidade política não foi atacado nem sequer percebido. Ao contrário, durante o governo Brizola, anima-se uma antinomia entre ricos e pobres que decerto não favoreceria a democratização política da cidade; pode ter ajudado a criar laços de lealdade com a figura do governador, mas não trouxe nenhum benefício concreto à retomada da organização e da participação autônoma dos excluídos, nem estimulou a sua incorporação à institucionalidade democrática que estava sendo construída.

Outro problema é que, sem uma estrutura política mais consistente, Brizola optou por canibalizar a máquina chaguista, comprometendo sua agenda social e seus programas com os nomes e as práticas dos anos 70. Além disso, inibiu a alternativa possível representada pela dissidência da Faferj, cooptando suas lideranças e dando continuidade à ambígua relação existente com as associações de moradores, como ficou claro, por exemplo, na moldura institucional do Proface. Em sua definição oficial, esse programa pretende "dar prioridade às áreas faveladas, *sem clientelismos*, buscando transformar essas comunidades em bairros dignos do povo trabalhador" (Proface, 1984; o grifo é meu). E como alternativa à estrutura clientelista tradicional, procura estabelecer uma relação direta com as associações de moradores, sem os intermediários típicos dos anos 70, parlamentares mais conhecidos como "políticos da bica d'água". Nesse caso, é interessante notar que as associações de moradores de favelas estavam tão identificadas com o exercício das funções do poder público — resultado da política de controle a que foram submetidas — que agora até mesmo num programa organizado com vontade democrática parecia natural atribuir-lhes funções que a princípio deveriam caber ao Estado. A tal ponto a Cedae levou a sério a ideia de atribuir responsabilidades públicas às associações de mo-

Dos Parques Proletários ao Favela-Bairro

43

radores que, em algumas favelas, chegou a firmar um convênio pelo qual a "Cedae fornece os projetos e assistência técnica para a realização das obras e repassa à associação a importância necessária ao pagamento da mão de obra, encargos sociais, além de uma taxa de administração de 5%, que é aplicada dentro da própria comunidade" (Proface, 1984:12).

Anos 80 e 90: violência e cultura política

Nos anos 80, o problema favela iria conhecer uma nova complexidade, com a maior presença de grupos paraestatais no mundo dos excluídos: de um lado, os banqueiros do jogo do bicho, que, embora presentes desde o início dos anos 70 na vida das favelas e conjuntos habitacionais, ganham maior evidência a partir dos anos 80; de outro lado, grupos dedicados ao tráfico de entorpecentes.

É certo que, ao não tocar na cultura do ressentimento mas, ao contrário, procurar nela uma base ideológica, o governo Brizola não encontrou parâmetros para se posicionar diante do avanço dos grupos paraestatais no mundo dos excluídos. Daí a acusação de que seu governo teria estimulado o desenvolvimento desses grupos, a qual, mesmo não devendo ser levada a sério, acabou tendo papel importante na disputa eleitoral de 1986 e servindo à tentativa de ressuscitar a polícia repressiva dos tempos da ditadura, tal como seria ensaiado pelo governador eleito, Moreira Franco.

São notórios e profundos os vínculos existentes entre o fenômeno da violência no Rio de Janeiro e o aborto do processo de integração política dos excluídos praticado durante a ditadura militar. Sua distância relativamente à política e ao poder público, a mesma que se fez notar na eleição de Brizola, impede uma adesão à institucionalidade democrática na hora da transição, e o resultado é a formação de redes clientelistas "com independência de sua procedência, legal ou ilegal" (Carvalho, 1994:130). Nesse contexto, as identidades locais, fundadas na intensa vida social das favelas e conjuntos habitacionais, acabam servindo como veículo para a invasão das relações sociais por novas redes de clientelas (Zaluar, 1985:183); os campeonatos de blocos ou de escolas de samba, por exemplo, cuja origem reside na competição saudável entre as identidades locais, têm servido à negociação com patrocinadores, sem que importe em muitas das vezes a sua procedência, bastando que estejam dispostos a bancar o sonho da conquista do carnaval. O mesmo se dá, embora em menor escala, com os times de futebol, e quem sabe já está ocorrendo com grupos de baile *funk* e os concursos de quadrilhas caipiras.

Como não estabelece relação com a institucionalidade democrática, o processo de democratização societal em curso nos anos 70 e 80, bem como o desejo de mobilidade social que suscita, tende a não reconhecer limites claros entre a norma e o crime. Não quer isto dizer, como assinala Zaluar (1985:164), que não haja fronteiras definidas entre o trabalhador e o bandido, mas é sintomático que a forma de estigmatização do segundo não esteja subordinada ao reconhecimento das normas vigentes para toda a sociedade, mas a códigos referentes à justiça ou à injustiça de cada ato isolado.[27] Portanto pode-se dizer que, sem encontrar tradução no quadro político-institucional, a democratização societal acaba produzindo efeitos perversos, que se fazem manifestos na forma específica da violência carioca.

É evidente que nada disso explica a presença na cidade do tráfico de entorpecentes, afinal um fenômeno mundial, mas ajuda a entender sua arquitetura social no Rio de Janeiro. E como se vem propondo neste trabalho, o descompasso entre a ordem política e a ordem social, no caso dos excluídos, não foi inventado pelo regime militar, mas foi aprofundado nesse período que, aliás, interrompeu um movimento em direção contrária. O resultado é que hoje muitas favelas constituem territórios privatizados por grupos paraestatais, e a questão não é a legitimidade que esses grupos venham a adquirir, pois nada indica que possam dominar, a não ser pelo uso da força (Zaluar, 1985:166); a questão é que ela "se nutre do retraimento do Estado" (Carvalho, 1995:59), do seu déficit de legitimidade, cujas razões são remotas na nossa história, mas que só resistem quando são renovadas, como o foram durante os anos 60 e 70.

A coincidência entre a transição democrática e a privatização das favelas por esses poderes paralelos é particularmente dramática porque estabelece uma linha de continuidade com a tragédia carioca vivenciada durante o regime militar. Os constrangimentos que esses poderes paralelos impõem às organizações políticas locais, inclusive com o assassinato de muitas de suas lideranças, dão prosseguimento ao terror policialesco antes imposto pelo Estado. Inibe-se, com isso, a adesão dos excluídos à institucionalidade democrática, o que representa um desafio à própria democracia.

Como as liberdades de organização, de expressão e de ir e vir, consagradas na Constituição de 1988, não têm sido asseguradas aos excluídos, também estão comprometidos os seus direitos políticos, fato que explica a ausência de uma demanda organizada dos excluídos por direitos. E não é por acaso que a revalorização do problema favela pelo poder público vem sendo imposta muito mais pelo transbordamento das consequências da violência, que hoje atinge a cidade como um todo — se bem que de forma desigual (Soares, 1996) —, do que pela presença de um ator político, defensor dos interesses dos excluídos.

De fato, ao extravasar os limites da favela, a violência produzida pelos braços armados do tráfico tem forçado um debate mais amplo acerca do modelo de cidade que se quer para o Rio de Janeiro. Nessa hora, faz-se necessário redefinir o problema favela, e o repertório produzido ao longo da história — a favela como um problema de saúde pública, como um quilombo cultural ou como um cancro moral, representações correntes nos anos 40 e 50 — parece não fazer mais sentido; por outro lado, tratá-la como questão de segurança nacional, como ocorre no período militar, não parece compatível com o momento democrático. Por isso, o problema favela está a exigir uma nova resposta, que supõe o enfrentamento do "dilema de democratizar a cidade", como já notava, em texto de 1988, Maria Alice Rezende de Carvalho (1994:145). A alternativa a essa opção é a reprodução dos padrões de exclusão, a aposta na ruptura do tecido social. Por óbvia que seja a escolha a ser feita, é preciso não esquecer que toda essa história de exclusão deliberada das favelas não se fez no vazio, e a grande aventura que foi a Operação Rio, montada durante o processo eleitoral de 1994, com tanques voltados para as favelas e a suspensão dos direitos civis de seus moradores (Soares, 1996:270), deve nos fazer pensar que a agenda de integração política dos excluídos ainda conta com poderosos adversários.[28]

Embora seja a única que contenha a promessa de uma cidade melhor para todos, a tarefa de democratização da cidade é, a essa altura, um enorme desafio; não apenas pela interveniência do tráfico de drogas, mas também pela escala demográfica dos excluídos. Dados de 1991 indicam que 962.793 habitantes vivem em favelas na cidade do Rio de Janeiro, 944.200 em conjuntos habitacionais, e mais 381.345 em loteamentos irregulares de baixa renda; portanto, um total de 2.288.338 habitantes, o que corresponde a cerca de 40% da população da cidade (Iplanrio, 1993:125, 269, 312-3).[29]

O programa Favela-Bairro

É nesse contexto de extrema complexidade que se insere a experiência do programa Favela-Bairro, ora em execução pela prefeitura. Conforme procurarei demonstrar, embora voltado diretamente para o déficit de direitos sociais existente nas favelas, o Favela-Bairro vem sendo desafiado por outros problemas que podem pô-lo diante do problema dos déficits dos direitos civis e políticos dos excluídos.

Apesar dos investimentos feitos na década de 80, o déficit de direitos sociais referentes à infraestrutura continua elevadíssimo. Dados de 1990 indicavam que, dos domicílios em favela, menos de 20% eram atendidos por sistema de esgoto, e cerca de 60% por água encanada (sendo o melhor índice o de energia elétrica, que chega a 85%) (Moura, 1993:46). Porém, como se procura sustentar neste trabalho, tão ou mais grave que esse déficit são os déficits de direitos civis e políticos. Quanto aos direitos civis, a situação majoritariamente informal da propriedade ainda é um problema: apenas 3,7% dos domicílios em favelas tinham títulos de propriedade em 1990; bem mais importante, contudo, são os constrangimentos à liberdade impostos pelo tráfico.[30]

A realização de políticas sociais desconectadas da atenção aos direitos civis tem sido marca característica da ação do poder público no Rio de Janeiro. Por isso, inclusive, pode-se afirmar que hoje uma das questões centrais a ser enfrentada pelo desafio de integrar a cidade é a deficiente articulação política e administrativa entre o governo do estado, a quem cabe a política de segurança, e o governo municipal, que vem assumindo a responsabilidade quase exclusiva pelas políticas sociais. O programa Favela-Bairro surge no âmbito desse processo de redefinição das atribuições da prefeitura.

Note-se que, até recentemente, a ação da prefeitura da cidade no que se refere aos excluídos vinha sendo muito tímida. De fato, até 1986, apenas duas medidas parecem dignas de destaque, ambas tomadas na gestão de Israel Klabin, prefeito nomeado pelo governador Chagas Freitas. A primeira é a criação da Secretaria Municipal de Desenvolvimento Social, em 1979, com a missão específica de desenvolver serviços assistenciais nas favelas da cidade; a segunda, a organização de um Cadastro das Favelas da Cidade do Rio de Janeiro, que deveria dar suporte às ações da SMDS.[31] A criação da SMDS foi consequência de uma negociação entre a prefeitura e o Fundo das Nações Unidas para a Infância (Unicef), que resultou no documento "Propostas para ação nas favelas cariocas", o qual prevê a intervenção nas áreas de educação, saneamento, saúde e legalização da propriedade (Rodrigues, 1988:34). Em 1981, a SMDS realizou uma experiência piloto na Rocinha, baseada em três subprogramas: educação comunitária, saneamento básico e ações preventivas de saúde. Sua filosofia dá ênfase à participação da comunidade na definição de prioridades e na sua execução, com o que também pretende propiciar alguma renda aos seus moradores.[32] Animada com o resultado da experiência, a SMDS criou, em 1981, com o apoio do Unicef, o Projeto Mutirão, pelo qual 15 favelas seriam atendidas no ano seguinte, incluindo obras de acesso, pavimentação, contenção de encostas e serviços de água e esgoto.[33]

Com a eleição de Brizola, e com a estrutura administrativa municipal atrelada ao estado, o programa tocado pela SMDS ficaria comprometido pela difícil relação entre o novo governo e o Unicef, cuja proposta foi considerada tecnocrática, além de ser tomada como uma ingerência exter-

Dos Parques Proletários ao Favela-Bairro   **47**

na em problemas brasileiros. De toda maneira, entre 1981 e 1985, a SMDS dispôs de pouquíssimos recursos para ampliar o programa. Nesse período, o orçamento da secretaria variou entre 1 e 1,5% do total da despesa realizada no município (Rodrigues, 1988:21).

O quadro se modificou um pouco em 1985, com as eleições para prefeito das capitais do país. É que desde então os prefeitos das grandes cidades passaram a encarnar os anseios mais imediatos da população. A maior proximidade com os problemas e a maior capacidade para dar respostas rápidas e adequadas passam a ser consideradas vantagens indiscutíveis relativamente ao modelo centralizador de recursos e responsabilidades vigente durante o regime militar (Burgos, 1992). Essa leitura é consagrada pela Constituição de 1988, que dota de autonomia financeira os municípios, ao mesmo tempo em que lhes atribui uma ampla gama de responsabilidades.

No caso do Rio de Janeiro, a eleição para prefeito cortava o cordão umbilical que até então mantinha unidos prefeitura e governo do estado. Com isso, também, em pouco tempo o problema favela se tornou quase exclusivo da prefeitura, o que se mostrou problemático no período da gestão de Saturnino Braga, entre 1986 e 1988, a qual, apesar de imbuída de ideais distributivistas, pouco pôde fazer de concreto, amesquinhada que estava pela estrutura orçamentária do município e sobretudo pelo modelo tributário centralizador então vigente (Burgos, 1992). Com isso, embora tenha procurado dar maior ênfase às questões sociais, o orçamento da SMDS não chegou a ultrapassar os 2% do total da despesa realizada nesses anos.

Não obstante, de acordo com Paulo Henrique Rodrigues (1988:10), até 1987, cerca de 25 mil crianças de zero a seis anos passaram a ter atendimento pré-escolar; 200 mil metros de redes de esgoto foram instalados, atingindo cerca de 280 mil pessoas em 263 favelas; e o programa de saúde comunitária alcançava 31 favelas.

Longe de entusiasmar os membros da SMDS, os resultados alcançados por esses programas teriam, segundo Rodrigues, fortalecido a percepção da necessidade de substituir as intervenções pontuais que vinham sendo realizadas por soluções mais globais, sobretudo para os problemas de urbanização e saneamento das favelas. Assim é que, para além de seus resultados concretos, a experiência acumulada nos quadros da prefeitura com esses programas se mostrou fundamental para a posterior formulação do Favela-Bairro, pois nela trabalharam intelectuais treinados na organização e execução de programas em favelas.

A percepção de que seria necessário um programa de intervenção global nas favelas já estava presente na formulação do Programa Quinquenal de Urbanização das Favelas e Loteamentos Irregulares do Município do Rio de Janeiro, durante a gestão de Saturnino Braga, o qual também enfatizava a necessidade de integrar as favelas à cidade, traduzida no lema "transformar as favelas em bairros populares" (Rodrigues, 1988:48). Mas é no Plano Diretor da Cidade — sancionado em 1992 pelo prefeito Marcello Alencar — que se consolida a ideia de um programa global de integração das favelas à cidade.[34] No plano, o problema favela seria objeto de uma ampla discussão, e a solução nele contida não apenas privilegia a via urbanizadora, mas também prescreve para as favelas uma nova identidade: a de bairros populares.

Se lembrarmos do Código de Obras de 1937 — que entendia as favelas como uma forma de habitação ilegal que, por isso mesmo, não devia constar do mapa da cidade — ou da justificativa e da missão que presidem a criação da Chisam em 1968, poderemos dar o devido valor ao Plano Diretor, ainda mais se considerarmos a natureza democrática do processo de elaboração desse documento: na primeira fase, foi realizado pela prefeitura, sobretudo no âmbito da SMDS e da Secretaria de Urbanismo e Meio Ambiente, que procuraram incorporar às suas propostas estudos técnicos setoriais anteriormente realizados, especialmente nas áreas de habitação, transportes, expansão urbana e meio ambiente; na segunda fase, em 1991, foi enviado à Câmara de Vereadores, sob a forma de Projeto de Lei, sendo amplamente discutido por vereadores e representantes de entidades e associações, sofrendo mais de mil emendas.

O art. 138 do Plano Diretor, que define a política habitacional a ser adotada no município, além de prescrever a necessidade de implantação de lotes urbanizados e de moradias populares, também prevê a urbanização e regularização fundiária de favelas e loteamentos de baixa renda (Plano Diretor, 1992:19). No art. 147, o plano define o que se deve entender por favela: "é a área predominantemente habitacional, caracterizada por ocupação da terra por população de baixa renda, precariedade da infraestrutura urbana e de serviços públicos, vias estreitas e de alinhamento irregular, lotes de forma e tamanho irregulares e construções não licenciadas, em desconformidade com os padrões legais" (Plano Diretor, 1992:20). Note-se que, ao contrário das definições que temos visto ao longo deste trabalho, nesta não se atribuem quaisquer características morais ou mesmo culturais aos moradores da favela, sendo a mesma definida por uma leitura puramente espacial e por suas carências de infraestrutura. Assim, despida de preconceitos, tal representação da favela mostra-se compatível com sua efetiva integração à vida social e política da cidade.

Em seus arts. 148 a 151, o plano estabelece um conjunto de parâmetros importantes para o poder público, como a inclusão das favelas nos mapas e cadastros da cidade; a ênfase na necessidade de assegurar a parti-

Dos Parques Proletários ao Favela-Bairro

49

cipação dos moradores no processo de urbanização; a recomendação para "preservar a tipicidade da ocupação local"; e o esforço para "integrar as favelas aos bairros".

Em suma, o Plano Diretor define o problema favela como uma questão municipal, fundamental para o futuro da cidade. Todavia, devido à ausência de uma demanda organizada por parte dos excluídos, não seria a princípio incorporada como tal à agenda política da administração municipal. Como se disse, é pelo ângulo da política de segurança que o problema favela volta à cena política, e como esse problema não é da alçada imediata da prefeitura, esta não o vinha encarando, pelo menos até recentemente, como uma prioridade sua; fato que explica, aliás, o discreto surgimento do Favela-Bairro e a pouca ênfase que inicialmente lhe foi atribuída — relativamente a outras políticas públicas — pela gestão de César Maia.

De todo modo, a representação da favela inscrita no Plano Diretor e os princípios democráticos nele consagrados é que iriam nortear a política habitacional proposta pelo Grupo Executivo de Assentamentos Populares (Geap), criado pelo prefeito César Maia em 1993. O Geap propôs seis programas habitacionais, e o Favela-Bairro foi um deles.[35] Para a execução desses programas, o Geap sugeriu a criação de uma secretaria específica para a área, no que foi acatado pelo prefeito, tendo-se criado, em dezembro de 1993, a Secretaria de Habitação, ainda em caráter extraordinário.

Segundo a definição proposta pelo Geap, o Favela-Bairro teria por objetivo: "construir ou complementar a estrutura urbana principal (saneamento e democratização de acessos) e oferecer as condições ambientais de leitura da favela como bairro da cidade". Seus pressupostos deveriam ser o "aproveitamento do esforço coletivo já despendido" (prevendo portanto um reassentamento mínimo); a "adesão dos moradores"; e a "introdução de valores urbanísticos da cidade formal como signo da sua identificação como bairro" (Geap, 1993). Portanto nota-se que, ao contrário de outros programas de urbanização de favelas realizados na cidade, como por exemplo a experiência inovadora implementada pela Codesco, o Favela-Bairro tem por princípio intervir o mínimo possível nos domicílios, definindo-se como um programa eminentemente voltado para a recuperação das áreas e equipamentos públicos.

Em janeiro de 1994, a recém-criada Secretaria Extraordinária de Habitação começou a tomar iniciativas com vistas à realização do Favela-Bairro. Uma primeira medida foi a seleção das favelas que deveriam ser objeto do programa. Nesse caso, um parâmetro utilizado foi trabalhar com favelas de porte médio, com 500 a 2.500 domicílios, ou seja, favelas com população entre 2 mil e 10 mil moradores. As razões alegadas são o alto custo que acarretariam favelas maiores (apenas 15 se incluem nessa categoria) e a dispersão em favelas menores (situação de 350 favelas). As favelas de porte médio correspondem a cerca de um terço do universo de favelas e a algo em torno de 40% do total de moradores de favelas da cidade (PMRJ, 1995:2-3). Delimitado esse universo, constrói-se um índice pelo qual se posicionam as favelas quanto ao maior ou menor grau de dificuldade "para fechar a sua urbanização", partindo do pressuposto de que "quanto menor o grau de dificuldade, ou seja, quanto mais amplo o escopo das ações ali já executadas, mais seria possível maximizar as intervenções públicas feitas na favela" (Metodologia de classificação das favelas, 1994:3). Portanto, o objetivo é privilegiar áreas em que se possa "completar um quadro de introdução de melhorias, fechando-se um processo de urbanização". Com base nesses critérios, 40 favelas são selecionadas. A partir daqui, os critérios técnicos de seleção cedem lugar ao político, cabendo ao prefeito, que mobiliza a participação dos seus subprefeitos, o poder de decidir quais as primeiras 16 favelas a serem objeto de intervenção.[36]

Outra iniciativa tomada pela SEH foi a abertura, em março de 1994, de um concurso público para a seleção de propostas urbanísticas a serem realizadas pelos escritórios interessados em participar do programa. A atribuição de autonomia aos escritórios de arquitetura para a elaboração dos projetos constitui uma das novidades do desenho institucional do Favela-Bairro.[37]

Em dezembro de 1995, a prefeitura assinou contrato com o Banco Interamericano de Desenvolvimento (BID), no valor de US$300 milhões (incluindo a contrapartida local de US$120 milhões), para financiamento do Programa de Urbanização e Assentamentos Populares (Proap), cuja gestão ficou a cargo da Secretaria de Habitação (desde dezembro de 1994 como secretaria ordinária), mas que, através do Geap, prevê a ampla participação dos demais órgãos da prefeitura. E como forma de corrigir o crônico problema de relacionamento entre o município e o estado, o BID exigiu a assinatura de um convênio com a Cedae, firmado em setembro de 1995.

O Proap terá três componentes básicos: urbanização de favelas, regularização de loteamentos e um programa, complementar a ambos, de monitoramento, educação sanitária e ambiental e desenvolvimento institucional.[38] O programa de urbanização de favelas, isto é, o Favela-Bairro, fica com a maior parte dos recursos, US$192 milhões, para serem aplicados em cerca de 60 favelas, beneficiando aproximadamente 220 mil pessoas.[39]

Uma vez que o Favela-Bairro vem sendo mais bem delimitado em seus contornos desde a sua primeira formulação em 1993, vale a pena fri-

Dos Parques Proletários ao Favela-Bairro

sar a definição formal que prevaleceu quando da assinatura do contrato com o BID:

> Consiste na realização de obras de urbanização e na prestação de serviços sociais, assim como de iniciativas preliminares de regularização urbanística e fundiária. (...) Para cada favela, será elaborado um projeto de urbanização, o qual será amplamente discutido com os membros da comunidade. Em seguida, serão realizadas obras de infraestrutura básica e implantados serviços públicos requeridos para a transformação das favelas em bairros. Em cada favela beneficiária deverá ser implantada pelo menos uma creche, para atender crianças na faixa etária de 0 a 6 anos de idade. As iniciativas de regularização incluem a pesquisa fundiária, a elaboração de projetos de alinhamento e o reconhecimento de logradouros públicos. (Decreto n.º 14.332, 7-11-1995:8.)

Uma das características do Favela-Bairro é que, talvez por ter sido elaborado com pouca exposição aos atores políticos, sem partidos e sem organizações sociais, o programa saiu quase que em linha reta das pranchetas dos técnicos da prefeitura e dos escritórios de arquitetura para as favelas, abrindo-se apenas, como se viu, à mediação política do prefeito e de seus subprefeitos, e mesmo assim na parte final da seleção das favelas contempladas em sua primera etapa. Talvez por isso, ao longo da sua execução, o Favela-Bairro tenha de sofrer adaptações, sendo de especial importância a ampliação de seus objetivos, inicialmente circunscritos à urbanização e ao suprimento de bens de infraestrutura.

Como este trabalho se baseia em material levantado até o final de 1996, pode-se afirmar que, pelo menos até então, algumas dimensões tinham sido incorporadas ao programa, como a questão do desemprego, a necessidade de estímulo à geração de renda, além de lazer, esporte e cultura. Essa nova agenda revela que o programa vem sendo aproveitado por seus beneficiários para a ampliação de sua pauta de direitos. Assim, pode-se dizer que, na falta de canais mais apropriados, a luta por direitos vem encontrando no Favela-Bairro um importante aliado; através dele, o poder público aproxima-se dos excluídos e pode ver e ouvir de perto aquilo que já não se consegue expressar na arena política. A se acreditar na animadora perspectiva, recentemente anunciada pela prefeitura, de que o Favela-Bairro será levado a todas as favelas da cidade, pode-se mesmo esperar que venha a favorecer uma revitalização da capacidade de organização política das favelas, o que teria impacto positivo sobre uma das principais questões políticas da cidade: o déficit de direitos civis e políticos dos excluídos e sua fraca adesão à institucionalidade democrática.

Essa potencialidade do programa conhecerá maior desenvolvimento se seus gestores dela tiverem consciência e se, de outro lado, os atores políticos, inclusive a oposição, entenderem que a moldura política e institucional do Favela-Bairro não é obra exclusiva da administração municipal que o concebeu, mas reflexo de uma vontade política mais ampla, que expressa uma mudança de orientação de parcela significativa da sociedade carioca em relação aos excluídos.

Para encerrar, uma recomendação: se é verdade que no terreno da cultura política os conjuntos habitacionais não se distinguem das favelas, cabe pensar que políticas públicas voltadas para esse segmento dos excluídos também sejam imprescindíveis para a concretização da promessa de uma cidade verdadeiramente democrática.

Notas

1. Da perspectiva adotada neste trabalho, a fronteira analítica entre as favelas e os conjuntos habitacionais e entre estes e os loteamentos irregulares perde sua razão de ser, já que seus habitantes estão inseridos em uma mesma cultura política. De fato, desse ângulo, a exclusão é a mesma, e a presença do tráfico, indistintamente, em ambos os ambientes habitacionais está a demonstrar que a existência de infraestrutura urbana e do título de propriedade, tal como nos conjuntos habitacionais, não é suficiente para diferenciar a cultura política de seus moradores. Por isso, neste trabalho, a categoria *exclusão* será utilizada referentemente aos moradores tanto de favelas quanto de loteamentos irregulares e de conjuntos habitacionais.

2. Diz Rezende de Carvalho (1995:59): "uma cidade é pequena, do ponto de vista político, quando não consegue prover de cidadania as grandes massas, isto é, não consegue contê-las sob a sua lei e guarda".

3. Em seu *O negro no futebol brasileiro*, Mario Filho (Rodrigues, 1994) defende a tese de que a longa trajetória percorrida pelos negros para legitimarem sua presença nos campos de futebol somente seria concluída com o surgimento do primeiro grande herói negro, Pelé, consagrado com a conquista da Copa de 1958.

4. Sobre a administração Pedro Ernesto, ver Gawryzewski (1988).

5. Santos observa que, com essa associação entre cidadania e ocupação, tornam-se pré-cidadãos todos os trabalhadores da área rural, além dos desempregados, subempregados e empregados instáveis, estes últimos característicos da situação ocupacional dos moradores de favelas.

Dos Parques Proletários ao Favela-Bairro

6. Segundo os Leeds (1978:196 e segs.), como requisito para morar nos parques proletários, os ex-habitantes das favelas "tinham que ser registrados no posto da polícia". Além disso, todos os moradores tinham carteiras de identificação "que apresentavam à noite nos portões guardados, e que eram fechados às 22 horas". Diariamente, às 21h, o administrador do parque, fazendo uso de um microfone, "comenta os acontecimentos do dia e aproveita para dar as lições morais que julgava necessárias".

7. Disposta a atuar no plano da consciência dos habitantes de favelas, a fundação entende que "para enfrentar o problema de cuidar da melhoria humana de nossos irmãos favelados, temos que nos armar de um espírito profundamente cristão, muito diferente daquele horror burguês que se apossa de certas pessoas (...) que julgam serem as favelas apenas 'centros de malandragem'. Por outro lado, não adiantam soluções simplistas daqueles que julgam que só podem acabar com as favelas do Rio de Janeiro enviando-se todos os favelados para o campo, nem tampouco podem ser levadas em consideração as opiniões dos que se referem às famílias que a desgraça levou para a vida miserável (...), subestimando o seu valor humano e sua condição cristã de nossos irmãos que devemos amar de modo especial (...). Antes de tudo, é preciso ganhar-lhes a confiança, prestar-lhes serviço, desinteressadamente (...), tornar-se amigo deles lhes apontando caminhos novos para a sua vida atribulada" (Como trabalha a Fundação Leão XIII — relatórios de 1947 a 1954. In: Valla, 1984:5).

8. Curiosamente, esses intelectuais invertem o sinal negativo da leitura corrente das favelas. Não criticam tanto a sua representação como pré-cidadãos, apenas passam a ver nessa mesma representação as razões de suas virtudes, desenvolvendo uma "visão idealizada dos pobres e uma difusa utopia *narodnick*, de ultrapassagem do mundo burguês".

9. De acordo com o art. 2º do Estatuto da Cruzada, caberia a ela "promover, coordenar e executar medidas e providências destinadas a dar solução racional, humana e cristã ao problema das favelas do Rio de Janeiro; proporcionar, por todos os meios ao seu alcance, a assistência material e espiritual às famílias que residem nas favelas cariocas; mobilizar os recursos financeiros necessários para assegurar, em condições satisfatórias de higiene, conforto e segurança, moradia estável para as famílias faveladas; colaborar com o poder público na integração dos ex-favelados na vida normal do bairro da cidade; colaborar com o poder público e com as entidades privadas em tudo aquilo que interessar à realização dos objetivos acima enunciados; colaborar em providências para o retorno ao campo de imigrantes de áreas subdesenvolvidas, atraídos pelas luzes da cidade e aqui transformados em favelados" (Estatutos da Cruzada São Sebastião, Rio de Janeiro, set. 1955. In: Valla, 1984:8-9).

54   Um Século de Favela

10. Sagmacs. "Aspectos humanos da favela carioca". In: Valla (1984:11).

11. De acordo com os Leeds (1978:215), a criação da Cohab seria a resposta dada por Lacerda ao Conselho Federal de Habitação, criado pouco antes pelo presidente João Goulart, com o objetivo de coordenar uma política habitacional para a população de baixa renda.

12. De acordo com Fortuna & Fortuna (1974:112), as verbas "jamais atingiram os 3% previstos", sendo, ademais, "distribuídas através do Serfha, regiões administrativas e departamentos estaduais, que as aplicavam segundo seu interesse". Essa lei foi revogada em 1968.

13. Dos cerca de 5 mil votos computados nas urnas onde votaram os moradores dos conjuntos habitacionais recém-criados, não mais que 400 teriam sido para Flexa Ribeiro (Perlman, 1977:246).

14. Em relatório oficial de 1968, a favela é descrita como uma "aglomeração irregular de subproletários sem capacitação profissional, baixos padrões de vida, analfabetismo, messianismo, promiscuidade, alcoolismo, o hábito de andar descalço, superstição e espiritismo, falta de recreação sadia, refúgio para elementos criminosos e marginais, foco de parasitas e doenças contagiosas" (Perlman, 1977:125).

15. As exigências são as seguintes: a) congregar à associação um mínimo de sócios; b) inscrever os estatutos na Secretaria de Serviços Sociais; c) apresentar seus programas de ação aos órgãos do estado; d) manter cadastro dos moradores, encaminhando cópia à Secretaria de Serviços Sociais; e) depositar em agência do Banco do Estado da Guanabara a sua arrecadação; f) apresentar balancetes semestrais ao Serviço Social Regional (Fortuna & Fortuna, 1974:106).

16. O Decreto nº 870 é regulamentado pela Portaria "E" SSS, nº 12 (12-11-1969), que fixa normas para a organização das associações de moradores, estabelecendo o conteúdo de seus estatutos e regimentos internos etc. Entre outras coisas, define que as associações de favelas do estado "não terão caráter político-partidário (...)"; quanto às suas finalidades, "quase todos os artigos falam de 'colaborar', 'contribuir', 'cooperar' com os poderes públicos"; prevê ainda que a "associação poderá ser dissolvida quando deixar de cumprir determinações do Estado" (Silva, 1967:43).

Quanto à sua organização, devem ser compostas dos seguintes órgãos: Assembleia Geral, Diretoria e Conselho Fiscal. Acerca do processo eleitoral, estabelece normas bastante rígidas. Os trabalhos para a realização das eleições devem ser dirigidos por uma comissão especialmente designada pelo secretário de Estado de Serviço Social, composta de um representante do Serviço Social Regional, quatro sócios escolhidos pela Assembleia Geral da Associação, um representante da Fafeg (caso a associação seja a ela filiada), um representante da R. A. Quando a associação for orientada pela Fundação Leão XIII, ca-

Dos Parques Proletários ao Favela-Bairro

berá ao presidente da fundação designar a comissão, sendo o representante do Serviço Social Regional substituído por um representante da Fundação Leão XIII (Fortuna & Fortuna, 1974:106-7).

17. De acordo com Nélson Ferreira dos Santos (1980:19-21), o programa de urbanização de Brás de Pina atua diretamente nas casas, e cerca de 60 a 70% das casas teriam sido reconstruídas. O mesmo autor chama a atenção para a novidade do trabalho realizado: os moradores desenham as plantas de suas casas, e a partir daí os arquitetos fazem os modelos de casas, que ficam expostos em um *stand* onde os moradores podem escolher aquele preferido. Aspecto interessante é que 40% das escolhas recaíram sobre um modelo de planta cujo padrão se assemelha ao dos apartamentos da classe média do Rio. Para Santos, isso ocorre porque tais apartamentos são construídos por homens habitantes da favela e mantidos pelas suas mulheres. Mas isso também revela, segundo ele, que os habitantes da favela "não têm nenhuma cultura isolada". Outro aspecto interessante do modelo de casa privilegiado pelos moradores é a opção por varandas, cuja função, a julgar pelo exíguo tamanho a ela reservado, seria antes conferir *status* à casa. Muito popular também foi a preocupação com um espaço reservado a um anexo à casa, para fins comerciais. Igualmente salientada por Santos é a grande resistência à construção de casas com parede em comum, "considerada fonte potencial de conflito".

18. Um dos momentos de triste memória foi o processo de remoção dos moradores da favela da Praia do Pinto. Diante da resistência dos moradores, a favela foi incendiada, sem que os bombeiros, insistentemente chamados, acorressem ao local. As famílias perderam seus haveres, e os líderes da resistência passiva desapareceram. No lugar da favela construiu-se um conjunto de prédios — hoje conhecido como Selva de Pedra — com apartamentos financiados para militares (Perlman, 1977:247).

19. Tal procedimento também seria utilizado para as associações, devendo os candidatos a cargos apresentar ao Serviço Social das Regiões Administrativas ou à Fundação Leão XIII atestado de bons antecedentes (Fortuna & Fortuna, 1974:107).

20. Embora admitisse que ninguém desejava sair da Catacumba, o sr. Souza, fundador da associação de moradores local, revela a Perlman (1977:260) que "acabou sendo coagido a ajudar o governo a promover a transferência".

21. Ver Fortuna & Fortuna (1974:107). Pesquisa realizada por Perlman (1977:238), em 1968, indica que nas três favelas por ela estudada, cerca de 75% dos moradores consideravam indesejável a remoção.

22. Machado da Silva (1981:12) observa que em muitos conjuntos surgem associações para lutar contra a expulsão dos conjuntos daqueles sem condições de pagar.

23. Janice Perlman (1977:258) observa que essas construções "lembram alojamentos de soldados, com um quarto para cada família".

24. O caso da Cidade de Deus, estudado por Alba Zaluar (1985:71), ilustra bem isso: "Lá vieram a se reunir ex-moradores de 63 favelas localizadas nos mais diferentes pontos da cidade".

25. Segundo Machado da Silva (1967:37, 39), há nas favelas uma burguesia favelada que "monopoliza o acesso, controle e manipulação dos recursos econômicos e as decisões políticas". Em outra passagem, afirma que "as camadas inferiores das favelas não exercem qualquer controle sobre os acordos que as camadas superiores fazem com os grupos políticos supralocais, fato que contribui de maneira decisiva para a dominação da própria camada social superior da favela pelos grupos e políticos supralocais".

26. O Promorar, organizado em 1979 pelo BNH, tinha por objetivo recuperar as faixas alagadas habitadas, pretendendo, com a valorização das áreas assim conquistadas, recuperar os investimentos feitos com a venda dos terrenos remanescentes. O estado do Rio de Janeiro foi escolhido para ser palco do primeiro programa a ser executado pelo Promorar: o Projeto Rio, que seria desenvolvido em área próxima ao aeroporto internacional, alcançando seis favelas na área da Maré: Parque União, Rubem Vaz, Nova Holanda, Baixa do Sapateiro, Timbau e Maré (Silva, 1984).

27. "Apesar de todas as relativizações e aproximações que os trabalhadores fazem entre eles e os bandidos, trabalhar ainda é uma opção moralmente superior", opção que, segundo Zaluar (1985:159), tem a ver com a ética de provedor, mas é sobretudo um cálculo de autopreservação, já que a liberdade dos bandidos é vista como ilusão.

28. A malfadada Operação Rio resultou de um convênio imposto ao então governador em exercício do estado, Nilo Batista. Sobre seu impacto, Luiz Eduardo Soares (1996:270, 275) observa que, concentrada no cerco às favelas, a título de asfixiar o tráfico, a Operação produz diversas violações aos direitos civis e humanos: "prisões com mandados expedidos *a posteriori* e sem abertura adequada de inquéritos, incomunicabilidades temporárias, revistas acintosas e humilhantes, toques de recolher, embargos à passagem de trabalhadores para suas casas ou para seus locais de trabalho, torturas já confirmadas etc.". Esse autor também assinala, em sua pesquisa sobre os homicídios dolosos praticados no estado do Rio de Janeiro, que "a presença do Exército nas ruas e favelas do Rio está associada a um aumento espetacular nos níveis da criminalidade letal".

29. Das 545 favelas, 85 (ou seja, quase 20% do total) surgiram entre 1981 e 1990; 198 (ou 36,3%) se densificaram durante a década de 80; 69 (12,7%) se expandiram; e 167 (30,6%) se expandiram e densificaram (Valladares & Ribeiro, 1995:66).

Dos Parques Proletários ao Favela-Bairro

30. Dados da pesquisa por nós realizada em três favelas de porte médio da cidade indicam que, para 21,4% de seus moradores, a segurança é o principal direito que deve ser assegurado pela sociedade (só superado pelos direitos sociais, citados por 29,8%); por outro lado, quando indagados sobre o significado da democracia, entre os que responderam, o maior índice (37,7%) associou democracia às liberdades civis, tendo sido muito citada a liberdade de ir e vir (Carvalho et alii, 1997).

31. Como nota Santos (1984:28), havia a expectativa de que o cadastro subsidiasse a organização de "políticas globais de desenvolvimento social e a melhoria da qualidade de vida das comunidades carentes".

32. De acordo com Rodrigues (1988:18), às comunidades cabia a mobilização dos moradores para as obras, que seriam tocadas em regime de mutirão, sendo o trabalho remunerado nos dias úteis e gratuito nos fins de semana.

33. Rodrigues (1988:34) nota que o Projeto Mutirão foi o que mais cresceu, sendo incorporado pelo Proface a partir de 1983, ficando a SMDS responsável pela instalação da rede de esgoto e a Cedae pela de água.

34. A elaboração do Plano Diretor é uma exigência da Constituição Federal de 1988 para cidades com mais de 20 mil habitantes. Seu objetivo declarado é, através de um tratamento integrado de diversos setores da política pública, estabelecer um conjunto de diretrizes, normas e procedimentos que deverão pautar o desenvolvimento urbano e social das cidades nos próximos 10 anos.

35. Os demais são: Regularização de Loteamentos (regularização urbanística e complemento ou construção de infraestrutura); Regularização Fundiária e Titulação; Novas Alternativas (voltado para a ocupação das áreas livres existentes na cidade, mas já dotadas de infraestrutura); Morar Carioca (voltado para a ampliação de terrenos em áreas infraestruturadas e de interesse da classe média, além de estímulo à participação de pequenos e médios empresários na produção de moradias e formação de cooperativas habitacionais); e Morar Sem Risco (reassentamento de famílias que estejam ocupando áreas de risco).

36. Um critério a mais adotado na seleção foi a dispersão regional das favelas, de modo que o programa contemplasse as cinco áreas de planejamento em que está dividida a cidade. Outra advertência a ser feita é que as favelas "conurbadas" foram tratadas como um conjunto único e nunca isoladamente, já que se considerou que tais favelas "formam uma única realidade geoambiental, não obstante mantenham identidades socioculturais próprias" (PMRJ, 1995:5). Em alguns casos, como se pode observar na lista de 16 favelas selecionadas, duas ou mais são consideradas parte de um único complexo. Eis a lista: Parque Royal; Canal das Tachas/Vila Amizade; Grotão; Serrinha; Ladeira dos Funcionários/Parque São Sebastião; Caminho do Job; Escondidinho; Morro da Fé;

Vila Cândido/Guararapes/Cerro-Corá; Chácara Del Castilho; Mata Machado; Morro dos Prazeres; Morro União; Três Pontes; Fernão Cardim; e Andaraí.

37. No edital do concurso, o programa é apresentado como um esforço voltado para a "implantação de melhorias físico-ambientais que integram as favelas aos bairros onde se localizam, preservando suas especificidades, através da complementação da estrutura urbana em cada uma das favelas, da introdução de valores urbanísticos presentes no restante da cidade, tais como condições básicas de acesso e circulação viários, infraestrutura urbanística essencial, equipamentos urbanos, contando com a adesão e a participação da população residente durante o processo de implantação das melhorias físico-ambientais (Concurso Favela-Bairro, 1994).

38. O programa de monitoramento e avaliação consiste em um subcomponente voltado para a avaliação da "satisfação da comunidade"; o programa de educação sanitária e ambiental visa a "assegurar o uso adequado dos equipamentos sanitários à população beneficiada pelo programa". E o programa de desenvolvimento institucional refere-se ao treinamento e à capacitação de profissionais da SMH e da SMDS (Decreto nº 14.332, 7-11-1995).

39. Prevê, ainda, que o custo dos investimentos por domicílio não deverá exceder a US$4 mil e que exceções a esses valores deverão ter aprovação prévia por parte do BID. Além disso, estabelece que o número de domicílios a serem relocalizados não poderá ultrapassar 5% do total, exceto sob aprovação do BID. Estabelece também que as novas casas deverão ter um mínimo de 36m^2 e que, no caso dos imóveis alugados, os inquilinos atuais deverão receber uma compensação durante três meses, sendo o seu proprietário indenizado pelas benfeitorias. Do ponto de vista de sua execução, é importante notar, ainda, que o Proap estabelece a necessidade de uma primeira etapa dedicada à difusão do programa com o "propósito de informar a comunidade e estabelecer vínculos formais para a adequada comunicação, participação e programação das diversas atividades que será necessário executar" (Decreto nº 14.332, 7-11-1995).

Referências bibliográficas

Burgos, Marcelo Baumann. A falência da prefeitura do Rio de Janeiro. IEI/ UFRJ, 1992. (Tese de Mestrado.)

Carvalho, José Murilo. *Os bestializados: o Rio de Janeiro e a República que não foi.* São Paulo, Companhia das Letras, 1987.

Carvalho, Maria Alice Rezende de. *Quatro vezes cidade.* Rio de Janeiro, Sette Letras, 1994.

Dos Parques Proletários ao Favela-Bairro

———. Cidade escassa e violência urbana. Iuperj, 1995. (Série Estudos, 91.)

———; Cheibub, Z.; Burgos, M. B. & Simas, M. Cultura política e cidadania: uma avaliação do Favela-Bairro. Iuperj, 1997. mimeog. (Relatório de Pesquisa.)

Cavallieri, Paulo Fernando. Favelas cariocas: mudanças na infraestrutura. In: *4 estudos*. Iplanrio, 1986.

Diniz, Eli. *Voto e máquina política: patronagem e clientelismo no Rio de Janeiro*. Paz e Terra, 1982.

Fortuna, A. P. & Fortuna, J. P. P. Associativismo na favela. *Revista de Administração Pública, 8* (4):103-52, out./dez. 1974.

Gawryzewski, Alberto. A administração Pedro Ernesto: Rio de Janeiro (D.F.) — 1932-1936. ICHF; UFF, 1988. (Tese de Mestrado.)

Geap. *Bases da política habitacional da cidade do Rio de Janeiro*. 1993.

Iplanrio. *Anuário estatístico*. 1993.

Leeds, Anthony & Leeds, Elizabeth. *A sociologia do Brasil urbano*. Rio de Janeiro, Zahar, 1978.

Lima, Nísia Verônica Trindade. O movimento de favelados do Rio de Janeiro — políticas do estado e lutas sociais (1954-1973). Iuperj, 1989. (Dissertação de Mestrado.)

Moura, P. L. da Silva. Um movimento em busca do poder: as associações de moradores do Rio de Janeiro e a sua relação com o Estado — 1970-1990. Departamento de História da UFF, 1993. (Tese de Mestrado.)

Parisse, Luciano. Favelas do Rio de Janeiro. *Cadernos Cenpha* (5), 1969.

Perlman, Janice. *O mito da marginalidade*. Rio de Janeiro, Paz e Terra, 1977.

PMRJ (Prefeitura Municipal do Rio de Janeiro). *Critérios de seleção e instrumentos de monitoramento e avaliação*. Jun. 1995.

Proface. *Relatório anual, 2*. 1984.

Rodrigues, Paulo Henrique de Almeida. Extensão dos serviços públicos às comunidades de baixa renda do município do Rio de Janeiro. Ibam; Unicef, 1988. (Série Experiências Inovadoras, 4.)

Rodrigues Filho, Mario. *O negro no futebol Brasileiro*. Petrópolis, Firmo, 1994.

Santos, C. N. Ferreira dos. Como projetar de baixo para cima: uma experiência em favela. *Revista de Administração Municipal*, jul./set. 1980.

————. Em trinta anos passou muita água sob as pontes urbanas. *Espaços e Debates, 4*, 1984.

Silva, L. A. Machado da. A política na favela. *Cadernos Brasileiros* (41), maio/jun. 1967.

————& Figueiredo, Ademir. Urbanização x remoção: uma polarização recente. V Encontro Nacional da Anpocs, 21 a 23 de outubro de 1981.

Silva, Marília T. Barbosa da. & Oliveira Filho, Arthur L. *Cartola: tempos idos*. Rio de Janeiro, Funarte, 1989.

Silva, S. M. Souza e. Espaço favela: o Projeto Rio e a favela da Maré. Ipur; UFRJ, 1984. (Tese de Mestrado.)

Soares, Luiz Eduardo. *Violência e política no Rio de Janeiro*. Iser; Relume-Dumará, 1996.

Valla, Victor Vincent. Educação, participação, urbanização: uma contribuição à análise histórica das propostas institucionais para as favelas do Rio de Janeiro, 1941-1980. In: Seminário Habitação Popular no Rio de Janeiro: Primeira República. Fundação Casa de Rui Barbosa, 1984.

Valladares, L. *Passa-se uma casa*. 2 ed. Rio de Janeiro, Zahar, 1978.

————& Ribeiro, Rosa. The return of the favela: recent changes in intra metropolitan Rio. *Revista Del Instituto de Urbanismo*. Universidad Central de Venezuela. 1995.

Zaluar, Alba. *A máquina e a revolta: as organizações populares e o significado da pobreza*. São Paulo, Brasiliense, 1985.

"A palavra é: favela"*

Jane Souto de Oliveira
Maria Hortense Marcier

SE A PRESENÇA das favelas no cenário urbano brasileiro já se estende por um século, longa é, também, sua inscrição na música popular. De fato, ela está perto de completar 70 anos, se tomarmos como um de seus marcos iniciais o samba de Sinhô *A Favela vai abaixo*,[1] lançado em 1928 como forma de lamento pela destruição do morro da Favela, prevista pelo Plano Agache para a cidade do Rio de Janeiro. Desde sua origem, portanto, a tematização da favela no cancioneiro popular, para além da afirmação dos laços de pertencimento ao lugar, reflete a especificidade de uma história marcada por conflitos, preconceitos e estigmas, resistência e vitalidade.

É dessas múltiplas representações da favela que trata o presente artigo. Nele se cruzam e se combinam essencialmente dois impulsos: o primeiro, de caráter mais teórico, é a retomada de uma preocupação intelectual que teve início ainda nos anos 70, quando, pela primeira vez, nos aproximamos do tema e da realidade das favelas, desenvolvendo, no IBGE, uma linha de estudos voltada especificamente para a pobreza urbana no país.[2] O convite para participarmos de uma coletânea de textos, mar-

---

JANE SOUTO DE OLIVEIRA é do Instituto Brasileiro de Geografia e Estatística (IBGE) e MARIA HORTENSE MARCIER é da Universidade Federal do Rio de Janeiro (UFRJ).

* O título do trabalho evoca um programa da antiga TV Record de São Paulo, conduzido pelo apresentador Blota Júnior e que obteve grande repercussão no final dos anos 1960. Nele, diversos artistas se confrontavam, testando seu conhecimento de música popular brasileira. O vencedor de cada programa era aquele que conseguia cantar o maior número de músicas que incluíssem as palavras selecionadas pelo apresentador. Dada sua audiência, o programa serviu não apenas para difundir a MPB, mas também para tornar conhecidos alguns compositores e intérpretes que então começavam a despontar e entre os quais se incluíam Caetano Veloso, Chico Buarque de Holanda e Edu Lobo.

cando o centenário das favelas, era uma ocasião privilegiada para revisitarmos aqueles e outros trabalhos, confrontando-os com a produção mais recente e, ao mesmo tempo, estabelecendo suas pontes com o conteúdo trazido pelas composições musicais.

Se o desafio intelectual era grande, o impulso afetivo não era menor. A nos unir, também, mais do que um gosto, estava a paixão permanente e sempre renovada pela música popular brasileira. O prazer de ouvi-la, de brincar com seus temas e letras, de perceber suas palavras--chave e seus silêncios acabou, assim, por impregnar todo o trabalho e convertê-lo em lazer.

A pesquisa começou em casa, vasculhando as estantes esquecidas do "vinil"; contagiou amigos, solícitos em fornecer dicas e fitas;[3] prosseguiu nos sebos, em busca de livros que, embora recorrentemente citados, insistiam em permanecer como "tesouros escondidos".

Depois, foi a vez da consulta aos arquivos oficiais — o Museu da Imagem e do Som (MIS) e a Divisão de Música e Arquivo Sonoro da Biblioteca Nacional —, que nos reservavam algumas surpresas. A primeira resultaria do "paradoxo da cobertura", mais ampla e exaustiva para as primeiras décadas do período de gravação sonora do que para as mais recentes. Um paradoxo que se explica, entre outros motivos, pelo não cumprimento da lei que determina que, de toda a documentação escrita e sonora produzida no país, seja encaminhada uma cópia à Biblioteca Nacional, e pelo fato de os acervos oficiais só poderem ser ampliados por via de depósito legal ou doações. Com isso, cresce a importância das coleções particulares, como as que foram doadas por Brício de Abreu e Abraão de Carvalho à Biblioteca Nacional, e, sobretudo, do notável esforço de pesquisa e documentação histórica empreendido por Henrique Foréis Domingues — mais conhecido como Almirante —, que, ainda nos anos 60, transferiu para o MIS seu acervo composto de aproximadamente 50 mil partituras. Assim, se nos arquivos da cidade se pode ter acesso à parcela mais expressiva da obra de Sinhô, Pixinguinha, Noel Rosa, Ari Barroso, Assis Valente, Wilson Batista, Cartola, Nélson Cavaquinho e tantos outros integrantes da "velha guarda", compositores como Tom Jobim, Chico Buarque, Caetano Veloso, Paulinho da Viola, Gilberto Gil, Martinho da Vila e Milton Nascimento têm sua produção musical representada por um número bem mais restrito de títulos. Isso sem falar, é claro, dos compositores menos famosos ou da "jovem guarda".

Outra surpresa diria respeito à forma de organização dos arquivos. Na era da computação e da Internet, os arquivos não estão informatizados, e os fichários classificam as composições apenas por título e autoria. Mesmo com a boa vontade e o jeitinho dos funcionários, que acabam por driblar certas regras burocráticas — no MIS, por exemplo, o pedido de consulta diária se

"A Palavra é: Favela"

63

limita a um máximo de 10 partituras por pessoa —, qualquer pesquisa temática, a partir de composições musicais, se torna extremamente difícil e arriscada. Não dispondo de uma "classificação por assunto", nossa saída foi investir nos títulos. No mais puro estilo "a palavra é", corremos atrás de tudo que havia sobre favela, morro, barraco, barracão etc. Desde cedo, no entanto, duas músicas do maior interesse para nosso estudo, mas que jamais se revelariam por seu título, *Recenseamento* (Assis Valente, 1940) e *Encanto da paisagem* (Nélson Sargento, 1986), mostraram os limites desse tipo de investigação. Para complementá-la, partimos para os livros sobre autores (Sinhô, Noel Rosa, Assis Valente, Pixinguinha, Chico Buarque e Gilberto Gil) que reconstituíam sua discografia e para os *songbooks* de que dispúnhamos. E, finalmente, recorremos a um dos grandes mestres da pesquisa musical no Brasil, Jairo Severiano,[4] com quem discutimos o repertório selecionado e de quem recebemos muitas e importantes lições de MPB. Seu aval foi também decisivo para minimizar o risco de termos deixado de incluir alguma música essencial sobre a favela. Mesmo minimizada, porém, a "síndrome do esquecimento" continua sendo nossa fiel companheira.

A última surpresa nos chegaria com a entrega das primeiras partituras, tanto na Divisão de Música da Biblioteca, quanto no MIS: eram elas *originais*, algumas datadas do início do século! A emoção de folhearmos partituras tão antigas não deixou de ser contrabalançada pela preocupação com a preservação desses documentos, muitos dos quais já trazendo as marcas do tempo e do manuseio. Daí a pergunta: quantos deles resistirão às próximas consultas?

Caberiam ainda alguns comentários sobre o processo de pesquisa. O primeiro é que trabalhamos somente com composições musicais *gravadas*. Na classificação do repertório por ordem cronológica, adotamos, sempre que possível, a data da gravação original. Algumas vezes tivemos que nos contentar com uma data aproximada (a indicação, por exemplo, da década); outras vezes, nem isso foi possível. No caso específico das composições produzidas ou interpretadas por Bezerra da Silva, consideramos a data de gravação de seus CDs (anos 90). É bastante provável que algumas sejam anteriores, de vez que, já em 1980, o compositor havia obtido discos de platina, em vinil, aos quais, entretanto, não tivemos acesso. É preciso lembrar, ainda, que no caso de outros compositores, como Cartola, Nélson Cavaquinho e Adoniran Barbosa, "redescobertos" pelo mercado fonográfico nos anos 70 e 80, existe a possibilidade de uma defasagem entre o momento de criação da música e o de sua gravação.

O segundo comentário diz respeito à abrangência do levantamento: a maioria das composições se refere à cidade do Rio de Janeiro, mas esta não representa a única referência espacial. Com outros nomes — malocas, vilas, mocambos —, a realidade da favela se espraiou praticamente por todas as regiões do país e nesse percurso deu ensejo a alguns "clássicos" do cancioneiro popular. Dessa forma, não haveria por que circunscrever a análise apenas à produção musical feita no e sobre o Rio de Janeiro e deixar de fora preciosidades como *Despejo na favela* ou *Saudosa maloca*, de Adoniran Barbosa.

A terceira observação se refere ao recorte analítico por nós adotado. De início, pensamos estudar as representações da favela na MPB a partir de um corte cronológico, observando as mudanças operadas ao longo das sucessivas décadas. O exame das letras nos levou, contudo, a redefinir a proposta original. A recorrência com que a favela era associada a determinadas situações e personagens, a ênfase em sua configuração socioespacial, bem como o recurso a certos pares de oposição para marcar sua especificidade no quadro urbano, ao mesmo tempo em que se mostravam muito fortes, mostravam-se, também, transversais no tempo. Daí termos reestruturado o artigo, procedendo a uma análise mais propriamente temática do que cronológica.

O comentário final está relacionado ao material de pesquisa. Quando decidimos dar por encerrado o levantamento, tínhamos em mãos cerca de 230 referências musicais. Destas não nos foi possível obter a letra de aproximadamente 50, e para outras três não nos foi possível identificar a época de gravação. Muitas, ainda, foram descartadas, de vez que, parodiando Drummond de Andrade, a favela aí entrava mais como uma rima do que como uma representação. Com isso, o material em que nos baseamos para redigir o presente texto inclui 163 composições musicais, cobrindo um período que se estende desde o final dos anos 20 até os dias atuais.

É com esse repertório que dialogamos, a seguir, procurando mostrar de que maneira o enredo sobre a favela e seus personagens foi construído e disseminado por compositores de música popular brasileira.

A reconstituição de um percurso: de morro da Favela/Favela a favela

É fato conhecido que o termo favela evoca em suas origens o local do sertão baiano onde se concentravam os seguidores de Antônio Conselheiro, tendo-se difundido no Rio a partir da ocupação do morro da Providência por soldados que voltavam da campanha de Canudos e começaram a chamá-lo de morro da Favela. Reconstituindo o processo no livro *Os morros cariocas no novo regime*, publicado em 1941, Dias da Cruz (apud Cabral, 1996:30) assim o descreveria:

"A Palavra é: Favela"

Terminara a luta na Bahia. Regressavam as tropas (...). Muitos soldados vieram acompanhados de suas "cabrochas". Eles tiveram que arranjar moradas. (...) As cabrochas eram naturais de uma serra chamada Favela, no município de Monte Santo, naquele estado. Falavam
muito, sempre da sua Bahia, do seu morro. E ficou a Favela nos morros cariocas. Primeiro, na aba da Providência, morro em que já morava uma numerosa população; depois foi subindo, virou para o outro
lado, para o Livramento. Nascera a Favela, 1897.[5]

Antes, portanto, de se substantivar, o termo favela serviu para nomear
um morro específico do Rio de Janeiro. E é nessa acepção que se inscreve pela
primeira vez na MPB, por meio da polca *Morro da Favela*,[6] de Passos, Bornéo
e Barnabé, cuja partitura original, ilustrada a bico de pena e dedicada pelos
autores a Lauro Muller Filho, data de 1916. Seu registro sonoro foi feito em
1917, ano em que outra composição, coincidentemente com o mesmo nome,
foi também gravada por Pixinguinha e seu grupo.[7]
Sendo ambas instrumentais, a entrada da favela no cancioneiro popular se fez, no entanto, apenas pela melodia. Na verdade, seria preciso esperar mais de uma década para que a favela passasse a permear também
as letras musicais, o que só ocorreu ao final dos anos 20, mais precisamente
em 1928, quando o tema serviu de base para três composições.

Anos 20

A FAVELA VAI ABAIXO (1928)
J. B. da Silva (Sinhô)

Seresteiro/ Minha cabocla, a *Favela* vai abaixo!/ Quanta saudade tu terás
deste torrão/ Da casinha pequenina de madeira/ Que nos enche de cari-
nho o coração! (...)

Mulata/ No Estácio, Querosene ou no Salgueiro/ Meu mulato não te espero na janela/ Vou morar na cidade nova/ Pra voltar meu coração para o
morro da *Favela*! (...)

NÃO QUERO SABER MAIS DELA (1928)
J. B. da Silva (Sinhô)

Colônia/ Porque foi que tu deixaste/ Nossa casa na *Favela*?/ Mulata/ Não
quero saber mais dela/ Não quero saber mais dela/ Colônia/ A casa que
eu te dei/ Tem uma porta e uma janela

Mulata/ Não quero saber mais dela/ Não quero saber mais dela/ Português não me invoca/ Me arrespeita eu sou donzela/ Não vou nas tuas potoca/ nem vou morar na *Favela* (...)

FORAM-SE OS MALANDROS (1928)
Casquinha e Donga

(...) Os malandros da *favela*/ Não têm mais onde morar/ Foram uns pra Cascadura/ Outros pra Circular/ Coitadinhos dos malandros/ Em que aperto vão ficar/ Com saudades da favela/ Todos eles vão chorar./ Os malandros da Mangueira/ Que vivem da jogatina/ São metidos a valentões/ Mas vão ter a mesma sina/ Mas eu hei de me rir muito/ Quando a justiça for lá/ Hei de ver muitos malandros/ Às carreiras se mudar.

Já à primeira leitura, fica claro que o uso do termo favela e sua grafia nessas composições podem prestar-se a uma dupla interpretação. Via de regra, assume-se que o F maiúsculo estaria indicando o uso do termo para identificar um morro da cidade — a exemplo de Salgueiro ou de Mangueira —, enquanto o *f* minúsculo serviria para designar as favelas de modo genérico.[8] Na MPB, contudo, essa não pode ser tomada como regra absoluta, como ilustram as composições dos anos 20.

As duas primeiras são de J. B. da Silva, popularmente conhecido como Sinhô, o Rei do Samba. *Não quero saber mais dela* apareceu no início de 1927 em revistas teatrais encenadas no Rio de Janeiro e foi gravada cerca de um ano depois. Na partitura, a categoria favela está grafada com maiúscula, sugerindo tratar-se de uma designação particular (Favela = morro da Favela), mas o conteúdo da letra, considerado por alguns pesquisadores como um retrato de época,[9] bem como a classificação da música como "samba *de* favela", na partitura original, parecem indicar, ao contrário, que aí já se estaria empregando o termo numa acepção mais genérica. O que não é o caso de *A Favela vai abaixo*, também gravada por Sinhô, em janeiro de 1928, em protesto contra a destruição do morro da Favela e a remoção de seus moradores, previstas pelo Plano Agache. Nela, "Favela" e "morro da Favela" se alternam e são usados claramente como sinônimos.

O mesmo tema (remoção) daria ensejo à composição *Foram-se os malandros*, de Casquinha e Donga, gravada em 1928, onde também o uso do termo favela é ambíguo. Embora os dois compositores se refiram sempre à favela (com *f* minúsculo), o contraponto que estabelecem entre os "malandros da favela" e os "malandros da Mangueira" e sobretudo a coincidência do período de gravação da música com a notícia da remoção do morro da Favela permitem pensar que aqui, mais uma vez, prevalece o sentido estrito do termo.

Mais importante, porém, do que especular sobre o sentido que os autores estariam atribuindo a favela é marcar a ambivalência no uso do termo — servindo ora como designação genérica, ora como qualificação específica — que se faz sentir nas composições musicais nos anos 20 e que, longe de se circunscrever apenas a esse período, atravessaria as décadas subsequentes, como procuramos mostrar, a seguir, por meio de alguns exemplos.

Anos 30

NEM É BOM FALAR (1930)
Ismael Silva, Nilton Bastos e Francisco Alves

(...) Até que enfim/ Eu agora estou descansado/ Ela deu o fora/ Foi morar lá na *Favela*/Oh! E eu não quero saber mais dela

ENCURTA A SAIA (1931)
J. Casado, Almirante e João de Barro

(...) Tira esta saia/ Amostra as tua canela/ Que vale um milhão de contos/ Nos batuque da *Favela* (...)

É FEIO, MAS É BOM (1939)
Assis Valente

O batuque da *favela*/ Terminou em tiroteio/ Todo samba do barulho/ Eu acho bom, mas acho feio (...)

Anos 40

FAVELA QUERIDA (1940)
Cristóvão de Alencar e Sílvio Pinto

Minha *Favela* querida/ Se eu for para outro lugar/ Na hora da despedida/ Eu bem sei/ Que vou chorar (...)/ Favela dos sonhos meus,/ Não sei te dizer adeus,/ Pois foi na favela que eu conheci,/ Sambando na ribanceira/ Uma cabrocha faceira,/ Que nunca mais esqueci (...)

ONDE É QUE VAIS MORAR? (1943)
Kid Pepe e Téo Magalhães

Onde é que vais morar/ Se a *favela* se acabar/ Se a *favela* se acabar/ Onde é que vais morar/ Eu tenho um "bungalow"/ A tua disposição/ Que tem ar refrigerado/ Para os dias de verão/ (...) Tenha paciência/ E não se canse de esperar/ Tudo pode acontecer/ Se a *favela* se acabar

BOOGIE-WOOGIE NA FAVELA (1945)
Denis Brean

(...) E lá na *Favela*/ Toda batucada já tem *boogie-woogie*/ Até as cabrochas/ Já dançam, já falam/ No tal *boogie-woogie*/ E o nosso samba foi por isso que aderiu/ Do Amazonas, Rio Grande, São Paulo e Rio/ Ao *boogie-woogie, boogie-woogie, boogie-woogie*/ A nova dança que surgiu

Anos 50

PATINETE NO MORRO (1954)
Luís Antônio

Papai Noel/ não sobe na *favela*/ O morro também tem garotada/ Eu botei o meu tamanco na janela/ E de manhã não tinha nada. (...)

FALA MANGUEIRA (1956)
Mirabeau e Mílton de Oliveira

Fala Mangueira, fala!/ Mostra a força da tua tradição/ Com licença da Portela, *Favela*/ Mangueira mora no meu coração! (...)

FAVELA AMARELA (1959)
Jota Jr. e O. Magalhães

Favela amarela!/ Ironia da vida!/ Pintem a *favela*/ Façam aquarela/ Da miséria colorida/ Favela amarela (...)

"A Palavra é: Favela"   69

A leitura das composições musicais dos anos 50 indica, todavia, que o uso genérico do termo favela já começava então a se consolidar. A partir dos anos 60, a grafia de favela com *F* maiúsculo e seu emprego como topônimo praticamente desaparecem da MPB.[10] Decididamente, a favela se substantivara na canção popular. Nessa direção apontam tanto os títulos de algumas composições musicais — *Favela do Sete Coroas* (1960), de Geraldo Queiroz e Waldir Firotti; *Favela do Vergueiro* (1964), de Cachimbinho e Laércio Flores; e *Favela do Pasmado* (1965), de Edith Serra — quanto o conteúdo de outras. Assim, é bastante significativo que, na composição *Favelas do Brasil* (1961), seus autores, J. Piedade, O. Gazzaneo e J. Mascarenhas, registrem a presença delas em todo o território nacional. Como é significativo também que temas como o do surgimento e o da remoção de favelas passem a permear as letras musicais do período, dando conta não apenas de uma situação específica, mas também plural.

Até mesmo a questão da mudança social nas favelas se incorpora às composições dos anos 60. E, a esse propósito, é interessante confrontar as versões antagônicas apresentadas nas músicas *Favela diferente* (1962) e *Minha favela* (1968). A primeira, de autoria do padre Ralfy Mendes, parece refletir os esforços de algumas alas da Igreja Católica, então preocupadas em deter "o perigo vermelho": é "preciso subir o morro antes que os comunistas desçam", e o caminho musical foi uma das vias de acesso, como sugere *Favela diferente*. Mas enquanto nesta se elabora uma versão positiva da mudança que teria ocorrido com o "fim da malandragem" e dos "batuques" e com a melhoria nos níveis de vida dos moradores da favela, a partir de símbolos de *status* como era, à época, possuir televisão e geladeira, radicalmente oposta é a visão trazida por *Minha favela*. Nesta, os compositores Clodoaldo Brito (Codó) e Francisco Dias Pinto negam qualquer transformação e traçam um quadro bastante adverso das condições de vida na favela.

Anos 60

FAVELAS DO BRASIL (1961)
J. Piedade, O. Gazzaneo e J. Mascarenhas

(...) Cada favela tem seu bamba/ Sua rodinha de umbanda/ Que todos vão saravá, Ogum, e Oxalá/ As favelas sejam dez ou sejam mil/ São favelas do Brasil

FAVELA DIFERENTE (1962)
Pe. Ralfy Mendes

Na favela antigamente/ Só dava malandro/ Batuque a noite inteira/ Mas agora é diferente/ O barraco tem televisão e geladeira (...)

Malandro foi ser *playboy* em Copacabana/ E a favela foi ficando mais bacana

MINHA FAVELA (1968)
Clodoaldo Brito (Codó) e Francisco Dias Pinto

Eu não voltei mais na favela/ Mas sei que nada melhorou (...)/ Só quem conhece a favela/ É que entende bem que ela/ Não é igual ao carnaval/ Pois quem vê o povo tão contente/ Pensa que o morro é diferente/ Não sabe o que é viver tão mal

A tabela a seguir compara o modo pelo qual a grafia de favela foi-se modificando, ao longo do tempo, nas composições musicais por nós levantadas. Mesmo com as ressalvas feitas anteriormente, a tendência que aí se observa não deixa de ser ilustrativa do processo de substantivação por que passou o termo.

DÉCADAS	TOTAL	FAVELA	FAVELA	FAVELA/FAVELA
20	3	2	1	—
30	11	8	2	1
40	6	2	2	2
50	6	2	4	—
60	12	1	10	1
70-90	8	—	7	1
S/especificação	1	1	—	
Total	47	16	26	5

Por outro lado, a tabela revela também um aparente paradoxo: no conjunto das 163 composições com que trabalhamos, o termo favela se explicita em apenas 47, ou seja, em menos de 1/3 do total. Algumas justi-

"A Palavra é: Favela"

71

ficativas poderiam ser aqui avançadas: a primeira, e sem dúvida principal, guarda relação com a origem e a forma de expansão das favelas do Rio de Janeiro, que, como já mencionamos, representam referência espacial básica de nossa pesquisa. Nesse sentido, caberia lembrar que, mesmo antes de ser "favela", a favela foi morro no Rio, e que sua expansão na malha urbana foi fundamentalmente impulsionada pela ocupação de novos morros e/ou pelo adensamento dos antigos.[11] Não é de estranhar, portanto, que no conjunto das 163 músicas levantadas, 93 estabeleçam uma sinonímia entre morro e favela.

A par dessa identificação, as composições de MPB recorrem também a um uso metonímico de barraco/barracão para remeter à favela, sendo bastante comum, ainda, a adoção dos nomes próprios das favelas — Mangueira, Salgueiro, Borel etc. —, sobretudo quando se trata de exaltar cada uma delas.

Por trás do morro, de designações específicas e dos "barracos da cidade", a favela se oculta e se revela, o que não só não elimina como pode até mesmo corroborar a possibilidade de que o uso menos frequente do termo nas composições musicais se deva, ao menos em parte, ao estigma que historicamente o acompanha.

Na tabela da página 72, indicamos a frequência com que essas diferentes formas de designação[12] aparecem no levantamento por nós realizado.

Nesse percurso de sete décadas, a música acompanharia de perto o crescimento e a difusão espacial das favelas. Nos anos 20, cantava-se apenas o morro da Favela; nos anos 90, Bezerra da Silva, autor de uma modalidade de samba definida como "de protesto",[13] mencionaria o nome de nada menos que 54 favelas na composição *Aqueles morros*. E tendo percebido que se esquecera de muitas outras, a estas dedicaria uma nova: *As favelas que não exaltei*. Isso para falar apenas no Rio...

A favela como o espaço do pobre

No *Novo dicionário da língua portuguesa*, Aurélio Buarque de Holanda (1986:234, 762) assim define favela e barraco:

FAVELA	BARRACO
"Conjunto de habitações populares toscamente construídas (por via de regra em morros) e desprovidas de recursos higiênicos. [Sin.: *morro* (RJ)]."	"[De barraca]. Habitação tosca, improvisada, construída geralmente em morros, com materiais de origem diversa e adaptados, coberta com palha, zinco ou telha, onde vivem os favelados; barracão."[14]

Décadas	Total	Só Favela	Só Morro	Morro e Favela	Nem Morro nem Favela		
					Total	Nomes de Favelas	Outras Referências
20	3	2	—	1	—	—	—
30	22	10	7	1	4	3	1
40	23	4	12	2	5	3	2
50	35	3	21	3	8	5	3
60	43	8	24	4	7	3	4
70	21	3	11	—	7	7	—
80	7	1	1	—	5	2	3
90	6	2	2	2	—	—	—
S/D	3	1	2	—	—	—	—
Total	163	34	80	13	36	23	13

"A Palavra é: Favela"

Tendo estabelecido a estreita ligação entre um termo e outro e entre estes e os morros, o dicionarista recorre, em seguida, a uma famosa composição musical para ilustrar o uso de barraco:

A porta do barraco era sem trinco.
Mas a lua, pisando nosso zinco,
Salpicava de estrelas nosso chão...
(*Chão de estrelas*, de Orestes Barbosa)

O recurso não é gratuito. Desde os anos 20 até os dias atuais, a MPB vem se constituindo como um dos maiores e mais importantes acervos documentais sobre a favela. Aí a favela se afirma, antes de mais nada, a partir de suas características físicas, de seus aspectos visíveis, emergindo como o espaço da habitação precária e improvisada, do predomínio do rústico sobre o durável, da ausência de arruamento, da escassez de serviços públicos — em poucas palavras, o espaço do não.

AVE MARIA NO MORRO (1942)
Herivelto Martins

Barracão de zinco/ Sem telhado, sem pintura/ Lá no morro/ Barracão é *bungalow*/ Lá não existe felicidade de arranha-céu/ Pois quem mora lá no morro/ Já vive pertinho do céu (...)

VIDA NO MORRO (1942)
Aníbal Cruz

Lá no morro/ Todo caixote é cadeira/ Todo colchão é esteira/ Vela é iluminação/ Terra batida é assoalho pra dança/ Tamanco é sapato que dá elegância/ Piteira é cachimbo com fumo de rolo/ Água é refresco bebido com bolo/ Rico é visita no meio de gente/ Pedra animada é fogão bem decente (...)

EU NASCI NO MORRO (1945)
Ari Barroso

(...) Eu nasci no morro, num pobre barracão/ De caixão/ Vida de cachorro, pé no chão/ Sem tostão/ E depois segui o meu caminho/ Eu sozinho (...)

MEU BARRACO (1946)
Duque e Dilu Mello

(...) O meu barraco é claro que faz gosto/ Lá não tem gás, nem eletricidade/ Não pago a luz, não pago imposto/ Não pago a luz, que felicidade (...)

ESCURINHA (1950)
Geraldo Pereira e Arnaldo Passos

(...) Quatro paredes de barro/ Telhado de zinco/ Assoalho de chão!/ Só tu escurinha/ É quem está faltando/ No meu barracão (...)

ÁGUA DE POTE (1952)
A. Barbosa, O. França e A. Lopes

Rico bebe água de garrafa/ Pobre bebe água de pote/ Cadeira de rico é poltrona/ Cadeira de pobre é caixote./ Residência de rico é bangalô/ Residência de pobre é barracão (...)

MUNDO DE ZINCO (1952)
Nássara e Wilson Batista

Aquele mundo de zinco, que é Mangueira/ Desperta com o apito do trem/ Uma cabrocha, uma esteira/ Um barracão de madeira/ Qualquer malandro em Mangueira tem (...)

MORRO (1953)
Luís Antônio

(...) Ó morro!/ Aonde mora a lua/ Aonde não há rua/ Nem água, nem luz!/ Morro! (...)

ACENDER AS VELAS (1965)
Zé Kéti

(...) Deus me perdoe/ Mas vou dizer/ O doutor chegou tarde demais/ Porque no morro/ Não tem automóvel pra subir/ Não tem telefone pra chamar/ E não tem beleza pra se ver/ E a gente morre sem querer morrer.

SANTUÁRIO NO MORRO (1966)
Adílson Godoy

(...) Barraco grudado no morro/ É mais forte d'água até/ Barraco na hora do aperto/ É santuário de José/ Por isso minha nega/ Não chora mais em vão/ Barraco é santuário/ Deus não vai jogar no chão./

MORRO DO BARRACO SEM ÁGUA (1970)
Roberto Correa, Jon Lemos

(...) No barraquinho sem água/ A gente vive a amar/ Eu e a nega/ Mais um neguinho bonito/ Já está pra chegar/ Da minha nega/ Mais uma latinha de água/ Vou ter que arrumar/ Ó minha nega/ Mais uns trocados pro leite/ Vou ter que arrumar/ Pro neguinho criar/ Ei!

ARQUITETURA DE POBRE (1980)
Edgar Barbosa e Joacy Santana

Arquitetura de pobre/ É barraco espetado na beira de barranco/ Ele vai levando a vida ao solavanco/ E o doutor com dinheiro no banco (...)

ENCANTO DA PAISAGEM (1986)
Nélson Sargento

Morro (...)/ A topografia da cidade/ Com toda simplicidade/ És chamado de elevação/ Vielas, becos e buracos/ Choupanas, tendinhas, barracos/ Sem discriminação (...)

As referências musicais à favela secundam a definição de Buarque de Holanda, seja no que diz respeito à estreita relação entre morro e favela, seja na ênfase dada às características visíveis para descrevê-la. É importante observar, no entanto, que algumas destas, sobretudo o uso de materiais rústicos ou improvisados na construção da moradia (barro, zinco, restos de madeira) e a falta de água e luz, bastante recorrentes na canção popular dos anos 40, 50 e 60, já a partir dos anos 70 se tornam menos frequentes, vindo praticamente a desaparecer na dos anos 80 e 90. A pergunta em suspenso, portanto, é: em que medida esse silêncio estaria respondendo ao intenso processo de autourbanização que ocorreu nas favelas nas últimas décadas e alterou sensivelmente seu perfil?[15]

Embora não mencionada pelo dicionário, uma outra característica da favela — a que a identifica como área de invasão e, consequentemente, coloca a questão da não propriedade dos terrenos[16] — se faz presente na MPB através de *Favela* (1966), *Aqueles morros* (1994) e *Barraco de tábua* (1952). De uma maneira poética, as três composições apontam para o surgimento da favela, mediante a ocupação de áreas devolutas ou abandonadas ("antes aqueles morros não tinham nomes"; "o morro era um presente de Deus"), mas é somente na última — *Barraco de tábua* — que se insinua o conflito entre a posse e a propriedade do terreno ("agora o morro tem dono").

FAVELA (1966)
Jorginho e Padeirinho

Numa vasta extensão/ Onde não há plantação/ Nem ninguém morando lá/ Cada um pobre que passa por ali/ Só pensa em construir seu lar/ E quando o primeiro começa/ Os outros depressa/ Procuram marcar/ Seu pedacinho de terra pra morar (...)

É ali que o lugar, então,/ Passa a se chamar favela.

AQUELES MORROS (1994)
Bezerra da Silva e Pedro Butina

Antes aqueles morros não tinham nomes/ Foi pra lá o elemento home/ Fazendo barraco, batuque e festinha/ Nasceu Mangueira, Salgueiro,/ São Carlos e Cachoeirinha/ Andaraí, Caixa d'Água, Congonha,/ Alemão e Borel/ Morro do Macaco e Vila Isabel

BARRACO DE TÁBUA (1952)
Herivelto Martins e Vítor Simon

O morro era um presente de Deus/ Vivia no abandono/ Agora morro tem dono/ Adeus, Salgueiro, adeus/ Desço a ladeira chorando/ Sem ter a quem reclamar/ Se o morro é um presente do céu/ Deus não tem imposto a cobrar/ Invés de barracos destruídos/ Roupa nova para os morros mal vestidos...

A centralidade da característica de ocupação ilegal na definição de favela vai se explicitar, porém, na MPB, a partir de uma situação limite: a remoção. Reiteradas vezes presentes na história das favelas brasileiras, como um todo, e das cariocas, em particular, a ameaça de remoção ou a concretização desta também se inscrevem na canção popular, como exemplificam *A Favela vai abaixo* e *Foram-se os malandros*, já mencionadas antes. Além dessas, outras composições, produzidas sobretudo nos anos 50-70, retomam a mesma temática, registrando, inclusive, as demonstrações de uso da força policial e os incêndios praticados (anos 60) para erradicar a favela do cenário urbano.

MORRO DE SANTO ANTÔNIO (1950)
Benedito Lacerda e Herivelto Martins

Seu dotô não bote abaixo/ Tem pena do meu barracão/ Quem é rico se atrapalha/ Pra arranjar onde morar/ Quanto mais eu que sou pobre/

"A Palavra é: Favela" **77**

Como vou me arrumar/ Pra me mudar/ Seu dotô me compreende/ O progresso é necessário/ Mas seu dotô/ Pense um pouco no operário/ Meu barracão é todo meu patrimônio/ Por favor não bote abaixo/ O morro de Santo Antônio

SAUDOSA MALOCA (1955)
Adoniran Barbosa

(...) Mais um dia nóis nem pode se alembrá/ Veio os homes c'as ferramenta/ O dono mandô derrubá/ Peguemo tudas nossas coisas/ E fumos pro meio da rua/ Preciá a demolição/ Que tristeza que nos sentia/ Cada táubua que caía/ Doía no coração/ Mato Grosso quis gritá/ Mais em cima eu falei/ Os homes tá c'oa razão/ Nóis arranja outro lugá/ Só se conformemo/ Quando o Zeca falô/ Deus dá o frio/ Conforme o cobertô (...)

OPINIÃO (1963)
Zé Keti

Podem me prender/ podem me bater/ podem até/ deixar-me sem comer/ que eu não mudo de opinião/ daqui do morro/ eu não saio não./ Se não tem água/ eu furo um poço/ Se não tem carne/ eu pego um osso/ e ponho na sopa/ e deixa andar/ fale de mim/ quem quiser falar/ aqui eu não pago aluguel/ se eu morrer amanhã, seu doutor/ estou pertinho do céu

FAVELA DO PASMADO (1965)
Edith Serra

O fogo no morro alastrou/ Entrou no barraco e nada deixou/ As labaredas cresciam, cresciam/ E o inferno de fogo a favela baixou/ Que é da casa do João, brasa virou/ João não tem mais lugar pra sonhar como sonhou/ E lá no Pasmado, triste, abandonado/ Nem aquela palmeira o fogo deixou

DESPEJO NA FAVELA (1975)
Adoniran Barbosa

Quando o oficial de justiça chegou/ Lá na favela/ E contra seu desejo/ Entregou pra seu Narciso/ Um aviso, uma ordem de despejo/ Assinada seu doutor/ Assim dizia a petição:/ Dentro de dez dias/ Quero a favela vazia/ E os barracos todos no chão/ É uma ordem superior,/ Ô, ô, ô, ô, meu senhor/ É uma ordem superior,/ Não tem nada não, seu doutor/ Não tem nada não,/ Amanhã mesmo vou deixar/ Meu barracão/ Não tem nada não, seu doutor/ Amanhã mesmo vou sair daqui/ Pra não ouvir o ronco do trator/ Para mim não tem problema/ Em qualquer canto me arrumo/ De qualquer jeito me ajeito/ Depois o que eu tenho é tão pouco/ Minha mudança é tão pequena/ Que cabe no bolso de trás/ Mas essa gente aí, hein?/ Como é que faz?/ Ô, ô, ô, ô, meu senhor/ Essa gente aí, como é que faz?

A referência temporal é aqui novamente importante. A exemplo do que já foi observado com relação às características de construção das moradias nas favelas, também as menções à ocupação ilegal da terra e à ameaça de remoção daí decorrente surgem na MPB como historicamente datadas. Nesse sentido, vale ressaltar que, no rol das 163 composições musicais por nós pesquisadas, o tema da remoção não foi tratado uma única vez, a partir dos anos 80, refletindo certamente o quadro político mais amplo, que passou a privilegiar a urbanização das favelas, ao invés de sua erradicação.[17]

Até aqui procuramos mostrar que as características "negativas", usualmente empregadas nas definições sociológicas de favela, também estão presentes na MPB, embora aqui se recorra a uma linguagem multiforme, onde se cruzam o lamento, o protesto, a ironia, o deboche e, sobretudo, muita poesia para descrevê-las.

Se, na voz de Geraldo Queiroz e Nélson Cavaquinho, mesmo os barracos de zinco adquirem beleza própria e passam a ser "castelos em nossa imaginação", com mais razão ainda se poderia pensar que a particular situação geográfica das favelas, sobretudo no caso do Rio de Janeiro — sua localização em morros de onde se descortina uma vista privilegiada da cidade —, dificilmente deixaria de ser captada e enaltecida pela lente dos compositores. De fato, esse é um traço bastante explorado nas letras musicais que remetem à proximidade com o céu, à imponência dos morros e à beleza da paisagem como forma de exaltação do lugar.

MORRO (1944)
Waldemar de Abreu (Dunga) e Mário Rossi

Morro... és o primeiro a dar bom dia/ Ao sol, que nasce no horizonte/ Depois da lua cheia a desmaiar/ Morro... és o primeiro que recebe/ O boa noite das estrelas/ Que gostam tanto de te ouvir cantar.

"A Palavra é: Favela"

EXALTAÇÃO À MANGUEIRA (1956)
Enéas B. Silva e Aloísio A. Costa

Mangueira, teu cenário é uma beleza/ Que a natureza criou/ O morro com seus barracões de zinco/ Quando amanhece/ Que esplendor! (...)

SEI LÁ MANGUEIRA (1970)
Paulinho da Viola e Hermínio Bello de Carvalho

Vista assim, do alto/ Mais parece um céu no chão/ Sei lá.../ Em Mangueira a poesia/ Feito um mar se alastrou/ E a beleza do lugar/ Pra se entender/ Tem que se achar/ Que a vida não é só isso que se vê/ É um pouco mais/ Que os olhos não conseguem perceber/ E as mãos não ousam tocar/ E os pés recusam pisar

ALVORADA (1976)
Cartola, Carlos Cachaça e Hermínio Bello de Carvalho

Alvorada lá no morro que beleza/ Ninguém chora, não há tristeza/ Ninguém sente dissabor/ O sol colorido é tão lindo, é tão lindo/ E a natureza sorrindo/ Tingindo, tingindo a alvorada

ENCANTO DA PAISAGEM (1986)
Nélson Sargento

Morro/ És o encanto da paisagem/ Suntuoso personagem/ De rudimentar beleza/ Morro/ Progresso lento e primário/ És imponente no cenário/ Inspiração da natureza (...)

Ao mesmo tempo em que, por uma visão idealizada, as letras de música enaltecem o lugar, enaltecem também os laços de vizinhança, companheirismo e união existentes entre os moradores da favela. Em nítida oposição à "cidade", onde predominariam as relações impessoais, a favela seria o *locus*, por excelência, das relações personalizadas: nela, todos se conhecem, todos se ajudam, "todo vizinho é amigo da gente". As histórias que são narradas — e a narrativa é um recurso bastante instrumentalizado nas letras que tratam da favela — têm quase sempre nome ou apelido: chora-se a morte de Maria da Penha, que pôs fogo às vestes; faz-se uma lista para a Nega Luzia, que exorbitou da bebida e foi parar no xadrez; lamenta-se a sorte de Chico Brito; criticam-se os excessos do Escurinho, que agora está com a mania de brigão. Nessa perspectiva, o morro tende a aparecer como um espaço social homogêneo que se move pelos mesmos sentimentos: "o morro sorri", "nós vivemos alegres a cantar", "o morro está triste", "o morro está de luto". Em particular, a música e a dança — que desde sempre encontraram na favela um terreno fértil de afirmação, como demonstram a própria história do samba e de outros ritmos musicais — atuariam em reforço dos laços de pertencimento ao lugar e das relações de solidariedade e amizade entre os moradores.

VIDA NO MORRO (1942)
Aníbal Cruz

(...) Tudo no morro é tão diferente/ Todo vizinho é amigo da gente/ Até o batuque nossa maravilha/ Toda cabrocha é decente e família/ Tudo no morro é melhor que na cidade/ Tanto na dor como na felicidade (...)

CHICO BRITO (1950)
Wilson Batista e Afonso Teixeira

Lá vem o Chico Brito/ Descendo o morro nas mãos do Peçanha/ É mais um processo, é mais uma façanha/ Chico Brito fez do baralho/ Seu maior esporte/ É valente no morro/ Dizem que fuma uma erva do norte/ Quando menino teve na escola/ Era aplicado, tinha religião/ Quando jogava bola/ Era escolhido para capitão/ Mas a vida tem os seus reveses/ Diz Chico Brito, sempre defendendo teses/ Se o homem nasceu bom/ E bom não se conservou/ A culpa é da sociedade/ Que o transformou

ESCURINHO (1954)
Geraldo Pereira

O escurinho era um escuro direitinho,/ Agora tá com a mania de brigão/ Parece praga de madrinha/ Ou macumba de alguma escurinha/ Que ele faz ingratidão

MÃE SOLTEIRA (1954)
Wilson Batista e J. de Castro

Hoje não tem ensaio/ Na escola de samba/ O morro está triste/ E o pandeiro calado/ Maria da Penha, a porta-bandeira/ Ateou fogo às vestes/ Por causa do namorado (...)

Nega Luzia (1956)
Wilson Batista e J. de Castro

Lá vem a nega Luzia/ No meio da cavalaria/ Vai correr lista lá na vizinhança/ Pra pagar mais uma fiança/ Foi canjebrina demais/ Lá no xadrez/ Ninguém vai dormir em paz/ Vou contar pra vocês/ O que a nega fez/ Era de madrugada/ Todos dormiam/ O silêncio foi quebrado/ Por um grito de socorro/ A nega recebeu o Nero/ Queria botar fogo no morro

Zelão (1960)
Sérgio Ricardo

Todo morro entendeu quando Zelão chorou/ Ninguém riu, nem brincou /E era carnaval./ No fogo de um barracão/ Só se cozinha ilusão/ Restos que a feira deixou/ E ainda é pouco./ Mas assim mesmo Zelão/ Dizia sempre a sorrir/ Que um pobre ajuda outro pobre até melhorar (...)

Prazer da Serrinha (1978)
Hélio dos Santos e R. Silva

Melodia mora lá/ No prazer da Serrinha/ Nós vivemos alegres a cantar/ A nossa escola/ Nos dá emoção/ Porque ninguém jamais/ Poderá desmoronar/ A nossa união (...)

Rap do Borel (1994)
William e Duda

(...) É o morro mais bonito do bairro Tijucão/ Porque meus amigos nós somos todos irmãos/ Lá é como uma família é gente de montão/ No morro e na favela só tem gente sangue bom/ Porque meus amigos lá na comunidade/ Nós fazemos as festas em troca de amizade (...)

Seja pela descrição de suas características negativas, seja pela exaltação de seus aspectos positivos, as letras da canção popular configuram claramente a favela como território da pobreza. Ser favelado é, antes de tudo, sinônimo de ser pobre. Tal sinonímia, desde sempre incorporada ao senso comum, encontra também respaldo na literatura sociológica que, invertendo os termos da relação, tenderia, sobretudo ao longo dos anos 50 e 60, a eleger a favela como forma espacial típica de inserção dos pobres no tecido urbano brasileiro, a exemplo do que fora o cortiço na virada do século (Valladares, 1991).[18]

A favela como espaço do samba

Paralelamente à sua configuração como o espaço do pobre, a favela viria a se consagrar também como o espaço do samba.

Tal associação que na verdade se faz entre *samba* e *morro*, de tão forte e recorrente na produção musical, tende a ser tomada como elemento constituinte da própria definição de favela. No imaginário da música brasileira, o samba é acionado para representar simultaneamente meio de identificação e de valorização do lugar: por seu intermédio, o morro se afirma positivamente, como ilustra Zé Kéti ao cantar: "eu sou o samba, a voz do morro sou eu mesmo sim senhor, quero mostrar ao mundo que tenho valor..." (*A voz do morro*, 1955).

É interessante observar, no entanto, que a estreita vinculação entre ambos esconde, em seu desenvolvimento, as origens verdadeiras do samba, favorecendo a criação de uma versão mitológica que elege a favela como lugar de nascimento do samba.

Estabelecendo um contraponto, se é correto afirmar que, hoje em dia, o samba desce do morro, não menos exato é dizer que, em seus primórdios, o samba subiu o morro. Já por volta de 1905-10, a Cidade Nova, pela multiplicidade de seus bares e gafieiras, tornara-se o espaço privilegiado para as manifestações musicais, que podiam ali se desenvolver, livres da rigidez moral dos salões da elite. A animação noturna, a que se associavam condições acessíveis de moradia, propiciava uma grande concentração de músicos residentes na Cidade Nova. Não é de estranhar, portanto, que nela tenham surgido as transformações rítmicas que deram origem ao samba. Mais precisamente, a história da música popular brasileira registra a casa da "tia" Ciata (doceira baiana, pioneira de vários ranchos de carnaval), ponto de encontro preferido de vários músicos, como o lugar de onde teria saído a composição *Pelo telefone*, o primeiro samba gravado a fazer sucesso, ainda em 1917.

As primeiras referências musicais a favela de que tivemos registro foram gravadas coincidentemente no mesmo ano. Poderíamos dizer que o desenvolvimento do samba ocorre paralelamente à diversificação e ao crescimento das favelas, e, nesse processo, a importância da Cidade Nova como espaço do samba foi sendo suplantada pela dos morros. Ao final dos anos 20, Sinhô já apontava para a preponderância do morro na produção de samba, e na década seguinte era nítida a primazia que lhe era atribuída,[19] como atestam as letras musicais a seguir.

A Favela Vai Abaixo (1928)
J. B. da Silva (Sinhô)

(...) Isso deve ser despeito dessa gente/ Porque o samba não se passa para ela/ Porque lá o luar é diferente/ Não é como o luar que se vê desta Favela! (...)

Nem Eu, Nem Ela (1931)
G. Iteperê

Nem eu, nem ela/ Vamos deixar de divertir/ Pra pandegar./ Cada um no seu lugar/ Eu vou sambar/ Lá no morro da Favela/ Pois eu quero esquecer dela/ Quando chega o carnaval (...)

Samba Nosso (Reza de Malandro) (1932)
Benoit Certain e E. Souto

Samba nosso, muito amado/ Que desceste lá do morro/ de cavaco, de cuíca/ repicando no pandeiro/ sejas sempre respeitado/ se isso for do teu desejo./ Na Favela, na Pavuna/ Na Gamboa, no Salgueiro./ O batuque de cada dia/ Dá-nos hoje por favor (...)

Feitio de Oração (1933)
Noel Rosa

(...) O samba na realidade/ Não vem do morro nem de lá da cidade/ E quem suportar uma paixão/ Saberá que o samba então nasce no coração (...)

Minha Embaixada Chegou (1934)
Assis Valente

(...) O violão deixou o morro/ E ficou pela cidade/ Onde o samba não se faz

Sambista da Cinelândia (1936)
Custódio Mesquita e Mário Lago

Sambista/ Desce o morro/ Vem pra Cinelândia/ Vem sambar/ A cidade já aceita o samba (...)/ O morro já foi aclamado/ Com um sucesso colossal/ E o samba foi proclamado/ Sinfonia nacional

Desde então, a equivalência entre samba e morro se consolida, reproduzindo-se de forma longitudinal nos períodos subsequentes. Para seu reforço contribuiriam de modo decisivo o surgimento das escolas de sambas e os desfiles carnavalescos que começam a ser realizados ao final dos anos 20.[20] A competição resultante desse processo repercute na produção musical, através da crescente especificação das favelas. Ao mesmo tempo em que se intensifica a designação genérica de favela como espaço do samba, amplia-se também o número de referências musicais que estabelecem a fusão entre as favelas e suas respectivas escolas de samba. O recurso aos nomes próprios passa a ter um duplo sentido, recobrindo as relações de pertencimento tanto ao lugar, quanto à escola de samba. Dessa forma, embora se mantenha, nas letras musicais, a diferenciação entre o espaço da "cidade" e o espaço do "morro", esta se vê acrescida por uma diferenciação interfavelas, que é também, simultaneamente, uma diferenciação interescolas de samba.[21]

MANGUEIRA (1935)
Assis Valente e Zequinha de Abreu

Não há nem pode haver/ Como Mangueira não há/ O samba vem de lá

ACORDA ESCOLA DE SAMBA (1937)
Benedito Lacerda e Herivelto Martins

Acorda escola de samba, acorda/ Acorda que vem rompendo o dia/ Acorda escola de samba, acorda/ Salve as pastoras e a bateria/ No morro quando vem rompendo o dia/ Na escola também vem raiando o samba/ A pastora amanhece cantando/ E a turma desperta entoando/ Um hino de harmonia

MANGUEIRA (1937)
Kid Pepe e Alcebíades Barcellos (Bide)

(...) Mangueira de encantos mil/ És filha deste Brasil/ Que tem nome na história (...)/ Namoradas do "Cruzeiro"/ Tu no samba brasileiro/ Tens a fama e tens a glória

PRAÇA 11 (1941)
Herivelto Martins e Grande Otelo

(...) Chora o morro inteiro/ Favela, Salgueiro/ Mangueira, Estação Primeira/ Guardai os vossos pandeiros, guardai/ Porque a escola de samba não sai

Favela Morena (1943)
Estanislau Silva e João Peres

Minha favela morena/ Das noites de batucada (...)/ Favela das serenatas/ Berço do samba dolente/ Da melodia morena/ Que fere a alma da gente/ Lá no morro da Favela tem/Muito amor e batucada tem (...)

Gosto Mais do Salgueiro (1943)
Wilson Batista e Germano Augusto

(...) Eu sou lá do morro/ A porta-estandarte/ Já ganhei medalha/ Sambar é uma arte/ Já me batizaram/ O samba em pessoa/ E não deixo o Salgueiro assim à toa.

Salgueiro Mandou me Chamar (1953)
Manezinho Araújo e Dosinho

(...) Salgueiro é lar feliz de gente bamba/ Na batucada é o primeiro/ Salve o Salgueiro/ Quartel-general do samba/ (eu vou pra lá)

Enquanto Houver Mangueira (1959)
Roberto Roberti e Arlindo Marques Jr.

Pode a Favela calar/ Pode o Salgueiro emudecer/ Enquanto houver um morro igual a Mangueira,/ O meu samba não vai morrer!/ Até a chuva nos telhados da Mangueira/ Parece a voz dos tamborins/ E pro gingado da cabocla quando anda/ A gente olha e vê o samba

Exaltação à Favela (1964)
Walter Amaral e Anacleto Rosas Jr.

(...) Favela você hoje está em festa/ Escola do Estácio de Sá/ Abrace a favela/ Que eu volto a cantar/ Laurindo sobe o morro gritando/ Escola atenção,/ A favela está chamando/ Favela o seu samba não morreu/ No seu barraco de zinco/ Foi que o samba nasceu

Desperta Favela (1974)
Zé Pretinho e Geraldo Gomes

Hoje só se fala em Salgueiro/ Portela e Mangueira/ Esqueceram lá do alto/ E de uma escola de samba de bamba

É Favela (1979)
Candeia e Jaime

Ê ê ê ê favela/ Teu nome na vida do samba não pode morrer/ (...) Te dedico meu apreço/ Nestes versos que te fiz/ Pois favela és o berço/ Do samba que te ofereço/ Deste samba és a raiz.

Da África à Sapucaí (1986)
João Bosco e Aldir Blanc

(...) Samba é a voz que me guarda/ Enquanto eu aguardo/ A procissão se espraiar/ Do Santo Cristo a Osvaldo Cruz/ Esperando a vez do Morro/ Se unir pra arrebentar.

Por sua vez, o carnaval surge como o momento privilegiado de visibilidade das favelas; defendendo as cores de sua escola, músicos, ritmistas, passistas, mestres-salas e porta-bandeiras encontrariam nele o ponto alto de expressão e reconhecimento social de sua arte. Passados os meses de sacrifício para fazer a fantasia e o ritmo febril dos trabalhos no barracão,[22] envolvendo costureiras, bordadeiras, marceneiros, pintores e escultores, é chegada a hora de "mostrar o valor". No rito mágico de inversão, um enredo de sonho converte trabalhadores anônimos e desempregados em reis e rainhas, príncipes e princesas. Vestidos com roupas de cetim ou seminus, exibindo suas formas esculturais, vêm eles reinar nos desfiles, e, por três dias, instaura-se o reinado do morro na cidade. Não sem razão de ser, portanto, nas composições musicais a associação entre a favela e o carnaval é quase que imediata, servindo muitas vezes o brilho e o lúdico da festa como contraponto às dificuldades e tristezas que perpassam o cotidiano.

Favela (1933)
Joraci Camargo e Hekel Tavares

No Carnaval, me lembro tanto da favela, oi!/ Onde ela, oi!/ Morava! (...)

O Morro Canta Assim (1956)
Norival Reis e José Batista Rival

Morro de gente modesta/ Que vibra em dia de festa/ E vem pra cidade/ Com todos seus bambas/ Trazendo no corpo/ A ginga da raça/ Traduzindo nos pés/ A linguagem do samba (...)

MARIA LAVADEIRA (1960)
Black Silva e José Domingos

Maria lava lava/ Maria esfrega esfrega/ Depois do passa passa/ Ela vai fazer entrega/ É assim o ano inteiro/ Trabalhando noite e dia/ Ela leva o seu dinheiro/ Pra fazer a fantasia/ Quando chega o carnaval/ Lá no morro do Salgueiro/ Com o seu corpo escultural/ Ela samba no terreiro

LÁ VEM MANGUEIRA (1962)
Paquito, Romeu Gentil e Paulo Gracindo

Mangueira querida/ Vem descendo o morro/ Evoluindo as cabrochas/ Sua escola vale ouro/ Ô, ô, ô, ô/ Mangueira rainha do samba chegou/ Mangueira/ Estação Primeira/ Vem pra disputar/ No asfalto o primeiro lugar/ Ô, ô, ô, ô/ Mangueira rainha do samba chegou.

MORRO (1969)
Niltinho e Luís Henrique

É madrugada, fim de noite/ O dia já vai amanhecer/ O morro hoje vai desabafar/ As cuícas em gemidos vão dizer/ Que o morro está triste/ E quer cantar/ Morro.../ Só tens três dias/ Pra viver tua ilusão/ Então tua gente/ Vê uma chance de alegria/ E faz dessa tristeza uma canção/ La, la, la, la, la, la/ É Carnaval!

OLHA O LEITE DAS CRIANÇAS (1969)
Pedro Caetano e Luís Reis

É madrugada/ O morro está descansando/ E o sambista vai bolando/ Uma ideia genial/ De ter um samba/ Que se considere forte/ E que possa dar a sorte/ De ganhar o carnaval./ O morro é sonho e alegria/ Em volta do barracão/ Mas o pão de cada dia/ Acaba a inspiração/ Com a cabeça pesada/ Vai pra casa descansar/ A nega tá acordada/ E começa a reclamar/ Não se come poesia/ Não se vive de esperança/ Acorda nego que é dia/ Olha o leite das crianças

MORRO, PAISAGEM COLORIDA (1976)
Adelino Moreira

O morro assim todo enfeitado/ Dá impressão de feriado/ Que na folhinha não é/ Roupas na corda tremulando/ Coloridas, se agitando/ E ainda cheirando a samba (...)/ Paisagem colorida/ Lá no alto/ Visão que lida com o asfalto/ Só tem se é carnaval (...)

Mas se é no carnaval e nos desfiles das escolas que a associação entre samba e favela se explicita mais claramente, não se pode, porém, esquecer o significado do samba na vida cotidiana, tampouco o papel socializador que ele aí desempenha. Todo um conjunto de músicas chama a atenção para a presença do samba nos momentos marcantes do ciclo de vida dos moradores da favela, sugerindo ser quase impensável uma existência à margem dele. Repetidas alusões à capacidade musical nata permitem perceber a concepção aí subjacente de que o estatuto de nascido no morro tende a se confundir com o de sambista, assim como cada barraco se confunde com uma escola de samba. Em múltiplas composições, a celebração de nascimento na favela adquire, pelo samba, uma lógica específica, que volta a distinguir o morador do "morro", valorizando-o em relação ao da "cidade": quem nasce no morro, "já nasce bamba". A mesma influência se faz sentir por ocasião da morte, quando o samba comandaria o funeral através da comemoração particular do gurufim.[23] Entre um momento e outro, a presença sempre constante do samba a pontuar, numa visão idealizada, a trajetória existencial do morador do morro.

ESCURINHA (1950)
Geraldo Pereira e Arnaldo Passos

(...) Lá no morro eu te ponho/ No samba/ Te ensino a ser bamba/ Te faço a maior!

GENTE DO MORRO (1953)
Manoel Santana, Getúlio Macedo e Bené Alexandre

Vai, vai lá no morro ver/ A diferença do samba do morro para o da cidade/ Vai depois venha me dizer/ Se não é lá no morro que se faz um samba de verdade./ A criança lá no morro/ Nasce com pinta de bamba/ Tem um ritmo na alma, meu Deus/ Como tem a cadência do samba./ Se você não acredita/ Vai lá em cima apreciar/ Veja que coisa bonita/ A gente do morro sambar.

MANGUEIRA (1955)
A. Marques, R. Roberti e N. Cavaquinho

(...) Cada barraco da Mangueira/ É uma escola de samba

MORRO (1955)
Billy Blanco e Antônio Carlos Jobim

(...) O morro/ Onde o dono de todo o barraco/ É forte no samba/ O samba é seu fraco/ O samba é tão bom

"A Palavra é: Favela"

O MORRO CANTA ASSIM (1956)
Norival Reis e José Batista Rival

(...) Samba que é bom/ Sambado assim/ Sob a lua de prata/ No chão do terreiro/ O morro canta assim/ Meu samba o ano inteiro

PRANTO DO POETA (1957)
Nélson Cavaquinho e Guilherme de Brito

Em Mangueira quando morre/ Um poeta todos choram/ Vivo tranquilo em Mangueira/ Porque sei que alguém há de chorar quando eu morrer/ Mas o pranto em Mangueira/ É tão diferente/ É um pranto sem lenço que alegra a gente/ Hei de ter alguém pra chorar por mim/ Através de um pandeiro e de um tamborim

CHAMINÉ DE BARRACÃO (1958)
Monsueto Menezes e João Batista

Sambista é aquele/ Que a cegonha deixou/ Na chaminé do barracão/ E brincou com o tamborim (...)

LINGUAGEM DO MORRO (1961)
Padeirinho e Ferreira dos Santos

Tudo lá no morro é diferente/ Daquela gente/ Não se pode duvidar/ Começando pelo samba quente/ Que até um inocente/ Sabe o que é sambar (...)

MEU REFRÃO (1965)
Chico Buarque de Holanda

(...) Eu nasci sem sorte/ Moro num barraco/ Mas meu santo é forte/ O samba é meu fraco/ No meu samba eu digo/ O que é de coração/ Mas quem canta comigo/ Canta o meu refrão

PRAZER DA SERRINHA (1978)
Hélio dos Santos e Rubens Silva

Qualquer criança/ Bate um pandeiro/ E toca um cavaquinho/ Acompanha o canto de um passarinho/ Sem errar o compasso

VELÓRIO NO MORRO (S.D.)
Raul Marques

Lá no morro quando morre um sambista/ É um dia de festa/ E ninguém protesta/ As águas rolam a noite inteira/ Pois sem brincadeira o velório não presta/ Tem também um gurufim/ Que no fim acaba sempre em sururu/ Mas é gozado pra chuchu/ Tudo em homenagem ao espírito do sambista/ Que parte alegremente pro Caju

Na verdade, a marca que o samba, ao longo de quase 80 anos, vem imprimindo à favela é tão forte que acaba por obscurecer outros ritmos e correntes musicais que ali também encontram grande expressão, como o choro, o pagode e mais recentemente o *funk*. Nenhum deles, entretanto, foi capaz como o samba de produzir uma identidade espaço-música.

A favela como a não cidade

Tal como inscrita na MPB, a representação da favela tende a orientar--se por dois enfoques que, longe de serem excludentes, frequentemente se superpõem e se complementam. Assim, se por um lado, nas letras das composições, o retrato da favela é feito com base em suas características intrínsecas, por outro, essa mesma imagem se constrói de forma relacional, sendo os elementos definidores traçados a partir da e com referência à cidade.

Quando isso ocorre, o que chama a atenção, num primeiro plano, é a rígida demarcação que se estabelece entre ambas, fazendo com que a cidade seja vista como uma coisa e a favela como outra. Inúmeras são as referências musicais que tratam a favela como algo alheio, algo que não faz parte, algo, enfim, que é distinto da cidade, não importa a situação, os personagens ou os sentimentos que aí estejam envolvidos.

Essa demarcação se mostra, desde o início, nas composições, já por nós analisadas, que estabelecem o confronto entre o samba do "morro" e o da "cidade".

Ela permeia também o tratamento de um tema explorado principalmente nas letras musicais dos anos 30 e 50: a trajetória de indivíduos que deixam a favela e buscam se afirmar na cidade.[24] Tais tentativas, como que fadadas ao insucesso, se revestem quase sempre de um caráter dramático: o afastamento de suas raízes, de seu local de criação e de seu grupo de referência levaria o indivíduo a se "perder" na cidade. Em oposição ao senso comum que faz da favela o local do perigo, é a cidade que, significativamente, passa aqui a exercer esse papel. A ênfase, contudo, se centra na inviabilidade do deslocamento favela-cidade,[25] como se muralhas intransponíveis estivessem a separar uma da outra.

"A Palavra é: Favela"

FACEIRA (1931)
Ari Barroso

Foi num samba/ De gente bamba/ Que eu te conheci, faceira/ Fazendo visagem/ Passando rasteira/ E desceste lá do *morro*/Pra viver aqui na *cidade*/ Deixando os companheiros/ Tristes, loucos de saudade/ Linda criança, tenho fé, tenho esperança/ Que um dia hás de voltar/ Direitinho ao teu lugar

SAUDADES DO MEU BARRACÃO (1935)
Ataulfo Alves

(...) Hoje mora na *cidade*/essa morena bonita/ Toda cheia de vaidade/ não usa mais chita/ Procura tudo esquecer/ Volta pro teu *barracão*/ E ouve o que vou te dizer:/ Tudo isso é ilusão! (...)

MENOS EU (1936)
Roberto Martins e Jorge Faraj

Eras do *morro* a mais formosa flor/ Todo mundo cantava em teu louvor/ Todo mundo menos eu/ eu (...)/ Tu fugiste depois pra cidade/ A alegria do *morro* morreu/ Todo mundo chorou de saudade/ Todo mundo menos eu/ Entre as luzes fatais da *cidade*/ A orgia cruel te envolveu/ Todo mundo chorou de piedade/ Todo mundo menos eu (...)

O MORRO ESTÁ DE LUTO (1953)
Lupicínio Rodrigues

O morro está de luto/ Por causa de um rapaz/ Que depois de beber muito/ Foi a um samba na cidade/ E não voltou mais/ Entre o morro e a cidade/ A batida é diferente/ O morro é pra tirar samba/ A cidade é pro batente/ Eu há muito minha gente/ Avisava esse rapaz:/ Quem sobe ao morro não desce/ Quem desce não sobe mais

CONCEIÇÃO (1956)
Jair Amorim e Dunga

Conceição, eu me lembro muito bem/ Vivia no morro a sonhar/ Com coisas que o morro não tem.../ Foi então que lá em cima apareceu/ Alguém que lhe disse a sorrir/ Que, descendo à cidade, ela iria subir.../ Se subiu/ Ninguém sabe, ninguém viu/ Pois hoje o seu nome mudou/ E estranhos caminhos pisou.../ Só eu sei que, tentando a subida, desceu/ E agora daria um milhão/ Para ser outra vez/ Conceição.

GENTE DO MORRO (1974)
Carlos Lyra e Vinicius de Moraes

Gente que nasce no *morro*/ Só desce do morro (...)/ Quando a ilusão de vencer/ Faz até esquecer/ Do chão onde nasceu a dor/ De esperar a vinda de um grande amor/ Quem desceu para a *cidade* nessa ilusão/ Não vai ter felicidade, não vai ter não

Se, tanto na polêmica em torno do samba quanto no relato das trajetórias individuais, a relação quase que de alteridade entre favela e cidade pode ser vista como um recurso historicamente datado, inúmeras outras composições musicais vêm no entanto atestar que ela é, de fato, transversal no tempo.

A FAVELA VAI ABAIXO (1928)
J. B. da Silva (Sinhô)

(...) Vê agora a ingratidão da humanidade/ O poder da flor sumítica amarela/ Que sem brilho vive lá pela *cidade*/ Impondo o desabrigo ao nosso povo da *Favela*! (...)

VIDA NO MORRO (1942)
Aníbal Cruz

(...) E lá no *morro* isto tudo é verdade/ Não há fingimento como há na *cidade* (...)

O MORRO COMEÇA ALI (1943)
Custódio Mesquita e Heber Boscoli

(...) O *morro* só principia/ onde acaba a hipocrisia/ Que domina *nos salões*.

LATA D'ÁGUA (1952)
Luís Antônio e Jota Júnior

(...) Maria lava roupa *lá no alto*/ Lutando pelo pão de cada dia/ Sonhando com a vida do *asfalto*/ Que acaba onde o *morro* principia

BARRACÃO (1953)
Luís Antônio

Ai *barracão*,/ pendurado no morro/ e pedindo socorro/ à *cidade* a teus pés.

LINGUAGEM DO MORRO (1961)
Padeirinho e Ferreira dos Santos

Tudo lá no morro é diferente (...)/ Baile, lá no morro, é fandango/ Nome do carro é carango/ Discussão é bafafá/ Briga de uns e outros/ Dizem que é borborim/ Velório, no morro, gurufim/ Erro, lá no morro,/ Chamam de vacilação/ Grupo de cachorro,/ Em dinheiro, é um cão/ Papagaio é rádio/ Grinfa é mulher/ Nome de otário é Zé Mané

MENINO DAS LARANJAS (1965)
Téo de Barros

(...) Lá no *morro* a gente acorda cedo/ E é só trabalhar/ Comida é pouca/ Muita roupa que a *cidade* manda pra lavar

MINHA FAVELA (1968)
Clodoaldo Brito (Codó) e Francisco Dias Pinto

Eu não voltei mais na *favela*/ Mas sei que nada melhorou/ Só tem beleza na paisagem/ Que Noel Rosa já cantou/ E da *cidade* de aqui embaixo/ Quem olha para o barracão/ É como diz bem o ditado/ Vê cara não vê coração

O MORRO É COMPLETO (1976)
Antenor Gargalhada

Não é preciso ir à *cidade*/ Lá no *morro* temos/ Tudo que o homem quer/ Tem cabrochas bonitas/ Tem cassino e cabaré

REFAVELA (1977)
Gilberto Gil

A *refavela* revela aquela/ Que desce o morro e vem transar/ O ambiente efervescente/ De uma cidade a cintilar/ A refavela revela o salto que preto pobre tenta dar/ Quando se arranca/ Do seu buraco/ Pr'um bloco do BNH/ A refavela, a refavela, oh!/ Como é tão bela, como é tão bela, oh! (...)

A favela como o locus da marginalidade urbana

Em que medida as letras da canção popular sustentam ou negam a visão que faz da favela o coração ecológico da marginalidade? Em resposta a essa questão, cumpre assinalar que duas visões, diametralmente opostas, aí se apresentam, ao longo do tempo. A primeira, associando a favela ao samba, à música, ao botequim e ao jogo e integrando todos esses elementos a uma ética da malandragem, viria em reforço da noção de marginalidade. No universo social que assim se delineia, os tipos humanos da favela se reduziriam, basicamente, às figuras masculinas do *bamba*, do *malandro* e do *sambista*, que teriam seu correspondente feminino na *mulata*, na *cabrocha* e na *morena faceira* que sabem gingar e têm o samba no pé. O malandro, por sua vez, se confunde com o brigão ou o valentão. As relações de tensão e de conflito geralmente decorrentes da disputa amorosa envolvendo esses personagens seriam resolvidas por meio do confronto direto e do uso da violência física. Dentro dessa lógica interna, haveria regras próprias: "malandro não denuncia malandro, espera a vingança", a delação sendo vista sempre de forma negativa, sobretudo quando a polícia entra em jogo.

FORAM-SE OS MALANDROS (1928)
Casquinha e Donga

(...) Os malandros da Mangueira/ Que vivem da jogatina/ São metidos a valentões/ Mas vão ter a mesma sina (...)

QUANDO O SAMBA ACABOU (1933)
Noel Rosa

Lá no morro da Mangueira/ Bem em frente à ribanceira/ Uma cruz a gente vê/ Quem fincô foi a Rosinha/ Que é cabrocha de alta linha/ Que nos olhos tem um não sei quê/ Uma linda madrugada/ Ao voltar da batucada/ Pra dois malandros olhou a sorrir/ Ela foi-se embora/ E os dois ficaram/ Dias depois se encontraram/ Pra conversar e discutir/ (...) Na segunda batucada/ Disputando a namorada/ Foram os dois improvisar/ E como em toda façanha/ Sempre um perde e outro ganha/ Um dos dois parou de versejar/ E perdendo a doce amada/ Foi fumar na encruzilhada/ Ficando horas em meditação/ Quando o sol raiou foi encontrado/ Na ribanceira esticado/ Com um punhal no coração

"A Palavra é: Favela" 95

MEU ROMANCE (1938)
J. Cascata

(...) Quem é que diz/ Que o nosso amor nasceu/ Na tarde daquele memorável samba/ Eu me lembro, tu estavas de sandália/ Com teu vestido de malha/ No meio daqueles bambas/ Nossos olhos cruzaram/ E eu pra te fazer a vontade/ Tirei fora o colarinho/ Passei a ser malandrinho/ Nunca mais fui à cidade/ Pra gozar do teu carinho/ Na tranquilidade/ E hoje faço parte da turma/ No braço trago sempre o paletó/ Um lenço amarrado no pescoço/ Já me sinto outro moço/ Com meu chinelo charló/ E até faço valentia/ E tiro samba de harmonia.

NA SUBIDA DO MORRO (1952)
Moreira da Silva

(...) Hoje venho resolvido/ Vou lhe mandar para a cidade/ De pé junto./ Vou lhe tornar em um defunto./ (...) Você mesmo sabe/ Que eu já fui um malandro malvado/ Somente estou regenerado/ Cheio de malícia/ Dei trabalho à polícia/ Pra cachorro/ Dei até no dono do morro/ Mas nunca abusei de uma mulher/ Que fosse de um amigo/ Agora me zanguei consigo/ Hoje venho animado/ A lhe deixar todo cortado/ Vou dar-lhe um castigo/ Meto-lhe o aço no abdômen/ Tiro o seu umbigo

SAUDOSA MANGUEIRA (1954)
Herivelto Martins

(...) Tenho saudade do terreiro e da escola/ Sou do tempo do Cartola,/ Velha guarda, o que que há?/ Eu sou do tempo que o malandro não descia/ Mas a polícia no morro também não subia. (...)

MORRO DO MALANDRO (1964)
Dalton Araújo e Nino Garcia

Morro do malandro e da navalha/ Morro do jogo de ronda/ Morro do chapéu de palha/ Morro da mulata fascinante/ Tu és muito insinuante/ Pra turista que vai lá/ (breque) Que vai lá devagar

MALANDRO QUANDO MORRE (1965)
Chico Buarque

Cai no chão/ Um corpo maltrapilho/ Velho chorando/ Malandro do morro era seu filho (...)/ Menino quando morre vira anjo/ Mulher vira uma flor no céu/ Pinhos chorando/ Malandro quando morre/ Vira samba

MULATO CALADO (1967)
Wilson Batista e Benjamim Batista Coelho

Vocês estão vendo aquele mulato calado/ Com um violão do lado/ Já matou um, já matou um./ Numa noite de sexta-feira/ Defendendo a sua companheira/ A polícia procura o matador/ Mas em Mangueira/ Não existe delator (...)

MALANDRANDO (1987)
Silvio Lana, Luís Melodia e Perinho Santana

Dum coro de gato/ Nasci um surdo, repicado/ A repicar no ouvido do mundo/ Sou brasileiro, bem mulato/ Bamba e valentão/ Sou o cupido do amor/ De minha raça/ Tocando um samba/ Nas cordas de um violão/ De um violão/ Se a vida é um jogo de esperteza/ Aprendi a ser coringa com firmeza/ Jogo de pernas, capoeira/ É ginga pra pular/ É popular/ Se a verdade do bacana/ De muitas falas, pouco engana/ A minha não tem não/ É só o fio da navalha/ Que trago firme na mão/ Eu sou malandro e ele otário/ E o tempo dirá quem tem razão

Mas se o conjunto dessas letras, produzindo uma visão mítica da marginalidade, tende por isso mesmo a reforçar o estigma que historicamente foi lançado sobre a favela como uma espécie de território sem lei e sobre seus moradores como "classes perigosas", em outras tantas letras a imagem se dá exatamente na direção contrária. Como que respondendo àquele estigma, as letras das canções são formuladas como uma reação e uma valorização positivas dos moradores da favela, as quais se constroem sobretudo pela noção do trabalho: ao estigma da malandragem se contrapõe a representação de um trabalho duro e mal remunerado; ao da criminalidade, a caracterização de uma gente decente e honesta, que socializa seus filhos por meio de uma ética que enaltece o trabalho e recusa a delinquência. "Ser pobre não é delinquir".

NÃO QUERO SABER MAIS DELA (1928)
J. B. da Silva (Sinhô)

(...) Eu bem sei que és donzela/ Mas isto é uma coisa à toa/ Mulata, lá na Favela/ Mora muita gente boa (...)

Minha Embaixada Chegou (1934)
Assis Valente

(...) Eu vi o nome da Favela/ Na luxuosa Academia/ Mas a Favela para dotô/ É morada de malandro/ E não tem nenhum valor/ Não tem dotores na Favela/ Mas na Favela tem dotores/ O professor se chama bamba/ Medicina na macumba/ Cirurgia, lá, é samba

Recenseamento (1940)
Assis Valente

Em 1940, lá no morro,/ Começaram um recenseamento/ E o agente recenseador/ Esmiuçou a minha vida/ Que foi um horror/ E quando viu a minha mão/ Sem aliança/ Encarou para a criança/ Que no chão dormia/ E perguntou/ Se o meu moreno era decente/ Se era do batente/ Ou era da folia/ Obediente sou a tudo que é da lei/ Fiquei logo sossegada/ E lhe falei então/ — O meu moreno é brasileiro/ É fuzileiro/ E é quem sai com a bandeira/ Do seu batalhão/ A nossa casa/ Não tem nada de grandeza/ Nós vivemos na pobreza/ Sem dever tostão

Vida no Morro (1942)
Aníbal Cruz

Tudo no morro é tão diferente/ Todo vizinho é amigo da gente/ Até o batuque nossa maravilha/ Toda cabrocha é decente e família

Protesto (1960)
Antônio Domingues e Antônio Ferreira de Souza

O morro pra uns e outros, não é mais de sambas/ É o local onde se escondem os bambas/ Que põem gente pacata em sobressalto/ Mentira./ E neste samba lanço meu protesto!/ Quem vive lá trabalha e é honesto (bis)/ Só se é crime não poder morar no asfalto/ Melhores dias hão de vir/ Ser pobre não é delinquir

É Preciso (1974)
Gonzaguinha

Minha mãe no tanque lavando roupa/ Minha mãe no tanque lavando louça/ Lavando roupa/ Lavando louça/ Levando a luta cantando um fado/ Alegrando a labuta/ Labutar é preciso, menino/ Lutar é preciso, menino/ Lutar é preciso/ (...) Mas mãe não se zangue/ Que as mãos eu não sujo/

Apenas eu quis conhecer a cidade/ Saber da alegria e da felicidade/ Que vendem barato/ Em qualquer quitanda./ Mas volto arrasado/ Tá tudo fechado/ Talvez haja falta/ Não há no mercado

VÍTIMAS DA SOCIEDADE (1992)
Crioulo Doido e Bezerra da Silva

Se vocês estão a fim de prender o ladrão/ Podem voltar pelo mesmo caminho/ O ladrão está escondido lá embaixo/ Atrás da gravata e do colarinho/ Só porque moro no morro/ A minha miséria a vocês despertou/ A verdade é que vivo com fome/ Nunca roubei ninguém/ Sou um trabalhador/ Se há um assalto a banco/ Como não podem prender/ O poderoso chefão/ Aí os jornais vêm logo dizendo/ Que aqui no morro só mora ladrão/ Falar a verdade é crime/ Porém eu assumo o que vou dizer/ Como posso ser ladrão/ Se eu não tenho nem o que comer/ Não tenho curso superior/ Nem o meu nome eu sei assinar/ Aonde foi que se viu um pobre favelado/ Com passaporte pra poder roubar/ No morro ninguém tem mansão/ Nem casa de campo pra veranear/ Nem iate pra passeios marítimos/ E nem avião particular/ Somos vítimas de uma sociedade/ Famigerada e cheia de malícia/ No morro ninguém tem milhões de dólares/ Depositados nos bancos da Suíça

A resposta ao estigma, que de início se esboça tímida e é formulada sobretudo de forma irônica, ganha ao longo do tempo uma conotação de protesto que culmina com o modo pelo qual a dupla de compositores Crioulo Doido e Bezerra da Silva reinterpreta o fenômeno da criminalidade urbana. Uma vez mais, a oposição favela (= morro = acima)/ cidade ("embaixo") se faz presente, mas agora para denunciar que os verdadeiros criminosos são os do colarinho branco e para elaborar a imagem dos favelados (= pobres) como vítimas da sociedade. Nesse sentido, ela já antecipa a representação que será tratada a seguir — a da favela como questão e responsabilidade social.

A favela como questão social

Pano de fundo quase sempre presente nas diversas composições musicais, a noção da favela como questão social só começa, no entanto, a ganhar contornos mais nítidos a partir dos anos 60. A efervescência política que marca essa década e que adquire, na verdade, uma característica de simultaneidade internacional não deixaria também de se refletir nos movi-

"A Palavra é: Favela" **99**

mentos culturais. Engajamento e militância política se tornam palavras-chave do período; e no cinema, no teatro e na música, as questões ligadas à terra, às desigualdades e às condições de vida do "povo" são debatidas e incorporadas ao projeto de transformação que se pretendia imprimir à sociedade.[26] Com o regime autoritário e a repressão política que se instalam no país em 1964, cresce a importância da cultura, em especial da música, como veículo de contestação política. Aliás, é nesse período que se cunha a expressão *música de protesto*.

Por seu crescimento e visibilidade social, a favela, sobretudo no Rio, passaria a ser um objeto privilegiado pela produção musical, embora do ponto de vista formal a categoria utilizada fosse basicamente *morro*. As músicas desse período enfatizam a temática da carência e da fome, lamentam a sorte do morro e de seus moradores e insinuam que esse quadro deve ser mudado. O tom de lamento e de denúncia, a que se associam quase que invariavelmente dor e tristeza, contagia o próprio samba, que se transforma, ele também, num "canto triste".

Feio Não É Bonito (1963)
Carlos Lyra e Gianfrancesco Guarnieri

(...) Feio não é bonito/ O morro existe mas pede pra se acabar/ Canta mas canta triste/ Porque tristeza é só o que se tem pra contar/ Chora mas chora rindo/ Porque é valente e nunca se deixa quebrar/ Ama/ O morro ama/ O amor aflito, o amor bonito/ Que pede outra história

O Morro Não Tem Vez (1963)
A. C. Jobim e Vinicius de Moraes

O morro não tem vez/ E o que ele fez/ Já foi demais./ Mas olhem bem vocês/ Quando derem vez ao morro/ Toda a cidade vai cantar/ Morro pede passagem/ Morro quer se mostrar/ Abram alas pro morro/ Tamborim vai falar/ É um, é dois, é três/ É cem, é mil a batucar/ O morro não tem vez/ Mas se derem vez ao morro/ Toda a cidade vai cantar

Opinião (1963)
Zé Kéti

Podem me prender/ Podem me bater/ Podem até/ deixar-me sem comer/ Que eu não mudo de opinião/ Daqui do morro/ Eu não saio não (...)

100　　Um Século de Favela

O FAVELADO (1965)
Zé Kéti

(...) O morro sorri/ Mas chora por dentro/ Quem vê o morro sorrindo/ Pensa que ele é feliz, coitado/ O morro tem sede/ O morro tem fome/ O morro sou eu, o favelado

FICA (1965)
Chico Buarque

Diz que eu não sou de respeito/ Diz que não dá jeito/ De jeito nenhum/ Diz que sou subversivo/ Um elemento ativo/ Feroz e nocivo/ Ao bem-estar comum/ Fale do nosso barraco/ Diga que é um buraco/ Que nem queiram ver (...)/ Mas fica/ Mas fica ao lado meu (...)

GAROTO DO MORRO (1965)
Jacobina e Murilo Latini

Garoto que furta ao comando da fome/ Que atende por Zé, por Tião qualquer nome/ Garoto promessa de bamba no duro/ Garoto manchete de crime futuro/ Bem outro seria seu negro destino/ Se o morro em que vive tivesse outro norte/ Enquanto és criança, garoto, menino/ Enquanto é possível mudar tua sorte.

Tomando de empréstimo as palavras de Vinicius de Moraes e atribuindo-lhes um outro sentido, afirmava-se, então, que: "Mais que nunca é preciso cantar/ É preciso cantar e alegrar a cidade/ A tristeza que a gente tem/ Qualquer dia vai se acabar..." Assim, tudo se passava como se o simples enunciado das palavras — que nas entrelinhas deixava transparecer a denúncia do presente e a esperança de mudança futura — já estivesse investindo o canto dos anos 60 de uma função social transformadora.

Vista com um intervalo de mais de 30 anos, essa música de protesto chega a parecer ingênua, quando confrontada com as composições que surgem entre o final dos anos 70 e os dias atuais. Nestas, a linguagem é mais direta e contundente, e o tratamento da favela como questão social se faz de inúmeros ângulos que se complementam: o da insegurança econômica trazida pelo desemprego, pela precariedade do trabalho e pela insuficiência de salários; o do descaso das autoridades políticas e da falta de uma assistência pública efetiva; e o da discriminação social.

É, porém, pela violência constitutiva do cotidiano das favelas que a questão social emerge, clara e dramaticamente, na produção musical mais

"A Palavra é: Favela"

recente. Ao chamar a atenção para o fenômeno, as letras evidenciam sobretudo a violência policial e a violência do crime organizado, que se abatem sobre a favela e fazem de jovens moradores suas vítimas principais. O que apenas estava implícito ou era pontuado em composições dos anos 60, como *Garoto do morro* (Jacobina e Latini, 1965), *Fecharam mais um* (Arnoldo, 1967) e *Charles Anjo 45* (Jorge Benjor, 1969), torna-se uma referência generalizada e quase que obrigatória nas duas últimas décadas.

TIRO DE MISERICÓRDIA (1977)
João Bosco e Aldir Blanc

O menino cresceu entre a ronda e a cana/ Correndo nos becos que nem ratazana/ Entre a punga e o afano, entre a carta e a ficha/ Subindo em pedreira que nem lagartixa/ Borel, Juramento, Urubu, Catacumba/ Nas rodas de samba, no eró da macumba/ Matriz, Querosene, Salgueiro, Turano/ Mangueira, São Carlos, menino mandando (...)/ Grampearam o menino de corpo fechado/ E barbarizaram com mais de cem tiros./ Treze anos de vida sem misericórdia/ E a misericórdia no último tiro./ Morreu como um cachorro e gritou feito um porco/ Depois de pular igual a macaco/ Vou jogar nesses três que nem ele morreu:/ Num jogo cercado pelos sete lados.

O INVOCADO (1978)
Casquinha

O crioulo no morro está invocado/ O crioulo no morro está no miserê/ Desce o morro não encontra trabalho/ Nem encontra o feijão pra comer/ O crioulo no morro está muito invocado (...)

O MEU GURI (1981)
Chico Buarque

Quando, seu moço, nasceu meu rebento/ Não era o momento dele rebentar/ Já foi nascendo com cara de fome/ E eu não tinha nem nome pra lhe dar/ Como fui levando, não sei lhe explicar/ Fui assim levando ele a me levar/ E na sua meninice ele um dia me disse/ Que chegava lá/ Olha aí, olha aí, olha aí,/ Olha aí, ai é o meu guri/ Chega no morro com carregamento/ Pulseira, cimento, relógio, pneu, gravador/ Rezo até ele chegar cá no alto/ Essa onda de assalto tá um horror/ Eu consolo ele, ele me consola/ Boto ele no colo pra ele me ninar/ De repente acordo, olho pro lado/ E o danado já foi trabalhar,/Olha aí/ Olha aí, olha aí, olha aí,/ Olha aí, ai é o meu guri/ E ele chega/ Chega estampado, manchete, retrato/ Com venda

102   Um Século de Favela

nos olhos, legenda e as iniciais/ Eu não entendo essa gente, seu moço/ Fazendo alvoroço demais/ O guri no mato, acho que tá rindo/ Acho que tá lindo, de papo pro ar/ Desde o começo eu não disse, seu moço/ Ele disse que chegava lá/ Olha aí, olha aí, olha aí,/ Olha aí, ai é o meu guri.

ALAGADOS (1986)
Herbert Vianna, Bi Ribeiro e João Barone

(...) Palafitas, tristes farrapos/ Filhos da mesma agonia/ E a cidade de braços abertos num cartão-postal/ Com os punhos fechados da vida real/ Lhes nega a oportunidade/ Mostra a face dura do mal/ Alagados, *trench town*, favela da Maré/ A esperança não vem do mar, nem das antenas de TV/ A arte é de viver da fé/ Só não se sabe fé em quê

SE NÃO AVISAR, O BICHO PEGA (1992)
Jorge Carioca, Marquinho e P. Q. D. Marcinho

(...) O sangue bom falou/ Se der mole aos "home",/ O bicho pega/ Pois lá na favela o olheiro é maneiro, esperto chinfreiro/ E não fica na cega/ Até mulher que tá barriguda/ Na hora da dura segura e nega/ E se tem um parceiro na lista/ O malandro despista e não escorrega/ Se entra em cana ele é cadeado/ Morre no pau de arara, Ninguém entrega (...)

EU SOU FAVELA (1994)
Noca da Portela e Sérgio Mosca

Sim, mas a favela nunca foi reduto de marginal, eu falei/ A favela nunca foi reduto de marginal/ Só tem gente humilde, marginalizada/ E essa verdade não sai no jornal./ A favela é um problema social/ A favela é um problema social/ É mas eu sou favela/ E posso falar de cadeira/ Minha gente é trabalhadeira/ E nunca teve assistência social/ Sim mas só vive lá/ Porque para o pobre não tem outro jeito/ Apenas só tem o direito/ A um salário de fome/ E uma vida normal/ A favela é um problema social./ A favela é um problema social.

RAP DA FELICIDADE (1994)
Julinho Rasta e Katia

Eu só quero é ser feliz/ Andar tranquilamente na favela onde eu nasci, é/ E poder me orgulhar/ E ter a consciência que o pobre tem seu lugar (...)/ Pois

"A Palavra é: Favela"

103

moro numa favela e sou muito desrespeitado/ A tristeza e a alegria aqui caminham lado a lado./ Eu faço uma oração para uma santa protetora/ Mas sou interrompido a tiros de metralhadora (...)/ Pessoas inocentes que não têm nada a ver/ Estão perdendo hoje o seu direito de viver

RAP DO BOREL (1994)
William e Duda

(...) Foram muitos amigos que foram para o céu/ Por isso William e Duda pedem a paz pro Morro do Borel/ Viemos cantar para poder lembrar/ Um pouco dos amigos que se foram/ pra nunca mais voltar

Na abordagem da favela como questão social, as letras apontam, ainda, para um impasse. Assim, se por um lado há o reconhecimento de que a resolução dos conflitos e contradições inerentes à questão passa necessariamente pelo campo político, por outro são marcantes a crítica às instituições públicas, o descrédito em relação aos políticos e a impaciência com a falta de iniciativas.

NOS BARRACOS DA CIDADE (1985)
Liminha e Gilberto Gil

Nos barracos da cidade/ Ninguém mais tem ilusão/ No poder da autoridade/ De tomar a decisão/ E o poder da autoridade/ Se pode, não faz questão/ Se faz questão, não consegue/ Enfrentar o tubarão./ Ô, ô, ô, ô ô/ Gente estúpida/ Ô, ô, ô, ô ô/ Gente hipócrita

CANDIDATO CAÔ CAÔ (1992)
Walter Meninão e Pedro Butina

Aí meu irmão, vocês não tomam vergonha. Ainda não aprenderam a votar/ Só para na podre, malandro/ Ele subiu o morro sem gravata/ Dizendo que gostava da raça/ Foi lá na tendinha bebeu cachaça/ Até bagulho fumou/ Jantou no meu barraco/ E lá usou lata de goiabada como prato/ Eu logo percebi, é mais um candidato/ Para a próxima eleição/ Ele fez questão/ De beber água da chuva/ Foi lá no terreiro pedir ajuda/ E bateu cabeça no gongá/ Mas ele não se deu bem/ Porque o guia que estava incorporado/ Disse esse político é safado/ Cuidado na hora de votar/ Também disse, meu irmão/ Se liga no que eu vou lhe dizer/ Hoje ele pede seu voto/ Amanhã manda a polícia lhe bater/ Amanhã manda os homens lhe prender

RAP DA FELICIDADE (1994)
Julinho Rasta e Katia

(...) Já não aguento mais essa onda de violência/ Só peço à autoridade um pouco mais de competência (...)/ Trocada a presidência, uma nova esperança/ Sofri na tempestade, agora quero a bonança/ O povo tem a força só precisa descobrir/ Se eles lá não fazem nada, faremos tudo daqui

Concluindo, gostaríamos de reafirmar a riqueza da canção popular como fonte documental para um estudo das representações da favela. Longe de se reduzir a meras referências descritivas, a abordagem do tema na MPB torna possível evidenciar, de um lado, a extensa e intrincada rede de relações sociais que se atualizam na favela e, de outro, a dinâmica de sua própria transformação. Por meio de uma linguagem multifacetada, em que se combinam a idealização e o realismo cortante, o protesto e a ironia, as músicas sobre a favela, como fragmentos de um quebra-cabeça, articulam-se em seu conjunto para reconstruir, poeticamente, aquele espaço social.

Notas

1. Como veremos adiante, duas músicas com o mesmo nome, *Morro da Favela*, gravadas em 1917, teriam precedido, no tempo, a composição de Sinhô. Ambas, porém, eram instrumentais, o que faz de *A Favela vai abaixo* e *Não quero saber mais dela*, gravadas em janeiro de 1928, as duas primeiras músicas a introduzirem a temática da favela em suas letras.

2. Referimo-nos, aqui, aos estudos desenvolvidos no Departamento de Estudos e Indicadores Sociais do IBGE sobre condições de vida das populações de baixa renda nas regiões metropolitanas do Rio de Janeiro, Porto Alegre e Recife, bem como à investigação sobre favelas do Rio de Janeiro. Ver Souto de Oliveira (1977, 1978 e 1980).

3. Ainda que a lista seja bem mais ampla, gostaríamos de deixar registrado um agradecimento muito especial a dois amigos: o primeiro é João Baptista Ferreira de Mello, professor e pesquisador de geografia, cuja tese de mestrado "O Rio de Janeiro dos compositores da MPB: uma introdução à geografia humanística" serviu de inspiração e fonte para este trabalho e de quem recebemos, ainda, valiosos subsídios sob a forma de fitas, vídeos e indicações bibliográficas. O segundo é André Weller, músico, pesquisador e integrante do conjunto de samba Família Roitman, que desde o início partilhou de nosso trabalho, revelando-nos composições que eram fruto de sua própria pesquisa musical e

"A Palavra é: Favela"

intermediando nosso encontro com os compositores Nelson Sargento e Walter Alfaiate.

4. Autor de inúmeros e relevantes livros sobre MPB, o mais recente em parceria com Zuza Homem de Mello (*A canção no tempo: 85 anos de músicas brasileiras — 1901-1985*), ainda no prelo, Jairo Severiano divide com Alcino Santos, Gracio Barbalho e M. A. de Azevedo a autoria de uma referência obrigatória para a pesquisa musical no Brasil: o levantamento de toda a discografia em 78 rpm produzida no período de 1902 a 1964, com indicação de título, autores, intérpretes, data das diversas gravações e nome da gravadora. Nela nos baseamos, em grande medida, para proceder a nosso próprio levantamento.

5. A citação é duplamente interessante: por um lado, por introduzir a presença das "cabrochas" e mostrar seu papel na disseminação do termo favela; por outro, por indicar que o fenômeno da ocupação dos morros teria precedido a chegada das tropas de Canudos. Convém, no entanto, compará-la com os resultados de pesquisas recentes que igualmente tratam da origem das favelas cariocas. Num primeiro plano, a citação vem ao encontro do argumento de Vaz de que, antes da chegada dos ex-combatentes de Canudos, o morro da Providência já começara a ser ocupado por antigos moradores da área central da cidade, principalmente pelos que dali haviam sido expulsos quando da destruição do maior cortiço do Rio, o Cabeça de Porco, em 1893 (Vaz, 1986:35). A segunda observação está relacionada ao local específico onde teriam surgido as favelas. Dias da Cruz (apud Silva et alii, 1980:18-9) aponta para o morro da Providência/Favela como tendo tido a primazia absoluta, o que é relativizado pelos trabalhos de Abreu (1986, 1993). Indica este autor que entre 1893 e 1894, por ocasião da Revolta da Armada e com o intuito de resolver o problema de alojamento dos soldados, o governo teria autorizado alguns deles a construir barracões numa das encostas do morro de Santo Antônio, e que a essa ocupação legal de terras se seguiu uma outra, denunciada em documento da própria prefeitura, em decorrência da qual já se contabilizavam, em 1897, "43 barracões de madeira, cobertos de zinco, construídos ilegalmente em terrenos do governo". Com o que, conclui o autor, tanto o morro da Providência quanto o de Santo Antônio deveriam ter seus nomes igualmente inscritos na origem das favelas cariocas (Abreu, 1993:188-9). A terceira observação remete à "data de nascimento": 1897. Tratando-se de um processo e, mais do que isso, de um processo sobre cujas origens é bastante difícil obter informações precisas, qualquer corte é necessariamente arbitrário. Não obstante, o ano de 1897 é, sem dúvida, uma referência central, seja quando se considera o morro da Providência (pela chegada das tropas), seja o de Santo Antônio (pelo registro documental da ocupação dos terrenos). A última observação diz respeito à expressiva presença de soldados nas primeiras levas de ocupação dos morros e ao caráter *legal* de que se revestiu essa ocupação, fenômeno já apontado por Abreu (1986:57) no caso dos morros da Providência e

de Santo Antônio e que também se reproduziria no caso da Mangueira, quando soldados do 9º Regimento de Cavalaria, ainda nos anos 1900, teriam sido autorizados pelo comandante a aproveitar o material proveniente da demolição de casas na Quinta da Boa Vista para construir suas próprias moradias no morro da Mangueira.

6. Apenas aqui reproduzimos o título da composição com sua grafia original; em todas as demais referências musicais, adaptamos título e letra à grafia atual.

7. Na discografia em 78 rpm, a primeira composição é definida como maxixe, e nela aparecem como autores apenas os nomes de Passos e Barnabé. Não há indicação da data de gravação, embora conste que foi feita pela Banda do Batalhão Naval. Na segunda composição, também com o nome de *Morro da Favela* e sob o selo Odeon, os créditos de autoria e interpretação são de Pixinguinha. Consultando Jairo Severiano sobre a possibilidade de se tratar da mesma música ou de músicas diferentes, concluímos com ele que ambas as hipóteses eram plausíveis. A dúvida só poderia ser eliminada mediante o confronto das partituras, o que, entretanto, não nos foi possível fazer. Foi, ainda, Jairo Severiano quem nos forneceu a data da gravação de ambas (1917) e confirmou ser frequente, à época, a confusão entre ritmos musicais, tratados ora como maxixe, ora como samba ou choro.

8. Assim, por exemplo, observa Abreu (1993:189) que, na imprensa, "favela, durante toda a década de 1910, era nome próprio, escrito sempre com *F* maiúsculo, e caracterizava apenas o morro da Favela. A partir dos anos 20, entretanto, e acompanhando sua difusão espacial, o termo se substantivou e passou a se aplicar a todos os outros aglomerados de barracos existentes na cidade". O que, se vale para a imprensa, certamente não se aplica à música popular na qual a ambiguidade no uso do termo e sua dupla grafia permaneceriam ainda por várias décadas.

9. Segundo a pesquisadora Cleonice Lima, *Não quero saber mais dela* representava um "verdadeiro espelho da época; mostrava um 'português' e uma crioula, naquelas tentativas de mancebia comuns na época, quando jovens lusitanos chegados ao Brasil buscavam uma companheira para cuidar de suas coisas no barracão que construíam no morro". Ver *Nova história da música popular brasileira*: Sinhô (1977).

10. Duas únicas exceções aí se apresentam: a palavra favela aparece com maiúscula na música de Zé Kéti, *Nega Dina* (1964), e na de Bezerra da Silva e Pedro Butina, *Aqueles morros* (1994); em ambos os casos uma referência explícita ao morro da Favela.

11. A esse propósito é interessante o registro feito por Larry Benchimol (apud Cabral, 1996:31), que, citando um trecho do decreto de urbanização, assinado por Pereira Passos em 1903 — "Os barracões toscos não serão permitidos, seja

"A Palavra é: Favela" 107

qual for o pretexto de que se lance mão para obtenção de licença, salvo nos morros que ainda não tiveram habitações e mediante licença" —, indaga se não haveria aí uma certa legitimação da ocupação dos morros.

12. É importante ressaltar que o quadro subestima o número de composições que usam nomes próprios de favelas, de vez que estas só aparecem contabilizadas na ausência dos termos favela ou morro.

13. Qualificação que é recusada pelo compositor que afirma que "nesse país, quando se fala a realidade dizem que é protesto" — (*Jornal do Brasil*, 5-8-1997).

14. A etimologia do termo viria, assim, reforçar a importância da presença de soldados na formação das favelas. Ainda de acordo com o mesmo dicionário, a primeira definição de barraca seria "abrigo de lona, náilon etc. usado por soldados em campanha" (Buarque de Holanda, 1986:234).

15. Um processo que não parece ter sido captado pelo dicionário nem pelos recenseamentos demográficos, que desde 1950 adotam praticamente os mesmos critérios — predominância de casebres ou barracões de aspecto rústico; construções sem licenciamentos e sem fiscalização em terrenos de terceiros ou em propriedade desconhecida; ausência no todo ou em parte de rede sanitária, luz, telefone e água encanada; falta de arruamento, numeração ou emplacamento — para definir as favelas. Tabulações especiais do recenseamento de 1970 demonstravam, contudo, que, já naquele ano, 57,4% dos domicílios nas favelas do Rio de Janeiro eram duráveis, 35,3% eram ligados à rede geral de água e 80% tinham iluminação elétrica. O que aponta claramente para a inadequação daqueles critérios. Sobre esse assunto, ver Souto de Oliveira (1980:3-5).

16. Não obstante, a ocupação ilegal do terreno — na visão de inúmeros cientistas sociais como Anthony e Elisabeth Leeds, Boaventura de Souza Santos e Janice Perlman, entre outros — é o critério básico, quando não o único, de definição para a favela. Ver Souto de Oliveira (1980:5-8).

17. O que vem ao encontro das observações de Anthony e Elizabeth Leeds, que, examinando as relações entre a ação do Estado em termos de planejamento urbano e a questão específica das favelas no Rio, afirmam que, desde os anos 30, a natureza da solução política varia diretamente com relação à ideologia nacional e à ordem política, prevalecendo o princípio de urbanização em regimes de maior abertura política e, inversamente, o de remoção em regimes autoritários (Leeds & Leeds, 1978:188).

18. No artigo "Cem anos pensando a pobreza (urbana) no Brasil", Valladares examina a trajetória histórica da noção de pobreza como construção social e objeto de política pública, com base em três momentos distintos: a virada do século, os anos de 50/60 e os anos 70/80. Na abordagem desses três períodos, mostra a autora como a noção da pobreza urbana se faz acompanhar também de uma determinada noção de territorialidade. Assim, se no começo do século

o *locus* por excelência dos pobres corresponde ao *cortiço*, nos anos 50/60 tal papel se desloca para a *favela* e, nos anos 70/80, para a *periferia* das grandes metrópoles.

19. E este seria um dos motivos que alimentariam, nos anos 30, a célebre polêmica entre Noel Rosa e Wilson Batista.

20. Ver Silva et alii (1980:40-3) e Cabral (1996:44-7).

21. Convém ressaltar que, se os desfiles funcionam como um vigoroso estímulo à competição, eles não são o fator preponderante para a produção musical. Os espaços no interior das favelas dedicados ao samba, bem como a concentração de compositores aí residentes, são elementos essenciais a essa produção. Sem o que não se compreenderia a quantidade de músicas sobre a Mangueira — mais de 120 composições registradas —, em muito superior à de qualquer outra favela.

22. Numa segunda acepção, o termo serviria para designar o local, geralmente um amplo galpão, onde seriam construídos os carros alegóricos, instrumentos, fantasias e adereços a serem utilizados pelas escolas de samba nos desfiles. É assim, por exemplo, que barracão é empregado na letra de *Olha o leite das crianças*, aqui reproduzida.

23. Segundo Silva et alii (1980:80), "o gurufim é uma forma de cerimônia bastante diferente do velório e calcada nos funerais africanos. Enquanto se vela o defunto, fazem-se brincadeiras, adivinhações, bebe-se cachaça, comem-se iguarias..."

24. Um tema que seria retomado, nos anos 70, por Carlos Lyra e Vinicius de Moraes na música *Gente do morro*, aqui reproduzida, bem como por Paulo Pontes e Chico Buarque de Holanda na peça *Gota d'água*.

25. Uma única composição — *Meu romance* (1938), de J. Cascata — trata do percurso inverso, cidade-favela, contando a história bem-sucedida de um homem que, por amor a uma morena, se fixa na Mangueira e adere ao estilo de vida da "malandragem".

26. Um espetáculo musical realizado no Rio de Janeiro em dezembro de 1964, o mitológico *Opinião*, seria emblemático nesse aspecto, ao trazer para a cena Nara Leão, a voz da artista de classe média engajada, o cantor nordestino João do Valle, a voz da pobreza no campo, e o músico e compositor Zé Kéti, a voz da pobreza urbana. O espetáculo, que permaneceu por longo tempo em cartaz, viria a se converter numa espécie de rito cívico, de celebração coletiva, em que "a plateia fechava com o palco, todos em casa, sintonizados secretamente no fracasso de 1964, vivido como um incidente passageiro, um erro corrigível, uma falha ocasional cuja consciência o rito superava" (Buarque de Holanda, 1980:35).

"A Palavra é: Favela" 109

Referências bibliográficas

Abreu, Mauricio de Almeida. Da habitação ao hábitat: a questão da habitação popular no Rio de Janeiro e sua evolução. *Revista do Rio de Janeiro*, 1(2), jan./abr. 1986.

———. A favela está fazendo 100 anos. In: 3º Simpósio Nacional de Geografia Urbana. *Anais*. Rio de Janeiro, 1993.

Buarque de Holanda, Aurélio. *Novo dicionário da língua portuguesa*. Rio de Janeiro, Nova Fronteira, 1986.

Buarque de Holanda, Chico. *Chico Buarque: letra e música*. São Paulo, Companhia das Letras, 1989.

Buarque de Holanda, Heloísa. *Impressões de viagem — CPC, vanguarda e desbunde: 1960/1970*. São Paulo, Brasiliense, 1980.

Cabral, Sérgio. *As escolas de samba do Rio de Janeiro*. Rio de Janeiro, Lumiar, 1996.

———. *Pixinguinha vida e obra*. Rio de Janeiro, Lumiar, 1997.

Gil, Gilberto. *Gilberto Gil: todas as letras*. São Paulo, Companhia das Letras, 1996.

Gomes, Bruno Ferreira. *Wilson Batista e sua época*. Rio de Janeiro, Funarte, 1985.

Leeds, Anthony & Leeds, Elizabeth. *A sociologia do Brasil urbano*. Rio de Janeiro, Zahar, 1978.

Máximo, João & Didier, Carlos. *Noel Rosa: uma biografia*. Brasília. Linha Gráfica/ UnB, 1990.

Mello, João Baptista Ferreira de. O Rio de Janeiro dos compositores da MPB: uma introdução à geografia humanística. Rio de Janeiro, UFRJ, 1991. (Tese de Mestrado.)

Moura, Roberto. *Tia Ciata e a pequena África no Rio de Janeiro*. Rio de Janeiro, Funarte, 1983.

Nova história da música popular brasileira. São Paulo, Abril Cultural, 1977.

Pimentel, Luís & Vieira, Luís Fernando. *Wilson Batista: na corda bamba do samba*. Rio de Janeiro, Relume-Dumará; Prefeitura do Rio de Janeiro, 1996.

Santos, Alcino; Barbalho, Gracio; Severiano, Jairo & Azevedo, M. A. *Discografia brasileira 78 rpm: 1902-1964*. Rio de Janeiro, Funarte, 1982.

Silva, Marília T. Barbosa da; Cachaça, Carlos & Oliveira Filho, Arthur L. *Fala Mangueira!* Rio de Janeiro, José Olympio, 1980.

Souto de Oliveira, Jane (org.). *Condições de vida da população de baixa renda na região metropolitana do Rio de Janeiro*. Rio de Janeiro, IBGE, 1977.

——— (org.). *Condições de vida da população de baixa renda na região metropolitana de Porto Alegre*. Rio de Janeiro, IBGE, 1978.

————(org.). *Favelas do Rio de Janeiro*. Rio de Janeiro, IBGE, 1980.

Tinhorão, José Ramos. *Pequena história da música popular; da modinha à lambada*. São Paulo, Art, 1991.

Valladares, Licia do Prado. Cem anos pensando a pobreza (urbana) no Brasil. In: Boschi, Renato R. *Corporativismo e desigualdade — a construção do espaço público no Brasil*. Rio de Janeiro, Rio Fundo; Iuperj, 1991.

Vaz, Lilian Fessler. Notas sobre o Cabeça de Porco. *Revista do Rio de Janeiro, 1* (2), jan./abr., 1986.

RELAÇÃO DE MÚSICAS CITADAS

1.	*Acender as velas*	Zé Kéti	1965
2.	*Acorda escola de samba*	Benedito Lacerda e Herivelto Martins	1937
3.	*Água de pote*	A. Barbosa, O. França e A. Lopes	1952
4.	*Alagados*	Herbert Vianna, Bi Ribeiro e João Barone	1986
5.	*Alvorada*	Cartola	1976
6.	*Aqueles morros*	Bezerra da Silva	1994
7.	*Arquitetura de pobre*	Edgar Barbosa e Joacy Santana	1980
8.	*Ave Maria no morro*	Herivelto Martins	1942
9.	*Barracão*	Luís Antônio e Teixeira	1952
10.	*Barraco de tábua*	Herivelto Martins e Vítor Simon	1952
11.	Boogie-woogie *na favela*	Denis Brean	1945
12.	*Candidato caô caô*	Walter Meninão e Pedro Butina	1992
13.	*Chaminé de barracão*	Monsueto Menezes e José Batista	1958
14.	*Chão de estrelas*	Orestes Barbosa e Sílvio Caldas	1937
15.	*Charles Anjo 45*	Jorge Benjor	1969
16.	*Chico Brito*	Wilson Batista e Afonso Teixeira	1950
17.	*Conceição*	Jair Amorin e Dunga	1956
18.	*Da África à Sapucaí*	João Bosco e Aldir Blanc	1986
19.	*Despejo na favela*	Adoniran Barbosa	1975

20.	*Desperta favela*	Zé Pretinho e Geraldo Gomes	1974
21.	*É favela*	Candeia e Jaime	1979
22.	*É feio, mas é bom*	Assis Valente	1939
23.	*É preciso*	Gonzaguinha	1974
24.	*Encanto da paisagem*	Nélson Sargento	1986
25.	*Encurta a saia*	Casado, Almirante e João de Barro	1931
26.	*Enquanto houver Mangueira*	Roberto Roberti e Arlindo Marques Jr.	1959
27.	*Escurinha*	Geraldo Pereira e Arnaldo Passos	1950
28.	*Escurinho*	Geraldo Pereira	1954
29.	*Eu nasci no morro*	Ari Barroso	1945
30.	*Eu sou favela*	Noca da Portela e Sérgio Mosca	1994
31.	*Exaltação à favela*	Walter Amaral e Anacleto Rosas Jr.	1964
32.	*Exaltação à Mangueira*	Enéas de Brito e Aloísio A. da Costa	1956
33.	*Faceira*	Ari Barroso	1931
34.	*Fala Mangueira*	Mirabeau e Milton de Oliveira	1956
35.	*Favela*	Hekel Tavares e Joraci Camargo	1933
36.	*Favela*	Roberto Martins e Valdemar Silva	1936
37.	*Favela*	Padeirinho e Jorginho	1966
38.	*Favela amarela*	Jota Júnior e O. Magalhães	1959
39.	*Favela diferente*	Pe. Ralfy Mendes	1962
40.	*Favela do Pasmado*	Edith Serra	1965
41.	*Favela do Sete Coroas*	Geraldo Queiroz e Waldir Firotti	1960
42.	*Favela do Vergueiro*	Cachimbinho e Laércio Flores	1964
43.	*Favela morena*	Estanislau Silva e João Peres	1943
44.	*Favela querida*	Cristóvão de Alencar e Sílvio Pinto	1941
45.	*A Favela vai abaixo*	J. B. da Silva (Sinhô)	1928
46.	*O favelado*	Zé Kéti	1965

47.	*Favelas do Brasil*	J. Piedade, O. Gazzaneo e J. Mascarenhas	1961
48.	*Feio não é bonito*	Carlos Lyra e Gianfrancesco Guarnieri	1963
49.	*Feitio de oração*	Noel Rosa	1933
50.	*Fica*	Chico Buarque	1965
51.	*Fogo na marmita*	Monsueto, A. Louro e Amado Régis	1958
52.	*Foram-se os malandros*	Casquinha e Donga	1928
53.	*Garoto do morro*	Jacobina e Murilo Latini	1965
54.	*Gente do morro*	Manoel Santana, G. Macedo e B. Alexandre	1953
55.	*Gente do morro*	Carlos Lyra e Vinicius de Moraes	1974
56.	*Gosto mais do Salgueiro*	Wilson Batista e Germano Augusto	1943
57.	*O invocado*	Casquinha	1978
58.	*Lá vem Mangueira*	Paquito, Romeu Gentil e Paulo Gracindo	1962
59.	*Lata d'água*	Luís Antônio e Jota Júnior	1952
60.	*Linguagem do morro*	Padeirinho e Ferreira dos Santos	1961
61.	*Mãe solteira*	Wilson Batista e Jorge de Castro	1954
62.	*Malandrando*	Sílvio Lana, Luís Melodia e Perinho Santana	1987
63.	*Malandro quando morre*	Chico Buarque	1965
64.	*Mangueira*	Assis Valente e Zequinha de Abreu	1935
65.	*Mangueira*	Kid Pepe e Alcebíades Barcellos	1937
66.	*Mangueira*	A. Marques, R. Roberti e Nélson Cavaquinho	1955
67.	*Maria Lavadeira*	Black Silva e José Domingos	1960
68.	*Menino das laranjas*	Téo de Barros	1965
69.	*Menos eu*	Roberto Martins	1936
70.	*Meu barraco*	Duque e Dilu Mello	1946
71.	*O meu guri*	Chico Buarque	1981

"A Palavra é: Favela"

72.	*Meu refrão*	Chico Buarque	1965
73.	*Meu romance*	J. Cascata	1938
74.	*Minha embaixada chegou*	Assis Valente	1934
75.	*Minha favela*	Clodoaldo Brito (Codó) e Francisco D. Pinto	1968
76.	*Morro*	Waldemar de Abreu (Dunga) e M. Rossi	1944
77.	*Morro*	Luís Antônio	1953
78.	*Morro*	Billy Blanco e Antônio Carlos Jobim	1955
79.	*Morro*	Niltinho e Luís Henrique	1969
80.	*O morro canta assim*	Lourival Reis e José Batista Rival	1956
81.	*O morro começa ali*	Custódio Mesquita e Heber Boscoli	1943
82.	*Morro de Santo Antônio*	Herivelto Martins e Benedito Lacerda	1950
83.	*Morro do barraco sem água*	Roberto Correa e Jon Lemos	1970
84.	*Morro do malandro*	Dalton Araújo e Nino Garcia	1964
85.	*O morro é completo*	Antenor Gargalhada	1976
86.	*O morro está de luto*	Lupicínio Rodrigues	1953
87.	*O morro não tem vez*	Antônio Carlos Jobim e Vinicius de Moraes	1963
88.	*Morro, paisagem colorida*	Adelino Moreira	1976
89.	*Mulato calado*	Wilson Batista e Benjamin B. Coelho	1967
90.	*Mundo de zinco*	Nássara e Wilson Batista	1952
91.	*Na subida do morro*	Moreira da Silva	1952
92.	*Não quero saber mais dela*	J. B. da Silva (Sinhô)	1928
93.	*Nega Dina*	Zé Kéti	1964
94.	*Nega Luzia*	Wilson Batista e Jorge de Castro	1956
95.	*Nem é bom falar*	Ismael Silva, N. Bastos e F. Alves	1930
96.	*Nem eu, nem ela*	G. Iteperê	1931
97.	*Nos barracos da cidade*	Liminha e Gilberto Gil	1985
98.	*Olha o leite das crianças*	Pedro Caetano e Luís Reis	1969

99.	*Onde é que vais morar*	Kid Pepe e Téo Magalhães	1943
100.	*Opinião*	Zé Kéti	1963
101.	*Patinete no morro*	Luís Antônio	1954
102.	*Praça 11*	Herivelto Martins e Grande Otelo	1941
103.	*Pranto de poeta*	Nélson Cavaquinho e Guilherme de Brito	1957
104.	*Prazer da Serrinha*	Hélio dos Santos e Rubens Silva	1978
105.	*Protesto*	Antônio Domingues e Ferreira de Souza	1960
106.	*Quando o samba acabou*	Noel Rosa	1933
107.	*Rap da felicidade*	Julinho Rasta e Katia	1994
108.	*Rap do Borel*	William e Duda	1994
109.	*Recenseamento*	Assis Valente	1940
110.	*Refavela*	Gilberto Gil	1977
111.	*Salgueiro mandou me chamar*	Manezinho Araújo e Dosinho	1953
112.	*Samba nosso*	Eduardo Souto e Benoit Certain	1932
113.	*Sambista da Cinelândia*	Custódio Mesquita e Mário Lago	1936
114.	*Santuário no morro*	Adílson Godoy	1966
115.	*Saudades do meu barracão*	Ataulfo Alves	1935
116.	*Saudosa maloca*	Adoniran Barbosa	1955
117.	*Saudosa Mangueira*	Herivelto Martins	1954
118.	*Se não avisar o bicho pega*	Jorge Carioca, Marquinho e P. Q. D. Marcinho	1992
119.	*Sei lá Mangueira*	Paulinho da Viola e H. Bello de Carvalho	1970
120.	*Tiro de misericórdia*	João Bosco e Aldir Blanc	1977
121.	*Velório no morro*	Raul Marques	s.d.
122.	*Vida no morro*	Aníbal Cruz	1942
123.	*Vítimas da sociedade*	Crioulo Doido e Bezerra da Silva	1992
124.	*A voz do morro*	Zé Kéti	1955
125.	*Zelão*	Sérgio Ricardo	1960

Mangueira e Império
a carnavalização do poder pelas escolas de samba

Myrian Sepúlveda dos Santos

> O chefe de polícia
> Pelo telefone,
> Mandou me avisar
> Que na Carioca
> Tem uma roleta
> Para se jogar...
> (*Pelo telefone*, de Donga e Mauro de Almeida)

O CARNAVAL carioca existe desde os tempos da Colônia. Podemos compreender o clima de alegria que retorna periodicamente como inversão de valores e suspensão de hábitos e costumes da sociedade brasileira. Mas será que ainda convivemos com aqueles três dias de folia e brincadeira, em que repressões e sentimentos conturbados explodiam em fantasias e utopias? Será que as escolas de samba — que surgiram em morros, subúrbios e regiões pobres do Rio — têm ainda o potencial de inverter valores e colocar em suspenso normas da vida cotidiana? Ou será que o carnaval que temos diante de nós representa apenas uma paródia grotesca do que foi o passado? Hierarquias sociais, compromissos e interesses permeiam de tal forma as práticas carnavalescas atuais que parecem ter retirado delas toda a capacidade de ironizar, brincar, quebrar regras e desafiar autoridades.

MYRIAN SEPÚLVEDA DOS SANTOS é da Universidade do Estado do Rio de Janeiro (Uerj).

Entre 1994 e 1997, desenvolvi um projeto de pesquisa sobre o carnaval carioca, tendo como base a investigação sistemática em arquivos do Rio de Janeiro e entrevistas realizadas com participantes de duas escolas de samba da cidade, a Mangueira e o Império Serrano.[1] Estas são escolas que ainda clamam para si a manutenção do "samba de raiz", e eu tinha interesse em investigar formas, imagens, modos de interação, hábitos e costumes que ainda pudessem nos fazer refletir sobre o significado dessa festa. Mais do que isso, interessava-me compreender a especificidade de determinados setores de nossa sociedade, que no passado foram capazes de contribuir de forma tão significativa para o que é hoje um dos maiores legados do país: a música popular brasileira.

O desfile das escolas de samba faz parte de práticas culturais que se reproduzem e se transformam dentro de determinado processo histórico. Os conflitos inerentes às práticas e aos significados atinentes aos desfiles e concursos de escolas de samba envolvem a consciência que seus atores têm desses conflitos, bem como aspectos históricos e estruturais que estão além de seu domínio. As escolas de samba, ao surgirem, expressaram a associação entre a expressão musical extremamente criativa de parte da população carioca, as políticas governamentais, o mercado de bens culturais e os interesses da própria mídia. As tutelas foram várias ao longo dos anos, sendo o patrocínio inicial do governo logo substituído por investimentos diversos, quer do próprio governo, quer de indústrias e de chefes da contravenção.

As escolas de samba são hoje empresas milionárias, quase todas controladas por donos do jogo do bicho ou do tráfico de drogas, que vêm exercendo junto às comunidades as funções do Estado e do mercado. Os moradores de favelas e bairros populares, distanciados entre si por diferentes credos, práticas religiosas e interesses particularistas, encontram-se cada vez mais fragmentados culturalmente e afastados do samba. Raras são as associações possíveis entre os primeiros morros, favelas, bares e botequins em que se ouviam batucada, samba, choro e cuíca e os atuais moradores das favelas cariocas. À vida do malandro de outrora impõe-se uma nova realidade, que permeia a vida dos que habitam os morros da cidade: o estabelecimento do comércio de drogas, que se associa a uma lógica individualista e mercantil cada vez mais triunfante. Os setores da contravenção, por sua vez, transformam antigas mediações políticas e sociais, contribuindo ainda mais para a carnavalização do poder, em que pese ao sistema democrático instalado. Esse conluio entre a ordem e a desordem, longe de caracterizar nossa "modernidade", aparece como uma marca que já era jocosamente cantada nos carnavais cariocas, como bem mostra o nosso primeiro samba gravado.

Considerando todos esses aspectos, resta saber se espaços de congraçamento e solidariedade, tão importantes no passado, podem ainda existir entre os foliões modernos que vão ao Sambódromo nos dias de carnaval. Ou será que contamos apenas com produtos culturais homogêneos e padronizados, voltados para consumidores passivos, incapazes de um pensamento crítico e da audácia de uma nova experiência? Afinal, que festa é essa, e quem faz a festa, nessa festa?

Tradição e modernidade no carnaval carioca

Embora ao longo destes últimos anos eu tenha entrevistado e visitado várias vezes antigos participantes das escolas de samba, foi a primeira delas que me causou maior impressão. Quando pela primeira vez entrei na quadra da Escola de Samba Estação Primeira da Mangueira, em 1994, encontrei "tio" Jair na secretaria. Na ocasião, o diretor da escola era Ivo Meirelles, e toda a imprensa já havia anunciado o grande racha de sua gestão com os membros da Velha Guarda da Mangueira.[2] Muitos apontavam o crescimento dos bailes *funk* e da influência do tráfico nesse período. Fiquei surpresa, portanto, com a figura de "tio" Jair. Ignoro sua idade; ele não está entre os fundadores da escola ou mesmo entre os parentes dos fundadores, mas sem dúvida é um senhor bastante idoso e, pelo que pude depreender de sua entrevista, tem um profundo envolvimento com a Mangueira. Começamos a conversar sobre o carnaval do passado, e "tio" Jair me trouxe, numa voz muito baixa, pausada e cheia de sentimento, as imagens vivíssimas de uma festa em que seus participantes brincavam com imensa alegria, valentia e irreverência.

— E hoje, tio Jair? — perguntei, ansiosa. — O carnaval está melhor ou pior?

Nesse primeiro encontro, comecei a me dar conta das inúmeras dificuldades de um trabalho de campo no qual as linguagens envolvidas são múltiplas. Evidentemente, esperava um discurso que apontasse todos os males que estão acostumados a ouvir os estudiosos do assunto.[3] Afinal, sabemos que o desfile das escolas de samba tornou-se uma gigantesca indústria cultural cujo produto é mercantilizado, cujas estruturas hierárquicas perduram e cujos componentes continuam sendo espoliados. Além disso, eu lera nos jornais da época diversas críticas de membros da Velha Guarda da Mangueira ao carnaval "moderno". Mas a resposta que obtive foi muito seca e curta:

— Hoje é diferente.

Mais não consegui de "tio" Jair. Marcamos outra entrevista, pois, sem dúvida, o clima dentro da quadra não era de total liberdade. As escolas de samba são hoje objeto de grande disputa, envolvendo, pelo menos, os membros da Velha Guarda, bicheiros, representantes do tráfico, políticos e comerciantes. Nós, vindos de fora, muito raramente conseguimos dados precisos sobre o andamento dessas negociações, mas percebemos facilmente as inúmeras proibições presentes nos depoimentos obtidos, que são entrecortados por dicas, menções a respeito do "lado de lá" e indiretas sobre os diversos "inimigos" do samba. Fora da quadra, o depoimento de "tio" Jair não mudou:

— Hoje é diferente.

E eu levei algum tempo, precisei ouvir vários outros depoimentos, não só de "tio" Jair, mas também de "tia" Eulália, mestre Fuleiro, dona Zica e tantos outros, para compreender melhor essa resposta. A imprensa tem mostrado reiteradamente o conflito existente entre "tradição" e "modernidade" nas escolas de samba, conflito que também está presente nos debates, bastante passionais, entre participantes das escolas. De modo geral, associa-se a tradição à manutenção de padrões do passado, ao samba de raiz, à fidelidade à escola e aos membros da Velha Guarda. Em contraposição, os modernos argumentam que as escolas devem adaptar-se aos novos tempos, atualizando ritmos, temas e rituais, importando técnicas e contratando profissionais capazes de tornar a linguagem das escolas aberta às novas tendências e aos novos mercados. Esse debate entre tradição e modernidade tem múltiplos significados, e, para muitos dos que participam dos desfiles das escolas, a oposição valorativa entre esses dois termos simplesmente não existe. As escolas estão hoje mais bonitas e mais ricas, e o passado é passado. Se há alguma nostalgia de outros carnavais, há também muita admiração pelos atuais.

Ao procurar "tia" Eulália, fundadora do Império Serrano, eu queria compreender a criação da escola, em 1947, a partir de um racha com suas origens e tradições, a Escola de Samba Prazer da Serrinha. O Império Serrano, quando surgiu, trouxe inovações, seja no samba-enredo e na divisão de alas, bem marcada, seja por certas obrigações impostas a seus participantes — pela primeira vez, por exemplo, todos tiveram que se fantasiar — e pelo rompimento com parte da comunidade da Serrinha. "Tia" Eulália não entrou no mérito dessas mudanças. Para ela, a nova escola foi importante porque entrou na avenida belíssima, conquistando o título naquele ano e nos três seguintes. Prazer da Serrinha não era a tradição, mas uma perdedora. Quando uma escola brilha no concurso, sua comunidade é a vencedora e, naquele momento sagrado, nada mais importa. Para mestre Fuleiro, outro fundador do Império Serrano, as inovações que chegaram com o Império também tinham um aspecto positivo: elas é que significavam tradição. Ele não via nas mudanças qualquer problema com relação à tradição e explicou-nos que a criação do

Império foi uma tentativa de formar uma associação na qual os sócios mandassem, na qual houvesse um quadro social legalizado em substituição à antiga obediência prestada ao "dono" do Prazer da Serrinha, seu Alfredo Costa.[4]

É interessante observar, no entanto, que, segundo os registros da época e a bibliografia corrente, em 1946 foi realizado um desfile, promovido por um jornal do Partido Comunista (*Tribuna Popular*), que contou com o apoio da União Geral das Escolas de Samba (Uges). Nesse concurso, o primeiro lugar coube à "perdedora" Prazer da Serrinha. O governo, em represália, deixou de apoiar a Uges e financiou a criação de uma nova associação de escolas de samba, a Federação Brasileira das Escolas de Samba (FBES).[5] O Império surgiu apoiado por essa nova entidade, que tinha como uma de suas figuras fortes Irênio Delgado, liderança entre os trabalhadores do Cais do Porto, amigo de mestre Fuleiro, mas também amigo pessoal do prefeito do Distrito Federal, homem ligado ao presidente Dutra. Irênio participou da comissão julgadora de 1948, que deu o primeiro lugar ao Império, liderança que foi mantida nos três carnavais seguintes promovidos pela FBES. Nesse período, havia mais de um desfile, pois eram três as associações de escolas de samba, e a Uges continuava a congregar escolas tradicionais como Mangueira e Portela. Com o apoio, portanto, de Irênio Delgado, da FBES, e de trabalhadores do Cais do Porto, tidos como elite entre seus pares, surgiu o Império Serrano, escola responsável por uma série de inovações em relação aos desfiles tradicionais, campeã em quatro concursos consecutivos e cuja "modernidade" agradou a seus participantes, que ainda hoje enaltecem tanto o brilho das novidades demonstrado nas ruas, quanto a possibilidade de instituírem uma "diretoria sem donos". Seu Alfredo Costa, no entanto, não deve ter ficado muito contente.

Entre as duas damas da Mangueira, não houve, como ainda não há, uma posição consensual quanto às novas mudanças no carnaval. Dona Zica mostrou-se a favor do progresso das atuais escolas de samba, se comparadas com as do passado, e aceitou o trabalho de Ivo Meirelles como parte dessas mudanças. Dona Neuma, à mesma época, defendia vigorosamente a manutenção da tradição contra as "modernidades" implantadas pelo novo diretor. Entre as críticas principais àquela gestão estavam o descaso pelos antigos integrantes das escolas, a abertura da quadra para os grupos de *funk* e a maior cordialidade em relação ao tráfico de drogas.[6] Sem nenhuma passividade nesse jogo de forças, dona Neuma e outros membros da Velha Guarda conseguiram arregimentar um número de associados superior ao da oposição e eleger como seu representante Elmo dos Santos, atual diretor e defensor da "tradição". O vínculo de Elmo com os fundadores da escola é fortíssimo. Segundo ele, sua chegada à presidência deve-se ao amor que tem pela escola, herdado de pai e mãe. Seu pai foi o fundador da ala da bateria, e seu tio, Chico Barão, o primeiro ensaiador. Elmo foi nascido e criado no morro, no tempo de parteira. Fez parte da primeira bateria mirim da Mangueira, grupo de 50 garotos escolhidos por mestre Waldemir. Nessa época, tinham que tocar no mínimo quatro instrumentos e amar um deles. Foi ritmista, coordenador e diretor da ala da bateria; compositor, vencedor com samba-enredo; conselheiro e, depois, diretor social por seis anos. Batizado pelo mestre Xangô com arruda macho e sal grosso, foi diretor e coordenador de harmonia da escola.

As tradições defendidas foram construídas em cima de determinadas histórias, memórias ou lugares da memória. Evidentemente, as defesas de tradição e modernidade estão associadas a uma questão de poder. Os que não têm memória dificilmente têm poder. Mas que memória é essa? Memórias se constroem sob a forma de tradições mais ou menos estáveis. "Tio" Jair mostrou-se complacente com o presente, analisando as mudanças com certa inexorabilidade. O confronto entre tradição e modernidade carece de sentido porque a volta ao passado não implica nenhum ganho para ele. Dona Zica tem posição parecida. Hoje as escolas são grandiosas, bonitas, espetaculares, e nisso não há paralelo entre elas e aqueles blocos simplórios do passado. Algo se perdeu nesse tempo? Com certeza, mas essa era uma perda inevitável. Dona Zica chegou mesmo a associar sua defesa da modernidade a seu afastamento das disputas de poder. "Sou a favor dessa 'modernidade' porque tudo é progresso, né? Eu gostava mais do jeito que era. Mas tudo muda. Não pode ficar tudo na mesma. (...) Eu sou só Mangueira. Eu só frequento, mas não mando lá dentro."

O samba não tem uma só tradição a ser preservada. Não há um padrão ou modelo de samba a ser sacralizado. Uma das marcas das escolas é sua bateria, e a bateria caracteriza-se pelo uso exclusivo de instrumentos de percussão na produção do ritmo característico do batuque de raízes africanas. Mas o uso exclusivo da percussão não surgiu espontaneamente; consolidou-se com os primeiros regulamentos elaborados para os concursos (mantidos até hoje) e que proibiam instrumentos de sopro na bateria. O samba de Ismael Silva foi desclassificado em 1929 por ser acompanhado de um conjunto musical em que havia flauta (Riotur, 1991:196). Esses regulamentos não "mataram" o samba, mas fizeram parte de sua mudança. Se lembramos de Silas de Oliveira, considerado o maior compositor de samba-enredo de todos os tempos, lembramos também que ele foi autor de hinos religiosos em sua juventude e apreciador de óperas, herança presente na sua criação musical (Silva & Oliveira Filho, 1981). Hoje, o ritmo *funk* inova a batida de baterias campeãs, ainda que sob protesto dos que defendem a "tradição", mas as escolas de samba surgiram mediadas por concursos, com jurados escolhidos "de fora" do samba, e ao longo de sua história evoluíram sempre por mediações de diferentes valores, hábitos e costumes.

O samba dos "bambas" também não é um só, não tem um só ritmo, estilo ou mesmo forma de construir versos, tendo apresentado inúmeras modificações, desdobramentos e composições ao longo do tempo. Mesmo entre os primeiros sambistas, não houve consenso sobre o que seria o verdadeiro samba. Donga — ligado à tradição das casas das "tias" baianas e autor de *Pelo telefone*, primeiro samba gravado —, Almirante, Pixinguinha, Lamartine Babo, Caninha, João da Bahiana, Patrício Teixeira, Salvador Correia e o famoso Sinhô são considerados bambas. Para Ismael Silva, no entanto, que pertencia ao grupo do Estácio, a música de Donga não passava de maxixe, oriundo da polca e do pandeiro. Em contraposição, para Donga, *Se você jurar*, de Ismael Silva e parceiros, era marcha e não samba (Riotur, 1991:88).[7] O samba de raiz não tem uma forma única.

Na Mangueira, algumas lideranças prestigiam a aliança com antigos participantes do samba e têm como referência a política do Estado, enquanto outras apostam preferencialmente nos lucros do mercado. Para a grande maioria dos participantes, no entanto, essa tornou-se uma briga de rótulos, e os mais lúcidos não tomam partido. Observa-se também que, embora haja diferentes perspectivas e propostas entre os que defendem tradição e modernidade, de ambos os lados há o mesmo movimento de adaptação dos desfiles às necessidades de grande espetáculo. Os atores e os caminhos escolhidos é que são diferentes. A Mangueira, com seu discurso de defesa da tradição, atualmente pode ser considerada uma das escolas mais modernas, pois apresenta grande flexibilidade em suas apresentações e consegue apoio diversificado de diversos setores da sociedade, mantendo forte vínculo não mais apenas com representantes do poder público, visto que tem demonstrado uma iniciativa exemplar na elaboração de projetos sociais que têm como objetivo a captação de recursos privados. A preocupação de manter representatividade entre os diversos setores da comunidade também está presente em ambos os grupos. Elmo abriu a quadra desde o início de sua diretoria aos grupos *funk*. As novas lideranças, por sua vez, estão aprendendo que não se constrói a modernidade sem a participação dos tradicionais das escolas.

O que importa, portanto, não é a tradição pela tradição, pois esta não tem uma marca, mas várias. Paulinho da Viola, cantor e compositor da música popular brasileira, portelense de coração, em entrevista recente criticou os rumos tomados pelas escolas de samba na década de 70, já sob liderança dos banqueiros do bicho, e defendeu a tradição em oposição à modernidade, associando a primeira às escolas de samba dos anos 60.[8] Esse período, na verdade, é considerado por muitos a época de ouro das escolas, dada a posição de destaque que assumiram no carnaval carioca.[9] Na década de 50, os sambas tinham temas nacionalistas, obedecendo às diretrizes formalizadas pelo Departamento de Imprensa e Propaganda (DIP) no Estado Novo, e as escolas viviam dos subsídios econômicos que vinham através do Estado e dos livros de ouro. Ainda assim, as escolas desse período são lembradas por muitos pelos seus grandes sambas-enredo, pela simplicidade de suas fantasias, pelas alegorias de mão e a ausência de carros alegóricos. Na década de 60, houve uma virada completa: o desfile das escolas de samba tornou-se um grande espetáculo, e suas arquibancadas passaram a ser comercializadas, gerando lucro. Esse foi o período em que camadas médias entraram nas escolas de samba, havendo uma mudança significativa de temas, enredos e estética. A tradição a que Paulinho da Viola se refere corresponde a esse conjunto de mudanças. Outros integrantes do samba também lembram com emoção dos desfiles da Presidente Vargas, onde cada um se sentia o centro das atenções, a estrela da festa. Nas palavras de Delegado, antigo mestre-sala da Mangueira, o maior carnaval do passado também fora o da Presidente Vargas, quando "todos" aplaudiam e jogavam confetes. Nessa época, havia arquibancadas mais estruturadas de um lado da avenida, enquanto do outro as pessoas assistiam aos desfiles de pé ou mesmo em cima de caixotes. O Centro ainda reunia grande número de foliões, torcidas de escolas e sambistas nos três dias de carnaval.

Mas as inovações introduzidas na década de 60, longe de serem consensuais, foram e são até hoje rejeitadas por muitos. Causaram resistência porque inegavelmente dificultaram a participação de alguns dos antigos componentes. São vários os testemunhos de intolerância com as novidades. Haroldo Costa (1984:87) relata que muitos salgueirenses reagiram às imposições da suíça Marie Louise quanto aos detalhes de roupas, com suas golas altas, coletes enviesados, cinturas em baixo do busto. Embora aceitassem que o tema fosse Debret, muitos diziam: "O que é que aquela gringa alta, magra e com sotaque estrangeiro tinha que ver com a escola?" Havia os mais tolerantes, que só não entendiam por que iriam sair com um cesto de perus na cabeça ou com um chapéu cheio de borboletas multicores. As fantasias mais elaboradas — que iam de encontro às antigas confeccionadoras, à própria dança e à movimentação do sambista — e o crescimento das escolas nos anos 60 retiraram da gestão do novo espetáculo vários dos antigos participantes da festa.

Tanto dona Zica quanto dona Neuma criticam também a mudança dos aspectos responsáveis pela caracterização das escolas dos anos 30, quando estas tinham uma identidade bem definida e traziam temas "educativos". A "arte" dos profissionais — que substituíram os membros da comunidade na elaboração de temas e fantasias e no próprio desenvolvimento das escolas — é criticada tanto quanto seu poder:

> Atualmente até os carnavalescos estão judiando das escolas de samba. Eu recebo até muitas cartas de outros países, eles dizendo que estão desconhecendo a escola. Porque cada uma tinha sua cor tradicional. Hoje os carnavalescos botam a gente de preto, roxo, amarelo. Só não botam de verde e rosa. Eu acho uma cor linda. Verde, esperança; rosa, amor. (...) Todo mundo quer sair de verde e rosa, quer que você, lá de cima, identifique a escola. Mas não. A gente já sai com a fantasia sem vontade. (...) Os carnavalescos comem o dinheiro que a escola recebe.

Se, com a entrada dos bicheiros, parte dos antigos componentes das escolas perdeu espaço, isso não chegou a representar uma novidade. Vimos que os vários depoimentos sobre "tradição" e "modernidade" têm significados diferentes, e que não há uma tradição, como não há um conjunto único de mudanças que possa ser caracterizado como "modernidade". Em muitos casos, os sambistas definem "tradição" ou "modernidade" em função do lugar que ocupam ou que procuram ocupar no mundo do samba, de posições tomadas em relação ao poder, aqui entendido de forma bem ampla, como disputa de influência ou legitimidade, travada tanto entre os participantes das escolas de samba, quanto entre estes e os demais setores sociais.

Há uma referência comum, no entanto, não à tradição das escolas, mas a carnavais mais antigos do que aqueles vividos por Paulinho da Viola, quando não havia luxo, artistas plásticos e "donos" do samba. Na fala de dona Neuma, a rejeição ao carnaval moderno associa-se à lembrança de carnavais da praça Onze:

> Ah, que diferença... Na época da praça Onze era carnaval. A gente às vezes vinha a pé da praça Onze até em casa. Não tinha condução, mas era mais gostoso. Você vinha brincando no bonde, quando tinha os bondes. Agora, nos ônibus não dá pra gente cantar, brincar. Eu adorava.

Mas que carnaval foi esse, o da praça Onze, onde, aparentemente, esquecia-se da vida nos três dias de folia e brincadeira?

O samba dos fundos de quintais

No início do século, o Rio de Janeiro passou por diversas reformas urbanas, sem que houvesse canais para uma participação política e econômica equilibrada e sem que se resolvessem problemas básicos da cidade, como pobreza e miséria. O Rio foi modernizado, e a população carente, jogada para fora do centro urbano, surgindo assim a configuração bipartida que a cidade apresenta até hoje. O mesmo aconteceu com o carnaval, pois as brincadeiras populares foram expulsas do centro nobre da cidade. As práticas do entrudo, que consistiam nas bolas de água de cheiro, farinhas etc., vinham sendo fortemente reprimidas por serem consideradas uma herança porca e suja do período colonial. Da mesma forma, os "zé-pereiras", manifestações de portugueses moradores do Centro da cidade que faziam grande estardalhaço com seus tambores gigantes, foram postos à margem pelo novo *modus vivendi*, que lhes atribuía falta de espírito nas exibições grotescas.

A prefeitura, a imprensa e o comércio do Rio de Janeiro incentivavam o carnaval que seguia os padrões da *Belle Époque* e que tinha lugar na nova avenida Central, referencial da cidade regenerada. Além dos grandes bailes, o carnaval oficial era constituído pelo *corso, grandes sociedades* e *ranchos* (Riotur, 1991). O corso consistia num desfile de automóveis ao longo da avenida Central, onde famílias abastadas, que possuíam carros ou podiam alugá-los, desfilavam fantasiadas, divertindo-se e consolidando seu prestígio social. As grandes sociedades eram os maiores focos de atenção. Em grandes carros alegóricos, intelectuais, atrizes e mulheres da noite carioca brincavam o carnaval. No período pré-republicano, essas sociedades foram centros ativos de denúncia da escravidão e do autoritarismo da monarquia, mas, nos anos 20, estavam politicamente esvaziadas (Pereira, 1994). Os ranchos, por sua vez, vinham no chão, sem carros alegóricos, mas com muito luxo nas fantasias de seus componentes, vestidos como reis e rainhas. Lembravam as procissões religiosas nordestinas. Seus componentes eram quase todos negros de procedência baiana que mantinham entre si fortes vínculos de solidariedade e representavam uma camada social em ascensão. Muitos deles trabalhavam no Cais do Porto ou nos bares e cabarés da praça Onze, movimentadíssimos na época e responsáveis pela formação de músicos de orquestras, criadores de choros, maxixes e sambas (Efegê, 1965).

O carnaval não oficial da cidade acontecia na praça Onze, onde havia os blocos e os pontos de encontro dos malandros e valentes, que não tinham nada em comum com o carnaval oficial. Ainda que não fosse permitido a negros, mulatos e pobres percorrer as ruas centrais das cidades durante o carnaval, os cordões, agrupamentos de populares mascarados, e os blocos, grupos espontâneos e temporários, estavam em todos os lugares. Os que saíam nos blocos tinham grande prestígio e popularidade nos morros onde moravam por desafiarem a ordem vigente e por representarem uma alternativa ao trabalho de estiva, duro, regular e assalariado, mas eram perseguidos pela polícia, que os denominava vadios.[10] Os primeiros sambistas encontravam-se, portanto, à margem do mundo oficial. Eram músicos de boates e cabarés da praça Onze ou ainda moradores dos morros e bairros periféricos do Rio de Janeiro, que nem sempre tinham trabalho ou fonte de renda regulares, vivendo de biscates, em meio à violência, identificados ao mundo da marginalidade.

O carnaval de que nos fala dona Neuma quando se refere à tradição não é o carnaval dos desfiles das escolas de samba, mas o carnaval que girava ao redor dos desfiles, em fundos de quintais, esquinas, bares e bondes. Os terreiros de santo, com o ritmo e a batucada da religião afro-brasileira, exerceram uma influência muito forte sobre esse carnaval. Cartola, Carlos Cachaça, Zé Espinguela e todos os outros frequentavam as rodas das "tias" baianas, onde não se fazia apenas música; lá, cada um tinha que mostrar se era valente, bom na palavra e ágil das pernas. Religião, música e dança entrelaçavam-se. O samba era de improviso e não tinha uma produção individualizada, o que refletia a forma comunitária que os músicos tinham de divertir-se. Esse samba começou a sair às ruas em blocos de carnaval e atraiu a atenção geral não apenas porque inverteu valores, mas também porque trouxe para as ruas exuberância, valentia e sensualidade, experiências e sentimentos que não faziam parte do cotidiano do resto da sociedade. A partir dos primeiros concursos e regulamentos ordenando essas manifestações populares, a criação do samba ganhou um novo espaço: o da apresentação do samba. É então que se estabelecem novos limites às esferas anteriores entre público e privado. O samba dos temas livres, das rodas, bares e botequins, festas e pagodes era um samba de pares, protegido do olhar externo. Os blocos de fundo de quintal, ao tornarem-se escolas de samba, não só se apresentaram ao público sem a proteção de máscaras, encantando a todos, como abriram seu espaço à participação de diversos setores sociais, que imediatamente passaram a disputar sua liderança.[11]

A criação das escolas de samba implicou uma série de mudanças no espaço dos blocos carnavalescos, espaço em que setores da população expressavam-se por meio da brincadeira. O samba nem sempre teve um convívio fácil com as novas exigências que os desfiles das escolas lhe impuseram. Estes, ao serem criados, necessitaram de músicas com características próprias, de ritmo acelerado, para poder conduzir os componentes durante o desfile, e de refrões fáceis, para serem repetidos. Nos primeiros desfiles, manteve-se um pouco da improvisação das rodas de samba, dos bares

126   Um Século de Favela

e botequins. Após o coro feminino, que iniciava o desfile, vinha o samba improvisado. No concurso de 1933, havia um quesito chamado "poesia do samba", que julgava justamente essa improvisação. Mas, já em 1935 o quesito fora abandonado a pedido dos próprios componentes das escolas, que mostraram a impossibilidade da improvisação nos desfiles carnavalescos (Silva & Santos, 1980:831; Augras, 1993:93).

A partir dos anos 30, os blocos se institucionalizaram e se ordenaram, dando maior prestígio a seus componentes. Antes de 1930, não havia uma separação clara entre escolas de samba e blocos. As "escolas" ou blocos dessa época se apresentavam de maneira muito simples, compunham-se de 50 pessoas em média, exibiam pouquíssimas fantasias e alegorias, não tinham nenhum carro alegórico, nenhum luxo, nada que se assemelhasse à riqueza e ao brilho das escolas atuais.[12] Segundo diversos depoimentos e livros, as duas primeiras escolas, Deixa Falar e Mangueira, surgiram em 1928, ainda na República Velha, mas foi nos primeiros anos da década de 30 que as escolas de samba se consolidaram.[13]

A Escola de Samba Deixa Falar, fundada no largo do Estácio, que era bairro habitado por elementos que se dedicavam a biscates, jogo e exploração de mulheres da zona do Mangue, que ficava próxima (Tinhorão, 1981), transformou-se logo em rancho carnavalesco, substituindo flautas e tamborins pelas longas marchas-rancho. A Mangueira surgiu da tentativa de Cartola de mudar a imagem negativa do Bloco dos Arengueiros, associado à briga e à marginalidade. Outros blocos do morro da Mangueira juntaram-se à escola bem mais tarde. À medida que os concursos se sucediam e eram oficializados, outras escolas se iam consolidando a partir do crescimento de um bloco ou da fusão de muitos. A Portela só ganhou seu nome (Grêmio Recreativo Escola de Samba da Portela) em 1935, e o bloco Vai como Pode foi, dentre todos os de Osvaldo Cruz, o que mais se destacou nos primeiros concursos da década de 30, tendo surgido das reuniões na casa de dona Esther, baiana festeira. A Unidos da Tijuca, outra escola antiga, foi fundada apenas em 1931, em virtude da fusão de quatro blocos existentes nos morros Casa Branca, Formiga, Borel e Ilha dos Velhacos.

Os concursos patrocinados por jornais da época, de 1932 em diante, foram fundamentais para a criação das escolas. Por causa dos concursos, cada bloco passou a se preocupar em construir uma identidade própria para apresentar-se ao público. Os concursos acirraram a diferença entre os blocos, como também os hierarquizaram, facilitando a distribuição de poder entre eles. Os concursos representaram também uma espécie de costura entre o mundo do sambista e a sociedade carioca. A comissão julgadora sempre foi composta por elementos de "fora" do samba. Cartola, desde os primeiros desfiles, exigiu um jurado de "alto nível" para julgar as escolas

(Silva et alii, 1980). Não só para Cartola, como para todos os participantes das escolas, o jurado não podia ser um deles. Apoiaram o convite a artistas plásticos, músicos e maestros. O jurado, nesse contexto, foi de fundamental importância, pois foi justamente ele, culto e profissional, que legitimou o samba perante a parte "rica" da cidade.

As escolas representam o movimento de integração de setores menos favorecidos da sociedade e privados de muitos dos benefícios à sociedade da "ordem". As lideranças das escolas incorporaram alguns dos símbolos que eles atribuíam a essa ordem, como o "terno e gravata", construindo, a partir daí, uma nova identidade. Paulo da Portela, ao fundar sua escola, encomendou anéis de prata e ouro, ternos brancos de linho engomado, sapatos tipo carrapeta, gravatas e chapéus de palha. Sua exigência era que os sambistas deixassem os tamancos e chinelos e se arrumassem, que tivessem pés e pescoço ocupados (Silva & Santos, 1980:44-5). As comissões de frente, até pouco tempo atrás, eram compostas dos diretores das escolas, que vinham abrindo o desfile ainda com a caricatura do malandro regenerado, presente no aprumo da vestimenta. Só é possível entender as escolas de samba a partir dessa costura entre o mundo do samba, majoritariamente negro e pobre em sua origem, e o outro, o mundo dos "brancos".

Como vimos, se os blocos estão nas origens das escolas de samba, também são aspectos intrínsecos a elas a integração com outros setores da sociedade, as relações diversas com o mercado, o Estado e a contravenção. O prestígio que cada liderança adquire na sua comunidade associa-se às composições que elas constroem com jornalistas, industriais, negociantes, políticos, bicheiros e traficantes. Enfim, concursos, normas e negociações diversas fazem parte dos primórdios e da tradição das escolas de samba. É dessa tradição que nos ocuparemos a seguir.

Samba, dinheiro e poder

As primeiras escolas de samba se organizaram nos últimos anos da década de 20, após o sucesso do samba nas rádios e, mais especificamente, após a política extremamente populista implementada por Pedro Ernesto, interventor de Getúlio Vargas, no cenário carioca. A criatividade musical dos sambistas integrou-se às diversas mudanças por que passava o país, transformando pequenas agremiações musicais em grandes instituições organizadoras de manifestações culturais e espaços de lazer. Outro fator a ser considerado são os novos padrões de brasilidade, que já se haviam anunciado nas manifestações da Semana de Arte Moderna e se consolidaram na década de 30. Carlos Guilherme Mota

128   Um Século de Favela

(1994), partindo do testemunho de Antônio Cândido, descreve bem a substituição da historiografia da elite oligárquica — empenhada na valorização dos heróis da raça branca e representada pelo Instituto Histórico e Geográfico Brasileiro — pela de novos autores que de certa forma "redescobrem o Brasil". Produções intelectuais como as de Caio Prado Jr., Gilberto Freyre, Sérgio Buarque de Holanda e Roberto Simonsen foram todas da década de 30 e redesenharam o país, dando-lhe características nacionais. Teorias sociais até então hegemônicas, que ignoravam ou tratavam de forma negativa o negro, foram substituídas por obras de ampla popularidade, como as de Gilberto Freyre, que deram ao negro e ao mestiço nova roupagem, valorizando sua participação na construção da sociedade brasileira.[14]

Nos anos 20, o "grupo do Estácio" já era conhecido por cantores de rádio e radialistas que viam no samba possibilidade de lucro. Sabe-se, por exemplo, que o cantor Francisco Alves tinha um acordo com Ismael Silva e Nilton Bastos, aparecendo como coautor de todas as músicas que cantasse da dupla (Cabral, 1990:81). Muitos dos sambas dos "malandros" foram comprados, e, salvo raras exceções, como Cartola, com o tempo esses compositores foram esquecidos. Ainda assim, para muitos dos sambistas, a glória que procuravam concretizava-se nas rádios e na indústria fonográfica nascente. Em 1929, Zé Espinguela, sambista da Mangueira, começou a promover concursos entre o pessoal do samba, a partir de palavras e temas propostos por eles, para selecionar músicas para o rádio (Silva & Santos, 1980:55). Ainda que poucos autores tenham obtido sucesso, os sambistas viam no rádio reconhecimento e possibilidade de ascensão social.

As primeiras emissoras de rádio do país datam de 1923 (Roquette Pinto) e 1924 (Rádio Clube do Brasil), mas estas funcionavam apenas para um grupo pequeno de associados, uma vez que, além das leis restritivas às emissões, os programas tinham fins educativos e culturais específicos, e os aparelhos receptores eram raros e de preços proibitivos. Foi somente a partir de 1927 que o rádio tornou-se mais popular. Surgiram dezenas de novas emissoras com programações mais populares, ao mesmo tempo em que o desenvolvimento tecnológico permitia a multiplicação de aparelhos de rádio, discos e vitrolas a preços acessíveis, e o sistema elétrico de gravações trazido pela Odeon tornava a indústria fonográfica competitiva. As gravadoras e emissoras de rádio saíram em busca de músicas populares, consolidando a época de uma nova geração de cantores e compositores brasileiros como Ary Barroso, Lamartine Babo, Carmen Miranda e que incluía também os novos sambistas do Estácio (Cabral, 1990).

A crítica de que as escolas de samba adaptam-se às exigências do público consumidor e com isso descaracterizam-se não é uma característica da "modernidade"; o grau dessas adaptações é que foi se intensificando ao longo dos anos. A música de Donga teve várias versões, e muitas foram as brigas por autoria nos primeiros momentos do samba gravado. Com o início dos desfiles e a formação dos "grêmios recreativos escolas de samba" — nome com que todas as escolas foram registradas —, as experiências carnavalescas deixaram de ser compartilhadas por um grupo comunitário, adquirindo significado próprio, com certa independência em relação às suas origens, e que foi traduzido para um território muito mais amplo, adquirindo diversos matizes. De festas populares, as escolas transformaram-se inicialmente em símbolos nacionais. Essa mediação foi realizada por diversos elementos, sendo o poder de alguns deles visível, caso das lideranças do samba e dos políticos, e o de outros, invisível, caso dos regulamentos e dos juízes, que definiam os moldes de disputa entre as escolas. Ainda hoje, há muita discussão na escolha dos jurados, processo que ainda é realizado pelas diretorias das escolas de samba dentro da mesma perspectiva: a procura de jurados "sérios", "profissionais" e "competentes".

Paralelamente ao desenvolvimento tecnológico e industrial, que não se restringia ao crescimento da indústria fonográfica, surgiu uma ampla camada urbana que procurava seu espaço numa sociedade marcada por velhas estruturas. O regime republicano tinha se estabelecido no Brasil monitorado por setores que procuravam inserir o país no sistema de produção capitalista internacional, sem propiciar no nível interno a tão propalada democracia burguesa. Grande parte da população encontrava-se desorganizada, à margem dos benefícios do sistema econômico que vinha sendo implantado e sem contar com direitos básicos, civis, políticos e sociais, atribuídos usualmente ao cidadão republicano (Carvalho, 1987). Em 1930, Getúlio Vargas derrotou as oligarquias dominantes da Primeira República com o compromisso de integrar frações diversas da sociedade a partir de uma proposta de intervenção mais direta do Estado. O governo de Vargas preservou a classe operária e outros setores da população de baixa renda de uma pauperização drástica ao garantir-lhes acesso a uma participação maior no produto econômico (Weffort, 1982:53-72). Com uma política de massas, Vargas iniciou seu governo restringindo direitos políticos ao mesmo tempo em que estendia direitos sociais e trabalhistas. Os operários passaram a ter jornada de oito horas, previdência social, lei de férias e repouso semanal, desde que seus sindicatos fossem inscritos no Ministério do Trabalho, Indústria e Comércio, o que permitia ao Estado controlá-los.

Os sambistas da praça Onze integraram-se à era Vargas. Tiveram seu espaço regulamentado e oficializado à custa de compromissos diversos com o governo. Pedro Ernesto reduziu os empréstimos externos, ao mesmo tempo em que regulamentou o jogo dos cassinos, conseguindo, com isso, verbas para a prefeitura. O rótulo de vadiagem dos idos de 1920 não foi empecilho para a tentativa de cooptação dos sambistas ao novo sistema político que se estruturava. Dois anos após a oficialização das escolas de samba, a polícia do Estado Novo fechou os bordéis da Lapa e começou a reprimir de forma violenta a prostituição e todos os que ficaram de "fora" de seu controle imediato.

Essa ordenação da desordem cooptou alguns e desagradou a outros. Vagalume, no livro *Na roda do samba*, tece comentários desfavoráveis ao governo, argumentando que o samba não teve sorte na República Nova, quando o carnaval, o samba, o choro, o rancho e o bloco, todos foram oficializados, sendo criada até mesmo uma federação *carnavalesca*. Conclui o autor, ironicamente, que, embora o chefe do governo provisório fosse gaúcho e apreciasse mais um churrasco ou chimarrão do que um samba choroso batido no terreiro, ou seja, não gostasse do samba, a gente do samba gostava tanto dele (Guimarães, 1978:111-2).

E gostavam mesmo. Entre todos os políticos do passado, o mais amado pelos fundadores das escolas de samba foi Pedro Ernesto,[15] que, trilhando o mesmo caminho do presidente, preocupou-se não só com o samba, mas com a regulamentação de códigos trabalhistas, melhorias nas áreas de educação e saúde e controle social. Dona Neuma, dona Zica, Carlos Cachaça, "tia" Eulália, mestre Fuleiro e vários outros componentes da Velha Guarda foram todos unânimes no reconhecimento ao antigo prefeito. Dona Neuma lembra que a Escola Pública Humberto de Campos, na Mangueira, foi inaugurada por ele. Carlos Cachaça nos disse que Pedro Ernesto era amigo íntimo e querido de todos eles. Para Cachaça, foi Pedro Ernesto quem libertou o samba, que era escravizado na época. Ele criara a UES na presença deles, com eles. O velho sambista, hoje com 98 anos, lembra-se até da tristeza dos companheiros que não puderam ir visitá-lo na prisão porque tinham medo de ser presos.[16] Ainda segundo Carlos Cachaça, Pedro Ernesto pediu para que o carro da União das Escolas saísse logo após o seu carro, em cortejo, no dia de sua liberdade, o que aconteceu. Importante ressaltar que, ao contrário do mito do malandro, muitos dos fundadores das escolas de samba foram trabalhadores regulares e chegaram mesmo a se aposentar. Carlos Cachaça conciliou por longos anos o trabalho regular e o samba, acabando por aposentar-se pela Rede Ferroviária Federal; mestre Fuleiro aposentou-se pelo Sindicato dos Arrumadores da Guanabara, do Cais do Porto, como muitos outros. Ed Miranda, membro da Velha Guarda da Mangueira, era policial. Não como os demais, dizia

Mangueira e Império   131

ele, pois participou até mesmo de associações sindicais. No carnaval, saía todo ano na ala dos boêmios: levava a fantasia e, quando chegava a hora, trocava de roupa. Acabado o desfile, vestia a farda de novo. Embora os sambistas não fossem todos malandros nem estivessem interessados em arruaças nos dias de carnaval, essa diferença não era respeitada pela polícia, que reprimia a todos indistintamente, causassem desordem ou não.

Só a partir de 1932 as escolas começaram a disputar concursos, a fazer parte do programa oficial elaborado pela prefeitura e a receber subvenções do governo, sendo oficializadas em 1935. Embora umas poucas escolas de samba tenham sido fundadas antes de 1930, é inegável que, nesse período, elas eram confundidas com blocos e consideradas caso de polícia. Em 1934, fica claro o interesse, tanto dos sambistas quanto do governo, pela legalização das escolas: em janeiro, estas homenagearam Pedro Ernesto numa festa realizada no campo de Santana, e em setembro, foi fundada a União das Escolas de Samba (UES).[17] Em carta ao prefeito, o representante da UES afirma, logo de início, sua intenção de procurar imprimir o cunho da brasilidade na verdadeira música nacional (Augras, 1993:92). A partir daí, vários foram os vínculos entre os dirigentes das escolas e o governo. Recebendo verbas de Pedro Ernesto, Flávio Costa, liderança entre as escolas de samba, assumiu o papel de arregimentar eleitores nas favelas, junto com Paulo da Portela.[18] Também consta que Silas de Oliveira, do Império Serrano, mestre dos sambas-enredos nacionalistas, teve como um de seus ofícios o de cabo eleitoral, atividade considerada comum entre os sambistas (Silva & Oliveira Filho, 1981:57). Pedro Ernesto foi afastado de seu cargo em 1936 por Getúlio, mas, nesse período, o vínculo entre as escolas de samba e a máquina política criada pelo Estado já estava concretizado, tendo aquelas desempenhado papel marcante na consolidação da identidade nacional.

As novas lideranças do samba, que destronaram os antigos "donos", eram pessoas com prestígio não só em suas comunidades, mas também fora delas. Os antigos donos — lideranças como seu Alfredo Costa, do Prazer da Serrinha — não tinham mobilidade, conhecimento nem poder para serem influentes na década de 30; não faziam escolas campeãs. As novas lideranças tinham contato com a mídia e com os políticos e eram capazes de transmitir informações, moldar opiniões e interpretar notícias. Paulo da Portela, como outros, foi "cidadão-samba", personalidade reconhecida e eleita através da imprensa, com grande reconhecimento público.

Ainda que o governo populista tenha tido grande poder de controle através de subvenções e regulamentos (Augras, 1993), não houve uma massificação de ideais, uma vez que conflitos e tensões estiveram presentes na manutenção desse pacto. No final do Estado Novo, por exemplo, as negociações entre o Estado e as escolas de samba entraram em crise, quando a UES aproximou-se do Partido Comunista Brasileiro, recém-legalizado. Mas o pacto foi rearticulado com sucesso, voltando o mundo do samba às matrizes originais, quando Irênio Delgado, com o apoio de mestre Fuleiro, entre outros, organizou a Federação Brasileira das Escolas de Samba (FBES), que acabou por se impor e atrair as demais escolas.

Com a oficialização das escolas de samba pelo Estado, os sambistas passaram a ter o direito de pular seu carnaval na avenida, o direito de ir e vir nas ruas da cidade, o direito de não serem perseguidos por sua cultura, chegando mesmo a ver consagrados aspectos de sua cultura como símbolo de brasilidade. Além disso, a esses direitos somaram-se barganhas com o Estado. Paulo da Portela valeu-se de seu prestígio junto ao governo para pedir a urbanização das favelas. Em 1933, ante a ameaça de despejo de 7 mil moradores do morro do Salgueiro, o presidente do Salgueiro interveio, conseguindo das autoridades a defesa dos moradores. Dona Neuma e dona Zica, da Mangueira, mantêm até hoje seu prestígio inalterado, sendo prontamente recebidas pelos presidentes eleitos e tendo muitos de seus pedidos atendidos. Nessa fase de negociação entre sambistas e políticos, prevaleceu a troca de favores por votos, típica das práticas clientelistas do nosso país, que refletem um caráter mais profundo da nossa sociedade — a manutenção dos "donos" do poder.

A carnavalização do poder

Segundo José Murilo de Carvalho (1987), a relação entre cidade e Estado, na República Velha, caracterizava-se pela oposição, como no caso de anarquistas e movimentos operários; pela apatia, através de festas religiosas e das diversas associações de auxílio mútuo existentes na época; e pela composição com elementos contraventores. Como vimos, o carnaval das escolas de samba foi criado através de práticas clientelistas, trocando-se votos pelo compromisso com o direito ao samba. Menos conhecidas são as negociações do Estado com atividades ilegais, negociações que muito contribuíram para um controle indireto sobre as reivindicações e lutas populares de claro conteúdo legal.

Na República Velha, elementos da desordem foram utilizados no processo eleitoral, quando os "políticos" lançavam mão de capoeiras, capangas, malandros e valentes para conseguir votos e reeleger-se. Durante o governo de Getúlio, parte da desordem tornou-se ordem ao ser cooptada pelos vínculos corporativistas. Pedro Ernesto utilizou o intervencionismo estatal legalizando e organizando parte da malandragem, legitimando alguns antigos donos das escolas, investindo outros. Os malandros da ordem manti-

Mangueira e Império

133

nham um vínculo de "camaradagem" com os políticos, pelo qual se garantiam privilégios em detrimento de quaisquer direitos estabelecidos pela lei. Estabeleceu-se uma política clientelista direta.

Com o crescimento das escolas de samba nos anos 60, o pacto clientelista se desfez, pois o Estado não tinha mais condições de financiá--las. Nessa época, ocorreram várias transformações econômicas e sociais, entre elas o surgimento de novas camadas urbanas com grande potencial consumidor e de novos lemas nacionalistas apoiados na ideia de modernização e progresso. O desfile das escolas começou a ser comercializado mediante a venda de ingressos e a construção de grandes arquibancadas. Em 1957, as escolas de samba deixaram a praça Onze e passaram à avenida Rio Branco, para logo em seguida, em 1962, exigirem arquibancadas, que acabaram por ser transferidas em 1965 para a avenida Presidente Vargas. A verticalidade das arquibancadas exigiu carros alegóricos, e o público, um maior espetáculo.

Intelectuais e artistas das camadas médias deixaram de fazer parte apenas da comissão julgadora e tornaram-se produtores culturais, participando do quadro da diretoria das escolas, de seus desfiles e da idealização de nova estética e novos horizontes para o mundo do samba. Artistas plásticos de "fora" do samba revolucionaram a apresentação dos desfiles com novos temas, técnicas e estéticas. No carnaval de 1959, a Escola de Samba Acadêmicos do Salgueiro trouxe como enredo Jean-Baptiste Debret, tema elaborado por intelectuais conhecidos.[19] A partir daí, o Salgueiro contou com a ajuda do ex-aluno da Escola de Belas-Artes, Fernando Pamplona, que, com enredos como "Quilombo de Palmares" e "Chica da Silva", colocou definitivamente a escola no grupo das campeãs, então formado basicamente por Mangueira, Portela e Império Serrano.

Com o prosseguimento da comercialização do desfile, os grandes empresários não eram mais nem os construtores das arquibancadas, nem os antigos fundadores das escolas. Outros parceiros vieram financiar a nova empresa, introduzindo um novo elemento na relação do Estado com o mundo do samba: os banqueiros do jogo do bicho (Chinelli & Silva, 1993:45-52). Os banqueiros do jogo do bicho apoiaram as escolas desde seus primórdios, como é sabidamente o caso de Natal da Portela, mas foi a partir da década de 60 que esse apoio se caracterizou como acordo entre organizações. O jogo do bicho foi uma atividade legal durante o período inicial de constituição das escolas de samba, tornando-se proibido somente em 1946. A partir daí, cresceu como organização ilegal, indo muito além dos horizontes das escolas de samba. Nas escolas que tinham suas lideranças formadas, a entrada dos bicheiros como novos "donos" nem sempre foi bem recebida, mas, em outras, eles assumiram naturalmente a liderança comunitária. São muitos os componentes da Velha Guarda que ainda hoje mostram não estar de acordo com o poder que os bicheiros passaram a ter nas escolas. Dona Neuma sempre afirma que a Mangueira nunca teve bicheiros, mas é sabido que eles financiaram muitos dos carnavais da escola, sem, no entanto, deslocarem os fundadores de suas posições de poder.

Nos anos 70, grandes banqueiros do bicho, inicialmente de fora do mundo do samba, ocuparam o papel de novos mecenas, transformando pequenas escolas, como Mocidade Independente de Padre Miguel e Beija-Flor de Nilópolis, em grandes campeãs. Para os componentes dessas escolas, que a partir daí tiveram a possibilidade de competir com as grandes, como Mangueira, Império Serrano e Portela, os banqueiros passaram a ocupar o lugar do grande benfeitor. Esses contraventores foram também patronos de clubes de futebol e deram às comunidades não só o espaço do samba, mas o apoio antes esperado do Estado em diversas obras sociais. Os bicheiros estabeleceram relações de fidelidade e compromisso para com as populações adotadas. A receita do sucesso por eles empregada nas escolas de samba foi investimento, organização e modernização. A partir do investimento de grandes quantias na apresentação das escolas como grande espetáculo, a estética desses desfiles ficou nas mãos de seus produtores e não mais do público consumidor, podendo os novos patronos substituir a versão nacionalista dos desfiles por uma versão modernizante que agradasse aos novos componentes das escolas, agora já maciçamente oriundos dos subúrbios da cidade. Os desfiles foram organizados de modo a cumprirem todos os quesitos da "tradição" pelos quais eram julgados, não ficando mais as escolas na dependência de terem ou não em sua comunidade um mestre-sala ou uma porta-bandeira "nota 10". Rompendo com a norma de que somente laços familiares e de contiguidade autorizavam os vínculos com as escolas, passou-se a contratar elementos da "tradição".

A modernização acompanhou a ampliação das bases sociais das novas escolas de samba. No início dos anos 30, grande parte da população dos morros e favelas cariocas era constituída de negros e mulatos, e a influência de traços culturais africanos mostrava-se clara no samba, na umbanda e no clima único comunitário que lá se encontrava: a porta da casa estava sempre aberta aos que chegassem, a panela sempre tinha comida para mais um, e a cachaça era sempre dividida. Mesmo tendo surgido no Centro, o samba subiu os morros e encontrou nichos no subúrbio. Nos primeiros tempos de sua história, as escolas de samba estavam associadas ao elemento negro, aos setores populares e às favelas.[20] Mas, a partir da década de 60, os subúrbios cresceram e misturaram-se às favelas, trazendo novos elementos para as manifestações populares. Uma favela imensa como a Rocinha conta com uma população negra minoritária, se comparada com a Mangueira. A contratação de carnavalescos, administradores com poder e dinheiro nas mãos para criar novos enredos e controlar sua implementação, trouxe grandes mudanças nessas novas escolas, possibilitando grandes voos de imaginação e criatividade no mundo do samba, os quais, se desagradavam a antigos participantes, deslumbraram público e jurados. Uma nova estética fora aprovada, desbancando facilmente temas folclóricos anteriores, com a observação de que quem gosta de miséria e pobreza é intelectual.

Na década de 70, as escolas adquiriram dimensão e prestígio imensos, aumentando o luxo dos desfiles e o montante de dinheiro investido na festa. A "patronagem" dos bicheiros deu às escolas uma dimensão econômica e social até então impensável e que, longe de se manter fora das malhas da política, tornou-se importante instrumento eleitoral. As escolas recebiam de suas comunidades reconhecimento, que era negociado com os políticos em troca da permissão da ilegalidade e do direito de lavar abertamente o dinheiro obtido no jogo. Como presidentes das escolas de samba, os banqueiros do jogo do bicho ganharam acesso às autoridades e total liberdade no mundo da legalidade.[21] O governo mantinha sua política clientelista, mas dessa vez de forma indireta, com a intermediação da contravenção. Com a criação da Riotur, em 1972, o Estado deixou definitivamente de lado a política de subvenções, que antes fora a base das relações entre poder público e escolas de samba, e passou a investir no carnaval como atividade turística. O empresariado em que o governo se apoiava era constituído pelos banqueiros do bicho. O desfile das escolas de samba tornou-se uma indústria cultural das mais poderosas, envolvendo em média 50 milhões de dólares por ano e mais de 500 mil empregos diretos e indiretos. O movimento de capital aumentou, e as escolas tornaram-se produto de exportação, almejando expressão internacional. Hoje, cada escola do primeiro grupo necessita no mínimo de 1 milhão e meio de dólares para fazer seu carnaval, mas só metade desse dinheiro corresponde à venda de arquibancadas. A outra metade é financiada por contraventores, por governos estaduais (não só do Rio de Janeiro) interessados em apoio eleitoral ou ainda por industriais e comerciantes, estes em menor proporção.

A partir dos anos 80, a imprensa começou a divulgar que o "carnaval" podia autofinanciar-se. O crescimento das escolas culminou com a construção, no governo de Leonel Brizola, do Sambódromo, em 1984, e com a criação da Liga Independente das Escolas de Samba (Liesa), "sociedade civil sem fins lucrativos" que, ao separar-se da Associação das Escolas de Samba do Rio de Janeiro (AESRJ), assumiu a organização do desfile, sendo representante das 10 maiores escolas do chamado grupo especial, que são as que mobilizam mais pessoas, dinheiro e prestígio. Esse foi um

136 Um Século de Favela

importante passo para a privatização dos lucros dos desfiles e a conquista da independência em relação ao Estado pelos banqueiros do bicho que patrocinam as escolas campeãs. Nas palavras de um dos idealizadores da Liga e um dos maiores e mais poderosos chefes da contravenção no Rio de Janeiro, Capitão Guimarães:

> A nova organização se insere na filosofia global de privatização da economia, com o afastamento do Estado daquelas atividades que tanto o desgastam, em detrimento de outras funções de maior densidade social e que podem ser desenvolvidas pela iniciativa privada.[22]

As autoridades governamentais defenderam a tese de que privatização seria sinônimo de democratização, pois a renda obtida pelas escolas com o desfile as tornaria independentes tanto do Estado quanto da contravenção. Com isso, o Rio de Janeiro antecipou-se à política atual de privatizações por que passa o país. A Riotur vendeu aos poucos, sob pressão de conhecidos chefes da contravenção, o direito de administrar e controlar os desfiles, o que envolve venda de ingressos, comercialização e *merchandising* dos espaços da avenida, direitos sobre televisionamento e redução do imposto sobre serviços (ISS). Além disso, a Liga fundou sua própria gravadora, que vende anualmente milhões de cópias do disco que contém os sambas-enredo das escolas. Segundo Hiram Araújo, a passarela do samba "se pagou" em dois anos. Evidentemente, a autonomia em relação ao Estado não significou autonomia em relação aos patronos: a democratização não ocorreu.

Com a fundação da Liga, em 23 de julho de 1984, os contraventores tornaram-se oficialmente os presidentes de uma entidade legal, ratificando seu controle sobre as escolas de samba.[23] Foram presidentes da Liga, entre outros, Castor de Andrade (falecido recentemente, aos 71 anos, de parada cardíaca), patrono da Mocidade Independente de Padre Miguel, com pontos de jogo do bicho em Bangu, Padre Miguel e Campo Grande e conhecido como o homem mais processado do Brasil; Aniz Abraão David, ex-diretor da Beija-Flor de Nilópolis, com pontos em Nilópolis e Nova Iguaçu; e Aílton Guimarães Jorge (Capitão Guimarães), apontado como o grande articulador da criação da Liesa e um dos mais poderosos chefes da contravenção. A imprensa tem divulgado a ligação desses bicheiros com cassinos clandestinos, tendo sido Castor de Andrade processado pela exploração de um deles na Rio-Petrópolis, mas a ligação do jogo do bicho com o tráfico de drogas até hoje não foi provada. A legalização, através da Liga, das atividades dos bicheiros, além de ter reforçado o poder destes, aparentemente modificou o pacto anterior pelo qual os bicheiros negociavam sua entrada na legalidade com políticos ávidos por votos. Se os contraventores adquiriram maior independência do Estado, a recíproca também foi verdadeira. Em maio de 1993, pela primeira vez na história da cidade, 13 banqueiros do bicho foram parar na cadeia por formação de quadrilha e bando armado. Em 1996 eles receberam indulto e foram libertados, mas a imprensa tem apontado a perda de prestígio de alguns deles.

Longe de implicar democratização da festa, a independência da Liesa em relação ao Estado traz novas preocupações. É notório o aumento do controle do tráfico de drogas não só sobre favelas e grandes regiões do Rio, mas também sobre as escolas de samba. Se a princípio o tráfico não chegou às escolas como organização centralizadora nos moldes do jogo do bicho, não foi por causa de sua fraqueza. Em primeiro lugar, há os traficantes que também são sambistas e, querendo ver seus sambas na avenida e demonstrando desconhecer quaisquer regras democráticas, impõem pela força seus sambas-enredo.[24] Sabe-se que nas baterias, coração da "tradição" das escolas, a liderança é dos traficantes. Mas não é só isso. Segundo, há o caráter organizativo da própria atividade de venda de drogas, móvel e flexível, baseada numa racionalidade burocrática de impessoalidade, lógica de eficiência e rotatividade de lideranças, que faz de seus agentes, chamados apropriadamente de "soldados", mercenários de vida muito curta e alto poder explosivo. Dispensa, com isso, os antigos códigos de honra e laços pessoais hierárquicos mantidos na estrutura de dominação dos banqueiros de bicho, bem como uma série de encargos "sociais" assumidos pelos antigos *capos* do bicho. Além disso, sabe-se que o tráfico é uma atividade mercantil por excelência, que cresce com o mercado consumidor, e mais atraente que foliões enlouquecidos só a possibilidade de exportar a mercadoria.

Apesar de todo o crescimento das escolas e das negociações entre suas lideranças e os políticos, os membros associados às escolas pouco ou nada ganharam de 1930 para cá. Pelos estatutos existentes, as lideranças das escolas podem ser eleitas entre seus membros associados, mas tais processos reduziram-se a práticas de confirmação dos eleitos, primeiramente por Getúlio, depois pelos bicheiros e, pelo que se anuncia, doravante pelos traficantes de drogas. Há conflitos não só entre esses diferentes "donos" do samba, cujo poder se deve muito mais ao "mundo externo" do que às comunidades com que se relacionam, mas também entre os diversos atores e partes interessadas desse inalcançável mundo externo. Em todos esses conflitos, os músicos, passistas e componentes estão sempre longe do palco do poder.

No entanto, o que se observa é que os donos do poder não são os responsáveis pelo significado da festa, apesar de todo o seu controle sobre ela. A criação do samba e do carnaval nunca foi fruto de relações democráticas. Ao contrário, as primeiras lideranças dos blocos carnavalescos foram seus "donos", e o relacionamento que mantinham com suas comunidades era bastante autoritário. Alfredo Costa era o "dono" da Serrinha; o Galdino, do Paz e Amor; o Coutinho, da Lira do Amor, e assim por diante (Silva & Oliveira Filho, 1981:31). Quando as escolas se tornaram grêmios recreativos, com o aval do Estado, ganharam novos "donos", ainda que sob nova roupagem. Em todos esses casos, sabem os versados no samba que eles fazem parte de um setor da população relegado a segundo plano no cenário da vida nacional montado pela elite dirigente e que sua margem de decisão é pequena.

A inserção das escolas numa lógica de mercado também não constitui, para seus participantes, uma boa alternativa às patronagens. No dizer de um deles:

> o que tem que acabar é com os cafetões do carnaval, que vivem do carnaval. É você ligar a televisão e vê um monte deles falando. São pessoas que na avenida atrapalham o desfile. Alguns estão em camarote comendo lagostas, falando que conhecem o carnaval. Carnaval é coisa de crioulo e de malandro. Quem conhece o carnaval é mestre Fuleiro e Mário Dentinho (...). Esses não ganharam dinheiro com o carnaval. Agora, quem está na Globo, Manchete e nas rádios é que são os cafetões do carnaval.[25]

Dona Neuma mostra-se bastante lúcida ao denunciar a atual marcação do tempo:

> Tempo marcado; você tem tantos minutos pra desfilar. Eu acho que isso é uma exigência que não devia existir, não é? Rápido e você gasta um dinheirão pra chegar na hora e... e depois não tem mais carnaval. É só aqueles 90 minutos. É gostar muito. Eu já tinha acabado com o carnaval. Ou dá ampla liberdade da escola desfilar onde quisesse ou então acabava com o carnaval. Porque a gente, eu acho, fica restrito só naquilo. Você tem que montar no cavalo e chuc, chuc, chuc... não pode sambar, não pode mostrar a graça da fantasia.

Mangueira e Império

O grito de guerra contra os cafetões que chegam "de fora" do samba e a denúncia da dinâmica acelerada do carnaval mostram a percepção aguçada de fundadores ou membros a eles ligados de que as inovações podem fazer passar para outras mãos as rédeas do espetáculo. A adoção de um novo ritmo transforma o carnaval, faz com que o samba perca espaço na avenida e põe em risco a Velha Guarda. O alto custo dos desfiles impossibilitou, no passado, que moradores de favelas e bairros populares disputassem o controle da festa. O problema surge também com a chegada de novos padrões culturais trazidos pelas necessidades do mercado, os quais são alheios ao imaginário dos sambistas. Afinal, que há de errado com o verde e rosa e com os desfiles demorados?

Outra ameaça que parece atingir as escolas está na crescente fragmentação e deterioração dos laços comunitários entre os integrantes de favelas e subúrbios, o que não lhes permite reunir forças para disputar suas marcas junto a um público maior. Quando as portas dos morros e dos subúrbios se fecham, por medo da violência generalizada, por desconhecimento do que habita ao lado, por desconfiança, por causa das competições e das novas formas de individualismo que se impõem, fecha-se também a possibilidade do encontro e da reinvenção. Novas religiões fundamentalistas e segregadoras separam não só crenças, mas também antigos vizinhos e parceiros. Segundo dona Neuma, depois que novas religiões protestantes e carismáticas tomaram conta do mundo, acabaram-se as escolas de samba. Segundo depoimentos de participantes da Mangueira, do Império Serrano e da Portela, as alas das comunidades não chegam a representar 30% dos componentes dessas escolas. Se por um lado diminui a participação desses setores na escola, por outro aumenta a dos foliões carnavalescos de camadas médias da sociedade, uma vez que o desfile vem hoje ocupar o lugar dos antigos carnavais de clube, vendendo-se camarotes ou mesmo alas para turistas de outros estados e países.

Apesar do poder dos donos do carnaval, da comercialização da festa e da crescente fragmentação social das comunidades, as festas carnavalescas continuam a trazer consigo a possibilidade de um espaço em que a promessa da reinvenção se faz presente. Ainda hoje, os que não têm alto poder aquisitivo não se fantasiam de "sem-terra", e o brilho e o paetê encantam apenas àqueles que desconhecem o luxo na vida cotidiana. No carnaval, por mais empobrecido que ele seja, expressamos o que a razão não é capaz de explicar: a presença e a sensualidade do corpo e os múltiplos e ambivalentes significados que podem haver entre vida e morte, velho e novo, passado e presente. As escolas de samba até hoje mantêm uma divisão entre os setores e alas da comunidade do samba e aqueles que são abertos ao público em geral e comercializados, o que permite uma troca contínua entre diversos setores da sociedade, com suas imagens próprias

140 Um Século de Favela

e características. Há uma dualidade organizacional que permite à escola comportar-se como instituição hierarquizada e aberta, onde setores locais garantem seu espaço no diálogo com outros (Da Matta, 1980; Castro, 1994). Mestre-sala e porta-bandeira, ala das baianas e bateria, por exemplo, são apenas dos que entendem de samba. As baterias são parte fundamental das escolas e continuam a ser compostas de pessoas da comunidade de origem das escolas. Esses setores têm importância não por serem os guardiães de determinada identidade ou tradição, mas por manterem espaços e possibilidades de sociabilidade que permitam aos sambistas reinventar suas tradições carnavalescas e, com elas, a liberdade de pensamento, sentimento e imaginação humana necessária ao seu diálogo com o mundo.

Notas

1. Este trabalho foi realizado com o apoio de bolsistas de iniciação científica financiados pela Uerj e pelo CNPq, que auxiliaram em entrevistas e pesquisas em arquivos. São eles Flávia T. Guerra, Flávio O. Freitas, José Carlos Vera Cruz, Patrícia T. de Lima, Renata de M. Rosa e Roberto B. Nascimento.

2. O debate entre Ivo Meirelles, presidente da Escola de Samba Mangueira em 1994, e os antigos participantes da escola foi assunto bem noticiado pela imprensa. Ver, por exemplo, *Veja Rio*, jan. 1994.

3. Desde a década de 70, diversos trabalhos vêm procurando interpretar o significado das festas carnavalescas e mostrar as questões políticas e sociais que lhes são inerentes, bem como sua relação com processos e estruturas socioeconômicas. Eis alguns dos mais relevantes nos campos da antropologia social e da história cultural: Da Matta (1973, 1980, 1981a, 1981b), Leopoldi (1978), Rodrigues (1984), Goldwasser (1989), Queiroz (1992), Chinelli & Silva (1993), Castro (1994) e Pereira (1994).

4. Mestre Fuleiro foi entrevistado por nossa equipe um ano antes de morrer, em fevereiro de 1996, aos 85 anos.

5. Ver, entre outros, Riotur (1991) e Augras (1993).

6. Fizeram-se várias entrevistas com dona Neuma e dona Zica entre 1994 e 1997, o que nos permitiu acompanhar junto com elas a transferência da diretoria da escola do grupo "modernizador", de Ivo Meirelles, para o grupo defensor da "tradição", de Elmo dos Santos.

7. Muitos são os autores que narram esse episódio (Cabral, 1974; Guimarães, 1978; Tinhorão, 1981; Moura, 1983, entre outros). Claudia Matos (1982:41) observa que a insistência da síncopa, que se acentuava no samba do Estácio,

Mangueira e Império

141

de que faziam parte, além de Ismael Silva, Nílton Bastos, Bide, Mano Rubem, Mano Edgar, Baiaco, Brancura e outros, revelava a incursão do ritmo negro no sistema musical branco, servindo aquele samba novo para o bloco poder andar.

8. Entrevista ao *Jornal do Brasil*, 19-2-1995.

9. Em entrevista a nosso grupo, Hiram Araújo, por exemplo, personagem importante no cenário das escolas de samba, considerou a década de 50 como a do "verdadeiro" surgimento das escolas de samba.

10. Matos (1982) enfatiza que malandros não eram vagabundos, pois trabalhavam em biscates, mas gostavam da boa vida, de mulheres, eram valentes e nunca aceitavam o trabalho cotidiano, proletário, que significava para eles confinamento na pobreza.

11. Sobre o estudo dos aspectos associativos presentes no carnaval carioca, bem como da relação entre essas experiências e a existência dos espaços público e privado na sociedade, ver Santos (1996, 1997).

12. Sobre a memória e a história do carnaval carioca, ver, entre outros, Moraes (1987), Efegê (1965, 1982), Guimarães (1978), Jório & Araújo (1969), Silva & Santos (1980), Silva & Oliveira Filho (1981), Silva et alii (1980), Valença & Valença (1981) e Riotur (1991).

13. O único entrevistado que não compartilhou da versão corrente de que as primeiras escolas de samba surgiram em 1928 foi Ed Miranda, membro da Velha Guarda da Mangueira, que associou o início das escolas à sua legalização: "Há quem diga que nesse período (1928) nasceu a escola de samba, porque as pessoas diziam 'eu te espero lá na escola', no Instituto de Educação. O que aconteceu foi o seguinte: numa feira de amostra, em 1934, no morro do Castelo, quando nós fomos convidados a nos apresentar com mais ou menos 100 componentes, estavam lá Pedro Ernesto e o dr. Lucídio Gonçalves. Hermes Calça Larga, seu Benedito, mestre Fuleiro e seu Armando Santos comentaram que seria a hora de falar com os homens para legalizar nossa situação porque a polícia não podia ver a gente com algum instrumento de samba, que prendia e saía batendo na gente. E o dr. Pedro Ernesto falou para o dr. Lucídio para legalizar a nossa situação, e marcamos numa segunda-feira, na 3ª Delegacia Auxiliar. Nesse período não havia escolas de samba, porque os ranchos é que estavam no apogeu. Chegando na delegacia, o dr. Lucídio falou: 'Já que são vocês quem fazem as músicas, compõem sambas e brincam, então é um grêmio. Então passará a ser chamado Grêmio Recreativo Escola de Samba Fulano de Tal'. Apesar de os livros falarem que foi próximo de uma escola normal, o que aconteceu foi isso que te contei".

14. Renato Ortiz (1985) mostra como a obra de Gilberto Freyre, ao transformar a negatividade do mestiço em positividade, permite completar os contornos

142 Um Século de Favela

de uma identidade nacional que vinha sendo desenhada. Queiroz (1992) também analisa como o modelo "mestiço" do carnaval das escolas de samba cariocas torna-se "tradicional" e signo de brasilidade.

15. Os dados aqui citados sobre a administração de Pedro Ernesto têm como base Gawryszewski (1988).

16. Depois que foi afastado do governo por Getúlio, em 1936, acusado de ligações com comunistas, Pedro Ernesto ficou algum tempo na prisão até ser solto, mas sem direitos de atuar politicamente (Gawryszewski, 1988).

17. Ver depoimento de Ed Miranda, no início deste texto. Observe-se também que Pedro Ernesto acumulou bastante prestígio político entre 1933 e 1935, elegendo seis dos 10 candidatos a deputados constituintes e, depois, elegendo-se como prefeito em 1934.

18. Ver "Carta ao Exmo. Sr. Dr. Pedro Ernesto", de Flávio Costa (CPDOC/FGV PEB-34/11/08).

19. Dirceu Nery era um artista plástico conhecido não só como responsável pela parte folclórica da exposição *Arts Primitives et Modernes Brésiliens*, apresentada no Museu de Etnografia de Neuchâtel (Suíça), como também por suas atividades de cenógrafo e bailarino na Companhia de Danças Brasiliana, que se apresentava fora do país. Ele e sua mulher abriram caminho para a apresentação de novos temas ligados ao folclore nos desfiles (Costa, 1984).

20. Sobre a integração das favelas no complexo urbano carioca, bem como sobre a importância do samba e do futebol na complexa organização desses locais, ver Leeds (1978).

21. Chinelli & Silva (1993).

22. *Folha de S. Paulo*, 24-3-1988.

23. Chinelli & Silva (1993).

24. "Diretor da Divisão de Repressão a Entorpecentes (DRE) garantiu que um dos autores do samba que vai cantar o enredo do Império (...) é o chefe do tráfico de drogas em Del Castilho." (*Jornal do Brasil*, 11-10-1996). "Quem esbarra com Teta pelas ruas ou botecos da Vila famosa não desconfia nem por um momento de que seja um dos principais traficantes em ação no Rio. (...) Teta não nega a paixão pelo samba. 'Só falo se o assunto for samba'" (*O Dia*, 9-10-1996).

25. Entrevista realizada com Paulinho, filho de Mano Décio da Viola, em março de 1996.

Referências bibliográficas

Augras, Monique. A ordem na desordem. *Revista Brasileira de Ciências Sociais* (21):90-103, 1993.

Cabral, Sérgio. *As escolas de samba: o quê, como, quando e por quê*. Rio de Janeiro, Fontana, 1974.

————. *No tempo de Almirante: uma história do rádio e da MPB*. Rio de Janeiro, Francisco Alves, 1990.

Carvalho, José Murilo de. *Os bestializados*. São Paulo, Companhia das Letras, 1987.

Castro, Maria Laura V. *Carnaval carioca: dos bastidores ao desfile*. Rio de Janeiro, Funarte, 1994.

Chinelli, Filippina & Silva, Luiz Antonio Machado da. O vazio da ordem: relações políticas e organizacionais entre as escolas de samba e o jogo do bicho. *Revista do Rio de Janeiro*, 1(1):42-52, 1993.

Costa, Haroldo. *Salgueiro: academia de samba*. Rio de Janeiro, Record, 1984.

Da Matta, Roberto. O carnaval como rito de passagem. In: *Ensaios de antropologia estrutural*. Petrópolis, Vozes, 1973.

————. *Carnavais, malandros e heróis*. Rio de Janeiro, Zahar, 1980.

————. *Relativizando: uma introdução à antropologia social*. Petrópolis, Vozes, 1981a.

————. *Universo do carnaval: imagens e reflexões*. Rio de Janeiro, Pinakotheke, 1981b.

Efegê, Jota. *Ameno Resedá, o rancho que foi escola*. Rio de Janeiro, Letras e Artes, 1965.

————. *Figuras e coisas do carnaval carioca*. Rio de Janeiro, Funarte, 1982.

Gawryszewski, Alberto. Administração Pedro Ernesto: Rio de Janeiro (DF) 1931-1936. Universidade Federal Fluminense, ICHF, 1988. (Tese de Mestrado.)

Goldwasser, M. Júlia. O palácio do samba, estudo antropológico da Escola de Samba Estação Primeira de Mangueira. Rio de Janeiro, Iuperj, 1989.

Guimarães, Francisco (Vagalume). *Na roda do samba*. Rio de Janeiro, Funarte, 1978.

Ibac. *Bibliografia do carnaval brasileiro*. Rio de Janeiro, Ibac; UFRJ, 1992.

Jório, Amary & Araújo, Hiram. *Escolas de samba em desfile*. Rio de Janeiro, Poligráfica, 1969.

Leeds, Anthony & Leeds, Elizabeth. *A sociologia do Brasil urbano*. Rio de Janeiro, Zahar, 1978.

144   Um Século de Favela

Leopoldi, José Sávio. *Escola de samba, ritual e sociedade*. Petrópolis, Vozes, 1978.

Matos, Claudia. *Acertei no milhar: samba e malandragem no tempo de Getúlio*. Rio de Janeiro, Paz e Terra, 1982.

Moraes, Eneida. *História do carnaval carioca*. Rio de Janeiro, Record, 1987.

Mota, Carlos Guilherme. *Ideologia da cultura brasileira*. 8 ed. São Paulo, Ática, 1994.

Moura, Roberto. *Tia Ciata e a Pequena África no Rio de Janeiro*. Rio de Janeiro, Funarte, 1983.

Ortiz, Renato. *Cultura brasileira e identidade nacional*. São Paulo, Brasiliense, 1985.

Pereira, Leonardo Affonso de Miranda. *O carnaval das letras*. Rio de Janeiro, Secretaria Municipal de Cultura, 1994.

Queiroz, Maria Isaura Pereira. *Carnaval brasileiro: o vivido e o mito*. São Paulo, Brasiliense, 1992.

Riotur. *Memórias do carnaval*. Rio de Janeiro, Oficina do Livro, 1991.

Rodrigues, Ana Maria. *Samba negro, espoliação branca*. São Paulo, Hucitec, 1984.

Santos, Myrian. As escolas de samba do Rio de Janeiro: o carnaval sem máscaras. Rio de Janeiro, 1996. (Trabalho apresentado no IV Congresso Luso-Afro-Brasileiro de Ciências Sociais.)

——. Schools of samba: orgy and fraternity in Rio de Janeiro. Quito, Ecuador, 1997. (Trabalho apresentado no 49º Congresso Internacional de Americanistas.)

Silva, Marília Barboza et alii. *Fala Mangueira*. Rio de Janeiro, José Olympio, 1980.

—— & Oliveira Filho, Arthur L. de. *Silas de Oliveira: do jongo ao samba-enredo*. Rio de Janeiro, Funarte, 1981.

—— & Santos, Lygia. *Paulo da Portela, traço de união entre duas culturas*. Rio de Janeiro, MEC; Funarte, 1980.

Tinhorão, José Ramos. *Pequena história da música popular: da modinha à canção de protesto*. Petrópolis, Vozes, 1981.

Valença, Raquel & Valença, Suetônio. *Serra, Serrinha, Serrano: império do samba*. Rio de Janeiro, José Olympio, 1981.

Weffort, Francisco. *O populismo na política brasileira*. Rio de Janeiro, Paz e Terra, 1982.

Galeras funk *cariocas*
*os bailes e a constituição do ethos guerreiro**

Fátima Regina Cecchetto

Introdução

Neste artigo, apresento os resultados de um estudo etnográfico sobre as galeras *funk* cariocas. Focalizo, principalmente, os bailes de "corredor", uma modalidade de baile *funk* que integra o confronto violento entre turmas de jovens do sexo masculino. Nas galeras, torna-se fundamental possuir atributos corporais necessários à luta com os adversários. As falas explícitas sobre a "disposição para brigar", assim como o clima de jocosidade e agressão e o gosto pelo desafio que caracterizam essa forma de interação juvenil, são maneiras de afirmar elementos centrais de um estilo masculino violento na esfera do lazer: o lúdico e o *ethos* guerreiro. Tenciono analisar os tipos de baile existentes na cidade, considerando o papel que eles desempenham na produção e reprodução desse estilo masculino guerreiro nas galeras.

Os tipos de baile

Para conhecer uma galera *funk*, é preciso ter disposição para percorrer praças e recantos e até frequentar lugares não muito seguros da cidade. Alguns de seus integrantes só puderam falar comigo dentro de

---

FÁTIMA REGINA CECCHETTO é da Universidade do Estado do Rio de Janeiro (Uerj).
* Este trabalho é uma versão modificada de um capítulo da tese de mestrado "Galeras *funk* cariocas: o baile e a rixa", apresentada no Programa de Pós-graduação em Ciências Sociais do Instituto de Filosofia e Ciências Humanas da Uerj em setembro de 1998. Agradeço a Alba Zaluar as sugestões dadas sobre o tema do *ethos* guerreiro.

suas áreas (favelas), pois sair dos arredores era considerado perigoso. Segundo me relataram, eram "pichados"[1] na rua. Como veremos, para eles isso implica, até certo ponto, a impossibilidade de frequentar alguns lugares ou áreas próximas — como ruas de acesso a outras favelas, *shoppings*, lanchonetes —, pelo fato de serem facilmente identificáveis por membros dos grupos rivais. Passear, cantar ou namorar em uma comunidade do comando rival representa, nesse caso, risco de vida. Mas nos bailes, que são o ponto de encontro das galeras funqueiras, os jovens circulam livremente.

Ainda que a maioria dos bailes se concentre nos subúrbios da Zona Norte, recentemente ocorreu uma expansão para a Zona Oeste e a Baixada Fluminense. Os bailes são realizados em antigos clubes de bairro, quadras de algumas escolas de samba, terrenos baldios e até Cieps (Centro Integrado de Ensino Público). Tais locais, como pude constatar, invariavelmente possuem precárias instalações; a área física destinada ao baile é às vezes incompatível com o número de frequentadores.

Os bailes *funk* atualmente podem ser reunidos em três categorias: "baile de corredor", "baile normal" e "baile de comunidade". Entre o "baile normal"[2] e o "de corredor", a diferença reside na articulação entre o binômio espaço e tempo para o confronto. No primeiro, ele é controlado e limitado mais severamente pelos organizadores. No segundo, como assinalou um DJ, "a briga é organizada", isto é, o baile é dividido em territórios, para que as galeras se confrontem abertamente. Nos dois tipos de bailes existem também as áreas consideradas neutras (acessos e bares, por exemplo). Diferentemente das modalidades anteriores, no baile "de comunidade", como veremos, esses confrontos simplesmente não existem.

Cabe esclarecer, contudo, que meu ponto de partida foram os contextos nos quais esse estilos são construídos. Em outras palavras, não estou afirmando que o comportamento violento seja uma peculiaridade dos rapazes que frequentam os bailes *funk* ou que todos os funqueiros cariocas façam parte de galeras que brigam nos bailes e, por conseguinte, adotem códigos guerreiros. Os dados etnográficos recolhidos no campo refutam a articulação mecânica que é feita entre a música *funk* e a violência juvenil. Variáveis como tipos de baile, rixas juvenis, relações de gênero, disputas mercadológicas entre os organizadores das festas devem ser levadas em conta de modo a relativizar uma afirmação genérica quanto às práticas violentas no baile *funk* carioca.

A questão que me proponho é demonstrar como os bailes e as atividades neles existentes engendram uma ou outra experiência entre os jovens das galeras, abrindo o debate sobre a relação entre estilos e contextos juvenis.[3]

O baile *"de corredor"*

As informações aqui veiculadas provêm de minha experiência de pesquisa em um determinado clube na Zona Oeste do Rio. Esse clube, que frequentei durante seis meses, era basicamente dividido em três ambientes. O espaço situado no primeiro nível é onde ocorre o baile. No centro dele há uma divisão demarcada por uma fileira de homens corpulentos e uniformizados: são os seguranças, que ficam de frente para as galeras e, ao que tudo indica, têm suas áreas de ação delimitadas. Ainda nesse andar situa-se um palco acoplado a uma parede de caixas de som. No centro dela fica o DJ. No andar de cima ficam os espectadores, os namorados, os integrantes das galeras, realizando as tarefas que compõem as etapas dos concursos de que falarei mais adiante. No clube há uma área externa, para descansar, arejar e paquerar, que em princípio é considerada neutra. O acesso ao clube é feito através de duas entradas diferentes, de forma que as galeras rivais não se encontrem.

"O baile de corredor" é o momento maior de uma galera *funk*; nele são acionadas as marcas distintivas entre os grupos. Esse tipo de baile dá visibilidade às galeras, expondo abertamente a oposição entre elas. Divididos em dois grandes blocos, denominados "lado A" e "lado B", os jovens compõem uma figuração mais ou menos ordenada em torno de uma linha imaginária que serve para separar os "amigos" dos "alemães". Embora intrigue, essa inflexível classificação é a que os integrantes das galeras utilizam para se reconhecerem tanto no baile quanto fora dele. No baile, apesar de haver muita gente, avistam-se alguns rostos na multidão que ganham expressão guerreira. De surpreendente semelhança, essas fisionomias superpõem-se tão insidiosamente que confundem os espectadores, magnetizados pela estética aguerrida da festa.

Por motivos não muito bem explicados e nem sempre claramente identificados, o atual padrão engendrado nessa configuração espacial do baile responde a uma dinâmica intrincada. É corrente associar essa divisão à mesma lógica prevalecente nas quadrilhas que dominam o tráfico de drogas nas favelas cariocas, isto é, organizações criminosas conhecidas como Terceiro ou Comando Vermelho.[4] No entanto, como veremos, pode haver galeras que brigam em bailes e mesmo ruas que são de áreas ditas pertencentes a um mesmo "comando". E pode haver lealdade entre galeras de comunidades cujos comandos são diferentes. Os dois lados, todavia, conjugam comunidades de várias áreas da cidade.

Dança, luta e o controle da emoção

No baile "de corredor", os funqueiros dançam ao mesmo tempo em que lutam. Entoam estribilhos e gesticulam de forma a demonstrar sua hostilidade e "disposição" para brigar. Pode-se dizer que o objetivo da galera no baile *funk* "de corredor" é a invasão do território rival. No "corredor", os grupos rivais dirigem sua atenção uns para os outros e cuidam para que o seu "pedaço" não seja invadido pelos "alemães". Alguns investem com fúria, os punhos cerrados, atingindo o corpo e mesmo o rosto (*locus* simbólico da honra) dos oponentes; outros recuam alguns passos, após receberem pontapés, e procuram refúgio no grupo maior. Outros, ainda, ficam perdidos e procuram disfarçar o constrangimento de terem que se proteger das brigas nas precárias instalações existentes.

Contudo, um entrevistado fala da emoção proporcionada por essa modalidade de baile, emoção que não se encontra nos bailes que não têm briga: "essa é a única hora que você pode ver a cara do 'alemão' (...), depara com o bonde todo (...), tem emoção". E prossegue: "briga é cabeça (...), quando a pessoa sente dor ela vai recuando (...), a dor é física".

Esse relato mostra bem como as atividades das galeras no baile requerem o uso intensivo da força física. Um porte físico privilegiado é uma poderosa marca de masculinidade relacionada a papéis de disposição, "sujeito-homem", "raça". Todavia, pode-se ter um corpo fraco e brigar bem. A expressão "briga é cabeça" confirma que, para além dos atributos físicos, a luta depende de qualidades psicológicas como temperamento e ânimo para acabar com o adversário.

No "corredor", os confrontos são intermináveis, sem que se possa saber exatamente quem são os vencedores e os vencidos numa luta vale-tudo. A partir de uma posição inicial, os lutadores se mantêm do início até o fim mais ou menos interdependentes, movimentam-se, reagrupam-se de acordo com o lado que ocupam, em resposta uns aos outros, como num jogo, porém sem regras explícitas. Nesse caso, pensar no baile como um jogo é pensar num *habitus* da disputa não civilizada no sentido que Elias (1992) empresta a esse termo.

Todavia, algumas regras são asseguradas, ainda que oralmente. Uma delas é a tática usada pelos funqueiros para se protegerem mutuamente durante a permanência no corredor, dando a mão a um parceiro para que ele possa lutar sem ser arrastado pelos rivais, ficando de "bucha" ou saco de pancada. Outra é que a invasão do território é controlada, ainda que de maneira bastante flexível, por seguranças que empunham cordas ou cassetetes e se introduzem entre os lutadores para separá-los e realinhá-los novamente no corredor, quando passam dos limites. Essas ações visam a manter sob vi-

Galeras Funk Cariocas   149

gilância o que se poderia chamar de descontrole da excitação e a coibir, por exemplo, o uso de instrumentos cortantes, como facas ou giletes. Para reduzir os danos físicos — que muitas vezes resultam em ferimentos graves e complicações para os organizadores —, as invasões de território são controladas, e o "tempo de porrada" é também limitado, seja em grupo ou num duelo específico que os funqueiros chamam de "mano a mano", isto é, um confronto "corpo a corpo" onde o que conta é tirar uma "diferença" sem a interferência dos demais.

Alguns organizadores mais ousados costumam interromper o baile quando a excitação está no auge e atinge as áreas neutras, ou por qualquer motivo que lhes convenha. A tensão é permanente, mesmo para os que estão fora do ringue. É um divertimento nervoso. Paradoxalmente, a briga é incentivada quando "tá devagar".

Um jovem assim me descreveu as diferenças entre os bailes: "nos bailes de comunidade só vão galeras amigas; nos bailes de clube, como o M [clube], é baile de corredor, e cada galera sabe seu lugar. Mesmo quando não tem ninguém brigando, o dono da equipe manda parar o baile pra brigar".

É importante acrescentar que as invasões de lado acontecem dezenas de vezes durante o baile. Alguns saem machucados, vão para "enfermarias" improvisadas no clube. Dependendo da resistência e da gravidade dos ferimentos, vão embora ou retornam à linha de combate. Quando os brigões "tomam prejuízos", ou seja, sofrem ferimentos sérios, são encorajados pelos seus pares a "dar um tempo", ou seja, sair do corredor. É então que outras lideranças com "disposição", ou seja, capacidade de luta, assumem a linha de frente para assegurar a reputação do grupo diante de outras galeras. Assim, no baile "de corredor", os jovens não temem os danos físicos que sofrem ou que provocam. Ao contrário, estes podem representar uma espécie de emblema, uma medalha, numa demonstração do "*ethos* da virilidade" (Zaluar, 1988), da capacidade de se firmar como "homem", "força jovem", ou mesmo da crença na sua invencibilidade diante da morte. Por isso, os melhores lutadores tendem a se tornar líderes; em geral, quem vai para o corredor tem que brigar tenazmente para demonstrar força, coragem e virilidade.

Através das brigas, da encenação dramática dos confrontos, expressam-se valores culturais importantes, como honra masculina, solidariedade grupal e condutas morais. Não pretendo me deter no enfoque da honra,[5] mas, na prática, entre os jovens, a busca de respeito, o ganhar na moral é uma batalha cotidiana em que a respeitabilidade é conquistada sobretudo nas brigas constantemente travadas com os grupos rivais. Como me disse um líder de galera, "você ficando junto com a galera, 90 mil pessoas, ninguém vai se meter com você; tem proteção (...), a galera dá poder".

Alguns líderes de "galera de briga" chegam a atestar que a existência de dois tipos de bailes implica divergências nas atitudes dos funqueiros: o "baile de corredor" é de "emoção", o "funqueiro é disposição", quando não há briga é porque "só tem *playboy*" que "peida" (recua). Portanto, o funqueiro de briga é um sinal diacrítico (diferenciador) recorrentemente acionado pelos jovens que lançam mão dessa classificação para se distinguir dos outros, os "mauricinhos do asfalto".

Os confrontos físicos parecem desenvolver uma forma de linguagem rudimentar através da qual se comunicam os jovens. Os funqueiros integrantes das galeras são jovens geralmente nascidos em favelas, conhecem-se desde a infância e conhecem bem o ambiente em que vivem seus adversários de baile. Cruzam-se, entreolham-se e distinguem-se como jovens da cidade. Há um mútuo reconhecimento. Sou da comunidade tal, parecem dizer uns aos outros. Quase todos falam numa gíria que só pode ser compreendida pelos iniciados; os dançarinos/guerreiros manifestam-se por gestos e expressões corporais ou fisionômicas que prescindem da palavra: articulam barulhos incompreensíveis, quase inaudíveis, entregando-se maliciosamente às delícias dos chutes e pontapés, às vezes não muito lúdicos.

As meninas dançam imediatamente atrás da linha de fogo e ficam encarregadas de segurar peças de roupas e objetos de valor. Nunca assisti a um confronto ritualizado de mulheres nos bailes, mas ouvi relatos sobre um "corredor só de mulheres" num clube de um bairro da Zona Oeste carioca, no qual as moças vão para a linha, porém num espaço separado do dos homens. As brigas são mais aceitáveis entre os homens; entre as mulheres, segundo os funqueiros brigões, "dá muita sapatão que bebe cerveja sozinha no bar". O aspecto jocoso dessa afirmação evidencia as atribuições de gênero particulares ao universo estudado. Nas galeras, todos os assuntos entre os rapazes se prestam à brincadeira;[6] mas as representações em torno das proezas (ou fraquezas) masculinas são o alvo predileto. As pilhérias envolvendo as classificações de macho/bundão/responsa/bucha serviriam para ridicularizar o desvio e assim contribuir para fortalecer a imagem do funqueiro-disposição. É interessante notar, porém, que essas marcas da masculinidade (valorizada) são relativizadas entre os próprios parceiros. O brigão sofre acusações do tipo "ser neurótico" por "ir pro baile só pra brigar, em vez de pegar mulher". A imagem retratada da mulher, nesse caso, é de um ser acessível, pronto a contatos sexuais súbitos. É claro que muitas vezes isso diz não como as coisas são, mas como deveriam ser. Os constantes questionamentos sobre os confrontos no baile geram inquietações, e alguns tentam "se safar" de dar maiores explicações. Mas quase todos os informantes dizem ser essa uma "fase de baile", na qual predominam adolescentes entre 15 e 17 anos. Em princípio, as referências sobre as relações de

Galeras Funk Cariocas   151

gênero nesse universo parecem recair sobre a percepção do feminino/masculino como esferas empiricamente separadas e opostas, mas pode-se afirmar que, entre os integrantes das galeras, existem percepções ambíguas sobre esse estilo masculino violento: por um lado, é admirado, cultivado e reproduzido cotidianamente, como parte das relações interpessoais; por outro, é denunciado e repudiado. Os funqueiros sabem que as brigas são violentas, embora deem aos confrontos no baile uma conotação de "brincadeira séria". Uma hipótese seria considerar que essa tensão oriunda de masculinidade ameaçada desempenharia um papel na constituição do *ethos* em questão.

O "bonde" das galeras e a reciprocidade agônica

Uma peculiaridade do baile "de corredor" são os "bondes de galera" e seus respectivos gritos, uma das marcas mais importantes a serem exibidas durante o baile. O "bonde" é um termo utilizado pelos integrantes de galeras para designar a reunião ou aliança com galeras amigas. O rito de entrada do bonde no baile reafirma a importância da galera perante outras. Somente depois de entoarem seus gritos, percorrendo seu território, é que começam a lutar. O tema frequente desses "gritos", cantados em coro, é a exaltação do nome das comunidades, pontuada por referências aos "comandos". Além disso, contêm palavrões e xingamentos que procuram desqualificar o adversário, pela covardia ou fraqueza de seu "bonde". O "grito" também serve para revelar quais são as outras galeras que formaram "o bonde" e fizeram a "união". Dependendo do grito, pode-se ver se estão "fortalecidas" (fortes) ou "humildes" (fracas); se estão de "mulão" (grandes) ou "mulinha" (pequenas). Nos gritos, o que conta é dar visibilidade aos territórios, ou seja, favelas, bairros e conjuntos habitacionais de onde vêm os funqueiros. Os "gritos" expressam abertamente essa determinação de vencer o adversário: "tropa de elite, osso duro de roer, favela é o bonde do mal. (...), ah ah, uh uh, somos os capetas do Pilar, quem não correr, vamos quebrar".

Essas alianças visam ou ao ataque aos oponentes em incursões fora dos bailes ou ao fortalecimento da galera para participar e ganhar os festivais. Um bondão ("cerca de 200 cabeças") é fonte de prestígio e alvo de recompensas materiais e simbólicas oferecidas pelos organizadores. Esses alinhamentos, que definem o "bonde" como a reunião de várias galeras amigas, segundo meus informantes, podem representar "alianças" (afinidades) entre galeras de comunidades ordenadas ou não pelo mesmo "comando" do tráfico. É comum, no circuito *funk*, ouvir a expressão "*funk é funk* e tráfico é tráfico*". Apesar de trivial, ela é reiterada pelos jovens que

152 Um Século de Favela

não querem ver suas imagens prejudicadas. Nessa linha, o relato de um funqueiro-líder de galera, 24 anos, revela uma intricada rede de alianças e rivalidades. Falando sobre a rixa antiga entre galeras, relativiza a influência das quadrilhas:

> A rixa do Juramento [comunidade] com a Nova Holanda [comunidade] é antiga. Foi porque eles mataram dois moleques. Tem galeras que os donos do morro tão na paz e galeras que tão em guerra (...) e aí os donos mandam recado que não querem briga no baile. Isso não acontece se as galeras de comandos diferentes forem amigas. Eles não têm como pedir pros donos parar a guerra (...), esse negócio de galeras que seguem os comandos não tem nada a ver. Tem umas que brigam mesmo sendo de comandos iguais, mas brigam porque têm rixa antiga de bailes e são de outras áreas.

Muitos alegam motivos espúrios, que resultam em confrontos permanentes: "foi porque os moleques roubaram o doce de Cosme e Damião da gente"; ou ainda naturalizam os confrontos através de referências geracionais: "desde que existe *funk* é assim; meu pai já brigava na rua". Um líder de galera, que se considera um veterano no circuito de bailes, tentou esboçar uma espécie de genealogia das rixas. Começou voltando no tempo:

> Olha, em 1984, nessa época não tinha corredor. As galeras brigavam no baile, mas não tinha baile de divisão. Era só mulão. Mula com mula. Exemplo: Andaraí brigava com Macaco [Vila Isabel]. O Urubu brigava com Iriri. Naquela época, não tinha isso de lado A e lado B: quem era amigo do Urubu brigava com os amigos do Iriri e quem era amigo do Iriri brigava com os amigos do Urubu (...). Quando encontrava alguém sozinho na rua, a gente perguntava: mora onde? E eles respondiam: 'moro na Abolição'. 'Vocês colam com quem?' Quando o bonde chegava, dava um papo. Não tinha lado A e B; quem fez isso foi o Zezinho.

> — Isso acontecia onde?

> Acontecia no CCIP [clube], Mackenzie, a coisa foi ficando assim até 90, quando o morro do Urubu (Pilares) começou a brigar com Campinho/Pombal/Fubá (CPF) e uma parte do Urubu (dividido em várias partes: Correios, Escadão). O pessoal do Escadão teve uma de-

savença com Campinho/Pombal/Fubá. Mas tudo era amigo, tudo era amigo do Urubu. E aí o pessoal do Escadão passou a brigar com Campinho/Pombal/Fubá. Tudo rolava no CCIP, era o baile do momento. Naquela época, os moradores entravam na justiça. O Manckenzie também ficou fechado.

— Quantos anos você tinha?

Eu vivi essa história; tinha 16 anos. Eu ia pra todos os bailes, todo domingo, do Luís Carlos Nascimento. Até um dia que os traficantes do Iriri tomaram o Urubu e mandaram os moleques do Urubu parar de brigar com o Iriri. O Escadão já tava brigando com o CPF (...). Então mudou o clima, quem era amigo do CPF era alemão, e começou a diferença do Iriri/Urubu. O Faz-Quem-Quer era a menor mula (Bundão). O alemão do dia a dia. E resolveram não brigar com o Urubu. O CPF começou a chamar o amigo. Até que um dia, num *show* em 92, começaram a brigar com o Urubu.

As rixas construídas no baile, como revela esse extenso relato, podem determinar a continuação do conflito fora dele, situação que cada vez mais implica a adoção dos padrões de violência, mas não apenas para retribuir o "prejuízo" perpetrado. Muitas vezes, o objetivo passa a ser a destruição dos oponentes, inclusive por meio de armas de fogo (emprestadas pelos traficantes), nas saídas dos bailes ou quando esses grupos se encontram em locais públicos como praias, praças, ruas, ônibus e *shoppings* da cidade. Como foi visto, frequentar os arredores de uma comunidade rival não é aconselhável para os pichados de baile. Uma vez reconhecidos como "de fora" (espiões ou X-9), podem sofrer agressões e até morrer. Essa situação também está associada ao modo de vida dos traficantes, que, ao contrário de alguns integrantes de galeras, circulam mais livremente pelas ruas do que em suas próprias comunidades, onde são reconhecidos. É comum traficantes jovens irem ao baile e lá permanecerem anônimos.

Ao comentar essas práticas violentas, um ex-integrante de galera, atualmente tentando a carreira de MC, revela que as mortes de funqueiros ocorrem pela disputa de poder, que ultrapassa os bailes, e resultam de vingança, ou seja, do circuito interminável da reciprocidade negativa: "uma galera é considerada inimiga quando alguém é morto. Como vingança, vai ter outras mortes (...), e assim as galeras passam a ser inimigas".

Os líderes, que também podem ser os representantes das turmas, têm então um papel fundamental para "puxar o bonde" e reiniciar o ciclo de violência. Novos arranjos são construídos para restabelecer o prestígio do grupo. O "troco" ou a "volta" podem ser no próximo baile, nos percursos conhecidos por onde trafegam os ônibus dos rivais, ou em incursões arriscadas que envolvem meios mais eficazes de "tombar o alemão". O papel dos líderes expressaria, nesse caso, a competência de um animador para recompor com maior ou menor sucesso a coesão interna do grupo. Uma certa moralidade atravessa esses arranjos, e os códigos correspondem à avaliação dos riscos e das vantagens de admitir novos componentes que possam fortalecer ou enfraquecer o desempenho das galeras.

Um relato sobre uma rixa súbita entre duas galeras amigas mostra a transitoriedade na composição do bonde:

> O Adeus teve colado [aliado] uma semana com o Pilares [comunidade]. Eles deram uma força para quebrar os moleques da Iriri. Quando eles precisaram da gente na Nova Holanda, nós fomos lá. Chegou lá, eles queriam tomar o baile sozinho, e a pancada estancou lá mesmo.

Podemos ver aí as alianças construídas entre amigos de baile e inimigos de comunidade, ou entre inimigos de baile e amigos de comunidade. Elas são efêmeras, ou seja, os vínculos de solidariedade podem ser desfeitos por disputas internas ou reviravoltas nos acordos preestabelecidos. Isso significa que duas galeras que "formavam o bonde" podem tornar-se, de um momento para o outro, "alemães". Alguns funqueiros me revelaram que até "param de baile" quando há alteração dos "comandos"; recusam-se a brigar com "amigos de baile". Gradualmente, o padrão de rivalidade tende a modificar-se: o convívio passa a ser tolerado, mas as rixas recíprocas continuam. Alguns abandonam a galera, e novos componentes se incorporam ao novo "contexto". Não se pode garantir nem a reconstituição do padrão anterior, nem a permanência do novo. Portanto as relações internas e externas das galeras são ambíguas e precariamente ordenadas, sujeitas a rearranjos constantes. Um jovem me disse: "ninguém consegue entender. É como um folclore".

Apesar de não haver uma única versão sobre o surgimento das rivalidades, observam-se alterações no comportamento de algumas galeras diante dos desdobramentos da guerra do tráfico. Isso fica claro quando uma galera "cola" (coopera) com outra de "comando" diferente; não pode mostrar no baile fidelidade ao "comando" rival, tem que ficar "neutra". Se o "bonde" for considerado uma ameaça, pela infiltração de inimigos de outras áreas, as galeras se separam. Do mesmo modo, quando um parente ou amigo do

Galeras Funk Cariocas

"contexto" sofre uma "judaria" (covardia), no baile ou fora dele, muitas vezes aciona-se o circuito de reciprocidade negativa entre esses grupos para retribuir o dano e restituir a "honra" do grupo (Zaluar, 1985; Alvito, 1996). E assim recomeça o ciclo das rivalidades sem fim. O curioso é que a vingança se estende a amigos e parentes dos integrantes das galeras, podendo ocorrer semanas ou meses depois de ter sido efetivamente planejada. Nessa linha, Eric Dunning (1992) chama a atenção para uma forma segmentar que preside os arranjos, fragmentações e alianças entre esses bandos locais predominantemente masculinos. Tais práticas apontam para uma montagem de laços sociais e de reciprocidade limitados ao local mais próximo, paroquiais e pré-modernos (Godbout, 1992).

Emoção, movimento e catarse

O "baile de corredor" se nutre bastante das "montagens" que os DJs fazem com a música e que servem de suporte sonoro para os confrontos. Sem elas, dizem tanto os frequentadores quanto os responsáveis pela sonoplastia, a festa não tem emoção. Aliás, a boa *performance* dos DJs representa um chamamento à participação conjunta dos jovens, um "alô" para as galeras do baile e as comunidades "sangue bom" nos refrões mixados. Dessa relação deriva um espaço de ambivalência onde se joga com um tipo de ascendência do coletivo sobre o individual e onde se vive a simbologia de um ritual de reconhecimento do cotidiano de centenas de pessoas.

No discurso dos integrantes das galeras, o baile de "corredor" é associado à influência dos famosos "15 minutinhos de alegria". Essa curiosa expressão, cuja origem é motivo de intensa polêmica, significa uma espécie de momento orgiástico introduzido nos momentos finais dos bailes "normais". É usada também nos bailes da Furacão 2000, de Rômulo Costa, que pretende ser o representante pacífico dos bailes. Em entrevista concedida à revista *Rio Funk* em 1994, o DJ Roniee Rap assumiu a autoria dessa invenção:

> *RF*: No seu baile tem 15 minutinhos de alegria? RR: Você perguntou para a pessoa que inventou isso. Quando faltavam 15 minutos para nossa apresentação acabar, eu fazia uma seleção das melhores músicas da noite, todas em 15 minutos. Ou seja, uma música normalmente tem cinco, seis minutos. Eu fazia um *medley*, tipo assim 10 segundos de cada música e tocava umas 30, 40 músicas em 15 minutos (...), só que outras equipes de som levaram essa ideia para outro lado: tiravam os seguranças do salão e deixavam o pessoal brigar (*Rio Funk* , 1995).

Esse efeito da música é associado àquelas sequências ou montagens que têm "conceito" (as melhores) e "levantam o baile". A euforia depende da *performance* dos DJs ao mixarem trechos das melhores músicas, o que, segundo os mais experientes, aumenta ao mesmo o tempo o entusiasmo e a tensão do baile. Quando tocam os "pancadões", a briga se intensifica, ocorrendo a "pancadaria". Nesse particular, a sonoridade da música é um fator que une os jovens das galeras, propiciando-lhes uma experiência de coletividade e um modo de entrar em contato corporal com a intensidade da música, sem mediações (Frith, 1987). Por outro lado, essa vivência da emoção pela música excitante permite considerar aquilo que para Elias (1992:122) constitui o prazer proporcionado pelos fatos miméticos na esfera do lazer, nos quais a estimulação emocional peculiar e a renovação de energias proporcionadas por uma tensão agradável representam uma contrapartida mais ou menos institucionalizada em face do poder e da uniformidade das restrições emocionais exigidas na sociedade.

O que o autor sugere é que a excitação lúdica contém um elemento agradável que pode ser experimentado e vivido em contraste com as situações críticas sérias. Todavia, na configuração desse estilo de baile está presente também a reciprocidade negativa ou mesmo o que Simmel (1983) chamou de conflito pelo conflito ou violência pela violência. O prazer deriva, nesse caso, dos próprios danos físicos infligidos aos oponentes. Isso não significa negar o componente lúdico do baile "de corredor", mas apenas relativizá-lo como forma destituída de práticas violentas. De outra forma, o baile não seria senão um tipo de esporte que, no entanto, necessita de regras para evitar que os contendores se machuquem seriamente ou se matem, o que o baile ainda não tem. As brigas entre as galeras como jogo social, na perspectiva de Simmel, engendram porém um conjunto de relações conflitantes, parte do que esse autor denomina socialidade. Alguns organizadores apostam que seu baile, ao organizar a briga, pode constituir-se num espaço para uma espécie de extravasamento das tensões e que a violência entre os funqueiros seria muito pior se ele não existisse. É um tipo de discurso que tem a pretensão de ser sociologizante, mas que antes vulgariza os efeitos catárticos das atividades de lazer. Como me disse um famoso empresário: "se eles não forem aos bailes é muito pior, eles podem sair por aí assaltando ou fazendo bobagem. É melhor ter o baile, aqui eles botam tudo pra fora".

De todo modo, a tensão, o movimento, a catarse de emoções, o entusiasmo e as práticas violentas estão presentes na atuação dos integrantes das galeras de baile. São elementos que aparecem como que imbricados numa só dinâmica, desencadeada, como afirmam os funqueiros, pela batida da música e complementada pela dança guerreira.

O baile de comunidade

Em outra vertente dos bailes, os bailes de "comunidade", o comportamento dos jovens assume contornos específicos. O curioso é que justamente nesses bailes comunitários não há confrontos entre galeras nem qualquer conflito interno. Alguns jovens demonstram preferência por esse tipo de baile porque nele não tem confusão. Todavia, outros entrevistados alegam que no seu tempo de lazer preferem sair de suas comunidades e conhecer outros jovens, namorar com pessoas diferentes. No "baile de comunidade", os concursos são realizados entre galeras de "comandos amigos"; é o baile da "união". Paradoxalmente, a segurança é proporcionada pelos grupos armados do tráfico que ocupam as comunidades pobres. Além da segurança, os patrocinadores fornecem os ônibus para transporte das "galeras amigas". O "baile de comunidade" seria igualmente a única oportunidade para a "rapaziada do morro curtir uma diversão" e mesmo mostrar seus dotes fora do mundo do crime. Nesse tipo de baile, a violência entre as galeras é controlada pelos traficantes, mas existe uma preocupação dos frequentadores com a possibilidade de invasão da polícia e irrupção de confrontos com outros grupos rivais do crime organizado. Chamam a atenção a exibição e o desfile de armas de fogo que os jovens empunham. Além disso, não há restrições quanto à frequência de crianças menores de 12 anos e até de colo. O ambiente é licencioso. Nesse baile é que são cantadas as versões proibidas dos *raps*. Alguns MCs chegam a ficar duas horas cantando a mesma música em homenagem aos traficantes presos ou mortos. Se no "baile de corredor" não tem regras explícitas, nos "bailes de comunidade" o espaço é regulado e disciplinado de outra forma: os confrontos não existem, mas a convivência com as armas de fogo ostentadas pelos traficantes impõe uma outra lógica igualmente impregnada de códigos de disputa e de guerra. Se o baile *funk* "de corredor" chama a atenção pela mistura de códigos de guerra e jogo, pela adrenalina dos confrontos violentos, deve-se atentar também para o baile comunitário. Num clube, notei maior circulação de jovens de classes diferentes. Mas os jovens de classe média eram minoria. Há um certo clima de entusiasmo em relação aos "da casa" receberem os "de fora". Sem a tensão das brigas, esse baile é bom para dançar em grupo. Segundo os frequentadores, o melhor do baile de comunidade é a música, o ambiente, o sentido coletivo, a multidão de pessoas curtindo juntas.

Os festivais de galeras e as regras (ambíguas) da competição

Os bailes com concursos tornaram-se, na fase atual do *funk* carioca, uma atração introduzida pelos organizadores na programação anual dos bailes. O primeiro festival foi na praça da Apoteose, em 1994 (Equipe Furacão 2000), e teve por mérito, segundo um dos meus informantes, unir galeras de várias comunidades. A partir desse evento, várias equipes de som passaram a promover concursos anuais, dinamizando a programação dos bailes. Esse processo impulsionou o desenvolvimento de padrões hierárquicos entre os jovens e os organizadores, destacando-se nesse contexto os representantes das galeras como mediadores entre essas esferas. Ao que tudo indica, essa relação implica negociação permanente e maior equilíbrio nas posições das partes envolvidas. Existem regras para participar dos concursos — por exemplo, a organização do tempo para realizar as tarefas estipuladas, a distribuição e o valor da premiação etc. —, o que implica uma nova conflitualidade dinâmica, posturas reivindicatórias entre as partes e negociação dessas regras nos concursos.

O processo de escolha dos representantes de galeras que irão mediar as negociações obedece a padrões muito efêmeros. Um brigão pode se tornar um trunfo para o controle mais efetivo do desempenho da galera e, por esse mesmo motivo, ser destituído do cargo. Há também a nebulosa dimensão da troca de favores, muito difundida e que constantemente abala a legitimidade dos concursos e a idoneidade de seus juízes.

Combinando a estrutura de torneios esportivos com algumas atividades das escolas de samba, os festivais incluem competições de várias naturezas. "O melhor DJ", "disputa de pênaltis", "a rainha do baile", "o melhor *rap*", o melhor "grito" ou *striptease* etc. As regras quanto à programação e à premiação são previamente definidas pelos organizadores dos bailes. Disso resulta uma permanente interação com os integrantes, mediada pelos representantes e visando à negociação das recompensas materiais e simbólicas a serem oferecidas, tais como transporte para as galeras, dinheiro vivo, bailes gratuitos, reconhecimento e consideração.

Nos concursos, os jovens têm oportunidade de demonstrar suas habilidades. Tornar-se MC é uma das maiores aspirações. De fato, muitos cantores iniciaram suas carreiras com os *raps* apresentados nos festivais e que posteriormente "estouraram" nas rádios. Outro aspecto constantemente mencionado é a possibilidade de reconhecimento das favelas ou bairros. As galeras vencedoras ficam conhecidas pelo desempenho nos concursos, e um dos prêmios mais cobiçados coletivamente é ganhar um baile a ser realizado na comunidade. Como se sabe, nessas áreas pobres e

Galeras Funk Cariocas

159

com poucas alternativas de lazer, levar uma equipe de nome para locais muitas vezes desconhecidos é fonte de *status* e consideração.

A participação nos concursos significa também ter transporte graças a acordo entre os organizadores dos bailes e as empresas municipais. O transporte é garantido mediante o pagamento antecipado do ingresso do baile. Aliás, esse é um item importante para o lazer dos jovens das camadas populares, sobretudo pela segurança proporcionada, pois do contrário eles iriam de "suicida" (ônibus comum) ou dormiriam nas calçadas, ficando mais vulneráveis à violência e aos perigos da rua. Vale notar que no trajeto comunidade-baile-comunidade são frequentes os incidentes: mudança de rota, apedrejamento e tiros nos ônibus etc. Isso ocorre quando esses grupos passam estrategicamente por áreas rivais e iniciam as lutas com os oponentes.

O que se nota é que as galeras mais "brigonas" se destacam, saem do anonimato e se tornam conhecidas no circuito pelo nome e pelas "proezas" que "sujam" o baile e "prejudicam o *funk*". As informações são disseminadas boca a boca pelo circuito com notável eficiência. As punições que uma galera pode sofrer são: a suspensão do ônibus para o próximo baile, a diminuição de pontos nos concursos e até a expulsão de integrantes considerados nocivos à realização da festa.

Atualmente, é cada vez maior a mobilização dos jovens para os concursos. Isso aciona os mecanismos de interação e integração com outros grupos, o que, na linguagem dos jovens, como vimos, é chamado de "bonde", ou seja, alianças com galeras amigas, visando ao fortalecimento da equipe para a vitória no baile. A mobilização do grupo para participar dos concursos de galeras requer o engajamento dos representantes nos processos de cooptação e alianças com outras lideranças e organizadores. O relato que se segue é de um representante que se diz revoltado com o seu trabalho:

Ser representante é trabalhar para muita gente se dar bem. Eu mesmo não ganho nada. Só gasto. Tenho que ir pegar ônibus domingo de manhã, cansadão do baile. Se eu não tivesse que arrumar um dinheiro com o festival, eu tinha largado. Dependendo do que eu ganhar no festival, eu largo. Vou fazer outra coisa, dá mais dinheiro.

— Que coisa?

Ah, trocar cheque pros outros, arrumar um vídeo. Eu já trabalhei, mas agora tô dando um tempo; quero arrumar um dinheiro grande.

A maioria das equipes segue hoje esse modelo de festivais. Elas inauguraram, portanto, nesse circuito, um novo padrão de sociabilidade entre frequentadores e equipes, expresso nas regras dos concursos, na estética competitiva, na manipulação de bens simbólicos. Essas atividades também representam a tentativa de imprimir um padrão de domesticação ou civilizatório (Elias, 1992) ao *funk* carioca, como ocorreu com a capoeira e, inicialmente, com as escolas de samba em épocas anteriores. Tudo parece colaborar para a constituição de um determinado estilo de lazer. A maior procura dos jovens pelos bailes de "corredor" é atualmente um tema que suscita controvérsias políticas importantes entre os produtores das duas maiores equipes de bailes da cidade, Furacão e ZZ Produções, que disputam violentamente o mercado, a opinião pública, os índices de audiência e a legitimidade perante o Estado e outros segmentos da sociedade.[7]

Conclusão

Os concursos criaram novos padrões relacionais entre os organizadores e os jovens, o que pode ser considerado uma tentativa de controlar a violência mediante a introdução de regras na competição. Contudo, essa medida parece ambígua nos bailes que combinam "corredor" e concursos. Por outro lado, mesmo nos bailes ditos "normais" ou pacíficos, sempre se tocam alguns "minutinhos de alegria" para as galeras curtirem a briga. A diferença é que, no baile de "corredor", os constrangimentos são menores. A diferença só se revela na ampliação do tempo reservado para o confronto violento. Os festivais, por sua vez, ao reforçarem certa identificação dos jovens das galeras com um conjunto de atividades praticadas de forma compartilhada, parecem ditar ao mesmo tempo as relações de antagonismo e cooperação, de competição e conflito, de aliança e luta, que se estabelecem com maior ou menor intensidade entre esses grupos. Dependendo do baile, marcam sua presença pela "disposição" para o conflito ou para a harmonia.

Situados nos subúrbios da cidade, os clubes que promovem esse tipo de diversão transformam-se em arena nos fins de semana, quando recebem de portas abertas as galeras funqueiras de várias partes da cidade. Entender esse tipo de lazer, que também nos remete a algo demasiado sério, faz desaparecer por alguns momentos certa concepção de divertimento: nele o lúdico e o violento se complementam e se interpenetram crescentemente. Corre-corre, gritos de guerra, invasões de lado, hematomas, cortes sanguinolentos, risos e pequenas confraternizações pelo dano certeiro desfazem uma versão do lazer como ausência de tensão e violência, como puro prazer do relaxamento do corpo e da alma. Entre a disciplina e a brutalidade,

Galeras Funk Cariocas

a dança e o pugilato, a competição e o conflito, no "baile de briga" o convite à luta vai na direção oposta. O uso do corpo, envolvendo força física e destreza, é feito com a maior intensidade possível, desenvolvendo o prazer e o poder da agressão física. E as fronteiras entre o jogo e o conflito, entre a competição e a destruição tornam-se, portanto, difusas.

Quando observada do exterior, essa forma específica de recreação, que envolve provas corporais, pode vir a receber, por parte de diversos agentes, uma conotação bastante negativa, se orientada por uma escala de valores que desaprova a demonstração aberta do uso da violência física com que os jovens funqueiros ocupam seu tempo de lazer. Pais, líderes comunitários e professores compartilham dessa opinião. Todavia, nas falas de funqueiros de galeras, de suas namoradas e de alguns DJs, assim como nas pouquíssimas declarações que consegui obter dos organizadores dos bailes, fica-se com a sensação, misto de pavor e alívio, de que não há vítimas nem algozes, nem vencedores nem vencidos, pois ninguém sabe direito definir a explosão de paixões e ódio de uns contra outros no território inventado da violência. Talvez uma briga entre conhecidos, não sonegada aos estranhos, mas exposta com toda sua intensidade durante horas intermináveis. Quem vai ao "baile de briga" ou quem vive comercialmente disso é cioso desse tipo de divertimento, e não há indícios de que exista um desejo de coibir sua continuidade. É comum ouvir tanto os jovens quanto os organizadores dizerem: "no baile de corredor vai e briga quem quer".

E por que coibir? O baile seria uma arena necessária? Seria uma oportunidade de alívio de tensões entre jovens que se fixam em rixas antigas e imaginários medos, antecipando oportunidades de tirar a diferença "mano a mano" com disposição? Pode-se dizer que o baile, ao mesmo tempo em que autoriza a liberação das tensões, é um evento em que a tensão é desejada e buscada.

O problema é que os confrontos ultrapassam os muros dos bailes e passam a fazer parte do cotidiano dos grupos. Reagi com surpresa à recusa de um dos meus informantes, quando sugeri sairmos da favela e tomarmos um lanche numa loja de uma da maiores cadeias de lanchonetes da cidade, a qual estava localizada numa praça que ele não podia frequentar por causa dos "alemães". Essa restrição decorrente do fato de ele "ser pichado" é uma condição muitas vezes reificada pelos jovens. Adotam uma lógica classificatória excludente, um aspecto central do *ethos* guerreiro, no espaço ritual do baile e fora do baile. A excitação do jogo ou a sedução de correr riscos são aspectos a serem considerados.

As tentativas de suprimir os "bailes de corredor" sempre fizeram parte da retórica de alguns organizadores, inclusive dos que mantêm, mesmo veladamente, os "15 minutinhos no baile". É comum, no circuito *funk*, ouvir falar da capacidade dos produtores e organizadores dos bailes para

162 Um Século de Favela

"administrar" a violência — esta sempre existiu, compondo uma narrativa sobre os bailes *funk* cariocas (Vianna, 1988). A comparação é significativa: se antes havia os 15 minutinhos, agora o baile de "corredor" é da "alegria". Houve uma mudança no equilíbrio da produção da tensão. A excitação foi ampliada e considerada um fim em si mesma. A briga é considerada a "emoção necessária" da festa, consagrada através da espetacularização dos confrontos violentos. É nesse sentido que entendemos que houve uma mercantilização da violência dos bailes, a qual mantém com a forma de organização do baile uma relação de decidida continuidade e lucros financeiros. Portanto, o fenômeno da "briga no baile", quase um componente lendário, desejado e temido pelos organizadores, não pode ser considerado problema novo ou resultado específico dos bailes "de corredor". A diferença é que atualmente, no circuito *funk*, alguns organizadores passaram a marcar excessivamente a sua relevância, institucionalizando a "divisão" de territórios em seus bailes, inclusive conclamando os que gostam de se confrontar para que o façam livremente.

Como vimos, trata-se de um estilo de lazer masculino violento, envolvendo uma dinâmica entre dois subgrupos, isto é, um padrão de lutas que pressupõe ao mesmo tempo cooperação e conflito, numa variedade de níveis que se estabelecem dentro de uma mesma dinâmica de polarização. Ou seja, num baile *funk* "de corredor", a atuação das galeras de várias partes da cidade conforma relações interdependentes e até mesmo inseparáveis para que os confrontos possam acontecer. Nenhuma delas seria o que é sem as outras.

Concluindo, de acordo com o baile, o comportamento violento ou harmonioso dos integrantes das galeras fica mais ou menos nítido. Com isso não se quer afirmar que só existam dois tipos de frequentadores de bailes *funk* ou que essas formas de comportamento possam ser assumidas como radicalmente opostas entre si. Acompanhando algumas trajetórias dos jovens, pude perceber a transitoriedade dessas práticas, ocorrendo cotidianamente transformações em seu *ethos* de vida nas suas relações com os grupos de que faziam parte. Alguns se tornaram MCs, outros se casaram e outros, ainda, entraram para igrejas evangélicas. Entretanto, isso não quer dizer que essas sejam as "saídas" para os jovens que gostam de "brigar". O que se percebe, mais que a oposição entre um *ethos* "brigão" e um *ethos* "da paz", é que muitas vezes essas práticas coexistem no mesmo jovem e na mesma galera.

É preciso assinalar que os bailes *funk* de "corredor" permitem aos jovens lutar ritualmente entre si nos bailes sem se matar, ainda que o prestígio interno e externo das galeras *funk* seja assegurado pela perpetuação dos confrontos através de um ciclo de rivalidades interminável. Dito de outra maneira, no baile percebe-se a representação simbólica de processos com-

Galeras Funk Cariocas

163

plexos que organizam hoje a vida social das favelas, segundo uma lógica antagônica, territorial e guerreira (Zaluar, 1995). Isso pode ser observado no forte estímulo à competição territorial, na referência recorrente aos "comandos" das comunidades e no emprego da lógica da guerra na divisão do "território" do baile. De forma nenhuma isso quer dizer que as galeras sejam uma forma de agrupamento ligada à hierarquia do crime organizado. O que se percebe é uma permanente negociação e interação entre as galeras e os organizadores no que diz respeito tanto à recriação dos códigos de violência no âmbito do lazer e da sociabilidade juvenis quanto à representação simbólica da guerra entre as quadrilhas que dividem o espaço na cidade. Pode-se dizer que o bom baile se equilibraria tensamente entre duas funções: de um lado, desencadear a excitação agradável no público, e de outro, propiciar um conjunto de dispositivos para manter o agradável descontrole das emoções através do ritmo do som, da divisão espacial do baile e do tempo permitido para os confrontos.

Notas

1. Pichado é um termo que expressa o modo pelo qual os funqueiros ficam marcados e são facilmente identificados por integrantes dos grupos rivais.

2. Além dessas subdivisões, existem os bailes *charm*, que muitos acreditam ser o que restou dos bailes *soul* da década de 70. Encontramos registro de que nos bailes *soul* houve uma fase de violência física entre os frequentadores, o que causou espanto a uma das figuras mais militantes do Rio de Janeiro, Asfilófilo de Oliveira Filho, líder da equipe de som Soul Grand Prix, preocupado em articular o movimento em torno da organização e luta contra o racismo (ver Monteiro, 1991:76).

3. Em termos metodológicos, escolhi primordialmente a observação participante das práticas e discursos do cotidiano como fio condutor da análise, sem contudo abrir mão de entrevistas semiestruturadas como via de acesso às falas mais genuínas dos jovens.

4. Recentemente, um informante da pesquisa revelou a existência de mais uma facção criminosa, chamada Amigos dos Amigos (ADA), que congrega basicamente dissidentes das outras facções (informação recolhida em junho de 1998).

5. A utilização do conceito de honra nesse contexto precisa ser feita com cuidado. Na literatura antropológica, a honra masculina e o pudor feminino são noções-chave inspiradas nas etnografias de grupos rurais das sociedades mediterrâneas. Nessas análises, a honra é tida como valor ideal, construído independentemente das práticas (Fonseca, 1992). Tal argumento, baseado em

164　　Um Século de Favela

uma articulação mecânica entre papéis masculinos e femininos, enfatiza demasiadamente a subjugação dos segundos pelos primeiros (Cornwall, 1994). Além disso, a honra estaria baseada em valores culturais herdados. Considero os limites dessa noção para pensar o caso das galeras cariocas. Meus dados etnográficos divergem substancialmente das etnografias clássicas. Entre os meus informantes, a ideia de honra herdada de outras gerações é de pouca importância, e a memória genealógica (ver relato sobre as rixas) é muito curta. A percepção temporal se restringe a um período mais reduzido.

6. O humor é uma dimensão importante na dinâmica desses grupos, sobretudo no tocante às diferentes maneiras de brincar com normas e lidar com questões ambíguas no processo de transição para a vida adulta. Estudo interessante sobre humor e relações de gênero foi feito por Cláudia Fonseca (1992). A autora alude à importância de investigar a relação entre o valor expresso e o estilo da expressão para revelar as diversas funções que o humor desempenha na transmissão de valores de uma geração para outra.

7. Segundo a Ligasom, realizam-se hoje 2 mil festas *funk* por mês em todo o estado. No município do Rio de Janeiro, a área da cidade onde há mais bailes *funk* é a Zona Norte, seguida da Zona Oeste e da Baixada Fluminense. O público que comparece aos bailes varia entre 800 mil ou 3,2 milhões de pessoas por mês (*O Globo*, 27-7-1997).

Referências bibliográficas

Abramo, Helena W. *Cenas juvenis — punks e darks no espetáculo urbano*. São Paulo, Página Aberta, 1994.

Alvito, Marcos. A honra de Acari. In: Velho, Gilberto & Alvito, Marcos (orgs.). *Cidadania e violência*. Rio de Janeiro, UFRJ; FGV, 1996.

Bourdieu, Pierre. A "juventude" é apenas uma palavra. In: *Questões de sociologia*. Rio de Janeiro, Marco Zero, 1983.

Cornwall, Andrea & Lindisfarne. Gender, power and anthropology. In: *Dislocating masculinity*. Routledge, 1994.

Elias, Norbert & Dunning, Eric. *Em busca da excitação*. Lisboa; Rio de Janeiro, Difel; B. Brasil, 1992.

Fonseca, Cláudia. Honra, humor e relações de gênero: um estudo de caso. In: Costa, Albertina & Bruschini, Cristina (orgs.). *Uma questão de gênero*. Rio de Janeiro; São Paulo, Rosa dos Ventos; Fundação Carlos Chagas, 1992.

Frith, Simon. Toward an aesthetic of popular music. In: Leppert, Richard & Mc Clary, Susan. *Music and society — the politics of composition, performance and reception*. Cambridge, Cambridge University Press, 1987.

Godbout, Jacques. *O espírito da dádiva*. Paris, Découverte; Instituto Piaget, 1992.

Galeras Funk Cariocas

Hebdige, Dick. *Subculture. The meaning of style*. London, Methuen, 1979.

Huizinga, Johan. *Homo ludens*. São Paulo, Perspectiva, 1971.

Katz, Jack. *The seductions of crime*. London, Basic Books, s.d.

Matta, Luis F. M. (DJ Marlboro). *O funk no Brasil*. Rio de Janeiro, Mauad, 1996.

Monteiro, Helena. O ressurgimento do movimento negro no Rio de Janeiro na década de 70. Rio de Janeiro, UFRJ, 1991. (Dissertação de Mestrado.)

Pais, José M. *Culturas juvenis*. Lisboa, Imprensa Nacional-Casa da Moeda, 1993.

Peirano, Mariza. *A favor da etnografia*. Rio de Janeiro, Relume-Dumará, 1996.

Prefeitura da Cidade do Rio de Janeiro. *Projeto Cultura e Lazer para Adolescentes de Baixa Renda*. Rio de Janeiro, Secretaria Municipal de Desenvolvimento Social, 1993.

Sansone, Lívio. O local e o global na afro-Bahia contemporânea. *Revista Brasileira de Ciências Sociais* (29), 1995.

Simmel, Georg. *Conflito*. São Paulo, África, 1983.

Toledo, Luiz Henrique. *Torcidas organizadas de futebol*. São Paulo, Autores Associados; Anpocs, 1996.

Velho, Gilberto. *Individualismo e cultura: notas para uma antropologia da sociedade contemporânea*. Rio de Janeiro, Jorge Zahar, 1981.

Vianna, Hermano. *O mundo funk carioca*. Rio de Janeiro, Jorge Zahar, 1988.

———. O *funk* como símbolo da violência carioca. In: Velho, Gilberto & Alvito, Marcos (orgs.). *Cidadania e violência*. Rio de Janeiro, UFRJ; FGV, 1996.

Wisnik, José Miguel. *O som e o sentido — uma outra história da música contemporânea*. São Paulo, Companhia da Letras, 1989.

Zaluar, Alba. *A máquina e a revolta*. São Paulo, Brasiliense, 1985.

———. Mudanças na política social para a criança e o adolescente. In: *Cidadãos não vão ao Paraíso*. São Paulo, Escuta; Unicamp, 1988.

———. *Da revolta ao crime S.A.* São Paulo, Moderna, 1995.

———. A globalização do crime e os limites da explicação local. In: Velho, Gilberto & Alvito, Marcos (orgs.). *Cidadania e violência*. Rio de Janeiro, UFRJ; FGV, 1996.

———. Gangs, galeras e quadrilhas: globalização, juventude e violência. In: Vianna, Hermano (org.). *Galeras cariocas*. Rio de Janeiro, UFRJ, 1997.

Capoeira e alteridade
sobre mediações, trânsitos e fronteiras*

Sonia Duarte Travassos

Nesse manejo inopinado e célere, a criatura é um ser que não se toca, ou não se pega, um fluido, o imponderável[1]

O ponto de partida que havíamos combinado era a gare D. Pedro II, também conhecida como Central do Brasil, nas proximidades do centro da cidade do Rio de Janeiro. Faltava pouco para as oito horas da manhã de um domingo de março de 1996. De longe, pude facilmente identificar o pequeno grupo que já havia chegado pelo colorido do tambor, dos pandeiros e dos berimbaus. Roupas largas, sorrisos largos, no ar um certo clima de aventura e gozo pelo risco. Soube que vários ali nunca haviam sequer andado de trem em suas vidas, quanto mais atravessado os mais de 30 quilômetros que nos levariam até o distante bairro de Bangu, na Zona Oeste da cidade. Ainda assim, o convite de mestre Muca para participar de uma "roda" de capoeira promovida por seu próprio "mestre", Poeira, foi de pronto atendido por aqueles jovens com idades em torno dos 20 anos, em sua maioria pertencentes a camadas médias, brancos ou quase brancos e moradores da Zona Sul da cidade.[2] Na cadência do trem, vazio se comparado com um dia normal de trabalho, alternamos músicas, conversas, risos e a observação curiosa daquelas paisagens muito pouco familiares para alguns de nós.[3]

SONIA DUARTE TRAVASSOS é da Pontifícia Universidade Católica do Rio de Janeiro (PUC-Rio).
* Este texto faz parte de uma pesquisa, ainda em andamento, para o curso de doutoramento no Programa de Pós-graduação em Antropologia Social do Museu Nacional/UFRJ, sob a orientação do professor Gilberto Velho.

Mestre Muca, num primeiro olhar, contrastava menos pela diferença de idade — na época ele tinha 29 anos — e mais por sua cor flagrantemente negra e seus cabelos com *dread locks*. Se aqueles moços estavam vivenciando uma experiência em vários sentidos nova, para Muca — vim mais tarde a saber — era mais um retorno, só que em condições especiais, ao seu lugar de origem. Criado na favela de Vila Vintém em Padre Miguel, bairro vizinho de Bangu, ele havia começado a aprender capoeira já aos nove anos, com mestre Poeira. Naquela época, meados da década de 70, a aversão de seus pais à capoeira e sua proibição eram justificadas com falas do tipo: "capoeira é uma coisa muito vagabunda", "se você entrar para a capoeira, você vai largar a escola".[4] Mas a capoeira, disse-me o "mestre", "aquela coisa da magia que envolve a gente", acabou sendo um caminho para as ruas juntamente com um grupo de amigos. Os largos da Carioca e de Santa Rita, a praça 15, a Cinelândia, o campo de Santana, a Lapa e a Central do Brasil, todos eles *lugares de memória*[5] localizados nas cercanias do Centro da cidade, eram os palcos privilegiados para as apresentações de capoeira. Depois de cada uma delas, eles "passavam o chapéu" na "roda", pedindo algum dinheiro, e vendiam bijuterias, figuinhas, patuás e óleos. Falando ao público das propriedades "medicinais" e "protetoras" da "banha do peixe-boi da Amazônia", do "sabão do Joá" e dos "patuás" — todos, na verdade, produtos forjados por eles próprios — ou mesmo simulando uma briga para chamar a atenção do público, eles ganhavam o suficiente para o sustento de cada dia.

Mas a rua, evidentemente, tinha suas próprias regras e conflitos, de modo que os espaços tinham que ser permanentemente negociados e divididos com outros grupos que também acorriam ao centro da cidade para fazer suas apresentações de capoeira. Foi assim, com o aumento da concorrência, que Muca e seus amigos, sempre que conseguiam juntar algum dinheiro, partiam para outros municípios ou mesmo outras cidades fora do estado do Rio de Janeiro. Municípios vizinhos como Duque de Caxias e Nova Iguaçu ou cidades um pouco mais distantes como Volta Redonda, Valença, Juiz de Fora, Campos e Belo Horizonte começaram a fazer parte de um certo circuito onde as apresentações de capoeira ainda eram, de certo modo, uma novidade e, por isso, rendiam algum dinheiro a mais.

O contato com Padre Miguel e com mestre Poeira, todavia, nunca se desfez completamente nos cerca de 10 anos que Muca esteve pelas ruas. É ele mesmo quem fala desses seus retornos ao bairro onde foi criado e de como esse movimento constante de ir e voltar, e ir novamente, na sua concepção, faz mesmo parte da formação de um "mestre":

Mestre de capoeira é aquele que te coloca dentro do mundo da capoeira. O que você aprende a partir dali, de você ter contato com o mundo, é a consequência de jogos, de você ver pessoas, de você estar em contato, de você estar rodando rodas, enfim, daí o aprendizado da vida é um apanhado num geral, não é ele [o mestre] que vai determinar. Às vezes eu vejo que o Poeira não tem tanta clareza com determinadas coisas, mas ele, como mestre de capoeira, não me deixou faltar nada. (...) Nunca larguei ele, sempre viajava, sumia assim de vez em quando, mas sempre treinei capoeira e sempre que tinha oportunidade de estar no Rio, de participar de eventos, eu ficava com ele.

Muca conta, então, como a sua relação com mestre Poeira "contaminava", por assim dizer, outras esferas da vida que não a da capoeira:

Eu acho que o mestre de capoeira, ele está muito longe ainda do ponto de ser um bom mestre. Eu sou um ser humano falho pra caramba, tenho muitas coisas assim, todo mundo tem. E o mestre, ele é uma coisa assim que não erra nunca, que sabe dar conselho, que sabe seguir um exemplo de vida, que tem uma experiência. Eu acho que eu vivi uns 20 anos na capoeira. (...) Ele [o mestre] ultrapassa tudo. Por exemplo, meu mestre, ele sempre foi meu segundo pai. Num contexto geral, eu lembro de coisas que não tinham nada a ver com a capoeira, e ele falava assim comigo: "Muca, isso não é assim não, vou te mostrar como é que é, assim, assim, assim". E conselhos que meu pai não me dava. (...) Mas o que rola mais é esse lance assim de mestre acompanhar, de viver o momento. Eu acho que o Poeira, para mim, ele sempre foi e sempre será o meu grande mestre, o meu guru mesmo. Uma pessoa, um conselheiro que está ali para tudo.

O "mestre" só saiu das ruas e das apresentações de capoeira quando entrou para o serviço militar. Poeira fizera dele também um "mestre", numa festa surpresa de seu aniversário, em 1986, mas Muca afirma, não sem alguma ambiguidade, que

isso não alterou nada, eu continuei fazendo as mesmas coisas que fazia. (...) Pra mim foi uma coisa legal porque as pessoas começam a te encarar de uma forma diferente. "Ah, o Muca agora é mestre!"

Mas aquele negócio que você põe na cintura[6] é a maior besteira; se tiver que apanhar, você vai apanhar com ele; se tiver que ser desmoralizado, vai ser desmoralizado com ele; acho que o que faz o mestre é a sua cabeça, a sua experiência, o seu modo de lidar com a matéria capoeira.

O trabalho em *shows* que misturavam dança afro, samba e capoeira na churrascaria Plataforma I, no Leblon, aproximou mestre Muca da Zona Sul da cidade e da capoeira que, na sua percepção, era "carente de cultura, de jogo", em oposição àquela praticada nos subúrbios. Através de um outro "mestre", Muca começou a circular por algumas "rodas de capoeira" na Zona Sul e acabou conhecendo e convivendo mais assiduamente com um grupo de capoeira na Gávea, do qual fazem parte alguns daqueles jovens que o acompanharam de trem até Bangu. Na época daquela viagem, ele já morava no Leblon, bairro vizinho da Gávea. Muca acredita que atualmente "está passando por um patamar diferente", que "já lutou muito pela capoeira", que ela o trouxe para um outro lugar e que isso "é consequência da vida, que faz com que você migre de uma situação para outra". Ele diz ter sido "muito bem recebido na Zona Sul" e que as pessoas o abraçaram dizendo: "o Muca é nosso, o Muca é da rapaziada, o Muca é da galera".

Hoje, Muca trabalha dando aulas de capoeira num colégio particular na Zona Sul, mas não apenas continua retornando com frequência a Bangu para as "rodas" de mestre Poeira, como, de certa forma, "retorna" também através das aulas que dá, juntamente com amigos do grupo que conheceu na Gávea, para crianças da favela Parque da Cidade, nesse mesmo bairro. Ele parece estar conseguindo, assim, articular esses dois *mundos*, o "da favela" e o "do asfalto", suprindo a um só tempo suas necessidades financeiras e aquelas relativas aos seus valores:

Na Zona Sul é outro papo. Eu trabalhava com um pessoal de outro nível. Dava aula na favela, tinha que falar com as crianças na linguagem delas. E quando não era com as crianças, era com os pais, era com o dono da boca de fumo, que não queria que o fulano fizesse capoeira, senão ele ia sair da boca. Então você tinha que ter uma linguagem à altura. E isso aí é uma doideira. Eu dei muita aula em comunidade carente, de graça, voluntariamente. Chegou uma hora que fiquei meio desgastado, "eu preciso me recuperar". Até mesmo para me estruturar como trabalho, como instrumento de trabalho e fazer alguma coisa mais assim..., que me dê um certo retorno.

Capoeira e Alteridade

171

A trajetória de vida de mestre Muca, repassada aqui em linhas bem gerais, deve ter deixado claro, entre outras coisas, um aspecto particular que eu gostaria de ressaltar: a declarada opção do "mestre" pelo trânsito, não só em termos estritamente geográficos, mas, sobretudo, por diferentes fronteiras simbólicas, por distintos códigos de interpretação da realidade, que não estão, em absoluto, vinculados a esta ou àquela região ecológica da cidade. Mais ainda, como seu complemento necessário, a capacidade que ele demonstra de acionar gramáticas culturais radicalmente divergentes — ainda que sujeito aos reveses de uma condição que de forma alguma está sob seu estrito controle —, promovendo constantemente readaptações e re-significações em seu *projeto* de vida. Ele consegue, por assim dizer, ajustar-se habilmente ao *campo de possibilidades* sociocultural que a cada momento tem a sua frente, levando ao limite a capacidade que, segundo Gilberto Velho, todo indivíduo em sociedade possui de se *metamorfosear* continuamente sem perder a unidade do seu próprio *self*.[7] Por outro lado, o que ficou evidenciado na viagem de trem a Bangu é que ele se caracteriza, como diria Hermano Vianna, como um *mediador transcultural*, quer dizer, aquele que coloca "as diferenças em interação":

> Mediadores de todos os tipos e com projetos os mais variados transitam pela heterogeneidade, colocando em contato mundos que pareciam estar para sempre separados, contato que tem as mais variadas consequências, remodelando constantemente os padrões correntes da vida social e mesmo redefinindo as fronteiras entre esses mundos diferentes.[8]

O caso de mestre Muca, embora me pareça ter um caráter paradigmático, não se afasta tanto assim das trajetórias dos outros "mestres" de capoeira, sobretudo se levarmos em consideração o fato de que esses trânsitos podem se dar em diferentes planos, não necessariamente exigindo o deslocamento físico do "mestre". Tento mostrar aqui, aliás, como a capoeira, ao menos contemporaneamente, parece constituir-se num *locus* privilegiado de trânsitos de todos os tipos. No *mundo* da capoeira, os "mestres"[9] são figuras estratégicas, no sentido de que é sobretudo a partir deles que se constroem discursos de enorme riqueza e eficácia simbólicas, capazes de alinhavar, ainda que às vezes de modo um tanto precário e provisório, visões de mundo, estilos de vida e formas de percepção e construção da realidade com frequência díspares. Nesse sentido, eles emergem, como vimos no caso de Muca, como mediadores e articuladores, nem sempre conscientes e todo-poderosos, de situações bastante complexas que envolvem não só indivíduos pertencentes a camadas sociais e meios culturais muito diferenciados, mas também aqueles que já morreram e, no entanto, "sobrevivem" um pouco à maneira dos mitos.

Esses indivíduos — em sua maioria jovens abaixo dos 25 anos —, que gravitam de forma não necessariamente estática em torno dos seus "mestres", vão tecendo entre si, e com os próprios "mestres", redes de sociabilidade, de amizade, de namoro, de parentesco, de ensino-aprendizagem, tudo isso concomitante a um sistema paralelo e dinâmico de alianças e oposições. Redes que certamente ultrapassam esse *mundo*, mas que parecem ter na capoeira um canal privilegiado de expressão das relações nelas subentendidas. Ou, em outras palavras, eles constroem ali um *ambiente comum de comunicação*,[10] no qual transitam e se comunicam e através do qual, eu diria mesmo, constituem-se enquanto tais. É óbvio, por outro lado, que a lógica que governa esses trânsitos e encontros culturais no *mundo* da capoeira, assim como as relações que ao mesmo tempo aí se estabelecem, não está dissociada do espectro social mais amplo. É bastante comum, inclusive, que redes de relações previamente formadas fora do *mundo* da capoeira — por exemplo, as de parentesco — se entrelacem com aquelas que já estão ali estabelecidas. Um dos grandes problemas, aliás, do trabalho de campo é chegar a conhecer essas relações que estão muitas vezes ocultas. Se eu sei de antemão que quem está "jogando"[11] naquele momento é um casal de jovens namorados, posso ter uma percepção do "jogo" de capoeira completamente diversa daquela que teria se nada soubesse. Por isso, como tento mostrar aqui, não podemos falar em uma transposição mecânica da estrutura social para dentro do *mundo* da capoeira ou vice-versa.

Vejamos então como, via de regra, se estrutura isso que estou chamando de *mundo* da capoeira.[12] Existem, a meu ver, dois momentos fundamentais em que os encontros se realizam: os "treinos" e as "rodas". Os "treinos" têm um caráter privado por se referirem ao encontro de um "mestre" com seus respectivos alunos. Nesses encontros — que variam de duas a cinco vezes por semana —, os alunos passam a maior parte do tempo, cerca de uma hora e meia de um total aproximado de duas horas, fazendo exercícios de alongamento e de respiração, abdominais e treinando, individualmente ou em duplas, os movimentos próprios da capoeira. Somente a última meia hora do "treino" é dedicada à montagem dos berimbaus, ao ajuste dos outros instrumentos (em geral tambor, agogô e pandeiro) e à realização de uma pequena "roda" entre eles próprios. Eventualmente, alguns visitantes, como eu mesma, são admitidos nesses encontros relativamente privados. Por outro lado, existem os encontros públicos, de caráter extraordinário, chamados simplesmente de "rodas" de capoeira — como aquela de mestre Poeira em Bangu —, que podem ser

Capoeira e Alteridade

173

realizados em espaços abertos, em academias ou na casa de alguém e nos quais somente alguns minutos são gastos com o aquecimento físico e o preparo dos instrumentos. Logo a seguir, tem lugar a "roda" de capoeira propriamente dita, que então congrega vários "mestres" e seus respectivos alunos.

Nos "treinos", como disse, os alunos aprendem os movimentos da capoeira, isto é, aqueles que a caracterizam e a distinguem de todas as outras formas de expressão corporal. Esses movimentos, por vezes bastante complexos, são na verdade golpes que podem ser mortais se aplicados com precisão e força. Ocorre que, juntamente com os movimentos de ataque e esquiva, ensina-se algo muito peculiar à capoeira: a "mandinga".[13] Na capoeira, a "mandinga" como que resume certas qualidades definidas por eles de modo não muito rígido como "ginga", "manemolência", "malícia", "esperteza" e "malandragem". Desse modo, a "mandinga", essa representação tão cara aos capoeiristas sobre eles próprios, torna-se o conteúdo mesmo dos "treinos". Conteúdo, é bem verdade, sobre o qual não se fala ou se fala muito pouco, numa linguagem que pede para ser decifrada: "quebrem o corpo; acabem com esses movimentos retilíneos"; "não faz que nem ginástica olímpica não; bota molho no movimento"; "a ginga tem que ser bonita; não vai gingar que nem robô não". E é evidente, por outro lado, que essas frases enigmáticas são enunciadas em meio a exaustivos treinos, onde técnicas corporais elaboradíssimas são repetidas numa mimese que parece não ter fim. Técnicas que precisam, de alguma forma, ser incorporadas a ponto de que já não se tenha delas consciência ou sobre elas não se consiga mais refletir.

Bom "jogador", "jogador mandingueiro", eles me dizem, é aquele que mostra ao adversário que poderia tê-lo atingido e que não o fez porque não quis. Assim, o golpe — uma rasteira, por exemplo — não é efetivamente aplicado, mas somente seu movimento mimético. É como se os capoeiristas estivessem o tempo todo fazendo de conta que vão bater e derrubar os outros sem, no entanto, nunca fazê-lo. É verdade que, às vezes, não se consegue (ou não se quer) evitar, e o outro "jogador" é derrubado, mas isso é a exceção e não a regra. Quem assiste somente aos "treinos" tem a clara impressão de que os alunos estão sendo preparados para a briga, para o enfrentamento. Até porque o que não faltam são falas que apontam para o caráter potencial de luta que estaria presente na capoeira, como a de um "mestre" que dizia a seus alunos: "O jogo pode ser jogo de morte; a capoeira já matou muita gente, vocês sabem". A aparente contradição surge quando se assiste ao encontro dos capoeiristas numa "roda" pública, pois então ocorre justamente a evitação do confronto físico. É mais ou menos como se ensinassem e aprendessem os golpes não para aplicá-los de fato, mas para que se produza uma sensação quase igual àquela que se experimentaria se fosse para valer.[14]

Nesse nível do cotidiano dos "treinos" tenho podido observar que os capoeiristas constroem um complexo e dinâmico quadro de mútuas acusações entre si. Dependendo das circunstâncias, do local e das pessoas envolvidas, eles recorrem a categorias acusatórias as mais distintas, sempre na busca da legitimação da capoeira que eles praticam ou dos capoeiristas envolvidos na questão. O que eles buscam é sempre aquilo que, naquele momento específico, parece conferir um caráter mais "puro" ou mais "original" a um determinado modo de se praticar a capoeira, ou aquilo que eles supõem atribuir a um capoeirista o "verdadeiro saber" sobre ela.

A manipulação dos mais diversos pares antinômicos — como, por exemplo, homens e mulheres, mestres e alunos, antigos e novatos, Zona Norte e Zona Sul, moderno e tradicional, Rio de Janeiro e outras cidades, Brasil e estrangeiro, brancos e negros — opõe diversos grupos uns aos outros, podendo ficar apenas no discurso ou chegando mesmo, embora raramente, ao conflito explícito.

Essas oposições cotidianas não são absolutamente estáticas. O "nós" e o "eles" na capoeira nunca estão dados *a priori*, embora, é claro, haja uma tendência de os indivíduos pertencentes ao mesmo grupo compartilharem um *projeto* coletivo acerca de como a capoeira deveria ser praticada. De qualquer forma, essas oposições parecem ser definidas e redefinidas quase que a cada nova interação dos personagens. O mesmo grupo ou subgrupo pode, num instante, opor-se a outro acusando-o, por exemplo, de usar de violência e referindo-se a ele como um bloco monolítico e sem diferenciações internas; noutro instante, entretanto, os mesmos indivíduos ou alguns deles podem fazer acusações a outros capoeiristas, envolvendo parte dos anteriores ou não, relativas, por exemplo, à capoeira "p aticada para turista ver", cheia de malabarismos e acrobacias. Assim, alianças e oposições vão-se construindo entre os grupos de uma forma mais ou menos dinâmica, embora se possa perceber, é claro, alguns laços mais permanentes.

Mas a distinção entre "jogo" e "luta" — e as acusações contra a falta de "mandinga" que daí derivam — é talvez uma das mais presentes nas falas dos capoeiristas. Parece-me bastante plausível supor — embora ainda me faltem elementos mais concretos para sustentar essa hipótese — que a percepção de ter ou não ter "mandinga", nesse nível do cotidiano, quer dizer, enquanto os grupos estão efetivamente afastados uns dos outros, possua alguma ligação com as características étnicas, de gênero, de bairro, de moradia, de estado ou país de origem, ou ainda outras, dos indivíduos. Penso isso a partir de alguns comentários que já ouvi sobre, por exemplo, as mulheres serem menos "mandingueiras" do que os homens:

"as mulheres têm menos jogo de cintura; partem mais para dentro umas das outras". A fala de mestre Muca sobre as supostas diferenças entre a capoeira da Zona Sul e a do subúrbio, já aqui referida, é outro exemplo das frequentes associações que eles fazem entre a falta de "mandinga" e alguma característica sociológica dos indivíduos. A "mandinga", nesse plano das relações remotas e cotidianas, atuaria então como um operador lógico relacionando e classificando de forma hierárquica os indivíduos e os grupos metonimicamente, quer dizer, separando mas guardando contiguidade entre eles.[15]

Ocorre que, se nos "treinos" os grupos tendem a se pensar e a se organizar em torno de *projetos* coletivos próprios a cada um deles, o momento da "roda" pública é sobretudo aquele da mistura, do encontro, da negação, eu diria, a princípio, das desigualdades sociais. Momento até certo ponto liminar,[16] na "roda" busca-se suspender, por assim dizer, as oposições exteriores à capoeira, pondo todos juntos e possibilitando, de forma ritual e alegórica, que as mais variadas e distantes categorias sociais se encontrem e se comuniquem através da capoeira. É aqui que a "mandinga", que no espaço privado separa e põe cada qual no seu devido lugar, confere à capoeira um espírito de *aventura*.[17] Nesse sentido, ela acaba com o sentimento de segurança das hierarquias sociais já estabelecidas e excita justamente pelo risco que proporciona a situação relativamente desconhecida de cada nova "roda". O "jogador mandingueiro", como vimos, não "luta", ele "joga". Ao apontar para o encontro lúdico e criativo nas "rodas" públicas, e não para o enfrentamento físico direto, a "mandinga" iguala-os todos uns aos outros e assemelha, assim, a capoeira a um "jogo", o que, por definição, envolve sempre algum risco. Voltemos a mestre Muca e ao que ele nos diz sobre isso:

> A capoeira é um diálogo dos corpos; são dois corpos que ficam no mesmo movimento, um dá um golpe, o outro dá um contragolpe, formam uma sequência até o cara ser atingido, porque de repente faltou aquele lance de ele sair na hora... pronto, pegou ele. Então, esse diálogo de corpos, esse lance de expressão corporal te traz uma certa insegurança. Você não sabe o que o cara é capaz de fazer contigo ali; ou ele segue a sequência ou ele te pega no meio da sequência.

O que estou querendo insinuar é que esse risco, que sobretudo as "rodas" públicas trazem, não se refere apenas à possibilidade, citada por mestre Muca, de o "jogo" se tornar uma luta. Essa é de fato uma possibilidade sempre presente. Aliás, se assim não fosse, não haveria o sentido de risco e aventura. Entretanto, penso que, além disso, o gosto pelo risco e pela aventura advém, em boa medida, dessa mistura perigosa de elementos que no cotidiano estão separados porque são pensados como desiguais. A alegoria da "roda" pública, então, para caminharmos próximo à uma ideia de Geertz,[18] poderia ser interpretada como uma experiência na qual os capoeiristas reproduzem e vivenciam os dilemas que o encontro com a alteridade provoca. Entre outras coisas não menos importantes, como o jogo generalizado de sedução que esse "diálogo dos corpos" proporciona e as conquistas amorosas que daí podem emergir, os moços têm necessariamente que aprender, por exemplo, a lidar com a vergonha e a humilhação públicas de serem ocasionalmente derrubados pelo outro (ou Outro?) no meio do "jogo". Uma das primeiras lições a aprender é saber cair, levantar rapidamente sorrindo e permanecer altivo no meio da "roda", "jogando".

A "roda" de Bangu foi apenas um exemplo dessa capoeira que se quer, digamos, "sem fronteiras", mas todos os fins de semana estão repletos de "rodas" desse tipo por toda a cidade. De fato, o que se vê nas "rodas" são crianças de quatro ou cinco anos "jogando" com adultos de até 80 anos, homens "jogando" com mulheres, negros "jogando" com brancos, moradores da Gávea "jogando" com moradores de Bangu, engenheiros "jogando" com quem nunca foi à escola, americanos "jogando" com brasileiros, ricos "jogando" com pobres, mestres "jogando" com neófitos. E, curiosamente, reforçando ainda mais o caráter alegórico desses encontros, na capoeira não há ganhadores ou perdedores. "Joga-se", simplesmente, sem esperar que alguém seja declarado o vencedor.[19] A *performance* individual, todavia, é sempre avaliada por eles como boa ou ruim, bonita ou feia, segundo critérios técnicos ou estéticos, mas não há um cômputo final que aponte o indivíduo ou grupo que ganhou o "jogo".

Além disso, é importante observar que a capoeira, tanto nesses momentos extraordinários e rituais das "rodas", nos quais todos podem, a princípio, participar, quanto nos espaços privados, parece necessariamente ser regida por um *ethos* que tem uma dupla face: de um ponto de vista, os capoeiristas estão englobados pelos grupos aos quais se dizem ligados,[20] embora isso dependa sempre, é claro, de um maior ou menor *commitment* em relação não apenas ao *projeto* coletivo do grupo, mas também à capoeira como um todo; porém, de outro ângulo, esse *ethos* está marcado por uma postura individualista que se expressa de duas formas:[21] a primeira seria um individualismo igualitário, base da ideia tão cara aos capoeiristas de que a capoeira recebe a todos sem distinções de qualquer tipo; a segunda seria um individualismo diferenciador, singularizador, que realça as *performances* de cada um, não apenas no "jogo" propriamente dito, mas também no que diz respeito a saber tocar os instrumentos, saber as cantigas e saber as etiquetas

Capoeira e Alteridade

de comportamento na "roda". A "mandinga", portanto, se constituiria num mecanismo que, num certo plano, separa, mas, em outro, emerge como o ideal que os une: a negação das desigualdades em todos os níveis e a ênfase nas diferenças individuais.

Espero que tenha ficado claro que não estou querendo dizer com isso que a capoeira acaba com as desigualdades sociais ou que nela não há violência. Vale lembrar de pelo menos dois casos bem recentes de mortes ocorridas em rodas de capoeira, uma em Petrópolis, em outubro de 1996, e outra em Marechal Hermes, em abril de 1997. Entretanto, esses são casos excepcionais, se levarmos em conta a quantidade de "rodas" que acontecem todos os fins de semana. O que, por outro lado, estou buscando aqui é uma interpretação, em termos antropológicos, de um número necessariamente limitado de modos de pensar e agir referentes sobretudo ao *mundo* da capoeira. Estou tentando mostrar como eles podem, nos momentos rituais das "rodas" públicas, não somente reorganizar e re-significar uma ordem social já estabelecida — transformando-se eles próprios no mesmo movimento —, mas também se prestar a um movimento reflexivo e, por que não, apaixonante. Como disse mestre Muca, "era muito gostoso sair de manhã cedo para jogar". E é assim, de uma forma desavergonhadamente apaixonada, que todos eles, sem exceção, me falam sobre a capoeira. Quais as consequências, digamos, mais "concretas" da capoeira para a vida daqueles que estão envolvidos com ela — por exemplo, se ela promove algum tipo de ascensão social —, é uma questão para a qual não tenho resposta no momento.[22]

Para finalizar, gostaria de retomar rapidamente um ponto a que me referi anteriormente a respeito do lugar da capoeira na constituição dos próprios indivíduos. Penso que talvez fosse interessante recorrer uma vez mais a Simmel[23] e a sua noção de *cultivo do eu*. Não me parece absurdo ver a capoeira como uma forma eficaz, prazerosa e grupal que esses jovens encontraram de cultivo da *subjetividade* de cada um e de todos. Ela poderia, assim, ser vista também como uma espécie de defesa dos indivíduos contra a fragmentação sem precedente que a modernidade inaugurou. Além do que, poderia ser tomada como um feliz contraexemplo dentro do quadro sombrio de aniquilamento das tradicionais instituições sociais apontado por Zaluar (1997). Penso que essas são possibilidades de interpretação bastante coerentes com o que apontei aqui a respeito do *mundo* da capoeira no Rio de Janeiro.[24] E mesmo levando-se em conta que, depois da "roda" de mestre Poeira em Bangu, os meninos e meninas da Zona Sul voltaram para suas casas e os da Zona Oeste lá permaneceram, desconfio que os jovens que saíram daquele encontro talvez não fossem exatamente os mesmos.

Notas

1. Descrição do capoeira em Luiz Edmundo (1932:39).

2. Os termos aspeados são categorias utilizadas naquilo que podemos chamar de *mundo* da capoeira. Falarei deles mais detalhadamente adiante. *Mundo* é aqui utilizado para enfatizar a ideia de que a prática da capoeiragem parece possuir relativa autonomia no que diz respeito à produção de fronteiras simbólicas que lhe são específicas, constituindo-se, assim, numa *província de significados* (ver Schutz, 1979; Simmel, 1971; Park, 1979; Becker, 1977; e Velho, 1994). Muca é o apelido verdadeiro do "mestre", a quem sou grata pela recepção sempre gentil e prestativa e a quem dedico este texto.

3. Cabem aqui três observações a respeito de algumas distâncias sociológicas importantes entre mim e o restante do grupo: primeiro, nunca pratiquei capoeira, de modo que estava ali somente como uma pesquisadora que estava tendo a felicidade de ser bem aceita pelas pessoas a quem estudava; segundo, nasci e vivi muitos anos num subúrbio do Rio de Janeiro, o que fazia com que aquela viagem tivesse algo de familiar para mim; terceiro, em termos etários, eu estava mais de 10 anos acima da média de idade do grupo.

4. Todas as falas do "mestre" neste texto foram retiradas da entrevista a mim concedida, em 12-8-1996, na casa do próprio Muca.

5. Ver Nora (1984).

6. Muca se refere aos cordéis coloridos que se amarram na cintura e que alguns grupos adotam para marcar a graduação dos alunos na capoeira.

7. Sobre as noções de *projeto, campo de possibilidades* e *potencial de metamorfose*, ver Velho (1994).

8. Vianna (1995:155).

9. "Mestre" é a mais alta graduação na capoeira, à qual se chega após muitos anos de aprendizado. Não existe, contudo, consenso quanto a esse tempo de formação de um "mestre", nem qualquer diploma conferido por alguma instituição reconhecida por eles. Somente um "mestre" pode conferir essa "titulação" a alguém e, mesmo assim, não está isento de comentários críticos por parte dos outros.

10. Ver Schutz (1979:160 e segs.).

11. O verbo jogar é usado correntemente com o sentido genérico de atuar, de desempenhar, quando se refere à prática da capoeria de um modo geral.

12. Vale lembrar que o trabalho de campo até aqui desenvolvido foi feito exclusivamente na cidade do Rio de Janeiro.

13. "Mandinga" é um topônimo de origem africana que significa, no seu sentido mais lato, feitiço, feitiçaria. Quando ele foi incorporado à capoeira não se

Capoeira e Alteridade

sabe ao certo, mas o fato é que nela esse significado parece ser completamente diferente nos dias de hoje.

14. Uma explicação *à la* Norbert Elias poderia ver aqui não uma contradição, mas sim um dos aspectos apontados pelo autor de *O processo civilizador*: *o controle do uso da violência física em todos os níveis*. Assim, numa análise de longa duração, como propõem os autores (Elias & Dunning, 1992), as transformações por que passou a capoeiragem no Brasil poderiam ser compreendidas como resultado de um processo bem mais abrangente de controle do extravasamento das emoções. Essa análise, entretanto, se por um lado clareia nossa visão acerca de processos mais amplos, em termos tanto espaciais quanto temporais, por outro não nos deve fazer perder de vista o que há de específico em contextos particulares como o da capoeira. É verdade que a antiga luta certamente já não existe mais nos moldes do Rio antigo. Porém, tomá-la como um esporte moderno e compreendê-la exclusivamente sob a ótica de um *processo civilizador* pode se constituir num *bias*, porque se a modernidade de fato aponta para novos "modelos sociais de conduta e de sensibilidade", ela não determina jamais *como* as coisas caminharão.

15. Trata-se de um mecanismo em parte análogo ao do feitiço, estudado por Maggie (1992).

16. Ver Van Gennep (1978), Gluckman (1962) e Turner (1974).

17. Ver Simmel (1971:187 e segs.).

18. Ver Geertz (1978:278 e segs.).

19. Para uma observação semelhante entre jogadores de praças públicas, ver Travassos (1995).

20. O que nos remete uma vez mais a Turner (1974) e à ideia de *communitas* por ele desenvolvida.

21. Ver Simmel (1971).

22. "Mestres" e capoeiristas em geral têm me falado, de forma um tanto obscura, sobre um lugar que a capoeira ocuparia ainda hoje de "resistência ao sistema". Seja qual for o passado de que lancem mão — e a história "verdadeira" da capoeira é também objeto privilegiado de disputas —, todos enfatizam a continuidade, numa espécie de atualização permanente de um tempo de perseguições e conflitos pelo qual a capoeira, sem dúvida alguma, passou. Mas até porque ainda não está muito claro para mim a que "sistema" eles se referem, vou evitar discutir esse ponto aqui.

23. Simmel (1971:227 e segs.).

24. Certamente o *mundo* da capoeira não é o único espaço possível para isso. O trabalho de Novaes (1997), por exemplo, aponta para novas formas de organização de grupos juvenis que passam por projetos coletivos baseados na solidariedade mútua. A capoeira, por sinal, como indica a autora, está presente em vários dos encontros reunindo jovens "da favela" e "do asfalto".

Referências bibliográficas

Becker, Howard. Mundos artísticos e tipos sociais. In: Velho, Gilberto. *Arte e sociedade*. Rio de Janeiro, Zahar, 1977.

————. *Art worlds*. Berkeley, University of California Press, 1982.

Edmundo, Luiz. *O Rio de Janeiro no tempo dos vice-reis (1763-1808)*. Rio de Janeiro, Athena, 1932.

Elias, Norbert & Dunning, Eric. *A busca da excitação*. Lisboa, Difel, 1992.

Geertz, Clifford. *A interpretação das culturas*. Rio de Janeiro, Zahar, 1978.

Gluckman, Max. Les rites de passage. In: Gluckman, Max (ed.). *Essays on the ritual of social relations*. Manchester, Manchester University Press, 1962.

Maggie, Yvonne. *Medo do feitiço: relações entre magia e poder no Brasil*. Rio de Janeiro, Arquivo Nacional, 1992.

Nora, Pirre. *Les lieux de mémoire*. Paris, Gallimard, 1984. p. xxv. (v. 1: La Republique.)

Novaes, Regina. Juventudes cariocas: mediações, conflitos e encontros culturais. In: Vianna, Hermano. *Galeras cariocas: territórios de conflitos e encontros culturais*. Rio de Janeiro, UFRJ, 1997.

Park, Robert. A cidade: sugestões para a investigação do comportamento humano no meio urbano. In: Velho, Otávio (org.). *O fenômeno urbano*. Rio de Janeiro, Zahar, 1979.

Schutz, Alfred. *Fenomenologia e relações sociais*. Rio de Janeiro, Zahar, 1979.

Simmel, Georg. *On individuality and social forms*. Chicago, University of Chicago Press, 1971.

Travassos, Sonia Duarte. Jogo, praça pública e sociabilidade masculina. Rio de Janeiro, UFRJ/PPGAS, 1995. (Dissertação de Mestrado em Antropologia Social.)

Turner, Victor. *O processo ritual: estrutura e antiestrutura*. Petrópolis, Vozes, 1974.

Van Gennep, Arnold. *Os ritos de passagem*. Petrópolis, Vozes, 1978.

Velho, Gilberto. *Projeto e metamorfose: antropologia das sociedades complexas*. Rio de Janeiro, Jorge Zahar, 1994.

Vianna, Hermano. *O mistério do samba*. Rio de Janeiro, Jorge Zahar; UFRJ, 1995.

Zaluar, Alba. Gangues, galeras e quadrilhas: globalização, juventude e violência. In: Vianna, Hermano. *Galeras cariocas: territórios de conflitos e encontros culturais*. Rio de Janeiro, UFRJ, 1997.

Um bicho-de-sete-cabeças *

> Marcos Alvito

Para o Deley, a "Família Marlene" e todos os amigos do Larguinho.

HÁ UMA ARMADILHA na famosa frase de Clifford Geertz: "os antropólogos não estudam as aldeias (...) eles estudam nas aldeias". Como costuma ocorrer com sentenças exaustivamente citadas, acaba-se por perder de vista o contexto em que foram pronunciadas pela primeira vez. No caso, Geertz (1989:32) estava preocupado com uma questão metodológica: pretendia criticar dois modelos elaborados pelos antropólogos visando "justificar a mudança de verdades locais para visões gerais". O primeiro modelo a ser impiedosamente demolido é intitulado por ele, com a carga de ironia habitual, de "falácia Jonesville-é-a-América em ponto pequeno (ou a América-é-Jonesville em ponto grande)". A afirmativa, que viria a ser repetida com frequência por diferentes cientistas sociais, aparece no decorrer dessa contra-argumentação, destinada a esclarecer a diferença entre o *locus* e o objeto do estudo.

O que Geertz *não diz*, de forma alguma, é que seja possível estudar *na* aldeia, sem que ao menos se tente conhecer, minimamente, o que seja *uma* aldeia ou, pelo menos, *a* aldeia *onde* decorre *o* estudo. Afinal, o próprio Geertz

---

MARCOS ALVITO é do Departamento de História da Universidade Federal Fluminense.

* Gostaria de agradecer aos amigos e colegas que comigo leram e comentaram este texto: Alba Zaluar, Marcelo Burgos e Zairo Cheibub. Acima de tudo, sublinho aqui a dívida intelectual incomensurável para com a minha querida mestra e orientadora Maria Lúcia Aparecida Montes, da USP, sem a qual a pesquisa da qual deriva este texto não teria sido possível.

182   Um Século de Favela

tentou definir o que seria uma aldeia balinesa mais de uma década antes de escrever a famosa frase.[1] Ou melhor, ele provou ser impossível dar uma definição acabada de uma aldeia balinesa "típica" ou "média". O que haveria em comum entre elas seria um conjunto de *planos organizacionais* cuja importância e inter-relação variam de aldeia a aldeia. Os planos organizacionais, em número de sete, seriam: a obrigação compartilhada de devoção em um determinado templo, a residência comum, a propriedade de terras de arroz no interior de um mesmo sistema de irrigação, *status* social adscrito comum, laços de parentesco de consanguinidade e afinidade, pertencimento comum a algum tipo de organização "voluntária" e subordinação legal comum a um único funcionário governamental administrativo. Mesmo no interior de cada um desses planos organizacionais há complexas variações. Tomemos, por exemplo, os templos. Em cada localidade há um conjunto de "três grandes templos": um associado à origem, ao primeiro assentamento naquela área; um templo-cemitério para os espíritos dos mortos da localidade; e o terceiro e último, um templo voltado, basicamente, para a manutenção da fertilidade dos campos de arroz circundantes. Mas não para por aí: há também templos "de casta", "de associações", "de parentesco", "estatais" (pessoas sujeitas a um mesmo senhor) etc. Alguns deles são encontrados por toda parte, outros apenas raramente, alguns são obrigatórios para todos, enquanto outros são voluntários.

Pode parecer complicado e, a julgar pela descrição de Geertz, o sistema é altamente complexo, caracterizado por possibilidades incontáveis: cada um desses planos é praticamente independente do outro, e eles variam de importância de aldeia a aldeia, bem como se entrecruzam ou se opõem.[2] Na fórmula bem-humorada do autor: "Como todas as coisas balinesas, as aldeias balinesas são peculiares, complicadas e extraordinariamente diversas". Pois bem, o que tudo isso tem a ver com as favelas cariocas?

Recomecemos, partindo de uma base concreta mais próxima. Durante o meu trabalho de campo na favela de Acari,[3] no Rio de Janeiro, voltei-me para o estudo da honra, da hierarquia e da reciprocidade. Caso típico de um estudo *na* favela. Mas um mero jogo de preposições não resolve o problema de fundo: embora não seja *o objeto* do meu estudo, devo tentar, *grosso modo*, descrever analiticamente o que seja *a* favela de Acari. Não se trata, como Geertz lucidamente questiona, de tomar Acari como um caso "típico" ou "médio". Trata-se, isto sim, de tentar reconhecer, no caso da favela de Acari, um conjunto de "planos organizacionais" que talvez possa ser encontrado, com outras ênfases e outro arranjo, em diferentes favelas. Nesse tipo de enfoque, cabe salientar exatamente as características próprias, as especificidades da favela de Acari. Em defesa dessa proposta, tenho a dizer não somente que o caso de Acari, dada a metodologia adotada, é tão bom quanto qualquer outro, mas também que se reveste de crucial valor devido à sua *complexidade*, como o leitor poderá julgar daqui a pouco.

Um Bicho-de-Sete-Cabeças

A tarefa que nos propomos pode parecer inalcançável. De fato, pretendemos apenas avançar um pouco no sentido da elaboração de uma teoria sobre a favela carioca. E o faremos considerando os dois níveis que, no nosso entendimento, têm sido mais negligenciados nas análises existentes.[4] Por um lado, o nível macrossociológico das relações entre as localidades, que são as favelas, e as instituições supralocais, como as agências governamentais, as Igrejas, a "mídia", o aparelho policial etc. Ao mesmo tempo, saltaremos dois níveis, o interlocal e o local, para nos concentrarmos em uma realidade microssociológica, focalizando as microáreas de vizinhança existentes no interior de cada favela.

Primeiramente, vamos aos conceitos básicos que iremos empregar: instituições supralocais e localidade. Anthony Leeds (1978:31 e segs.) chamou de *localidade*,

> os *loci* de organização visivelmente distintos, caracterizados por coisas tais como um agregado de pessoas mais ou menos permanente ou um agregado de casas, geralmente incluindo e cercadas por espaços relativamente vazios, embora não necessariamente sem utilização.

A característica fundamental das localidades seria o fato de constituirem *"pontos nodais de interação"*, onde há "uma rede altamente complexa de diversos tipos de relações". Estas seriam, sobretudo, laços de parentesco bastante próximo, amizades mais significativas, parentela ritual e vizinhança. Em suma, como resume Leeds, localidades "são, na verdade, segmentos altamente organizados da população total". Por que utilizar o termo *localidade*? Acredito que Anthony Leeds fez uma crítica extremamente relevante ao uso do conceito de *comunidade*.[5] No entender desse autor, os chamados "estudos de comunidade" simplesmente transplantavam os métodos utilizados no estudo de "tribos" para outras realidades bem distintas. O principal problema: tratar a comunidade como uma totalidade isolada, autônoma, sem examinar sua inserção em um contexto mais amplo.[6] No caso da favela carioca, amplamente estudado por Leeds e que lhe serviu de inspiração à elaboração do conceito de localidade, é impossível pensá-la sem levar em consideração a atuação de "estruturas supralocais", entre as quais se destaca o Estado. A expressão "estruturas supralocais", mais uma vez, é um conceito forjado por Leeds:

> organismos sociais para cujos princípios organizacionais qualquer conjunto dado de condições locais e ecológicas é irrelevante. (...) Qualquer estrutura cuja formação não seja governada por, ou relacionada a, uma dada localidade e que confronta várias localidades de maneira idêntica.

184 Um Século de Favela

Seriam estruturas supralocais os partidos políticos, o sistema bancário, o mercado de preços, os sindicatos, as associações profissionais e, sobretudo, a mais antiga e mais importante delas, o Estado, operando através de uma série de instituições supralocais, como o Judiciário, burocracias administrativas, organismos monetários, partes do sistema eleitoral etc. Como este trabalho tem a pretensão de efetuar uma análise de Acari que leve em conta as relações mantidas pelas localidades com "a ordem mais abrangente", evitei utilizar o termo comunidade, que pode muitas vezes ser associado à ideia de um microcosmo isolado e autônomo. Quando aparecer no texto, a palavra *comunidade* virá sempre entre aspas, indicando casos em que os próprios moradores se valeram do termo.

Quando tentamos aplicar esses dois conceitos (localidade e instituições supralocais) ao estudo de um caso em particular, as coisas complicam-se um pouco. Ao chegar pela primeira vez em Acari, em setembro de 1995, fiquei profundamente surpreso com uma coisa: a "favela de Acari" não existe. Existem três favelas diferentes, cada uma com nome, território definido e associação de moradores própria: Parque Acari, Coroado e Vila Esperança. A isso acrescentamos os moradores dos 600 apartamentos do conjunto residencial Areal ou "Amarelinho", os quais gostam de se distinguir "do pessoal da favela" e também possuem uma associação de moradores. Do ponto de vista da administração municipal, o que estamos acostumados a chamar de "favela de Acari" pertence a três bairros diferentes: o Amarelinho e a Vila Esperança ficam em Irajá, o Coroado, em Coelho Neto, e o Parque Acari, no bairro de Acari.

Qualquer delimitação espacial depende dos critérios que estabeleçamos. Para o aparelho policial, por exemplo, existe o chamado "Complexo de Acari", que englobaria um conjunto de 10 favelas (próximas, mas não contíguas) que estariam sob o controle de um mesmo traficante. Essa área teria uma população de cerca de 180 mil pessoas. A mídia impressa, principalmente os jornais populares, adotam irrestritamente esse conceito: tudo aquilo que acontece em favelas como o morro da Pedreira ou da Lagartixa, perto da "favela de Acari", aparece muitas vezes como tendo ocorrido "em Acari" ou "no Complexo de Acari". Os líderes comunitários, sobretudo os presidentes de associações de moradores, oscilam bastante: por vezes, quando querem salientar a necessidade de atendimento a reivindicações mais gerais de saúde, por exemplo, mencionam os 180 mil habitantes e o famigerado "Complexo de Acari". Quando fazem queixas à imprensa, também é muito comum utilizarem-se desse recorte espacial e desses números. Os mesmos líderes, todavia, quando intercedem junto a políticos e a órgãos governamentais buscando melhoramentos na rede sanitária ou na urbanização, reivindicam única e exclusivamente para a *sua comunidade*. Nesse momento, também é possível que venham a utilizar o eufemismo piegas, paternalista e equivocado: *comunidades carentes*. A expressão é utilizada quase que exclusivamente pelos líderes comunitários. Mesmo assim, apenas quando estão em contato com agentes governamentais, políticos, imprensa, visitantes estrangeiros, pesquisadores, enfim, pessoas "de fora", diante das quais reivindicam melhorias e benesses para *a comunidade*. Numa reunião com vários líderes comunitários e moradores, uma moradora conhecida por seu estilo direto afirmou: "é favela, comunidade é pra inglês ver". Quanto a "Complexo de Acari", é um conceito vindo de fora e que não serve, de forma alguma, para a construção de uma identidade. Jamais ouvi alguém dizer que morava no "Complexo de Acari". Até porque o termo "complexo", hoje amplamente utilizado para designar grupos de favelas ("Complexo da Mangueira", "Complexo da Maré", "Complexo do Jacarezinho" etc.) é originário do vocabulário penal: "Complexo Penitenciário Frei Caneca", por exemplo, engloba diferentes "instituições penais" como a Penitenciária Milton Dias Moreira, a Lemos Brito e o Hospital Penitenciário. Hoje em dia, o uso difundiu-se tanto que até mesmo a prefeitura o utiliza: em julho de 1997, a placa do programa Favela-Bairro indicava: "Complexo da Mangueira" (Telégrafo, Mangueira e Candelária).

O todo formado pelas favelas do Parque Acari, do Coroado, da Vila Esperança e pelo conjunto residencial Amarelinho, ao contrário, é claramente reconhecido pelos moradores das quatro localidades como aquilo que eles chamam, tão simplesmente, de "Acari". Desse modo, empregam com frequência as expressões "aqui em Acari" ou "aqui dentro", em oposição a "lá fora". Mesmo os líderes comunitários de cada localidade, ciosos defensores de suas "comunidades" particulares, admitem a existência de um conjunto representado pelas quatro localidades. É o que podemos depreender de três episódios. O primeiro, quando, em 30 de julho de 1995, fizeram um plebiscito para escolher um único líder comunitário de "Acari" a concorrer nas eleições para vereador no ano seguinte. Meses mais tarde, quando da passeata Reage Rio, em novembro de 1995, enviaram uma só representação. Mais recentemente, no primeiro semestre de 1997, chegaram a entabular negociações para formar um Conselho das Associações de Moradores de Acari, proposta que acabou naufragando. Outra possível subdivisão de Acari é a estabelecida entre os dois diferentes bandos de traficantes que dividem a área em duas: uma controlada pelos sucessores de Cy (Parque Acari), e outra pelos sucessores de Jorge Luís (Coroado, Amarelinho e Vila Esperança). Não iremos analisar esses outros níveis, mas é preciso ter sempre em mente que eles estão presentes e tornam extremamente complicada a questão da identidade.

186   Um Século de Favela

As rivalidades e alianças entre as duas quadrilhas, as "guerras" ocorridas no passado e a "paz" existente hoje entre as duas quadrilhas sem dúvida influíram, e muito, na construção das identidades locais, ao mesmo tempo em que foram por elas afetadas.

O plano macro: as estruturas supralocais

Já foi adiantada uma definição de estruturas supralocais. Há, todavia, uma subdivisão a ser feita entre as estruturas supralocais. Primeiramente, há aquelas que, basicamente, não possuem nenhum enraizamento local, tais como os *mass-media*, os partidos políticos, a polícia, os órgãos governamentais e as organizações não governamentais (ONGs). Há outros que, embora a esfera decisória, em última instância, resida fora da localidade — de outra maneira seriam poderes locais e não supralocais —, também se compõem de membros da localidade, como as Igrejas e o tráfico de drogas. Aqui, embora haja componentes locais, a organização da qual dependem ultrapassa o nível local. As variações, obviamente, são bastante amplas. A Igreja Católica apresenta um grau bem maior de supralocalidade do que a imensa maioria das "Igrejas Protestantes" (no interior destas, talvez se pudesse fazer uma divisão, também no sentido decrescente de supralocalidade, entre as igrejas "históricas" e as "neopentecostais"); os templos das religiões afro-brasileiras parecem representar, dentro desse *continuum*, um grau mínimo de supralocalidade. A categoria "estruturas supralocais" é apenas um recurso analítico, não é uma descrição substantiva. Por isso mesmo a classificação torna-se, por vezes, contestável, dependendo do caso. Embora normalmente as chamadas ONGs não tenham uma base local, há outras, como a Casa da Paz em Vigário Geral, que se identificam fortemente com a localidade. No caso de Acari, a ONG mais atuante é a Fábrica de Esperança, dirigida por uma federação de igrejas evangélicas, a Vinde. Ela não tem nenhum enraizamento comunitário: embora atenda a milhares de pessoas de "Acari" em suas inúmeras atividades e serviços, todo o *staff* da Fábrica é vindo "de fora", sendo quase que exclusivamente composto de evangélicos. Os próprios assessores da Fábrica afirmam que o trabalho da entidade visa a atingir as "18 comunidades do Complexo de Acari".[7] Casa da Paz e Fábrica de Esperança representariam dois polos opostos em termos de supralocalidade. Mesmo que essas distinções não sejam absolutas nem universais, têm algum valor explicativo.

Antes de mais nada, devemos enfatizar que as estruturas supralocais, como a mídia e a polícia, relacionam-se entre si e que essas relações influenciam, por sua vez, as relações que mantêm com Acari. Raciocinemos a partir de um episódio concreto: a "ocupação policial" de Acari. A

Um Bicho-de-Sete-Cabeças

"favela de Acari" começou a ficar "famosa" e a ser conhecida na mídia a partir de três "fatos": a existência de um intenso tráfico de cocaína, sob a chefia de um "dono" famoso por sua política "assistencialista", o "Cy de Acari"; a realização, bem em frente à favela de Acari, de uma "feira" conhecida por vender produtos de origem legal duvidosa, presumivelmente furtados ou roubados, a "Robauto"; e a formação de um grupo de mulheres, internacionalmente conhecidas como As Mães de Acari, visando a esclarecer o desaparecimento de 11 jovens — alguns deles moradores da "favela de Acari", supostamente mortos por policiais. Sendo assim, podemos dizer que Acari, a partir de meados da década de 80 até hoje, tem ocupado um lugar de destaque (negativo) no imaginário urbano do Rio de Janeiro. Dessa forma, não admira que, em dezembro de 1995 — cerca de 15 dias depois da realização da passeata Reage Rio —, o secretário de Segurança do Estado do Rio de Janeiro, general Nílton Cerqueira, tenha feito a seguinte declaração em entrevista ao *Jornal do Brasil* (15-12-1995):

> De acordo com o manual de guerra das Forças Armadas, é considerada uma zona amarela aquela área onde há um risco moderado para a tropa. As *zonas vermelhas*, onde há um alto grau de perigo, também foram identificadas na cidade pelo general: "As favelas de *Acari*, Vigário Geral, Turano e Parada de Lucas apresentam um grande risco para a população e mesmo para a polícia, que deve ter maior cautela", explicou o secretário.

Menos de quatro meses depois dessa declaração, a "favela de Acari" (isto é, as quatro localidades já citadas) viria a ser "ocupada" (linguajar militar) por centenas de homens da Polícia Civil, numa madrugada de abril de 1996. Vigário Geral e Parada de Lucas, também citadas na declaração, vieram a ser ocupadas meses depois. Lembremos que haveria eleições municipais apenas seis meses depois e que o tema da violência urbana, como tem acontecido há mais de uma década, estava no centro das discussões. Assim, podemos dizer que a "ocupação" de Acari foi fruto de uma conjuntura muito especial que envolve a "opinião pública" e sua preocupação crescente com a "violência urbana"; a mídia e seus relatos; o *ethos* militar imposto ao aparelho de segurança pública; e o processo eleitoral com suas estratégias de *marketing*. Em suma, um determinado tipo de inter-relações entre poderes supralocais levou à "ocupação" de Acari. Enfatize-se, por exemplo, o fato de que os relatos da mídia dependem, em grande parte, do próprio aparelho policial: no dia a dia frenético do repórter policial, não há tempo para maiores investigações, e o acesso a outras fontes (os moradores da localidade em geral ou mesmo membros de uma determinada quadrilha) demandaria um enorme investimento de tempo para conquistar a confiança necessária.[8] No caso da "ocupação" de Acari, por exemplo, menos de um mês antes de ela ocorrer, a polícia "descobriu" um "santuário" para dois chefes do tráfico falecidos: Tonicão (morto em 1989) e Jorge Luís (morto em março de 1996). Coloquei "descobriu" entre aspas porque o "santuário" já existia há mais de seis anos, e os policiais passavam por ele quase diariamente. Portanto, não deve ser coincidência que a reportagem da Rede Globo tenha sido avisada a tempo de acompanhar todo o processo e que a notícia tenha sido veiculada para todo o país como primeira manchete do *Jornal Nacional*. Na maioria das vezes, a imprensa só está presente graças ao "chamado" da polícia para acompanhá-la numa "batida" ou "operação" de maior "envergadura" ou "impacto". Viaturas policiais e carros de reportagem chegam juntos. Isso quando as informações não são passadas por telefone ou obtidas depois que foi feito o registro da "ocorrência" na delegacia. Desse modo, fica fácil para os policiais inventarem "bandidos perigosos", "chefões", "gerentes" e toda uma gama de *topoi* das páginas "policiais". Mas o meu objetivo não é bater novamente na conhecida tecla da utilização política das "campanhas" de segurança pública. Interessa-me, isto sim, o impacto que a "ocupação" veio a ter em Acari, como exemplo da influência dos poderes *supralocais*.

Após aquela madrugada de abril de 1996, toda a dinâmica da vida local foi afetada. A diminuição drástica do tráfico de drogas e sua quase supressão durante os primeiros meses da ocupação caíram como uma bomba na economia local. É verdade que o número de pessoas diretamente envolvidas no tráfico de drogas, em cada localidade, é ínfimo, mas também é verdade que essa parcela, sem dúvida inferior a 1% do número total de moradores, acaba por controlar um negócio milionário cujo impacto econômico afeta, direta ou indiretamente, todos os moradores de Acari, inclusive a maioria absoluta de trabalhadores. Senão vejamos. Aquela parcela ínfima que participa da atividade ilegal vive na localidade: negocia e aluga imóveis, faz compras no comércio local, ajuda familiares e amigos etc., o que movimenta toda a economia local. Ao mesmo tempo, os milhares de "viciados"[9] que entravam em Acari a cada dia, além de comprarem drogas, acabavam por fazer despesas no "comércio": biroscas, bares, restaurantes e ambulantes em geral. Quando esse enorme "movimento"[10] caiu quase a zero, inúmeros estabelecimentos comerciais da localidade fecharam suas portas, principalmente os situados nas ruas de acesso de "viciados" às bocas de fumo. Os comerciantes que resistiram, bem como alguns vendedores ambulantes, registraram quedas de mais da metade das suas vendas. Segundo os moradores, até

Um Bicho-de-Sete-Cabeças

o supermercado mais próximo teve seu número de consumidores grandemente diminuído. Como a economia costuma funcionar em círculos "viciosos" ou "virtuosos", houve um efeito contrário ao de uma bola de neve, uma verdadeira "depressão econômica" vivenciada localmente. Em cada semblante, em cada conversa, o assunto da "falta de dinheiro" aflorava constantemente. Por vezes, pude ver pessoas porem à venda eletrodomésticos (como videocassete, televisão, geladeira) ou objetos de uso pessoal (bicicleta, relógio). Houve uma diminuição do poder aquisitivo de uma maneira geral, e cresceu enormemente o número de desempregados.

Poucos meses depois, acirra-se a campanha eleitoral. Um candidato a vereador pelo PFL contrata como cabo eleitoral o presidente de uma das quatro associações de moradores de Acari. Durante os três últimos meses que antecederam as eleições de outubro de 1996, a associação de moradores daquela localidade foi transformada em sede e refeitório para um grupo de 300 moradores da favela, selecionados pelo presidente da associação de moradores e contratados, temporariamente, pela empreiteira à serviço da prefeitura. O tal candidato foi um dos "campeões de voto" no município do Rio de Janeiro. Imediatamente após as eleições, cessaram as obras naquela localidade (basicamente, melhoria do sistema sanitário de algumas ruas). A relação privilegiada que aquele político do partido "do prefeito" mantinha com os órgãos municipais permitiu ao líder comunitário amenizar, ao menos temporariamente, um problema local causado por uma intervenção do governo estadual, através do aparelho policial, instigado a agir, presumivelmente, pelo potencial político de uma ação daquele tipo em meio a um intenso debate midiático acerca da violência urbana. Mas isso não é tudo: a escolha do candidato a vereador que viria a ser apoiado pelo líder comunitário não dependeu somente do salário que veio a ser recebido pelo presidente da associação nem tampouco do potencial "clientelístico" que os 300 empregos lhe proporcionaram. Poucos meses antes, já depois da ocupação policial, o referido líder comunitário estava apoiando um candidato do PSDB, partido no poder no nível estadual, acreditando que o candidato a prefeito daquele partido sairia vencedor. Acontece que fora o governador quem, em última instância, ordenara a "ocupação" de Acari. Sendo assim, a quadrilha de traficantes, que se vira prejudicada pela presença do aparato policial, fez saber ao líder comunitário todo o seu descontentamento por ele estar apoiando um candidato do partido do governo que estava reprimindo seu "negócio". Coincidentemente ou não, o líder comunitário mudou de candidato e de partido depois que um político do PSDB recusou-se a intermediar uma reunião com o governador, na qual aquele líder comunitário tentaria "afrouxar" a ocupação policial... Em outra favela, fora da localidade de Acari, ouvira de um líder comunitário que jamais o candidato do partido do governador iria vencer as eleições para prefeito nas favelas "ocupadas" pela polícia, pois o tráfico apoiaria, ostensivamente, candidatos de outros partidos.

O fim do tráfico ostensivo, o desaparecimento dos *meninos* em armas das ruas, o patrulhamento ininterrupto e diuturno das localidades por policiais, poupando os sobressaltos causados pelas antes diárias "batidas policiais" e afastando o fantasma de uma possível "tomada da favela" por parte de um bando inimigo, tudo isso causou outras mudanças além da já apontada. A "paz" levou a uma reconquista do espaço "público" por parte das crianças e dos mais velhos: saíram os *walkie-talkies* e os fuzis automáticos, voltaram o carteado à sombra da árvore, a mesa de pingue-pongue improvisada, o jogo de futebol no meio da rua, as meninas pulando corda. A "ocupação" de Acari foi fruto de uma conjuntura muito especial, que envolve a opinião pública, os *mass-media*, o processo eleitoral etc. Registre-se, entretanto, que mesmo aqueles que sofreram dificuldades financeiras provenientes da brusca diminuição da atividade econômica em Acari, mesmo esses, jamais demonstraram sentir saudades do que ocorria antes. Com a cautela natural dos que se sentem permanentemente vigiados, após certificarem-se de que não havia ninguém suspeito por perto, abriam um vasto sorriso e afirmavam: "a favela está uma uva". Isso apesar de todos os relatos que ouvi acerca de brutalidade policial, tortura e extorsão. Como tudo isso dirigia-se quase que exclusivamente aos "bandidos", os "moradores" não demonstravam tanta preocupação; afinal, como dizem: "eles lá, nós cá" e "cada um é cada um".

Outra estrutura supralocal que é necessário levar em conta é o tráfico internacional de drogas. Tanto policiais quanto moradores de favelas são capazes de apontar um momento, situado por volta de meados da década de 80, em que a dinâmica do tráfico de drogas modificou-se, assumindo, da noite para o dia, as proporções de um comércio milionário, cujo controle, sem dúvida, é supralocal e até mesmo supranacional, embora a ponta mais visível (e a única a ser, de uma forma ou de outra, reprimida) esteja localizada — dentre outros sítios — nas favelas cariocas. O comércio ilícito de maconha, que existia de longa data nos morros cariocas, era um negócio cujo controle podia se dar, até certo ponto, no nível local. Um antigo dono de boca de fumo na localidade de Acari na década de 50 afirmou-me que comprava a maconha diretamente de um fornecedor no Cais do Porto. As somas de dinheiro movimentadas eram insignificantes se comparadas às proporcionadas pelo tráfico de cocaína hoje em dia. Também em Acari, um líder comunitário lembrou-me que o dono da boca de fumo na década de 70 andou muito tempo a pé, enquanto vários barraqueiros já tinham seus fusquinhas. Obviamente, o marco do início da década de 80 liga-se às vicissitudes do comércio internacional de drogas. Segundo Philippe Bourgois (1996:74-5) — baseando-se na afirmativa de um agente da própria Drug Enforcement Administration (DEA) —, a explosão do tráfico de cocaína derivou de uma reação à política antidrogas do governo norte-americano. Com o aumento da repressão à entrada de maconha nos Estados Unidos durante o primeiro governo Reagan, os exportadores latino-americanos de maconha teriam voltado seu negócio para a exportação de cocaína, que é mais fácil de transportar, pois ocupa apenas uma fração do espaço físico ocupado pelo mesmo valor de maconha, além de poder ser misturada quimicamente de inúmeras formas. Com isso, há um crescimento vertiginoso da oferta de cocaína. As primeiras medidas de Reagan datariam de 1981, quando ele colocou o então vice-presidente Bush da direção da South Florida Task Force, responsável pela repressão ao contrabando no principal ponto de entrada das drogas nos Estados Unidos.

Creio que o que foi dito até agora demonstra com clareza a complexidade das ramificações e inter-relações entre as diferentes estruturas, locais e supralocais, que acabam por influir, numa dinâmica às vezes perversa, no dia a dia dos moradores de Acari.

O micro: os pedacinhos da favela

Onde pensávamos existir Acari descobrimos haver quatro localidades: Coroado, Amarelinho, Vila Esperança e Parque Acari. E onde acreditávamos haver uma localidade, o Coroado, por exemplo, vimos que existem vários "pedacinhos": Larguinho, Jaqueira, Couro Grosso, Madureira, Pousada, Olaria, Barreira, Cruzeiro, São Benedito, Rua Souza, Pereira da Silva, Viaduto... Além de "Acari" ser formada por quatro localidades diferentes, cada uma delas subdivide-se em mais de uma dezena de microáreas de vizinhança. A favela Parque Acari, por exemplo, divide-se em mais de uma dúzia delas: Figueira, Piracambu, Bolonha, Beco do Arrego, Bico Doce, Universal, Praça Roberto Carlos, Travessa Piracambu, Bolo Doido, Buraco Quente, Esquina do Lazer, Campinho, Travessa Leandro.

A forma pela qual foram nomeadas essas microáreas talvez nos diga alguma coisa. Às vezes, o nome é neutro e indica uma característica geográfica, uma área mais ampla (Larguinho), o lugar onde havia um determinado tipo de árvore (Figueira, Jaqueira). Outras vezes, faz-se referência a atividades de lazer: a existência de um campo de futebol (Campinho), um famoso forró (Madureira), uma esquina onde churrascos e comemorações são frequentes (Esquina do Lazer). Pode-se fazer referência ao nome ou de uma igreja (Universal) ou de um santuário (Cruzeiro). Outras vezes, toma-se o nome da rua principal daquela microárea (Piracambu, Bolonha, Travessa Leandro etc.). O nome pode ser um resquício de atividades econômicas antes ali desenvolvidas: o local onde antes extraía-se argila para fabricação de tijolos ainda hoje tem o nome de Barreira, e o lugar onde os tijolos eram fabricados é hoje a rua da Olaria. Outras vezes, o nome faz menção à corrupção policial: beco do Arrego era o discreto local onde policiais corrompidos vinham receber dinheiro do tráfico; que a prática tenha dado nome à microárea indica a sua frequência. Pousada deriva da existência de um prédio construído por um antigo chefe do tráfico, que o utilizava para festas, bailes e eventos como Cosme e Damião. Couro Grosso e Buraco Quente eram locais onde residiram dois importantes chefes do tráfico, e Bolo Doido é uma microárea bem próxima a uma importante boca de fumo.

As *microáreas* servem muitas vezes de suporte para representações acerca das diferenças existentes no interior de uma única favela. No Coroado, a Barreira e o Madureira, área de maior concentração de forrós, são vistas como pedaços "nordestinos"; a Piracambu, no Parque Acari, é vista como a região mais "rica" de Acari, às vezes chamada ironicamente de Zona Sul da favela, é também, na opinião de um líder comunitário, onde há a menor presença de negros; há microáreas vistas como mais pobres, entre as quais se destaca, sem dúvida, o Mangue Seco — nome irônico para uma área com sérios problemas de inundação —, uma das últimas áreas de Acari (na favela de Vila Esperança) onde ainda predominam barracos de madeira improvisados. Uma divisão básica pode ser feita entre microáreas "mais pra fora" e "mais pra dentro" da favela. As regiões interiores, mais longe "do asfalto", são menos valorizadas.

Os laços identitários e de solidariedade espraiam-se em círculos concêntricos cada vez mais amplos, mas vão perdendo força à medida que englobam unidades maiores, como a favela ou Acari como um todo. Da mesma forma que entre os Nuer estudados por Evans-Pritchard (1993:151 e segs.), o segmento mais amplo, a localidade do Coroado, por exemplo, só existe em função das oposições diante de outros segmentos, como a Vila Esperança ou o Parque Acari.

As intensas rivalidades entre as quatro localidades que compõem Acari são facilmente percebidas pelo mais desatento observador. O nível de segmentação interno de cada localidade é, entretanto, tão ou mais importante do que as divisões entre as localidades. De início, quando os moradores de uma das localidades — digamos, a favela do Coroado —, faziam menção ao Larguinho, à Barreira ou a outro lugar qualquer da favela, eu nem podia imaginar o que eles significavam. Cada um desses "pedacinhos", na verdade, encerra em si uma rede de relações firmemente entrelaçadas, cujo ponto de partida é a vizinhança. Vizinhança num sentido bastante restrito: cada microárea compõe-se de algumas dezenas de casas e famílias. Aqui, sem dúvida, estamos próximos do conceito de "pedaço", segundo a definição de Magnani (1984:138):

> aquele espaço intermediário entre o privado (a casa) e o público, onde se desenvolve uma sociabilidade básica, mais ampla que a fundada nos laços familiares, porém mais densa, significativa e estável que as relações formais e individualizadas impostas pela sociedade.

Pude perceber com clareza, após algum tempo de trabalho de campo em Acari, que a circulação de pessoas entre as localidades é muito pequena, e, o que é ainda mais surpreendente, mesmo a circulação no interior de uma única localidade, como o Parque Acari ou o Coroado, é relativamente insignificante. O que eu entendo por circulação, naturalmente, exclui trajetos obrigatórios, como a ida ao trabalho, ao mercado ou à escola. Notei que eu encontrava sempre as mesmas pessoas nos mesmos locais, excetuando-se os líderes comunitários, o que é facilmente explicável. Depois de um certo tempo eu já conhecia alguns grupos de mulheres, sempre a conversar, sempre na proximidade de suas casas, às vezes sentadas nas soleiras das portas. Quanto aos homens, cada birosca tem um bom número de frequentadores "fixos", a imensa maioria deles vizinhos muito próximos. Na maior parte do tempo, nada consomem: a "barraca", como eles chamam, é apenas um ponto de encontro.

Essas microáreas de vizinhança é que servem de suporte quase exclusivo a uma série de atividades. Quando da organização de campeonatos de futebol, por exemplo, não se formam times de uma localidade contra outra, e sim times de determinadas microáreas: um time do Larguinho, um time do Couro Grosso, um time da Barreira, um time do Bolo Doido. Referem-se a um time da favela do Coroado como uma "seleção" do Coroado, isto é, uma formação composta por jogadores originários de diversos times (e microáreas) diferentes. Outras atividades de lazer, como "caipiras" (grupo de dançarinos de quadrilha), também costumam estar associadas a esses "pedacinhos". Os grupos de crianças e de jovens também se agrupam segundo as microáreas: é entre eles somente que fazem brincadeiras, jogam pingue-pongue, disputam na bola de gude, rodam pião, soltam pipa, jogam nas máquinas de videogame.

Muito frequentemente, ocorrem namoros e casamentos no interior de uma mesma microárea. É redundante dizer que, quando os filhos se casam, procuram residir nas proximidades, de preferência na mesma microárea. Os laços de amizade e vizinhança, já incrivelmente ativos, são assim reforçados por laços de parentesco. Isso sem falar no parentesco ritual estabelecido pela existência de "compadres" e "comadres". Esses diferentes tipos de relacionamento concorrem para a existência de uma coesa e importante rede de solidariedade. Some-se a isso terem frequentado a mesma escola pública e o fato de que, muitas vezes, trabalham lado a lado ou mesmo ombro a ombro, carregando mercadorias na Ceasa, por exemplo. A possibilidade de ajuda mútua está sempre presente: entre as mulheres, pedir uma "caneca" de açúcar, arroz ou óleo é bastante comum. Entre os homens, "adiantar"[11] pequenas quantias em dinheiro, prestações de trabalho e "rodas de cerveja" são as formas mais comuns de troca. Em ambos os casos, há uma etiqueta a seguir: a reciprocidade é um ideal a ser perseguido com esmero, e tanto a generosidade excessiva quanto a avareza são vistas como deslocadas num ambiente marcado pela horizontalidade das relações sociais. As queixas eram frequentemente transmitidas ao antropólogo, de maneira a alertá-lo quanto a indivíduos pouco retributivos, digamos assim. O título para aqueles que sabem estabelecer esse relacionamento de forma equilibrada é *parceiro*, entre os homens, e *comadre*, entre as mulheres, mesmo que não haja entre elas parentesco ritual propriamente dito. Aqui existe, entretanto, uma diferença entre os gêneros bastante significativa. Principalmente no caso das mulheres casadas, a rede de reciprocidade que lhes é permitido construir é bem mais restrita e normalmente assenta-se na própria organização familiar: cunhadas e sobrinhas, preferencialmente sob a supervisão vigilante da sogra. No máximo, pode incorporar-se a esse círculo uma vizinha muito próxima, da casa ao lado ou em frente. O *locus* de tais relações femininas de reciprocidade é o espaço doméstico ou a fronteira do mesmo ("as portas").[12] A exceção fica por conta de atividades externas justificadas pela dinâmica da "casa" e da família, como fazer compras no supermercado, levar as crianças à escola, ou então ir à igreja (normalmente em grupos compostos de outras mulheres ou acompanhadas dos filhos). Os homens, ao contrário, raramente visitam-se: o espaço onde se desenvolvem as relações de companheirismo e amizade é a rua. Embora a família ainda seja uma referência importante, havendo, por exemplo, um grupo de irmãos que é amigo de outro grupo de irmãos, aqui as possibilidades de *parceria* são bem mais amplas. Diferentemente do que ocorre entre as mulheres, a presença do sogro é absolutamente excepcional. Obviamente, os locais onde os homens reúnem-se são vedados às mulheres. Ao fim de um ano de trabalho

Um Bicho-de-Sete-Cabeças

de campo, tomei consciência, espantado, de que, a despeito de ter travado e firmado relações bastante amistosas com muitos homens casados, jamais os vira na presença de suas mulheres nem mesmo as conhecia, de nome ou de vista, afora um ou dois casos excepcionais em que visitei a casa de líderes comunitários (novamente uma exceção que confirma a regra). Em um espaço tão exíguo e densamente habitado, essa "invisibilidade" das mulheres casadas é algo impressionante. Várias vezes vi homens elogiando, sob a forma aparente de uma queixa, essa qualidade nas suas mulheres: "ela não gosta de sair, é muito caseira". Por outro lado, também não é bem-vista a presença de indivíduos adultos do sexo masculino em grupos de mulheres.

Outro elemento caracteristicamente masculino é a busca de *consideração* (Lins & Silva, 1990:170). *Ser considerado* é uma expressão que sintetiza a qualidade daquele que sabe ser amigo, companheiro e igual, que não busca elevar-se acima dos outros, mas tampouco permite qualquer arranhão ou desafio à sua reputação, que não "baixa a cabeça" por nada. A pessoa *considerada* também é qualificada como *de responsa*, termo que gravita em torno da firmeza, da honestidade e da confiabilidade. Nas brincadeiras e nas disputas esportivas, nos comentários e nas conversas, avaliam-se ininterruptamente, trocam referências pessoais: "fulano é *marrento*" (orgulhoso, arrogante), "beltrano é *de responsa*". É a qualidade daquele que sabe criar em torno de si uma extensa rede de reciprocidade sem ferir susceptibilidades, que demonstra ter *disposição*, mas sabe *vencer na moral*, como salientou Alba Zaluar (1994b:25). Já a reputação feminina é caracteristicamente negativa, lembrando a famosa frase que Tucídides atribui a Péricles: "grande será também a glória daquelas de quem menos se falar, seja pelas virtudes, seja pelos defeitos".

Em cada um desses núcleos de sociabilidade que são as microáreas, há um elemento que serve para medir o pertencimento ou não de alguém ao "pedacinho". Trata-se da possibilidade ou não do estabelecimento de relações jocosas, dotadas de uma agressividade verbal intensa. Os pontos limites da honra masculina e familiar são constantemente tensionados, maneira de reafirmar, de forma invertida, a amizade mais profunda. Em voz alta, em meio a gargalhadas, olhares marotos, abraços rejeitados com um desdém claramente encenado, faz-se menção à atividade sexual exercida sobre o outro. Há uma coreografia da amizade,[13] um tom exato em que devem ser ditas essas "piadas", cuja repetição incessante permitiria qualificá-las de um ritual. Espicaçam-se constantemente de uma forma que pode parecer dura e até mesmo grosseira ao observador externo, caso este não seja capaz de traduzir ali uma contínua declaração do vínculo afetivo que os une. Afinal, na definição clássica de Radcliffe-Brown (1952:91):

O relacionamento jocoso é uma combinação peculiar de amizade e antagonismo. O comportamento é de tal tipo que, em qualquer outro contexto social, expressaria e atrairia hostilidade; mas não é levado a sério nem deve sê-lo. Há uma pretensa hostilidade e uma amizade real.

No mesmo artigo, Radcliffe-Brown propõe uma possível classificação para esse tipo de interação: "relações simétricas" e "assimétricas". Por vezes, como no caso estudado por Luiz Fernando Dias Duarte (1987), a agressividade verbal serve de comentário acerca das oposições e hostilidades reais existentes no interior de uma equipe de trabalho, como numa *companhia* de pescadores. O que temos nas microáreas, ao contrário, é, na maioria das vezes, uma jocosidade horizontal, isto é, entre pessoas que se consideram iguais. O futebol é o ponto de partida mais frequente para o exercício dessa jocosidade simétrica cujo tom dominante é a obscenidade. As rivalidades clubísticas servem de *script* perfeito para a encenação de hostilidades. Vitórias acachapantes ou apertadas, ou até mesmo empates considerados injustos, são o material perfeito para discussões intermináveis em que a igualdade é ritualmente afirmada, através da jocosidade, pela afirmação de pretensas superioridades. Como lembrou Lévi-Strauss (1989:46), o jogo é uma atividade disjuntiva, instauradora de uma diferença, de um desequilíbrio. E, dentre os jogos, a escolha do "rude esporte bretão" é bastante apropriada, por ser uma atividade vista como essencialmente masculina[14] — que peladeiro não conhece a frase "futebol é pra macho"?

Explorando um pouquinho mais essa questão, percebe-se claramente que a jocosidade é dirigida quase exclusivamente aos que pertencem a uma mesma microárea: é um verdadeiro ritual de reconhecimento, de pertencimento. O pesquisador pode medir, claramente, sua "aceitação" (embora restrita e relativa) pelo aumento das brincadeiras que lhe eram dirigidas e até mesmo pela adoção de um apelido que fazia referência irônica (como deve ser) ao físico franzino e aos óculos de míope: "super-homem"... Mesmo assim, jamais fui incluído no circuito das brincadeiras mais "pesadas", que giram em torno da masculinidade. Foi-me permitido participar apenas das discussões clubísticas, para o que me vali de minha cidadania rubro-negra e dos meus conhecimentos de leitor voraz das páginas esportivas. Há graus, portanto, de jocosidade. E devemos assinalar que há pelo menos um tabu zelosamente respeitado nessas trocas de golpes verbais. Trata-se do verdadeiro coração da honra masculina numa cultura da honra e da vergonha: o comportamento das mulheres da casa. Jamais falam em suas mulheres de forma explícita, não as nomeiam. No máximo, ouvem-se referências vagas e padronizadas a "dona Encrenca". E nunca, independentemente do grau de amizade entre dois homens, elaboram-se chistes relacionados ao adultério: comprazem-se em criar maneiras elaboradas e engraçadas de chamar alguém, sem usar o termo, de homossexual, mas em nenhuma ocasião ousam sequer duvidar do comportamento moral das mulheres da família, o que seria atingir o limite último de qualquer interação: o *respeito*. É claro que se queixam da pretensa situação de frouxidão moral, de desrespeito, que imperaria hoje em dia: "antigamente" — fala com saudade o morador —, "se xingasse a mãe, tinha briga para mais de 10 anos".

Na verdade, essas microáreas são o *locus* de uma memória. Esta pode ser alegre, referir-se às travessuras conjuntas, às inúmeras brigas entre eles, das quais se riem muito hoje, ao tempo em que todos iam assistir televisão na única casa que ostentava uma. E pode ser trágica: "bem nesse lugar aqui meu irmão tomou um tiro". É um espaço com as marcas das relações familiares, dos entes queridos hoje ausentes: "naquela esquina eu vendia churrasquinho com a falecida minha mãe", "meu tio, que hoje vive em Campo Grande, morava naquela casa".

É uma memória plena de acontecimentos: o crescimento acelerado da favela, a chegada dos novos vizinhos, as modificações cotidianas da paisagem, do cenário em que se movem; a transformação dos antigos "barraquinhos feitos com tábua de caixote" na sólida casa de alvenaria onde hoje recebem o antropólogo; os aterros sucessivos, que tornaram habitável uma região tão pantanosa que abrigava jacarés; o desaparecimento do antigo campinho de futebol, que deu lugar a mais casas; a laje do vizinho, que eles ajudaram a levantar. Crescem e envelhecem juntos, compartilham os nascimentos e as mortes, as pequenas alegrias, as tragédias pessoais. Essa história de vida comum expressa-se na frase muito utilizada: "fomos criados juntos".

Aqui, decerto, há um *gap* entre gerações e entre localidades. No Parque Acari, somente os que têm 40 anos ou mais é que se lembram da época em que a rua Piracambu tinha mais "mato" do que casas, ou de que lá havia até uma pequena lagoa. Também não se esquecem de que, ao sair para o trabalho, tinham que levar dois pares de sapatos, um para colocar "lá fora", pois havia muita lama, lembrança que também encontrei entre os moradores mais antigos de Mangueira. Nessa época, onde hoje é a favela vizinha havia somente a olaria e diversas chácaras.

No Coroado, os que hoje têm pouco mais de 20 anos ainda se lembram dos barracos de madeira (às vezes de caixotes de legumes), da vala que servia de banheiro, da água buscada do outro lado da avenida Brasil, dos lampiões de querosene, das precárias gambiarras. Os adolescentes já não se lembram disso. Talvez a favela também lhes pareça *"carente"*.

Os moradores mais antigos, entretanto, lembram-se de que a rede de abastecimento de água e a rede de esgotos são *conquistas* "recentes". Lembram-se das comissões de luz, responsáveis pela construção e manutenção de um sistema de fornecimento de energia que, embora precário e polêmico (há muitas acusações de enriquecimento ilícito), funcionou durante décadas antes de a companhia elétrica oficial começar a prestar esse serviço. Lembram-se das ameaças de "remoção", jamais concretizadas, mas que os obrigaram, na época, a buscar o apoio de políticos; das tentativas da Formiplac de expandir-se na direção da favela.

O espaço, as distâncias são carregadas de conteúdo simbólico:[15] quando dizem "lá na Barreira", "lá na Olaria", nem parece que estão a se referir a lugares que podem ser alcançados em menos de dois minutos a pé. Talvez por isso o antropólogo tivesse fama de andarilho: "você anda muito por aí afora". De início, sem entender, eu estranhava quando se recusavam a me acompanhar até outra microárea, argumentando: "é muito longe". Certa vez, após uma visita comigo a outra localidade, poucos metros depois de ter cruzado a rua que separava as duas localidades, um líder comunitário comentou, aliviado, ao retornar à sua "comunidade": "você não acha o lado de lá mais quente?" A distância, aqui, não deve ser medida em metros: descobri que muitas pessoas ficam anos sem circular em outras localidades de Acari ou até mesmo em outras microáreas de uma mesma localidade. Não é raro encontrar pessoas que nem mesmo conheçam toda a favela onde moram. Quando perguntei a um morador por que não utilizava os serviços do Centro Comunitário de Defesa da Cidadania (CCDC), localizado a uma rua de distância da favela onde morava, ele disse simplesmente: "é lá fora", isto é, já pertencia a outro mundo ("o asfalto"), e a distância simbólica é muito significativa. Não se pense que estou exagerando ou que tal atitude fosse excepcional: segundo um funcionário do Juizado de Pequenas Causas existente no CCDC de Acari, das 800 ações até agora movidas naquela repartição, menos de 50 (6%) haviam sido iniciadas por moradores da "favela de Acari".

Façamos uma primeira reflexão. No *espaço geométrico* do "mundo do asfalto", as únicas marcas são as administrativas (placas de ruas, de numeração) e as de delimitação de propriedade (muros, cercas, grades). Há também, é claro, semáforos, placas de trânsito e pinturas (no asfalto da rua, por exemplo, ou indicando "garagem — não estacione") para regular a circulação dos veículos. Tais coisas inexistem na favela: ali, ao contrário do "asfalto", as ruas são para o trânsito de pessoas, eventualmente para carros. O espaço da favela, na verdade, tem inúmeras outras marcas. Embora seja verdade que todo espaço habitado pelo homem é um produto socialmente construído, no caso da favela isso assume uma dimensão radical. É um espaço que não somente foi construído pelo homem — termo genérico que, no caso de bairros de classe média, equivale a organizações privadas, como a construtora, ou governamentais, como a companhia de eletricidade — mas, no caso das favelas, no caso de Acari (excetuando-se o Amarelinho), pelos mesmos homens que lá habitam: com suas próprias mãos, lentamente, durante anos. Uma casa de dois pavimentos pode ser a síntese de 30, 40 anos de trabalho, enquanto o apartamento onde moro é, para mim, apenas uma escolha de acordo com minhas preferências e possibilidades. Lembremos, por um instante, como alguém se instalava em Acari, nas palavras de um antigo morador:

> Bem, quando eu vim pr'aqui eu morava no Jorge Turco, num quarto alugado; eu trabalhava na empresa de ônibus, que faz a 362, mas eu, achando que não dava pra continuar pagando aluguel, eu tinha vontade de ter minha casinha, nem que fosse numa favela, *mas minha*. Na época eu não tinha condição de comprar um terreno e construir uma casa. Pelo qual eu vim sem conhecer ninguém aqui dentro, nunca tinha vindo aqui dentro, aí vim de bicicleta, procurando, ia comprar um pedacinho lá embaixo, lá dentro do brejo, naquela época 100 mil-réis, né, foi em 71, aí estiquei pra frente, vim até aqui, chegando aqui, uma vizinha me disse: "ó, esse pedaço daí tá desocupado, o moço roçou aí mas não apareceu mais, te aconselho esse pedaço aqui", que ele também não morava aqui. Mas, a minha situação não tando boa, eu não tinha como fazer a casa. Aí comprei lá no Jorge Turco um bocado de madeira, umas pernas de três, não tinha dinheiro pra pagar o aluguel, dei o relógio que eu tinha pra pagar o carreto, coloquei aqui a madeira, deixei o vizinho do lado, que aqui tinha um barraquinho de táuba de madeira, tomando conta pra mim, e a outra vizinha aqui do lado, até que eu pudesse vim e fazer o barraco; aí vim, reuni uns colegas, vim, eu botei as madeiras, joguei as telhas em cima, não tinha madeira pra cercar; comecei a juntar táuba de caixote, que é pra fechar o barraco. Aí fechei um cômodo com táuba de caixote, não tinha porta pra entrar, vim morar num barraco de chão, precisava fazer a cozinha, aí fiz a cozinha, não tinha telha, tudo cercado de táuba de caixote, aí eu fui na lixeira, arrumei um encerado, tapei com encerado. Aí fiquei, não tinha conhecimento nenhum. Aí cerquei, daqui até lá na frente, não pra vender, pra dar pras pessoas, de modo que pudesse trazer pessoas conhecidas pra perto de mim, que eu aqui era completamente estranho, aí comecei a dar esses pedaços daqui pra lá, aí comecei a arrumar ambiente com os moradores.

200   Um Século de Favela

A relação mantida com esse espaço por esse morador, há 27 anos residente em Acari, é a de um conquistador, a de um desbravador, de alguém que domesticou a natureza, que construiu *tudo* a partir do *nada*. Ali onde a classe média sempre vê carência, mesmo quando parece elogiar: "um bairro inacabado",[16] esse morador vê uma obra de décadas de trabalho, chegando, por várias vezes, a dizer: "isto aqui hoje é *uma cidade*". Nessa época, faziam camas com tábuas improvisadas, uma lata virava fogão, enfim, fabricavam, eles mesmos, muitos dos objetos de uso cotidiano: a toalha cor-de-rosa encontrada no lixo virava o pijaminha do bebê recém-nascido. O morador já citado orgulha-se também da teia de relações pessoais que soube construir, das amizades, do "ambiente", do "conhecimento" — aqui utilizado no sentido de "ser conhecido". Tudo isso demandando atenção e respeito mútuo cuidadosamente cultivado, bem como, da mesma forma que na construção de uma casa, planejamento: ele cercou mais terreno do que o necessário, não para vender, mas para poder escolher e agradar a seus futuros vizinhos. Por não ter sido "nascido e criado" naquela localidade, esse homem teve que prestar uma atenção toda especial à vizinhança, tentando, de certa maneira, construí-la. Foi uma futura vizinha que lhe indicou o melhor lugar para construir seu barraquinho, foram os futuros vizinhos que tomaram conta do seu "material de construção". Aqui temos uma verdadeira carta de fundação de uma microárea de vizinhança.

Tratemos agora de um tema difícil. A convivência calorosa no interior de uma microárea é uma das experiências humanas mais inesquecíveis que o trabalho de campo em Acari me proporcionou. A microárea, entretanto, é também uma unidade básica de organização dos bandos de traficantes. Um episódio pode dar uma ideia de como os vínculos existentes em cada *pedacinho* são mobilizados e aproveitados pelo tráfico de drogas.[17] Em novembro de 1995, numa sexta-feira à tarde, um dos *gerentes* do tráfico de drogas, chamado Eduardo, foi morto por membros da própria quadrilha. Era nascido e criado na microárea do Larguinho (favela do Coroado) e muito querido por seus amigos de infância e por muitos naquele trecho. Meses depois, os jornais anunciaram a prisão de um membro da quadrilha, originário de outra microárea, a Jaqueira. Naquele dia eu estava no Larguinho e um morador dali me confidenciou que todos estavam com vontade de fazer uma festa para comemorar a prisão do tal sujeito, pois todos sabiam que fora ele um dos assassinos de Eduardo. O mesmo morador fez outro comentário bastante esclarecedor: o problema de Eduardo, segundo ele, estava no fato de ficar muito no Larguinho, sem se movimentar por outras partes da favela. Para alguém com ambições de subir na hierarquia do tráfico, essa era uma estratégia errada. Aqui temos um elemento, até agora propositalmente posto de lado, que complica toda essa questão da identidade e da solidariedade. O tráfico é obrigado a apoiar-se ao mesmo tempo na identidade local e microlocal, nem sempre harmônicas. Antes de tornar-se chefe, um membro de destaque do bando e mesmo um "soldado" procuram fortalecer ainda mais seus vínculos microlocais: gastando dinheiro de forma excessiva ("derramar", na gíria local), comprando jogos de camisas, financiando festas, churrascos etc. A pretensão de tornar-se chefe, todavia, implica a conquista da simpatia (mesmo que relativa) dos moradores de toda a localidade.

As duas quadrilhas existentes em Acari sempre dividiram a favela em áreas ou, no linguajar específico, em *setores*. Essa divisão dava-se por quatro motivos. Em primeiro lugar, os motivos "comerciais": havia várias "bocas de fumo" diferentes, claramente distribuídas ao longo das proximidades dos dois eixos viários, para proporcionar um fácil acesso aos "viciados". Havia, portanto, que distinguir entre as diferentes áreas comerciais: a Boca da Edgar Soutello, a Boca do Amarelinho etc.; ao mesmo tempo, havia motivos estratégicos: os "olheiros" espalhavam-se por toda a área portando "fogos" (como se chamavam os enormes morteiros) para alertar quanto à chegada da polícia ou de membros de uma possível quadrilha rival invasora. A clara delimitação de setores, com denominações codificadas, permitia também a comunicação através de *walkie-talkies*, muito utilizados, dando a localização precisa dos possíveis problemas.

Do ponto de vista administrativo e de pessoal, a divisão em setores também era importante: cada um tinha seu pessoal específico, que almoçava em determinado local etc. Certa vez eu estava numa "pensão", dirigida pela irmã de um "soldado". Ela fornecia "quentinhas" para os membros de um dos bandos. Quando um deles chegava para buscar uma ou mais "quentinhas", ela perguntava: "para que setor?"

Os setores, *grosso modo*, equivaliam, quase exatamente, às microáreas; isto quer dizer que o tráfico valia-se dos mais fortes laços de identidade e solidariedade existentes em cada um dos "pedacinhos". Devemos dizer que esta tática lubrificava o funcionamento das atividades ilícitas, amaciava, atenuava e, em determinados momentos, resolvia os possíveis conflitos derivados da convivência entre trabalhadores e bandidos. Eduardo, por exemplo, só era "traficante" fora do Larguinho; ali ele era *o* Eduardo: irmão, amigo de infância, vizinho. Os membros da quadrilha, em cada "setor", por serem, em boa parte, provenientes da mesma microárea, tinham facilidade em atuar juntos. Lembramos que o tráfico, como atividade ilícita, não pode basear as "relações de trabalho" em contratos e normas legais.[18] O uso da violência, pura e simplesmente, não basta. Logo, as relações "pessoais" tornam-se o ponto de partida tanto do recrutamento quanto do funcionamento da atividade. Conheci um ex-"vapor" do tráfico

202 | Um Século de Favela

que era amigo de infância de Eduardo e que se tornou seu subordinado. Atuavam no mesmo setor, exatamente a microárea onde haviam nascido e brincado quando crianças. Pois bem, quando da morte de Eduardo, o "vapor" imediatamente abandonou o tráfico, pois não se sentia mais seguro. Confidenciou-me que, se Eduardo continuasse vivo, ele continuaria no tráfico ainda por muito tempo...

Outros exemplos confirmam essa hipótese. Vejamos o caso de "donos" de boca de fumo que conseguiram manter-se à frente desse negócio perigoso por seis, sete anos, período absolutamente incomum. Um deles certa vez teria dito a um líder comunitário que jamais seria preso no interior da favela (e não foi). O motivo seria simples, nas palavras daquele chefe do tráfico: "eu tenho muitas 'sogras' e trato todas elas muito bem". Sendo assim, aquilo que a mídia compara a um harém, dotando a favela de um exotismo oriental, é igualmente — além de uma demonstração de poder, prestígio e virilidade — uma estratégia conscientemente percebida. *Ter* várias mulheres significa ampliar a rede de parentesco e, também, de solidariedade.[19] Multiplicam-se as casas onde abrigar-se por algumas horas ou por uma noite, os locais onde esconder armas e drogas. Ademais, essa parentela ampliada é utilizada na "administração" da favela. Pode-se, por exemplo, colocar uma sogra na diretoria da associação de moradores, com a importante tarefa de fazer a cobrança das mensalidades. Não admira que, nessa época, os moradores pagassem em dia. Pode-se colocar para presidir a associação de moradores um concunhado ou uma vizinha de microárea, considerada comadre da mãe; ou um amigo de infância na contabilidade do tráfico. Para gerir, controlar e vigiar, ativam-se todos os vínculos mais fortes: parentesco, amizade, vizinhança, compadrio. Nessa situação, há um entrecruzamento de lealdades, solidariedades e pertencimentos que torna extremamente espinhosa a questão de perceber até onde vai a amizade, até onde vai a vizinhança e onde começam o medo e/ou o interesse.

Conclusão

À semelhança das aldeias balinesas, as favelas cariocas apresentam arranjos originais de elementos recorrentes, de planos organizacionais ou de instituições supralocais, interlocais, locais e microlocais. A existência de microáreas, por exemplo, é um fenômeno comum a todas as favelas cariocas, mas a importância relativa de cada uma delas, sua ligação com características econômicas, ecológicas, históricas e identitárias, varia de favela a favela. Em Vigário Geral temos, entre outras, Inferninho (a microárea mais pobre), Pátio da Estação (onde desembarcam as pessoas vindas da estrada de ferro), Beco das Facas (representado como local de "nordestinos" e associado a brigas por causa de mulheres, com as indefectíveis "peixeiras"), Onze Unidos (nome de um time de futebol da região). Vigário, ao contrário de Acari, onde há um conjunto composto por quatro localidades que estão em contato permanente, apresenta uma oposição muito clara com sua vizinha Parada de Lucas, acirrada pela rivalidade entre Terceiro Comando (a que "pertenceria" Lucas) e Comando Vermelho (de que Vigário Geral faria parte). Ao mesmo tempo, um fato que chocou a opinião pública nacional e internacional fez com que Vigário se tornasse o epicentro de uma série de ações não governamentais, tornando a dinâmica da vida comunitária muito mais complexa que a de uma favela de Acari, por exemplo. Em suma, a relação de Vigário com os poderes supralocais é diferente daquela existente em Acari. O que costuma ser chamado de Mangueira também é composto por quatro localidades distintas: Telégrafo, Candelária, Mangueira e Chalé. Em cada uma delas, como Telégrafo, por exemplo, também temos microáreas: o Cruzeiro, a Vila Miséria, a Mesa-Redonda (onde Mineirinho perdia dinheiro no jogo de ronda), o Campinho, a Fazendinha... Ao mesmo tempo, a importância da escola de samba da Mangueira torna essa favela muito mais visível e presente na vida da cidade e sem dúvida faz com que ela mantenha um outro tipo de relação com os poderes supralocais, tanto agências governamentais quanto ONGs.

Da mesma forma, se tomássemos qualquer uma das mais de 600 favelas existentes no município do Rio de Janeiro, encontraríamos, para cada uma delas, um arranjo original e único desses níveis diferenciados e imbricados. Somente a multiplicação de estudos monográficos, mas que levem em consideração a inter-relação de todos esses fatores, inclusive os supralocais e microlocais, é que poderá aprofundar o nosso conhecimento da favela, aquilo que um morador de Acari definiu como "um bicho-de-sete-cabeças".

Notas

1. O artigo "Form and variation in Balinese village structure" foi originariamente publicado em dezembro de 1959 na revista *American Anthropologist*, 61(6); a primeira edição de *The interpretation of cultures* data de 1973. Agradeço ao professor Roberto Kant de Lima a indicação do artigo.

2. Por exemplo: grupos que são indiferentes ou mesmo antagônicos entre si do ponto de vista de unidades políticas podem estar subordinados a um mesmo funcionário administrativo, representante do "governo central"; os membros de uma mesma sociedade de irrigação vêm de 10 a 15 unidades políticas dife-

204   Um Século de Favela

rentes, enquanto os membros de uma única unidade política pertencem a um bom número de sociedades de irrigação diferentes.

3. Ver Alvito (1996). Fui a Acari pela primeira vez em setembro de 1995, mas só iniciei o trabalho de campo em novembro daquele ano. Em junho de 1997 eu já considerava o trabalho de campo "terminado", embora tenha ido a Acari depois disso. No mesmo período, fui a Vigário Geral e a Parada de Lucas dezenas de vezes. Visitei a Mangueira algumas vezes em julho de 1997.

4. Há exceções, é claro. Alba Zaluar (1996:54), por exemplo, tem sublinhado fortemente, nas suas próprias palavras, "a necessidade de entender essa onda recente de violência não apenas como efeito arqueológico das camadas culturais da violência costumeira no Brasil, mas dentro do panorama do crime organizado internacionalmente".

5. Para uma ótima introdução ao tema da "comunidade", ver Bell & Newby (1971).

6. Eunice Durham (1988:21) critica duramente o viés funcionalista de muitos "estudos de comunidade" realizados no Brasil.

7. Assim afirmou o "assessor para assuntos comunitários da Fábrica de Esperança", André Fernandes, durante o ciclo Juventude: Conflito e Solidariedade, no Iser, em 22 de maio de 1997.

8. Numa entrevista (*Caros Amigos*, 1(2):19, maio 1997), Caco Barcellos admitiu existir uma "subserviência à palavra da polícia" por parte da maioria dos repórteres policiais, submetidos a um ritmo de produção da mercadoria jornalística que impede uma apuração cuidadosa dos fatos. Para um excelente exemplo da investigação jornalística independente e dos riscos que ela envolve, ler o relato pitoresco de Octávio Ribeiro, o Pena Branca, acerca da entrevista com Mineirinho (Ribeiro, 1977:14-25).

9. Sobre o significado local do termo "viciado", ver Alvito (1996:150-2).

10. "Movimento" é também sinônimo de tráfico: "o pessoal do movimento", "o movimento" são expressões muito utilizadas.

11. Na gíria local, "adiantar" significa "ajudar" (num sentido amplo, não necessariamente financeiro), *versus* "atrasar", sinônimo de "prejudicar".

12. As sutilezas e complexidades do espaço feminino da casa seriam desconhecidas por mim não fosse a entrada em cena de Christina Vital da Cunha, que foi minha assistente de pesquisa em Acari entre agosto de 1996 e julho de 1997. Estando ela presente, até mesmo eu pude visitar com mais frequência o espaço doméstico, além de passar a dispor da etnografia que só uma pesquisadora poderia realizar. Minha compreensão desse universo deve-se muito a ela. Aqui fica o registro e o agradecimento.

Um Bicho-de-Sete-Cabeças

13. Da qual fazem parte, por exemplo, maneiras bastante características de apertar as mãos, colocando os braços numa posição próxima à "queda de braço", o que leva a uma proximidade física bem maior do que no caso do aperto de mão tradicional, em que os braços ficam estendidos, na horizontal. Esse tipo de saudação, mais fria e formal, é reservada aos que não são "do pedaço" (no sentido definido por Magnani).

14. Para tornar claro este ponto, bastaria lembrar um curioso debate que durante muito tempo frequentou as páginas esportivas dos jornais. Muita tinta já se gastou em torno da necessidade ou não de "concentração", isto é, de os jogadores, à véspera de partidas consideradas importantes, isolarem-se do contato com suas famílias e, particularmente, do contato com mulheres em geral. Médicos e preparadores físicos costumavam ser consultados sobre a palpitante questão: a atividade sexual de véspera prejudicaria ou não o rendimento do atleta no dia seguinte? Se o futebol é uma atividade viril por excelência, "assunto pra macho", é óbvio que o exercício dessa masculinidade — vista como uma qualidade esgotável pelo uso excessivo — afetaria o "desempenho" (uma palavra de sentido dúbio que comprova a ligação que estamos estabelecendo) dos jogadores... Entre os Baruya da Nova Guiné, estudados por Godelier (1982:44), o ato sexual é considerado perigoso, porque polui, enfraquece e corrompe a força e a vida, começando pelo homem. O perigo vem dos líquidos emanados da mulher.

15. Novamente, seria útil lembrar um conceito de Evans-Pritchard (1993:123), a "distância estrutural": "a distância entre grupos de pessoas dentro de um sistema social, em termos de valores".

16. É assim que Zuenir Ventura define Vigário Geral em seu *Cidade partida* (São Paulo, Companhia das Letras, 1994. p. 58): "as paredes de tijolos aparentes, sem acabamento, dão a impressão de um bairro inacabado".

17. Ver Zaluar (1994a:138 e segs.).

18. Mais uma vez, quem primeiramente salientou essa questão foi Zaluar (1994b:18).

19. Guardadas as devidas proporções, essa prática aproxima-se do "cunhadismo" lembrado por Darcy Ribeiro (1995).

Referências bibliográficas

Alvito, Marcos. A honra de Acari. In: Velho, Gilberto & Alvito, Marcos (orgs.). *Cidadania e violência*. Rio de Janeiro, FGV; UFRJ, 1996. p. 147-64.

Bell, Colin & Newby, Howard. *Community studies — an introduction to the sociology of local community*. London, George Allen, 1971.

Bourdieu, Pierre. *O poder simbólico*. Rio de Janeiro, Bertrand Brasil, s.d.

————. *Ésquisse d'une théorie de la pratique*. Génève, Droz, 1972.

————. *Raisons pratiques*. Paris, Seuil, 1994.

Bourgois, Philippe. *In search of respect — selling crack in El Barrio*. 1996.

Campbell, J. K. *Honour, family and patronage*. Oxford, Oxford University Press, 1974.

Cardoso, Ruth C. L. (org.). *A aventura antropológica*. São Paulo, Paz e Terra, 1988.

Castro, Pedro. Indícios na teia de mobilização popular urbana: o caso de Acari. Rio de Janeiro, Iuperj; Grupo de Estudos Urbanos, 1981. mimeog.

Cohen, David. *Law, sexuality and society — the enforcement of morals in classical Athens*. Cambridge, Cambridge University Press, 1994.

Czechowsky, N. (org.). *A honra: imagem de si ou o dom de si — um ideal equívoco*. Porto Alegre, L&PM, 1992.

Da Matta, Roberto. *A casa e a rua*. 4 ed. Rio de Janeiro, Guanabara-Koogan, 1991.

Darnton, Robert. *O grande massacre dos gatos*. Rio de Janeiro, Graal, 1986.

Davis, J. *Antropología de las sociedades mediterráneas*. Barcelona, Anagrama, 1983.

Douglas, Mary. *Pureza e perigo. Ensaio sobre as noções de poluição e tabu*. Lisboa, Edições 70, 1991.

Duarte, Luiz Fernando Dias. Identidade social e padrões de agressividade verbal em um grupo de trabalhadores urbanos. In: Lopes, J. S. L. (org.). *Cultura e identidade operária — aspectos da cultura da classe trabalhadora* Rio de Janeiro, São Paulo, UFRJ/MN/Marco Zero/Proed, 1987. p. 171-201.

Durham, Eunice. *A caminho da cidade — a vida rural e a migração para São Paulo*. São Paulo, Perspectiva, 1973.

————. A pesquisa antropológica com populações urbanas: problemas e perspectivas. In: Cardoso, Ruth C. L. (org.). *A aventura antropológica*. São Paulo, Paz e Terra, 1988.

Durkheim, Émile. *As formas elementares de vida religiosa*. São Paulo, Edições Paulinas, 1989.

Elias, Norbert & Scotson, J. *The established and the outsiders — an inquire into community problems*. 2 ed. London, Sage, 1994.

Evans-Pritchard, E. E. *Os Nuer*. 2 ed. São Paulo, Perspectiva, 1993.

Geertz, Clifford. Form and variation in Balinese village structure. In: Potter, Jack M. (ed.). *Peasant society — a reader*. Boston, Little, Brown, 1967. p. 255-78.

————. *A interpretação das culturas*. Rio de Janeiro, Guanabara-Koogan, 1989.

Godelier, Maurice. *La production des grands hommes*. Paris, Fayard, 1982.

Goffman, Erving. *Estigma. Notas sobre a manipulação da identidade deteriorada*. 4 ed. Rio de Janeiro, Guanabara-Koogan, 1988.

Herzfeld, Michael. Honour and shame: problems in the comparative analysis of moral systems. *Man, 15*:339-51, 1980a.

————. The horns of the Mediterraneanist dilemma. *Am. Ethn., 11*(3):439-54, 1984.

Kuschnir, Karina. Em troca do mandato — a relação entre vereadores e seus eleitores. *Antropologia Social — Comunicações do PPGAS, 5*:61-84, 1995.

Leeds, Anthony & Leeds, Elizabeth. *A sociologia do Brasil urbano*. Rio de Janeiro, Zahar, 1978.

Lévi-Strauss, Claude. *O pensamento selvagem*. Campinas, Papirus, 1989.

Lins, Paulo & Silva, Maria de Lourdes da. Bandidos e evangélicos: extremos que se tocam. *Religião e Sociedade, 15*(1):163-74, 1990.

Lopes, José Sérgio Leite (org.). *Cultura e identidade operária — aspectos da cultura da classe trabalhadora*. Rio de Janeiro, São Paulo, UFRJ/MN/Marco Zero/ Proed, 1987.

Machado, Lia Zanotta. Família, honra e individualismo. *Anuário Antropológico, 85*:138-51, 1986.

Magnani, José Guilherme Cantor. *Festa no pedaço — cultura popular e lazer na cidade*. São Paulo, Brasiliense, 1984.

———— & Torres, Lilian de Lucca. *Na metrópole — textos de antropologia urbana*. São Paulo, Edusp, 1996.

Mauss, Marcel. *Ensaio sobre a dádiva*. Lisboa, Edições 70, 1988.

Medina, Carlos Alberto de. A favela como uma estrutura atomística: elementos descritivos e constitutivos. *América Latina, 12*(3):112-36, 1969.

Peristiany, J. G. *El concepto del honor en la sociedad mediterránea*. Barcelona, Labor, 1968a.

————. Honor y verguenza en una aldea chipriota de montaña. In: Peristiany, J. G. *El concepto del honor en la sociedad mediterránea*. Barcelona, Labor, 1968b. p. 157-73.

Perlman, Janice E. *O mito da marginalidade*. 2 ed. Rio de Janeiro, Paz e Terra, 1981.

Pitt-Rivers, Julian. Honor y categoria social. In: Peristiany, J. G. *El concepto del honor en la sociedad mediterránea*. Barcelona, Labor, 1968. p. 21-75.

————. A doença da honra. In: Czechowsky, N. (org.). *A honra: imagem de si ou o dom de si — um ideal equívoco*. Porto Alegre, L&PM, 1992. p. 17-32.

Radcliffe-Brown, A. R. *Structure and function in primitive society*. London, Cohen & West, 1952.

Ribeiro, Darcy. *O povo brasileiro*. São Paulo, Companhia das Letras, 1995.

Ribeiro, Octávio. *Barra pesada*. Rio de Janeiro, Codecri, 1977.

Sahlins, Marshall. *Ilhas de história*. Rio de Janeiro, Jorge Zahar, 1990.

Silva, Luiz Antonio Machado da. O significado do botequim. In: Cardoso, Ruth (org.). *Cidade: uso e abuso*. São Paulo, Brasiliense, 1978. p. 79-112.

Soares, Luiz Eduardo et alii. *Violência e política no Rio de Janeiro*. Rio de Janeiro, Relume-Dumará; Iser, 1996.

Tucídides. *História da Guerra do Peloponeso*. Brasília, UnB, 1982.

Velho, Gilberto. *Individualismo e cultura*. Rio de Janeiro, Zahar, 1981.

————. *Projeto e metamorfose*. Rio de Janeiro, Jorge Zahar, 1994.

———— & Alvito, Marcos (orgs.). *Cidadania e violência*. Rio de Janeiro, Fundação Getulio Vargas; UFRJ, 1996.

Zaluar, Alba. *A máquina e a revolta*. 2 ed. São Paulo, Brasiliense, 1994a.

————. *Condomínio do diabo*. Rio de Janeiro, Revan; UFRJ, 1994b.

————. Crime, medo e política. *Sociedade e Estado, 10*(2):391-416, 1995.

————. A globalização do crime e os limites da explicação local. In: Velho, Gilberto & Alvito, Marcos (orgs.). *Cidadania e violência*. Rio de Janeiro, FGV; UFRJ, 1996. p. 48-68.

Zeid, Abou A. M. Honor y verguenza entre los beduinos de Egipto. In: Peristiany, J. G. *El concepto del honor en la sociedad mediterránea*. Barcelona, Labor, 1968. p. 225-39.

Zylberberg, Sônia. *Morro da Providência: memórias da favela*. Rio de Janeiro, Secretaria Municipal de Cultura, 1992.

Crime, medo e política*

Alba Zaluar

Introdução

Como se sabe, o processo de redemocratização do regime político se fez acompanhar, no Brasil, do surgimento e da expansão de novos movimentos sociais. Alguns desses movimentos, os chamados "movimentos de base", almejavam autonomia em relação ao Estado e aos partidos políticos, revelando ao mesmo tempo uma tendência a preservar da interferência externa as comunidades por eles organizadas. Essa orientação, entretanto, teve o efeito paradoxal de reforçar a segmentação que o clientelismo — que esses movimentos combatiam em primeiro lugar — sempre teve na política brasileira. No período militar, como o Congresso não foi fechado — ao contrário do que aconteceu em outros países da América Latina — o governo continuou a usar a corrupção adicionada ao clientelismo como estratégia para controlar os políticos que tomavam as decisões no Congresso. É compreensível, pois, que atitudes fortemente anticlientelistas e antiestatais tenham marcado esses movimentos. A Igreja Católica teve grande responsabilidade nisso, assim como os partidos socialistas criados durante a abertura, tais como o PT e o PDT.

Contudo, enquanto nas associações de moradores da classe média as principais questões foram as ecológicas, o aumento das taxas urbanas e as prestações do Sistema Financeiro da Habitação, as associações de moradores

---

ALBA ZALUAR é da Universidade do Estado do Rio de Janeiro (Uerj).

* Este texto foi originariamente apresentado na conferência internacional do *Social Movement Commitee* da *International Sociological Association* (Paris, 27-30 de outubro de 1993) e publicado na revista *Estado e Sociedade, 10*(2). Esta é uma nova versão do mesmo artigo escrito há cinco anos. Desde então ocorreram algumas mudanças em várias favelas, como Vigário Geral, Acari e outras, mas como os problemas aqui discutidos não desapareceram completamente, continua sendo importante levantá-los para manter acesa a discussão.

dos bairros populares e das favelas tiveram que enfrentar o problema da falta de serviços públicos nas suas áreas, especialmente nas favelas onde a presença do Estado é ainda mais frágil, intermitente e insuficiente. Nesses locais, a ação política exibiu engajamentos paradoxais, articulados com a peculiar relação entre o político e o religioso no Brasil contemporâneo.

Por fim, mas não menos importante, outro problema teve que ser enfrentado simultaneamente. Pois o processo de redemocratização coincidiu com a dramática transformação na organização transnacional do crime, que afetou principalmente as regiões metropolitanas e, nelas, os bairros populares e as favelas. A entrada dos cartéis colombianos e das máfias[1] ligadas ao narcotráfico, particularmente o da cocaína, trouxe para o país as mais modernas armas de fogo, que foram distribuídas entre os jovens traficantes e "aviões", envolvendo uma rede de intermediários que incluiu desde logo policiais e "matutos", ou seja, os que trazem as drogas de outros estados ou países e que as vendem em grandes quantidades ("a peso" e não em papelotes). Como, no tráfico, as atividades ilegais têm o caráter de negócio contínuo, que flui por meio de relações interpessoais baseadas no segredo, na confiança sempre posta à prova, no conhecimento das pessoas e nos acordos tácitos estabelecidos entre elas, o conceito de rede se aplica ao fluxo hierárquico e às relações interpessoais que implicam relações não grupais ou institucionais, corporativas e fechadas, e sim a relações abertas no tempo e no espaço, vinculando inúmeras pessoas através de contatos de diversos tipos que se vão multiplicando pelos intermediários. A organização em rede prescinde da ideia de organização corporativa, burocratizada, podendo ser rapidamente desfeita e refeita em outras rotas, circuitos e fluxos ou com outros personagens. Ela se aplica especialmente aos níveis mais baixos do tráfico de drogas, que — à diferença dos negociantes atacadistas e grandes financistas do tráfico, tendentes à centralização e à hierarquia em cartéis e máfias — têm uma intricada malha descentralizada, de difícil controle pela estrutura de gerenciamento do negócio em grandes números e poderosas hierarquias (UNDCP, 1997). Nas favelas cariocas, onde se formaram essas redes, os movimentos sociais foram profundamente afetados por esse novíssimo fenômeno, que gerou novas dificuldades para seus militantes.

Neste texto, focalizarei principalmente os aspectos políticos e religiosos decorrentes dos índices crescentes de crime violento, um fenômeno mundial. Discutirei os paradoxos e ambiguidades das velhas e novas culturas políticas, concebidas como modelos e práticas que articulam o político com o social, as quais parecem ter tido consequências não intencionais para os que acreditam no poder de mobilização do modelo participativo de democracia. Uma cultura do medo fluida, facilmente contagiosa e instável teve importantes consequências políticas e sociais, na medida em que o

Crime, Medo e Política

211

medo imaginário tomou diferentes formas nas diversas classes sociais e afetou suas inter-relações.

O modelo da democracia participativa, predominante nos novos movimentos das associações de moradores do final dos anos 70 e durante os anos 80, tinha por objetivo conseguir uma posição autônoma em face do Estado e dos partidos políticos (Cardoso, 1983, 1987), como alternativa à democracia representativa, ao mesmo tempo reforçando a manifestação da diferença e da cidadania ativa. A transformação de uma necessidade material num "direito" foi o mote que marcou, de fato, esses movimentos criados com o objetivo de melhorar as condições de vida da população (Durham, 1984; Jacobi, 1989). A ideologia comunitária, implementada principalmente sob influência da Igreja Católica, teve, porém, ainda um outro efeito. Em consequência da prioridade dada às identidades locais e grupais, ela reforçou a segmentação da população e diminuiu os compromissos com os interesses, demandas e estratégias gerais e públicos.[2] De fato, embora explicitamente oposta ao clientelismo, a ideologia comunitária[3] seguiu o padrão dessa forma de fazer política no que se refere à segmentação, pois o clientelismo é bem conhecido pelos seus efeitos segmentadores (Badie, 1991; Hermet, 1991). A oratória comunitária exigia que o tribuno sempre falasse para a comunidade ou da comunidade, ou seja, de grupos locais demarcados, apenas acrescentando uma visão geral dos pobres como aqueles que deveriam congregar-se para resolver seus problemas por si mesmos, enquanto esperavam a Justiça final na Terra, como aqueles que careciam de trabalho, moradia, saúde, educação, melhores salários e assim por diante, ou seja, serviços e políticas governamentais, a maioria deles em nível local. Um problema adicional surgiu na década de 80, quando as organizações e associações populares, por causa da importância dada à autonomia, passaram a obter verbas diretamente do governo, a fim de implementar a política social estatal. Isso fez surgirem nessas organizações a prática da corrupção e a desconfiança em relação aos seus líderes. Todo esse processo foi reforçado pela tradição do regionalismo e da defesa de interesses locais e particulares em detrimento dos interesses gerais e da união, o que, por sua vez, apoiou-se na nova ênfase sobre a diferença trazida pela vulgarização do pensamento pós-moderno (Pierucci, 1990). Ficaram, em suma, adstritos à comunidade local e a uma concepção pré-moderna de reciprocidade, recuando em relação às práticas e ideias das comunidades imaginadas (classe, nação, gêneros, cristandade etc.) (Calhoun, 1991), onde poderiam desenvolver-se os princípios da solidariedade com estranhos, característico da reciprocidade moderna (Godbout, 1992; Zaluar, 1997a).

Não obstante, esses novos movimentos, a certa altura, tiveram também que tentar permanecer independentes das quadrilhas de traficantes de drogas, as quais introduziram um problema inesperado, qual seja, o aumento da criminalidade violenta, que em algumas cidades duplicou e em outras triplicou, além do desafio apresentado pelo novo poder militar do crime organizado, especialmente entre os jovens traficantes de rua que moravam e faziam seus negócios nas favelas e conjuntos habitacionais da Cehab. Esse poder militar ultrapassou o campo restrito do crime e do tráfico de drogas, transformando-se numa importante questão política em vários níveis. Na "comunidade local", os grupos do tráfico ou as "quadrilhas", como são chamados pelos moradores da vizinhança, começaram a se interessar pelas eleições das associações de moradores, apresentando candidatos ligados a eles. Muitos jovens moradores do local acabaram identificando-se com eles, apoiando-os explicitamente em virtude do processo de marginalização dos jovens pobres, inclusive as medidas repressoras e arbitrárias tomadas pelos policiais nas últimas décadas contra todos aqueles que correspondiam aos estereótipos policiais do criminoso. Muitos usuários de drogas, e não apenas traficantes, foram detidos e coagidos a pagar propinas a fim de evitar processos judiciais e a prisão. Os que não tinham esse dinheiro terminaram cumprindo penas na prisão por algo que está longe de ter a avaliação de um crime, já que faz parte dos chamados crimes sem vítimas (Zaluar et alii, 1994; Zaluar, 1997b).

A atual pesquisa baseou-se em entrevistas recentes feitas no conjunto habitacional que estudei nos anos 80, comparando-se seus resultados com os de dois estudos em bairros populares e de classe média de São Paulo, e com os de um estudo sobre a experiência de participação comunitária numa favela do Rio de Janeiro. Todos esses estudos apontaram novas visões discriminatórias e conservadoras da sociedade e da política, como resultado do medo da criminalidade violenta.[4]

O medo

O caráter ideológico do adjetivo "violento" fica claro quando é utilizado sistematicamente para caracterizar o "outro", o que não pertence ao mesmo estado, cidade, raça, etnia, bairro, família, grupo etc. Em algumas cidades, o crime e a violência são como um artifício ou um idioma para se pensar sobre o outro (Merry, 1981; Vargas, 1993). Ao mesmo tempo em que o paroquialismo nas imagens do crime se reforça, o crime violento torna-se cada vez mais inequivocamente parte de processos globais econômicos e socioculturais, sem que isso traga mudanças em políticas públicas de segurança e de prevenção e tratamento nas práticas sociais mais associadas à violência. Isso porque o tráfico de drogas ilegais tem trazido, principalmente por seu próprio funcionamento interno, um aumento notável do

Crime, Medo e Política

crime violento, em especial do homicídio entre homens jovens que dele participam. Às vezes em processos paralelos, às vezes em processos perversos de interação com o tráfico e o uso de drogas (legais e ilegais), a chamada violência doméstica e a violência institucional também tiveram seus registros oficiais aumentados nas duas últimas décadas, sem que disso tenha resultado um conhecimento maior a respeito de seus mecanismos e círculos viciosos. Os efeitos acumulados do desconhecimento e da falta de políticas estratégicas de segurança é o reforço do medo e dos preconceitos e *pathos* social que carregam.

Contudo, não convém ampliar, como muitos fizeram, os efeitos do medo num contexto de pânico moral provocado pela mídia. As imagens veiculadas pelos meios de comunicação de massa são suficientemente plurais, diferenciadas e mesmo divergentes, além de se terem multiplicado os participantes do debate público (McRobbie & Thornton, 1995), para que se possa reduzi-las a uma só visão preconceituosa sobre certos setores da população ou a um exagero acerca da incidência dos crimes violentos. Estes inequivocamente aumentaram, em especial nas regiões metropolitanas do Brasil, as mais afetadas pela recente curva ascendente dos crimes violentos, particularmente do homicídio entre homens jovens (Paixão, 1983; Zaluar et alii, 1994 e 1995).

No caso brasileiro não se pode dizer, por isso, que o medo seja apenas uma criação do imaginário ou até mesmo da recepção passiva de mensagens da mídia. Apesar dos crimes contra o patrimônio terem índices muito mais altos, é indiscutível o aumento dos crimes violentos, ou seja, dos crimes contra a pessoa,[5] conforme inúmeras pesquisas feitas nos anos 90. O medo aqui é, até certo ponto, um medo realista. Os dados oficiais sobre o aumento da criminalidade violenta nos anos 80 são insofismáveis, mas basta pensarmos no crime violento que tem maior repúdio e que provoca mais medo: o homicídio. Como as demais regiões metropolitanas do Brasil, o Rio de Janeiro teve um extraordinário aumento dos índices de homicídios em menos de uma década. Em 1982, os índices de homicídio em Nova York e na região metropolitana do Rio de Janeiro eram os mesmos: 23 por 100 mil habitantes (*New York Times*, 21-8-1993), mas em 1989, o índice oficial na região metropolitana do Rio já estava três vezes maior (63 por 100 mil habitantes), ou seja, triplicou em menos de 10 anos. Em 1992, a taxa era de 60,75 por 100 mil habitantes. Na Baixada Fluminense, no mesmo ano, ela chegou a 74,67 por 100 mil habitantes. Na região de São Paulo, embora os anos de pico não sejam os mesmos, a tendência de aumento durante a década repete-se. Em 1987, o índice de homicídio naquela cidade era de 53,8 mortes por 100 mil habitantes, em comparação com o início da década, quando se mantinha em torno de 20 (Adorno, 1992).

As pesquisas mais recentes confirmam o que vinha sendo reiterado em vários trabalhos sobre as mortes violentas entre os adolescentes acima de 14 anos de idade, em sua maioria assassinados provavelmente por outros jovens da mesma idade e por policiais corruptos. O problema reside na dificuldade de comprovar a autoria das mortes. Policiais corruptos agem como grupos de extorsão que podem ser rotulados de grupos de extermínio. Quadrilhas de traficantes e assaltantes não usam métodos diferentes dos primeiros, e tudo leva a crer que a luta pelo butim entre eles estaria levando à morte os seus jovens peões. Talvez isso explique por que o índice de mortes violentas atribuídas a homicídios seja dos mais baixos em Belo Horizonte — que tem uma polícia reconhecidamente eficiente e dura, mas não corrupta — e dos mais altos no Rio de Janeiro. Nesta última cidade, ficou claro, pela investigação que se seguiu aos recentes massacres de Acari, Candelária e Vigário Geral, que eles foram executados por policiais que pertenciam aos mesmos grupos e que estavam exigindo sua parte nos lucros do tráfico ou dos assaltos. Em São Paulo, o índice de homicídios aumentou assustadoramente nos últimos anos, à medida que entravam cada vez mais drogas e armas neste estado. Uma das principais rotas da cocaína no Brasil passa por Rondônia, Mato Grosso do Sul e São Paulo, estados cujos índices de mortes violentas atingiram os mais altos níveis do país, após terem duplicado na década de 80.

No esquema de extorsão praticado por policiais e nas dívidas contraídas com traficantes, os jovens que começam como usuários de drogas são levados a roubar, a assaltar e algumas vezes até a matar para pagar aos que os ameaçam de morte, caso não consigam saldar a dívida, e que os instigam a se comportar como eles, portando armas de fogo e praticando assaltos. Muitos deles acabam se tornando membros de quadrilhas — seja para pagarem dívidas, seja para se sentirem mais fortes diante dos inimigos criados, seja ainda por "fascínio", "euforia" e "ilusão", como eles próprios denominam a atração que as quadrilhas exercem sobre eles —, afundando-se cada vez mais nesse círculo diabólico. Assim, a ideia de que todos os índices de crimes violentos são apenas uma forma disfarçada da luta de classes, em que os pobres estão cobrando dos ricos, não tem fundamento, visto que aumentam muito mais na periferia da cidade, onde moram os pobres. As pesquisas também indicam que os pobres são as principais vítimas dessa onda de criminalidade violenta, seja pela ação da polícia ou dos próprios delinquentes, pois não têm os recursos políticos e econômicos que lhes garantam acesso à Justiça e à segurança.

Mas também é fato que o crime nas ruas, especialmente o crime violento, é hoje uma das preocupações centrais das populações metropolitanas brasileiras (Kowarick & Ant, 1982; Zaluar, 1985). A generalização de imagens da cidade como um ambiente violento e os sentimentos de medo e in-

Crime, Medo e Política

215

segurança daí decorrentes têm implicações relevantes para as novas imagens da cidade, não mais associadas à utopia liberal da liberdade e da segurança (Caldeira, 1992; Vargas, 1993; Zaluar, 1993), no Rio de Janeiro ou em Nova York, nem às velhas virtudes cívicas, como civilidade, segurança, trato e confiança (Zukin, 1995). As cidades têm hoje suas imagens tomadas pela deterioração da qualidade de vida urbana, da qual o temor da vitimização (tanto quanto a experiência direta) é um dos indicadores. Nas tentativas do senso comum ou da etnometodologia de vários setores da população para explicar as experiências concretas de violência e o medo, tem-se tomado a direção paroquial já mencionada, concentrando-se na presença de nordestinos em São Paulo (Caldeira, 1992; Vargas, 1993) ou de pobres favelados e negros em outras capitais brasileiras.

Os movimentos sociais no Rio, particularmente nas áreas pobres, tiveram então que enfrentar uma situação dramática de mortes recorrentes, aumento da incidência de furtos e roubos, medo manifestado pela população pobre em seu local de moradia, medo e preconceitos dos habitantes das áreas mais ricas ou regulares da cidade, assim como o esvaziamento de suas organizações. No Rio, como nas outras cidades do país, as explicações para o aumento do crime passaram a cobrir todo o espectro ideológico. É possível, entretanto, simplificar a variedade de afirmações sobre o assunto em duas linhas principais de pensamento que se combinam paradoxalmente em muitas delas. Uma é a demanda crescente por ordem, baseada no diagnóstico de um insuperável conflito social e na incapacidade institucional de lidar com ele. Uma nova tendência conservadora, encontrada em todas as classes sociais, passou a exigir mais eficiência e mais dureza nas práticas policiais, além de eleger políticos de direita que defendem a pena de morte[6] e governos fortes (Zaluar, 1985, 1991, 1992, 1993; Caldeira, 1992; Vargas, 1993). A outra linha mantém-se na crença de que, ante a deterioração das condições de vida dos trabalhadores, os baixos salários, as altas taxas de inflação, a miséria crescente e o desemprego, a desordem é não só inevitável, como boa. Mais à esquerda estão os que continuam a achar que a guerra civil já começou e que a revolução está perto. Os últimos têm tido bastante influência em alguns movimentos sociais e partidos políticos e, de certo modo, garantiram o apoio, especialmente dos jovens moradores de favelas, para a principal organização de traficantes de drogas e assaltantes (Comando Vermelho — CV), na presunção de que eles começariam uma guerrilha urbana para derrubar o governo e o atual modelo econômico do país.

Na localidade, entre os líderes comunitários que dirigem as associações de moradores, prevaleceram o silêncio sobre as ações dos bandidos e a constante denúncia da repressão policial contra os moradores. O paradigma revolucionário, combinado com a matriz milenarista da ação política, embora nem sempre explícita, caracteriza essa interpretação dos índices crescentes de crime contra a propriedade e do aumento da violência contra as pessoas como uma manifestação da luta ativa dos pobres contra os ricos e contra o Estado opressivo ou mesmo como um sinal do fim de uma era mundial. O papel do crime organizado e das máfias foi subestimado, se não ignorado, principalmente pelos que apoiaram a luta contra a pena de morte e contra as políticas penais do Estado. Outra tendência é reduzir a importância e o impacto do crime violento afirmando que ele é exagerado pela mídia e pelo medo imaginário por parte das classes proprietárias.

Grande parte da população do Rio, entretanto, admite que a situação é muito séria e advoga reformas institucionais para tornar a polícia menos corrupta e mais eficaz, e a Justiça mais eficiente (principalmente os homens) ou mais de acordo com o valor moral do trabalho (as mulheres) (Zaluar, 1991). Afirmações mais desesperadas, pedindo por socorro, exigindo medidas imediatas para terminar com a situação de insegurança, encontram-se na seção de cartas dos leitores de jornais, em geral pessoas da classe média que vivem atrás das grades de suas casas e condomínios ou dos vidros fechados de seus carros, mas não escapam das balas perdidas nem dos assaltos à mão armada. Embora seja maior o número de mulheres da classe média que aprovam a pena de morte como meio de fazer justiça e dissuadir os que preferem fazer dinheiro fácil a trabalhar, as mulheres pobres pensam de modo parecido (Zaluar, 1991).

Em São Paulo, cidade que seguiu o padrão de segregação espacial norte-americano e não o padrão *criollo* das cidades latino-americanas, estudos recentes mostram que as mudanças populacionais no espaço físico da cidade contribuíram para o medo que se instalou entre os moradores dos bairros de classe média (Caldeira, 1992; Vargas, 1993). O fim da expansão dos bairros populares na periferia trouxe os pobres de novo para o município de São Paulo, em especial os bairros centrais tradicionais, antes habitados por uma população étnica e economicamente distinta — de origem europeia —, que se considera racial e socialmente superior aos "invasores brasileiros" de origem nordestina (Vargas, 1993). Isso explicaria o novo medo dos antigos moradores, os quais, na sua interpretação do aumento da violência na cidade, culpam os nordestinos que vieram morar no mesmo bairro pelo estado de coisas considerado insuportável. São eles que exigem e elegem políticos mais duros — "de pulso forte", "autoridade competente" — para restabelecer a ordem (Pierucci, 1990; Vargas, 1993).

Os efeitos mais evidentes dessa postura foram a modificação do aspecto das residências, que passaram a exibir muros altos, grades, fechaduras, alarmes e cadeados, e principalmente o descrédito da participação em espaços públicos, com a evidente negação da civilidade no trato com

Crime, Medo e Política

217

estranhos como parte da cidadania. A crença nos processos democráticos ficou restrita à eleição de um chefe do Executivo, em todos os níveis (municipal, estadual e federal), de "pulso". A concentração no espaço doméstico, o retorno à família e a uma idealização da comunidade de semelhantes (a concepção política do *chez nous*, não muito diferente da *Front Nationale* francesa) encolheram os horizontes sociais desses moradores de São Paulo, restringindo seu mundo significativo e de confiança aos familiares mais próximos e a alguns poucos amigos (Vargas, 1993). O ódio aos nordestinos mestiços parece ser, no entanto, um fato específico da construção do medo e da apatia política nesses bairros de São Paulo, onde sentimentos regionalistas fortes se mesclam com uma alta concentração de descendentes de imigrantes europeus brancos. Portanto, o problema nesses bairros não é apenas um retorno à comunidade mais fechada, uma consequência possível dos novos movimentos sociais que desconsideram as questões institucionais (Maheu, 1993), mas também um reforço da identidade racial e étnica, que nega a convivência com os diferentes por conta do risco que isso implica. Padrão similar poderia estar se desenvolvendo no Rio de Janeiro por conta dos arrastões nas praias da Zona Sul da cidade, os quais envolvem, de um lado, os jovens pobres e predominantemente negros da periferia da região metropolitana, e de outro, os moradores da Zona Sul, incluindo-se aí os brancos, mestiços e negros favelados que estejam na praia no momento do tumulto. Embora, em geral, as brigas envolvam as "galeras"[7] dos bairros afastados, muitos desses moradores, inclusive os favelados, reclamaram de terem sido assaltados por aqueles.

Pierucci (1990) interpretou esses novos fatos sociais de São Paulo como uma consequência não intencional dos novos movimentos sociais que têm como foco a diferença entre grupos e não a universalidade dos direitos de cidadania. De acordo com ele, os movimentos de esquerda contribuíram paradoxalmente para tornar inalcançável a igualdade na cidadania e também para o que ele chama de "re-emergência dos conservadorismos". Esse seria apenas um deles, pois há outras tendências conservadoras reaparecendo na crise político-institucional brasileira. A razão disso é o fato de nunca ter havido no Brasil, mesmo em tempos recentes, um movimento de direitos civis.[8] A preocupação quase que exclusiva dos intelectuais brasileiros foi estender os direitos políticos a cada vez mais setores da população e garantir direitos sociais aos que não tinham assistência ou serviços públicos, passando essa preocupação para os militantes. Isso resultou numa concepção e numa vivência de cidadania restritas ou incompletas, de modo que o termo "direitos" nunca teve um sentido real, ou seja, não deixou de ser meramente formal, existente apenas na letra da lei (Zaluar, 1991; Santos, 1993).

Os estudos feitos em favelas ou bairros da periferia do Rio de Janeiro mostram um fechamento de outro tipo, além da substituição do discurso político por outro tipo de discurso. O movimento de associações de moradores nos bairros pobres cariocas também foi profundamente afetado pela presença de quadrilhas de traficantes de drogas, o que fez aumentar tão dramaticamente os índices de crimes violentos nesses locais que a morte e o estupro se banalizaram. Por volta de 1985, as associações de moradores passaram a despertar o interesse dos traficantes; igrejas católicas ficaram cercadas por casebres e casas comprados pelos traficantes, que se tornaram ouvintes atentos do que o padre dizia nos sermões; alguns templos evangélicos foram obrigados a aceitar a existência de "paióis" ou esconderijos de armas e, junto destes, de pessoas ligadas ao tráfico.[9] É claro que quaisquer críticas às suas atividades no bairro não eram bem-vindas, e essas tensas relações entre os traficantes e os líderes comunitários ou meros vizinhos várias vezes terminaram com a morte ou a expulsão destes últimos. Em compensação, os traficantes já vinham há tempos fazendo o papel de segurança do local, eliminando ou expulsando os que roubassem trabalhadores ou estuprassem suas filhas.[10] Mas a sua mera presença e a maneira de lidarem com os jovens viciados em drogas estimularam esses jovens a cometer crimes violentos. Consequentemente, a imagem dos traficantes sempre foi ambivalente e amedrontadora, para não dizer aterrorizadora. O medo imaginário, fruto do real, não adquiriu, no entanto, as mesmas tonalidades que nos bairros de classe média de São Paulo.

As mudanças ocorridas na política local não se originaram apenas do medo causado pelos crimes violentos e pela presença de traficantes no bairro. Elas foram especialmente notáveis nas associações em que o modelo participativo da democracia negava ou criticava o da representação democrática, ainda montado no clientelismo, ou seja, num circuito de trocas de bens e serviços que atinge seu auge na época das eleições e implica um contato constante entre os políticos e os moradores, havendo vários intermediários, inclusive de fora da localidade. Se a autonomia foi reforçada, e com ela muitos intermediários desapareceram, a possibilidade de corrupção entre os líderes locais criou novas tensões e nova desconfiança.

Naquele primeiro tipo de associação, o efeito principal da presença indesejada dos grupos de tóxico foi tornar irrealizáveis as atividades rotineiras e as funções administrativas mais simples, tais como o pagamento da água, que é coletivizada em quase todas as favelas, ou a discussão pública e livre dos problemas da comunidade, inclusive a violência e o barulho (Peppe, 1992). A luz, a água e o esgoto são os principais problemas coletivos que os favelados não resolvem sem os serviços do Estado, e a maioria das favelas foi atendida durante os anos 80. O problema da luz foi resolvido graças a um modelo implantado pela companhia estadual Light, através do qual primeiro os moradores se organizam em comissões, para discutir com os técnicos da companhia como serão feitas as conexões nas partes comuns, e depois se instalam medidores em cada casa. Esse modelo foi muito bem-sucedido e não criou conflitos entre vizinhos. O mesmo não aconteceu com os serviços de água e esgoto, a cargo de outra companhia estadual, a Cedae. Adotou-se a política de entregar o dinheiro a algumas associações para fazer o trabalho, com pouca ou nenhuma discussão pública dos planos técnicos. Ao final, cada família tinha que decidir onde instalar o encanamento que, de qualquer maneira, deveria encontrar o esgoto central ou a tubulação principal de água. Assim, alguns moradores construíram seus encanamentos muito próximos uns dos outros, sem muito cuidado com a separação entre água e esgoto. Além disso, enquanto a luz era paga individualmente pelas famílias e mantida coletivamente pela Light, a água e o esgoto eram pagos coletivamente, mas a manutenção era individual. O resultado da conquista desse atendimento governamental foi criar mais tensão e conflito entre vizinhos que moravam cada vez mais próximos uns dos outros por causa do aumento populacional indiscriminado nessas favelas já atendidas por tais serviços públicos.

A maior densidade populacional, as dificuldades advindas da convivência tão próxima de pessoas vindas de diferentes regiões do país, particularmente entre nordestinos e cariocas negros, a confusão entre responsabilidades individuais e coletivas, assim como os conflitos em torno das verbas oferecidas pelo Estado e por algumas organizações não governamentais, tudo isso dificultou as tarefas das associações de moradores. A ausência de meios jurídicos formais para fazer valer suas decisões e cobranças das taxas coletivas, para obrigar os devedores renitentes a saldar suas dívidas, foi uma das razões pelas quais a população local aceitou cada vez mais a participação dos traficantes — que já vinham cumprindo a função de garantir a segurança — nas atividades das associações de moradores. O desalento tomou conta dos militantes que acreditavam no modelo participativo e viram os moradores deixarem a associação, pois esta já não conseguia mais mobilizá-los para as suas reuniões (Peppe, 1992). Além disso, as pessoas ficaram mais isoladas dentro de suas casas e de suas famílias devido à falta de previsibilidade e segurança, causada não só pela crise econômica e a inflação, mas também pela desconfiança, o medo e a violência.

Todavia, as novas entrevistas feitas na Cidade de Deus, bairro popular do Rio de Janeiro que venho estudando desde o início da década de 80, apontam novas direções da sociabilidade das pessoas e novos investimentos que compõem um quadro bastante diferente do encontrado em

São Paulo ou daquele retratado pelo estudo da favela carioca. Numa das associações daquele bairro, o desencanto com o modelo participativo de experiência democrática foi que levou muitos de seus militantes a deixarem a associação. Segundo eles, o fato de essas associações se verem de repente disputadas por diferentes partidos políticos de esquerda e por diferentes candidatos a cargos eletivos em cada um desses partidos mostrou-lhes que a faceta do interesse político permanecia, apesar da retórica. Como não haviam aprendido a lidar com isso — muito pelo contrário, foi justamente esse interesse que os levou, nos anos anteriores, a se afastar dos políticos clientelistas, também chamados de "interesseiros" —, sentiram-se traídos na sua confiança. Quando viram seus próprios companheiros candidatando-se, e quando foram chamados a participar de campanhas eleitorais (desses companheiros e de seus candidatos a cargos executivos), entenderam que seus ideais de trabalho comunitário desinteressado estavam perdidos. Desde então, passaram a acusar esses antigos companheiros de "interesseiros" e, portanto, falsos amigos que apenas "usaram" a comunidade — os mesmos rótulos aplicados aos políticos de velho estilo (Zaluar, 1985) e, de fato, a quaisquer estranhos da classe média, inclusive pesquisadores como eu.

Ao mesmo tempo, os ideais de uma participação mais igualitária deixaram os membros da associação insatisfeitos com a hierarquia autoritária que sempre existiu nas associações voluntárias no Brasil. Longe de serem autônomas em relação ao Estado, tais organizações seguiram o modelo institucional do presidencialismo brasileiro, no qual a figura do chefe é muito forte, com claríssimos sinais de autoritarismo. Esse traço, juntamente com a corrupção e as novas formas disfarçadas de clientelismo, criou uma situação peculiar que minou as bases do movimento das associações de moradores. Mas as críticas feitas a esse modelo seguiram menos a retórica dos novos movimentos sociais que a da afiliação religiosa. Como disseram moradores insatisfeitos:

> Só não fiquei porque (...) vi algumas coisas que não me agradou (...). Eu acho que o presidente da República, que é o dirigente do nosso país, sabe, muita coisa que sai nos jornais, ele não pode fazer as coisas sozinho (...). Eu era o tesoureiro e eu já tinha dito para ele [o presidente da associação, católico, A. Z.]: "você tem a obrigação, como presidente, de prestar contas comigo porque o conselho fiscal está me apertando e eu aperto você... Você não quer dar atenção àquilo que [dizem] as pessoas que faz[em] parte do corpo [de] que nós fazemos parte, você não quer ouvir ninguém" (ex-segundo secretário, pentecostal, Assembleia de Deus).

Se nós vamos fazer tudo juntos, por que um comandar o outro? Por que você vai se colocar numa reunião, é tanta pancadaria verbal que acontece, que você não consegue mais (...). Você tem uma ideia e aí você quer expor, e vêm três, quatro, cinco respostas negativas. E você vai olhar para eles, está sendo negativo por quê, se o interesse é o mesmo? Mas é porque "A" quer aparecer, "B" quer aparecer ainda mais. Existem os grupinhos de interesse, as formações políticas, a realidade deles é diferente da Cidade de Deus [aludindo aqui aos membros de partido que vão às associações em busca de votos, como A. Z.]. Acho que é por isso que as pessoas acabam saindo do movimento. Elas saem quando elas percebem que as pessoas estão com interesses pessoais. Elas querem uma casa melhor, uma conta de telefone, querem coisas materiais, quando existem aqueles mais interessados em bens para a comunidade, mas você não vê. O Collor é apenas o que apareceu na televisão, mas se você for de associação em associação, você tem muita gente honesta, mas você tem uma grande parte de desonestos. E esses desonestos acabam atrapalhando nesses problemas (ex-diretora, evangélica, testemunha de Jeová).

Além desse problema não resolvido da hierarquia institucional dentro da organização comunitária, uma desconfiança generalizada gerou acusações de roubo contra os responsáveis pela associação, independentemente de seus partidos políticos. Nessa questão havia uma grande diferença entre católicos e pentecostais. Os primeiros aceitavam "a existência da fraqueza humana", a necessidade de ficar e misturar-se aos pecadores, lutando permanentemente contra a corrupção dentro da associação, que nunca ficaria completamente livre desse perigo. Os últimos se retiravam da associação assim que surgisse alguma evidência ou mesmo suspeita de corrupção.[11] A ligação dos católicos com a associação de moradores também justificava-se pela necessidade inescapável de resolver coletivamente os problemas comuns, tais como os serviços de água e esgoto, que exigiam um plano de urbanização do local. Como afirmaram dois diretores de diferentes religiões:

A associação de moradores, ela vinha até me beneficiar e aos moradores porque na hora de fazer a cobrança, na hora de cobrar a mensalidade, eu ia levar a palavra de Deus... Na hora de fazer a cobrança, começava a conversar: "a vida tá muito ruim de ganhar o dinheiro"; então, um assunto puxava o outro... Pregava o Evangelho, que é o que Jesus quer, falava que Jesus era o Salvador, que é ele que nos dá paz de espírito, que é o que nós queremos. Eu tenho visto com os meus olhos Deus curar o doente, Deus libertar o oprimido lá fora, aquele que está preso. Eu vejo Deus libertar as pessoas e dar uma nova vida. A pessoa passa a ter outra visão... Eu não saio daqui por causa da minha esposa, por causa dela... Este lugar é bom, o que estraga aqui é certo tipo de morador que torna o lugar insuportável... E a minha vida, a minha vida política, assim não me envolvo mais. Se o esgoto passa ali, eu vou pular em cima dele. Se está vindo para a minha porta eu pego uma enxada e desvio para o meio da rua, desde que não prejudique ninguém, eu jogo ele lá. Vou fazer o quê? (ex-segundo secretário, evangélico.)

Eu vejo a Igreja Católica oferecer tudo isso sem que você precise largar o movimento. Já o protestantismo, eles falam só de um Deus que liberta, mas na verdade é um pouco egoísta, só pensam neles. Você não pode se misturar... A Bíblia é que diz: tem que separar o trigo do joio. Separar o trigo do joio é aquilo que Jesus Cristo, que está contado em São Mateus, em São Lucas, na verdade não é isso [não misturar, A. Z.], é orar e vigiar. Você tem que ser prudente que nem a serpente, você sabe que está no meio do corrupto, mas você tem que estar no meio com propostas sérias para mudar, para não se enrolar, senão a corrupção impera. O protestantismo já acha que você não tem que se misturar, que não tem que estar ali, não tem que fazer obra comunitária (...). Ele [o ex-secretário] está lá no cantinho dele. O cocô continua tomando conta da porta dele, mas ele não quer se misturar (presidente da associação, católico).

Por esses depoimentos, pode-se observar a complexa articulação entre o político e o religioso no Brasil, que não segue o padrão weberiano da relação entre a ação econômica e a religião. No caso do Brasil, não se pode dizer que a cidadania seja apenas um efeito da Reforma, principalmente na sua versão calvinista, como acreditam os que apostam na evangelização das classes trabalhadoras para resolver os dilemas e falhas da cultura política brasileira. Tanto o protestantismo quanto o catolicismo tiveram efeitos contraditórios na construção da cidadania no mundo.[12] O isolamento individual e uma insistente preocupação com a corrupção, do lado dos protestantes; a mobilização, a mistura e uma atitude tolerante em relação à corrupção e a outros crimes, do lado dos católicos; tais são as peças fundamentais desse quebra-cabeça local.

Além do mais, a difícil situação enfrentada pela população local, efeito simultâneo da presença de quadrilhas violentas, da inflação e da crise econômica, levou esses militantes a valorizarem um trabalho ainda mais concreto, mais direto e mais restrito. Passaram a desacreditar o discurso ideológico que procurava enumerar as causas sociológicas dos problemas vivenciados pela população, sem apresentar soluções concretas, especialmente no caso das crianças e adolescentes atraídos pelas quadrilhas. Vários deles seguiram a tendência atual de aprofundar seus laços com as comunidades religiosas e de trabalhar na comunidade segundo os princípios novamente valorizados da caridade e da evangelização.

No que se refere aos traficantes e seus ajudantes jovens, outro traço, na direção oposta, diferenciava as relações entre o político e o religioso nas duas religiões. Enquanto os militantes católicos preferiam o silêncio e a distância em face da ameaçadora presença dos traficantes armados, com uma velada reprovação a estes no seio da comunidade local e uma forte oposição a punições mais severas do Estado, os protestantes escolheram uma proximidade evangélica, tentando salvá-los para aumentar o rebanho. Alguns deles hoje atendem adolescentes e crianças da vizinhança através do discurso religioso e do trabalho comunitário. Levar-lhes a palavra de Jesus, a fim de convencê-los a abdicar o vício e o domínio do diabo, implica às vezes rituais de exorcismo que se tornaram a marca registrada dessas igrejas emergentes. De fato, os evangélicos foram os que conseguiram realizar um trabalho mais eficaz e permanente de prevenção e de reeducação dos usuários de drogas e criminosos. Simultaneamente, foram eles que cada vez mais se voltaram para suas famílias, seus filhos, seus afazeres privados, defendendo soluções individuais para problemas coletivos tais como a água e o esgoto.

Há ainda outro ponto no qual não é possível fazer uma distinção clara e sem ambiguidades entre essas religiões nas suas relações com a política. Pois também ficou claro, pelos depoimentos, que o estabelecimento de práticas democráticas nas organizações populares seria mais fácil de acordo com as regras religiosas desenvolvidas pelos crentes, entre os quais o hábito de discutir e deliberar sobre as decisões é adotado sempre, sem ser desafiado pela hierarquia:

> Anciões são os líderes de uma localidade. Servo ministerial é o que ajuda os líderes. Mas acontece que esse papel autoritário eles não exercem. Porque se você for discutir com ele — "fulano, olha, a Bíblia explica isso e isso, não é isso que você está falando" —, ele vai te ouvir. Se você pedir para vir uma pessoa além daquele ancião, ele vai vir e vai conversar com você de igual para igual. Não tem essa de "a gente

vai parar para respeitar o irmão que tem 30 anos mais que você". E a gente vai conversar um com o outro (ex-diretora de uma das associações, desencantada com o autoritarismo dos líderes e a predominância dos interesses políticos dos outros diretores).

Os católicos têm feito muito para mudar os vícios autoritários e paternalistas de sua vivência religiosa. Exemplos dessa tentativa são os círculos bíblicos, que funcionam em bairros pobres com a finalidade de estudar e discutir a Bíblia, o movimento carismático, que impõe novos rituais mais abertos do que a missa como principal atividade religiosa, e as comunidades eclesiais de base, que se propõem discutir coletivamente todos os problemas comuns enfrentados pelo bairro. Mas eles não ameaçam o poder e a autoridade investidos no clero católico.

Entre a população local menos politizada e que nunca se engajara num movimento da associação de moradores de estilo participativo, aumentou bastante a conversão às novas seitas protestantes que enfatizam a necessidade de destruir o diabo através de rituais de exorcismo praticados com os indivíduos que se iniciam. Nos rituais da Igreja Universal, por exemplo, símbolos do ritual católico e da umbanda se misturam: o diabo incorporado em alguém tem os mesmos gestos dos *exus* afro-brasileiros,[13] e as exortações seguem o discurso católico. É o exorcismo, mais do que a adesão a uma ética de conversão, que está em destaque em algumas dessas novas religiões. Por trás dele, a ideia de um mal absoluto que explicaria a explosão da criminalidade violenta é a crença mais forte dessa população (Zaluar, 1985, 1992, 1993). A solução encontrada por esses populares, inclusive os muitos bandidos que se convertem, é a pregação da palavra de Cristo e a prática da caridade no trato com os mais necessitados, com as crianças, com os infelizes. O modelo religioso da sociabilidade restrita e da pregação religiosa, por parte dos evangélicos, e o da comunidade fechada, do trabalho coletivo e da liderança autoritária, por parte dos católicos, tomam conta da vida social nesses locais e influenciam suas ideias políticas. Ao mesmo tempo, há da parte de todos, mais particularmente dos evangélicos, um notável retorno à vida doméstica e às preocupações individuais com o trabalho, o casamento, o ganhar melhor e outros assuntos privados.

No plano religioso, bandido é o que escolhe a identidade negativa, com a qual acaba por se identificar por uma série de circunstâncias, inclusive a corrupção policial que o induz a roubar e assaltar, sobretudo para poder pagar o que lhe é exigido para não ser processado. A adesão cada vez maior às novas religiões é possivelmente uma consequência da falta de restrições morais e — no que diz respeito ao tráfico de drogas, em países onde a Justiça funciona vagarosa e injustamente — da falta de lei. Com o fracasso da lei e da moral, que não conseguem estabelecer os limites para essas tentativas de enriquecimento ilícito — como no caso dos políticos e policiais corruptos, bem como dos traficantes violentos —, diluem-se as fronteiras entre o certo e o errado e entre categorias de pessoas confiáveis e não confiáveis. Em outras palavras, a previsibilidade e alguma confiança, sem as quais a vida social e a ordem social não são possíveis, desaparecem. Se, em tal crise de legitimidade, não é nem no político nem no jurídico que as pessoas podem encontrar saída para o medo e para o sentimento de um iminente colapso da vida social, então será na religião — particularmente a que constrói a separação absoluta entre os bons e os maus — e no que está mais próximo — a comunidade local dos conhecidos e confiáveis — que elas irão se refugiar para escapar da avalancha.

Mas essa escolha, no caso das igrejas pentecostais que militam contra as demais religiões e que fazem do diabo nelas existente o principal inimigo, acarreta sérios problemas. Trata-se de um abrigo que reinventa o mundo, tornando-o sem conflitos ou interesses, um mundo sem política. Um mundo também sem espaço público, o qual alarga os horizontes da sociabilidade, para incluir os estranhos e os distantes, ou da civilidade, no sentido do respeito mútuo que cada um deve aos demais membros da nação, inclusive ou principalmente ao diferente. Em outras palavras, um mundo que exclui e marca o outro com os sinais do maléfico; em certos casos, um mundo doméstico, paroquial, conhecido, face a face, o único em que ainda se podem estabelecer relações de confiança, por mais ilusório que isso seja, o que o torna distante das propostas polifônicas e plurais do pós-moderno, assim como do projeto de um novo universalismo intersubjetivo e plural (Habermas, 1989, 1991; Ricoeur, 1990), não mais centrado na filosofia e nas ilusões do sujeito absoluto, mas ainda assim solidário com a razão moderna.

O caso brasileiro, entretanto, coloca algumas questões. Primeiro, não é possível opor questões morais e materiais, de modo a diferenciar velhos e novos movimentos sociais. Mais do que o problema em questão, o que importa é o modo de lidar com ele politicamente, seja ele material ou moral. A dicotomia é por si mesma problemática, na medida em que questões materiais sempre envolvem noções de justiça e um discurso público e moral que transforma a necessidade num direito. Apenas no discurso religioso maniqueísta tal dicotomia faz sentido, mas em relação à voracidade ou à avareza individuais.

Para evitar as armadilhas apontadas nos novos movimentos sociais no Brasil e em outros lugares, movimentos sociais e religiosos que não conseguiram transcender os problemas e identidades paroquiais específicos a seus grupos, organizações ou localidades, é necessário agora pensar em novas formas de reivindicar e exigir direitos. Estas devem levar os outros em consideração de tal maneira que eles não sejam instrumentalizados ou objetivados (Habermas, 1991). Um retorno a valores ou regras universais redefinidos, que garantam ao menos um encontro possível ou o diálogo entre diferentes posições, identidades, grupos ou localidades no espaço público, mesmo sabendo-se que o consenso é impossível e que os conflitos permanecerão — eis o novo desafio para os movimentos sociais no final do século XX.

Para enfrentar os novos medos e sua atual simbolização na figura do diabo, assim como novas formas de discurso religioso mais conectado com a ação política do que com a econômica, as teorias da relação entre o religioso e o político deveriam também ser parte de nossa agenda. Fundamentalismo é uma das questões, mas não é a única. A ideologia comunitária antiestatal e paroquial que romantiza a comunidade "pré-moderna" dos laços primários e das relações diretas (Calhoun, 1991), assim como as posições anti-institucionais, também abriu caminho para outras formas de engajamentos religiosos e políticos que ameaçam os próprios valores e fins que constituíram a razão inicial de suas críticas aos sistemas políticos clássicos e de sua rejeição à razão universalista, tal como proposta pelo Iluminismo europeizante e centralista.

Quando se abandona essa perspectiva dualista e dicotômica, inadequada para pensar hoje o quadro complexo e reticular das relações entre o Estado e as várias formas de associação, entende-se a sua pluralidade de princípios: os do caráter burocrático intermediário do Estado na redistribuição, os da procura do ganho no mercado, os das organizações não governamentais — também burocráticas e também necessitando de verbas e realizando o trabalho de redistribuição — e, por fim, o do chamado quarto setor ao qual pertencem as várias formas de associação que criam laços entre pessoas estranhas (Zaluar, 1997a). Do mesmo modo, por causa dos efeitos de sua própria presença na dinâmica social, os critérios particulares e locais de justiça presentes no comunitarismo, de que depende o funcionamento do setor doméstico ou da vizinhança, passam por uma inflexão. A autonomia local, que não organiza relações entre os vários grupos ou comunidades, rompe-se para formar cadeias de solidariedade entre estranhos, cujo objetivo final pode ser a distribuição de um bem escasso, baseada em diversos critérios de justiça que implicam uma discussão pública permanente nos processos de escolha dos beneficiados, tanto na distribuição que resulta de uma política estatal, quanto naquela em que as organizações governamentais e não governamentais são meras redistribuidoras, ou ainda naquelas em que as redes de reciprocidade ultrapassam os limites das identidades étnicas, religiosas, sexuais ou de vizinhança. Criam-se assim vários tipos de ligações, seja através da doação do bem, seja através da participação na discussão pública sobre a avaliação e a distribuição. Nesse circuito de reciprocidade, estariam incluídos, portanto, não só os bens mercantis mas também os não mercantis, como nacionalidade, seguridade, educação, sistema de justiça, ou seja, de diferentes esferas de justiça controladas pelo Estado (Walzer, 1995), ou ainda aqueles decorrentes do próprio processo de justificação das demandas por justiça e de avaliação desta. São os invocados nas disputas que decorrem de noções de honra, confiança e reputação — bens imateriais e não controlados pelo Estado (Thévenot, 1995; Boltanski, 1990).

Notas

1. O conceito de máfia está imbricado no de crime organizado e é objeto de interminável polêmica iniciada no século passado. Uma com referência ao seu caráter organizado ou desorganizado (Arlachi, 1986; Reuter, 1986; Calvi, 1993; Bettancourt & Garcia, 1994; Tullis, 1995; Labrousse & Koutousis, 1996) e outra quanto ao seu estatuto de crime ou trabalho ou empresa (Reuter, 1986; Thoumi, 1994; Bettancourt & Garcia, 1994). De qualquer modo, trata-se certamente de uma rede de atividades que tem um componente de empreendimento econômico, ou seja, implica atividades que se repetem ao longo do tempo (mesmo sem a disciplina, a regularidade e os direitos jurídicos do mundo do trabalho), visando ao lucro (tanto mais fácil e alto quanto mais bem colocado se está na rede de intermediários e atacadistas) e utilizando moedas variáveis nas trocas baseadas em características comuns às relações secretas ou subterrâneas, bem como valendo-se do escambo na troca de mercadorias e no pagamento de serviços. A existência de leis que proíbem tais atividades e de fortes censuras morais ao exercício das mesmas impõe práticas e formas organizacionais que, além de permanecerem subterrâneas, apelam para meios violentos na negociação (ameaças, coações, chantagens, extorsões) ou na resolução (agressões, assassinatos, terrorismo) de conflitos comerciais ou pessoais.

2. No entanto, a presença da Igreja nas organizações locais nunca teve um efeito uniforme, pois dependia das ações adotadas pelo padre da paróquia (Jacobi, 1989).

3. A ideologia comunitária sustentada pela Teologia da Libertação preconiza a transformação da sociedade por meios políticos, com a participação ativa dos pobres, dos explorados, dos dominados. Com isso criou, de fato, uma "comunidade mítica de iguais" (Durham, 1984), que escondia profundas diferenças sociais e econômicas entre os moradores (Zaluar, 1985), assim como conexões políticas através de assessores e membros de partidos de esquerda

(Durham, 1984). Por conta da importância dada ao ativismo político, a Teologia da Libertação descuidou das funções rituais e simbólicas da religião, que passaram a ser procuradas em outras religiões. Ao mesmo tempo, as CEBs (comunidades eclesiais de base) mantêm uma matriz religiosa muito importante na cultura popular brasileira, isto é, o messianismo e o milenarismo, que apontam para o fim deste mundo após o qual os pobres finalmente encontrarão a justiça, o bem e a paz. Essa matriz também contém, pois, dicotomias absolutas do bem e do mal.

4. A definição de crime violento não é uniforme em todas as estatísticas disponíveis no Brasil. A definição jurídica inclui homicídios e tentativas de homicídios, assaltos, latrocínios, lesões corporais dolosas, estupros e tentativas de estupros. Os dados oficiais da polícia às vezes também incluem homicídios culposos, às vezes consideram apenas os homicídios dolosos.

5. Jean-Claude Chesnais (1981) aponta o caráter imaginário do medo na França, visto que, em relação aos séculos anteriores, os crimes violentos e a violência difusa diminuíram bastante na sociedade. O recente aumento dos crimes contra o patrimônio apontaria apenas uma tendência recente de priorizar a propriedade em detrimento dos valores da pessoa. O medo resultante desse aumento, que não afeta as pessoas, seria portanto mais imaginário do que real.

6. A Igreja Católica tem sido a principal força política e social que contesta e condena a pena de morte, hoje aprovada pela maioria nas últimas pesquisas de opinião pública. Graças a essa firme oposição, também seguida por algumas igrejas evangélicas, a pena de morte não foi votada nem aprovada no Brasil. Seu principal argumento baseia-se nos direitos humanos, na perspectiva da lei natural, que garante o direito à vida de todos, inclusive dos prisioneiros. Um argumento mais prático afirma que seriam os pobres, negros e mestiços os punidos dessa forma, de acordo com os vieses das instituições encarregadas de promover a lei e a ordem no país.

7. A maioria desses jovens pertencia a "galeras", a recente versão brasileira das gangues de adolescentes estadunidenses que adotam estilos de música e vestuário com fortes vínculos com a localidade onde moram. As rivalidades entre eles são a principal causa da violência exibida nos "bailes *funk*" locais ou nas praias do Rio de Janeiro, onde "galeras" de bairros diferentes se encontram. Essas brigas seguem um modelo mais recente de segregação nas cidades brasileiras que é mais parecido com o modelo norte-americano do que com o modelo ibérico ou *criollo* da mistura, até então marca de cidades brasileiras como Rio de Janeiro e Salvador.

8. O fato de os novos movimentos sociais não terem alcançado o padrão que cientistas sociais (Fischer, 1986:230-3) lhes atribuíram em outras partes do mundo, ficando, ao contrário, no padrão clássico da primeira fase da imigra-

Crime, Medo e Política

229

ção, embora se trate de imigrantes brasileiros de terceira geração, pode ser explicado por essa falta de direitos civis ou individuais. Essa tradição é que permitiria a associação de diferenças individuais ou grupais com valores e direitos universais.

9. *O Globo*, 13-10-1993, fez uma longa reportagem sobre o assunto, com depoimentos de vários moradores. Na minha pesquisa, também surgiram depoimentos a respeito dessa situação.

10. Esses fatos talvez expliquem por que tantos líderes comunitários recusam-se a falar sobre os meios violentos empregados pelos traficantes de drogas, como aconteceu recentemente na guerra entre os jovens traficantes de Vigário Geral e os que moram numa favela vizinha (Parada de Lucas). Nessa guerra, dezenas de jovens morreram.

11. Apesar disso, a Igreja Católica é uma das instituições que mais confiança despertam na população brasileira, de acordo com pesquisas de opinião pública recentes. Por outro lado, políticos evangélicos, eleitos para o Congresso Nacional como representantes de suas congregações religiosas, assim como algumas instituições de caridade evangélicas, estão envolvidos nos recentes escândalos de corrupção na comissão de orçamento. A investigação que se seguiu foi uma ação sem par na história política do país, pressionada por passeatas e comícios promovidos em algumas cidades por várias organizações políticas, que mobilizaram pessoas de diferentes idades, sexos, afiliações religiosas, classes sociais e bairros. Essas manifestações não "dão as costas para o Estado", mas almejam democratizá-lo.

12. Enquanto o catolicismo separou claramente o plano espiritual do secular, tornando possível o aparecimento das nações modernas, o luteranismo advogava uma reunião da religião e do Estado. O calvinismo, por sua vez, fez da sua opção econômica e política a única legítima, reforçando uma enorme intolerância religiosa. Enquanto o protestantismo gera conformismo e absenteísmo eleitoral nos países em que era predominante, o catolicismo, ao contrário, mesmo com o clientelismo, estimula a mobilização política (Badie, 1991). Além do mais, a ideologia calvinista é socialmente conservadora, na medida em que afirma que os lucros de uns não engendram a miséria de outros e que, portanto, a busca da justiça social não é eticamente justificável. Por outro lado, do ponto de vista institucional, o puritanismo anglo-saxão desenvolvido na Inglaterra introduziu procedimentos democráticos: a) por sublinhar a responsabilidade individual diante de tudo e não apenas na leitura da Bíblia, transformando o campo político num espaço aberto de debate pluralístico; b) pela prática eleitoral que prescreveu a eleição do presbítero, baseada no livre-arbítrio individual.

13. Outra característica da recente conversão a seitas evangélicas é a oposição clara e radical às outras religiões, especialmente as afro-brasileiras, que são chama-

das de "coisa do diabo", sendo as suas entidades ambivalentes (exus) identificadas com o próprio diabo (Almeida, 1996). Isso trouxe para o campo religioso uma
forte intolerância e uma atividade guerreira que a sociedade brasileira não viven-
ciava há muito tempo.

Referências bibliográficas

Adorno, Sergio. Criminal violence in modern Brazilian society, the case of São
Paulo. (Trabalho apresentado à Conferência Internacional sobre Mudanças
Sociais, Crime e Polícia, Budapeste, Hungria, 1992.)

Almeida, Ronaldo Machado de. *A universalização do reino de Deus.* Campinas,
Unicamp, 1996. (Tese de Mestrado em Antropologia Social.)

Arlachi, Pino. *Mafia business: the Mafia ethic and the spirit of capitalism.* London,
1986.

Badie, Bertrand. Comunidade, individualismo e cultura. In: *Sur l'individualisme.*
Paris, References, 1991.

Bettancourt, G. & Garcia, M. *Contrabandistas, marimberos y mafiosos. Historia social de la Mafia colombiana.* Bogotá, TM, 1994.

Boltanski, Luc. *L'amour et la justice comme compétences: trois essais de sociologie de
l'action.* Paris, Métailié, 1990.

Brant, Vinicius. *São Paulo, trabalhar e viver.* São Paulo, Brasiliense, 1989.

Caldeira, Teresa P. City of walls. Berkeley, 1992. (PhD Thesis.)

Calhoun, Craig. Indirect relationships and imagined communities. In: Bourdieu, P. & Coleman, James S. *Social theory for a changing society.* San Francisco, Oxford, Westview Press, 1991.

Calvi, Fabrizio. *La vita quotidiana della Mafia dal 1950 a oggi.* 3 ed. Milano, Biblioteca Universale Rizzoli, 1993.

Cardoso, Ruth. Movimentos sociais urbanos: um balanço crítico. In: Almeida, M.
H. & Sorj, B. (orgs.). *Sociedade e política no Brasil pós-64.* São Paulo, Brasiliense,
1983.

————. Movimentos sociais na América Latina. Rio de Janeiro, Anpocs. *Revista
Brasileira de Ciências Sociais,* 1(3), 1987.

Centro de Defesa dos Direitos Humanos Bento Rubião. *As favelas e as organizações comunitárias.* Rio de Janeiro, Vozes, 1993.

Chaloub, Sidney. *Trabalho, lar e botequim.* São Paulo, Brasiliense, 1986.

Chesnais, Jean Claude. *Histoire de la violence.* Paris, Pluriel, 1981.

Dahrendorf, Ralph. *O conflito social moderno*. Rio de Janeiro, Zahar, 1992.

Durham, Eunice. Movimentos sociais: a construção da cidadania. São Paulo, Cebrap. *Novos Estudos Cebrap* (10), out. 1984.

Fausto, Boris. *Crime e cotidiano*. São Paulo, Brasiliense, 1984.

Fischer, Michael & Marcus, George. *Anthropology as cultural critique*. Chicago, Chicago University Press, 1986.

Franco, Maria Sylvia Carvalho. *Os homens livres na sociedade escravocrata*. São Paulo, Ática, 1974.

Godbout, Jacques T. *L'esprit du don*. Paris, Découverte, 1992.

Habermas, Jürgen. A nova transparência. São Paulo, *Novos Estudos Cebrap* (18), 1989.

————. *Pensamento pós-metafísico*. Rio de Janeiro, Tempo Brasileiro, 1991.

Hermet, Guy. Individu-citoyen dans le christianisme occidental. In: *Sur l'individualisme*. Paris, References, 1991.

Jacobi, Pedro. Movimentos sociais urbanos no Brasil. *Boletim Informativo e Bibliográfico de Ciências Sociais*. Rio de Janeiro (9), 1980.

————. *Movimentos sociais e políticas públicas*. São Paulo, Cortez, 1989.

Kowarick, L. & Ant, Clara. Violência: reflexões sobre a banalidade do cotidiano em São Paulo. In: Boschi, Renato R. (org.). *Violência e cidade*. Rio de Janeiro, Zahar, 1982.

Labrousse, Alain & Koutousis, Michel. *Géopolitique et géostratégies des drogues*. Paris, Economica, 1996.

Maheu, Louis. Movimientos sociales y políticos. São Paulo, USP; Unesco; Iser; Inep, 1993. (Seminário Autoritarismo Social *x* Democratização do Estado.)

McRobbie, A. & Thorton, S. L. Rethinking moral panic for multi-mediated social worlds. *British Journal of Sociology*, 46(4):559-74, 1995.

Mello e Souza, Laura. *O diabo e a Terra de Santa Cruz*. São Paulo, Companhia das Letras, 1987.

Merry, Sally Engle. *Urban danger: life in a neighborhood of strangers*. Philadelphia, Temple University Press, 1981.

Paixão, Antônio Luiz. Crimes e criminosos em Belo Horizonte, 1932-1978. In: Pinheiro, Paulo S. (org.). *Crime, violência e poder*. São Paulo, Brasiliense, 1983.

————. Crime, controle social e consolidação da cidadania. In: Reis, F. W. & O'Donnell, G. *A democracia no Brasil: dilemas e perspectivas*. São Paulo, Vértice, 1988.

232   Um Século de Favela

Peppe, Atilio M. Associativismo e política na favela Santa Marta. São Paulo, USP, 1992. (Tese de Mestrado.)

Pierucci, Antonio Flavio. Ciladas da diferença. *Tempo Social,* 2(2), 1990.

Reuter, Peter. *Disorganized crime: illegal markets and the Mafia.* Massachusetts, MIT Press, 1986.

————. Cocaine: the first decade. Santa Monica, Rand, 1996.

Ricoeur, Paul. *Soi-même comme un autre.* Paris, Seuil, 1990.

Santos, Wanderley Guilherme. *As razões da desordem.* Rio de Janeiro, Rocco, 1993.

Thévenot, Laurent. L'action publique contre l'exclusion dans des approches pluralistes du juste. In: Affichard, J. & Foucauld, J. B. *Pluralisme et equité.* Paris, Commissariat Général du Plan, Esprit, 1995.

Thoumi, Francisco. *Economía, política y narcotráfico.* Bogotá, Tercer Mundo, 1994.

Tullis, LaMond. *Unintended consequences; illegal drugs and drug policies in nine countries.* Boulder, Lynne Rienner, 1995.

(UNDCP) United Nations International Drug Control Programme. *World drug report.* Oxford, New York, Oxford University Press, 1997.

Vargas, João H. À espera do passado. Unicamp, 1993. (Tese de Mestrado.)

Walzer, Michael. Exclusion, injustice et État démocratique. In: Affichard, J. & Foucauld, J. B. *Pluralisme et equité.* Paris, Commissariat Général du Plan, Esprit, 1995.

Zaluar, Alba. O diabo em Belíndia. *Religião e Sociedade,* 12(2), 1985.

————. Gênero, cidadania e violência. *Dados.* Rio de Janeiro, Iuperj, 1991.

————. A proibição das drogas e o reencantamento do mal. *Revista do Rio de Janeiro-Uerj,* mar. 1993. (Trabalho apresentado à Reunião da ABA, abr. 1992.)

————. Mulher de bandido: crônica de uma cidade menos musical. *Revista de Estudos Feministas.* Rio de Janeiro, 1, 1993.

————. Exclusão e políticas públicas. *Revista Brasileira de Ciências Sociais.* São Paulo, Anpocs, 12(35), out. 1997a.

————. Justiça, violência e dinheiro fácil. Paris, mar. 1997b. mimeog. (Trabalho apresentado ao Institut des Hautes Études sur la Justice.)

————; Albuquerque, C. & Noronha, J. C. Violência: pobreza ou fraqueza institucional? *Cadernos de Saúde Pública.* Rio de Janeiro, Fiocruz (10), 1994.

————. Pobreza não gera violência. *Ciência Hoje,* 20(115), 1995.

Zukin, Sharon. *The cultures of cities.* Oxford, Blackwell, 1995.

Cocaína e poderes paralelos na periferia urbana brasileira
ameaças à democratização em nível local*

> Elizabeth Leeds

NOS ÚLTIMOS ANOS, tornou-se lugar comum na literatura das ciências sociais a noção de que a redemocratização na América Latina é um processo frágil. Diz-se que os movimentos sociais que foram decisivos para a volta do regime democrático perderam seu impulso ante as próprias forças que ajudaram a restaurar. Em muitos lugares, a democracia eleitoral retornou com tons neoclientelistas que estão minando a conscientização alcançada durante o período em que não houve eleições (Hagopian, 1993). A inexistência de um inimigo comum, quase sempre um regime militar autoritário, veio mascarar inimigos menos visíveis, porém igualmente perniciosos, sob forma de uma violência não oficial e todavia

---

ELIZABETH LEEDS é da Fundação Ford.

* Uma versão anterior deste texto — Cocaine and parallel polities in the Brazilian urban periphery: constraints on local level democratization — foi publicada em *Latin American Research Review*, 31(33): 47-83, 1996. A pesquisa foi patrocinada pelas seguintes entidades: Social Science Research Council, através de um fundo para a América Latina e o Caribe; Bunting Institute of Radcliffe College; John D. and Catherine T. MacArthur Foundation, através de subvenção institucional ao Centro de Estudos Internacionais do Massachusetts Institute of Technology; e reitoria da Escola de Humanidades e Ciências Sociais do MIT. As entrevistas com funcionários do governo, líderes comunitários de 25 favelas e detentos em três prisões cariocas foram feitas em 1987/88, 1989, 1991, 1994 e 1995. Agradeço à minha assistente de pesquisa, Maria Severa da Silva, aos líderes comunitários e especialmente àqueles ligados ao Centro de Direitos Humanos Bento Rubião, pelas muitas horas compartilhadas em experiências e descobertas. Por motivos óbvios, eles devem permanecer anônimos. Agradeço também a Martha Huggins, Susan Eckstein, Alba Zaluar e Mick Moore, bem como aos anônimos revisores da *Latin American Research Review*, por seus pertinentes comentários sobre as primeiras versões deste texto.

tolerada (Pinheiro, 1992). E se para as classes médias as práticas democráticas voltaram, nada que seja inerente à transição para a democracia garante essas práticas ou mesmo a democracia substantiva para as classes inferiores (Huggins, 1991; O'Donnell, 1992; Fox, 1994a).[1]

Na América Latina, a transição política do autoritarismo para regimes democráticos se fez acompanhar de uma transição econômica que aumentou drasticamente a pobreza. Tal transição — em geral atribuída à crise da dívida e à subsequente reestruturação econômica que exigiu profundos cortes nos gastos governamentais — atingiu sobretudo os segmentos populares tradicionalmente vulneráveis e desassistidos. Em geral, o Estado não tratou de propiciar serviços básicos como saúde, educação, infraestrutura urbana e um sistema policial não repressivo, mas a reestruturação econômica ajudou a criar espaço para que atores alternativos assumissem importante papel nas esferas social, econômica e política dos segmentos populares. As organizações não governamentais (ONGs) preencheram lacuna considerável na prestação de serviços básicos,[2] mas elas representam apenas uma parcela dos atores alternativos que vieram ocupar esse espaço.

Tais percalços das transições democráticas e os efeitos deletérios das transições econômicas coincidiram, na década passada, com o desenvolvimento do que poderíamos denominar a primeira empresa multinacional autóctone da América Latina e sua primeira forma genuína de integração econômica: a produção, o processamento e a distribuição de cocaína (Quijano, 1993). O estágio e a forma dessa empresa variam de país para país, mas, em todos eles, as consequências políticas e econômicas das atividades ligadas à cocaína atingiram sobretudo os segmentos econômicos aos quais se negaram os "benefícios" da transição democrática. Consideremos o seguinte episódio, amplamente divulgado.[3]

No final dos anos 80, a maior favela do Brasil, a Rocinha, situada num bairro de elite da Zona Sul do Rio de Janeiro e com uma população estimada em 150-200 mil habitantes, insurgiu-se contra a sua vizinhança de classe média, num *show* de violência, o qual foi sensacionalisticamente rotulado de "guerra civil" pela imprensa local e nacional.[4]

Segundo versão oficial apresentada pela associação de moradores da comunidade, o episódio começou como uma manifestação pacífica de moradores da Rocinha revoltados com a violência crônica da polícia contra os favelados. Já de acordo com versões não oficiais, a Rocinha protestava contra a transferência do chefe do narcotráfico da favela, capturado recentemente, de uma prisão de onde ele podia manter contato com a comunidade para outra, mais segura, cujo acesso era mais difícil. Como a Rocinha ocupa um morro através do qual passa um túnel ligando dois impor-

Cocaína e Poderes Paralelos na Periferia Urbana Brasileira   235

tantes bairros residenciais de elite, os moradores da favela reuniram-se para protestar num viaduto de quatro pistas por onde se entra e sai do túnel. Tal estratégia provocou um engarrafamento de trânsito de 8km de extensão. A ação policial, como sempre violenta, com espancamentos e uso de gás lacrimogêneo, não logrou dispersar os manifestantes e levou alguns moradores a começar a apedrejar, do alto do morro, os carros que transitavam pelo túnel. A polícia era impotente contra esse tipo de ataque. Segundo alguns, os apedrejamentos só cessaram quando, da prisão, o "dono" do tráfico ordenou sua suspensão.

Esse incidente exemplifica um quadro de condições contraditórias que grassam nas 500 favelas e conjuntos habitacionais populares do Rio de Janeiro. Os moradores dessas áreas representam cerca de um terço da população do município. A distribuição e a venda de cocaína a partir dessas comunidades, principalmente para as classes média e alta, criaram uma trama complexa de relações econômicas e políticas entre comunidades, traficantes e Estado.[5] Tais relações resultaram sobretudo da presença e ausência seletivas do Estado, constituindo o que chamo de "violência estrutural", violência e repressão contínuas contra as classes populares.[6] De modo geral, este estudo trata das ameaças à redemocratização e à governança em nível comunitário na periferia urbana brasileira, as quais se fazem sentir quando condições socioeconômicas adversas e a presença repressiva do Estado estimulam formas alternativas e extralegais de organização econômica e política.[7] Procura explicar por que, à medida que as práticas democráticas se difundem no Estado brasileiro, a democracia em nível local nas comunidades operárias está sendo solapada. Os favelados, em particular, se veem entre dois fogos: a violência ilegal dos traficantes e a violência oficial das forças policiais.

Mais especificamente, este estudo aborda o uso político e os efeitos da distribuição e venda de cocaína nas comunidades urbanas de baixa renda do Rio de Janeiro. Sustento que a violência física e criminosa resultante do tráfico de drogas é uma forma visível e palpável da violência empregada pelo Estado, e que ela mascara uma violência estrutural-institucional mais oculta, ao mesmo tempo em que perpetua relações políticas neoclientelistas com essas comunidades de baixa renda. O modo pelo qual o Estado reage ao tráfico de drogas nas favelas constitui um exemplo atual (numa série de paralelos históricos) de repressão do "comportamento aberrante" da classe inferior e, logo, de repressão de segmentos expressivos de toda uma classe. Mais importante, a onipresença do tráfico de drogas ameaça o frágil processo de criação, em nível local, de estruturas democráticas capazes de fortalecer e mobilizar politicamente as comunidades de baixa renda.[8]

O Estado como protetor — de quem e contra o quê?

As impressionantes imagens do Rio de Janeiro veiculadas na imprensa nacional e internacional mostram uma cidade sitiada, a necessitar da proteção das Forças Armadas porque a instituição tradicionalmente encarregada de zelar pela ordem pública — a polícia — tornou-se demasiado corrupta e envolvida no tráfico de drogas e armas que lhe caberia combater. Supostamente para proteger a população, as Forças Armadas invadiram e ocuparam certas favelas às vésperas das eleições governamentais e presidenciais de novembro de 1994. Segundo as forças militares brasileiras e a mídia local e nacional, as favelas eram fonte de drogas e armas. Como explicar esse fenômeno extremamente antidemocrático no nível local, quando o Brasil parece estar tocando a sua agenda democrática no nível nacional? E por que a tarefa de proteger a população civil de todas as classes é tão difícil de ser cumprida nas grandes cidades brasileiras?

Uma resposta é a ambígua noção do Estado como protetor. Se, como supõem os analistas, é dever do Estado proteger seus cidadãos contra certos perigos básicos — como ameaças à segurança pessoal, à propriedade e aos direitos civis e humanos —, então cabe também supor que todos os segmentos da sociedade têm direito a ser igualmente protegidos e que existe algum consenso quanto ao que constitui ameaça à segurança, quer para os indivíduos, quer para a sociedade em geral.

Uma década atrás, num ensaio sobre a constituição do Estado como crime organizado, Charles Tilly (1985) expressou sua preocupação com a crescente importância do regime militar em países do Terceiro Mundo. Baseado em seu estudo histórico anterior sobre a formação dos Estados-nações na Europa, dizia ele que o banditismo, as rivalidades no mundo do crime, a atividade policial e a atividade bélica, tudo isso pertencia ao mesmo *continuum* no processo de formação do Estado, que costuma monopolizar os meios concentrados de violência. A ideia central de sua tese era que os Estados atuam como protetores de suas populações, contra ameaças externas e internas, sejam elas reais ou percebidas, legítimas ou fabricadas. Segundo Tilly (1985:171):

> Na medida em que as ameaças contra as quais um governo protege seus cidadãos são imaginárias ou consequência de suas próprias atividades, o governo monta um sistema de proteção extorsionário (...). Observadores políticos reconhecem que, independentemente de quaisquer outras atividades, os governos organizam e, sempre que possível, monopolizam a violência. Pouco importa se a violên-

cia é tomada em sentido restrito, como dano a pessoas e objetos, ou em sentido amplo, como violação dos desejos e interesses de alguém; por ambos os critérios, os governos se destacam de outras organizações por sua tendência a monopolizar os meios concentrados de violência.

A ideia do Estado como protetor ambíguo — que cria a percepção da ameaça contra a qual se deve proteger o país — é um princípio organizativo de grande utilidade para minha análise do surgimento de poderes paralelos em nível local e do papel do Estado nesse processo. Neste estudo, começaremos por examinar as origens do crime organizado no Rio de Janeiro durante a repressão dos anos 60 e 70. No esforço para "proteger a sociedade" contra as duas ameaças representadas pelos criminosos comuns e pelos militantes políticos de esquerda, o Estado brasileiro criou inadvertidamente a forma de crime organizado contra a qual presentemente se vê compelido a proteger a sociedade. Em seguida, descreveremos a dinâmica do "protetor em nível local" atuando no contexto de "comunidades desprotegidas" — as favelas. Tais comunidades constituem apenas uma categoria de uma série de exemplos comparativos de surgimento de poderes paralelos como resultado da omissão do Estado. Nas demais seções, analisaremos o impacto político sobre a organização de comunidades em nível local e o papel do Estado na perpetuação desse impacto.

Origens do poder paralelo

A extensão e a estrutura atuais do narcotráfico no Rio de Janeiro resultam em grande parte de medidas tomadas em fins dos anos 60 pelo regime militar com vistas a resolver problemas supostamente ligados à "segurança nacional".[9] Para começar, os militares decidiram, em 1969, classificar como ameaças à segurança nacional tanto os prisioneiros políticos (muitos dos quais se envolveram em assaltos a bancos para financiar atividades políticas) quanto os "assaltantes comuns", que roubavam bancos sem motivos políticos.[10] Esses dois grupos foram separados dos demais "criminosos comuns" e recolhidos à mesma seção da Penitenciária Cândido Mendes, prisão de segurança máxima situada na ilha Grande, no litoral do estado do Rio de Janeiro.[11] A tortura sistemática e a falta de material básico (colchões, lençóis, cobertores, sabão) faziam parte das terríveis condições vigentes nas prisões.[12]

Os prisioneiros políticos, em sua maioria de classe média, instruídos e esquerdistas, trouxeram para a prisão a estrutura organizacional e a ideologia do "coletivo", que foram transmitidas aos "assaltantes comuns", pas-

238   Um Século de Favela

sando estes a denominarem-se "o coletivo".[13] O coletivo adotou a forma organizacional e parte da ideologia antigovernista dos prisioneiros políticos, quanto mais não fosse para assegurar seus próprios direitos como prisioneiros. Também adquiriram, com os prisioneiros políticos, princípios de organização política e uma consciência coletiva até então inexistentes no sistema penitenciário brasileiro. Os limites dessa politização e a forma por ela assumida foram descritos por um ex-prisioneiro político. Quando o entrevistei em 1988, ele ocupava um cargo de responsabilidade numa secretaria municipal do Rio de Janeiro: "Na verdade, havia ali um enorme potencial para revolta principalmente porque os valores dominantes do sistema eram para eles [os prisioneiros] inalcançáveis. Portanto não veio a ser uma revolta contra o sistema, mas uma revolta para conquistar o que o sistema tinha a oferecer. Os prisioneiros comuns herdaram um pouco do discurso radical da esquerda; herdaram boa parte do sistema de valores da sociedade contemporânea e muitas das práticas dos políticos tradicionais".[14] Esse conservadorismo básico, apesar da formação "radical", ainda tende a dominar as atuais relações dos grupos de traficantes com as favelas, ponto que será examinado mais adiante.[15]

Em meados dos anos 70, os prisioneiros políticos foram trazidos de volta para as prisões do continente. O coletivo integrou-se ao restante da população carcerária e ficou conhecido como "lei de segurança", provavelmente porque mantinha a ordem entre essa população punindo os companheiros que cometessem furto e estupro. O grupo desenvolveu um código de conduta, base de um sistema interno de autoridade parecido com aquele existente nos sistemas carcerários dos EUA.[16] Valendo-se da consciência coletiva, a lei de segurança implantou um sistema de contribuições monetárias voluntárias por parte dos detentos, espécie de "vaquinha" para obter artigos básicos e também financiar fugas da prisão. Eles aprenderam, com os prisioneiros políticos, a fazer greves de fome e a enviar cartas à imprensa e outras entidades denunciando violações dos direitos humanos.

As autoridades carcerárias, considerando inconvenientes essas novas táticas, integraram o grupo à massa dos demais detentos, contando diluir sua força e organização. Ao invés disso, o poder do coletivo se fortaleceu e expandiu. Na tentativa de enfraquecer a organização, as autoridades carcerárias transferiram os membros da lei de segurança para outras prisões, o que efetivamente difundiu e reforçou ainda mais a ideia de ação coletiva. Hoje, a organização é conhecida como Falange Vermelha ou, mais recentemente, Comando Vermelho, a maior e mais organizada de cinco organizações carcerárias independentes e amiúde rivais.[17] Graças à imprensa, os atuais chefes do Comando Vermelho tornaram-se figuras populares, se não heróis, entre os favelados e a população em geral. Hoje, a geração do "coletivo" dos anos 70 foi em grande parte substituída por novas lideranças que utilizam as técnicas organizacionais, dentro das prisões e nas favelas, para montar lucrativas redes de tráfico de cocaína, mas principalmente sem a mentalidade do coletivo.[18]

Nos anos 70, o advento da cocaína como nova mercadoria lucrativa modificou radicalmente as oportunidades para o crime organizado a partir da prisão.[19] A chefia do Comando viu no tráfico de cocaína um meio de manter altos lucros sem ter que pagar à polícia as altas propinas geralmente exigidas para os assaltos a bancos.[20] Depois que o tráfico de cocaína se tornou o principal negócio, um destacado membro da liderança do Comando (morador de uma favela da Zona Norte) declarou: "agora somos autossuficientes".[21] Consequentemente, quando a repressão policial contra os traficantes aumentou durante o governo Wellington Moreira Franco, em 1987 e 1988, também o número de assaltos a bancos aumentou significativamente.[22] Em fins dos anos 80, surgiu uma atividade criminosa suplementar: o sequestro de pessoas da classe alta e da classe média-alta, sendo o dinheiro do resgate utilizado para comprar cocaína nos países produtores vizinhos.[23] Em 1994, armamentos sofisticados vieram incluir-se no rol de mercadorias a serem traficadas. Certos grupos de traficantes, sobretudo das favelas situadas nas proximidades do aeroporto e da zona portuária, começaram a especilizar-se na venda de armas aos traficantes de outras favelas que queriam proteger-se contra a invasão da polícia e de outros grupos rivais.[24] Assim, havendo condições favoráveis, o tráfico de cocaína e outras mercadorias aumenta, e, com ele, o envolvimento das comunidades em que se acham os traficantes. Como no final dos anos 70 e início dos anos 80 os líderes da Falange ou Comando Vermelho estavam instalados em favelas por todo o Rio, o crescimento do tráfico de drogas nessas comunidades foi uma consequência natural. Os chefes da Falange viam as favelas como um reduto relativamente seguro, onde contavam com algum apoio comunitário.[25] Nelas o tráfico de drogas, sobretudo maconha, já existia há décadas, sendo a "boca de fumo" uma constante da vida na favela. Mas o poder propiciado pelos ganhos financeiros obtidos com a cocaína conferiu ao narcotráfico uma importância sem precedente na vida econômica e política da comunidade. Embora se desconheça a exata extensão do poder do Comando, o fato é que ele cresceu bastante durante os oito anos em que estive estudando a sua presença nas favelas.[26]

O Brasil é um país onde a cocaína é principalmente distribuída e reexportada, e não produzida e processada.[27] Assim, o volume das atividades ligadas à cocaína varia conforme a quantidade da droga que é produzida nos principais países fornecedores, como Bolívia, Peru e Colômbia. O drástico aumento na produção de folha de coca na Bolívia, de 35 mil toneladas em 1978 para 171 mil toneladas em 1985, somente na região de Chapare (Healy, 1986:112), bem como o peso do tráfico de cocaína na economia peruana, estimado em US$1-1,2 bilhão (Mason et alii, 1993), têm ambos a ver com o maciço incremento no valor da cocaína distribuída no Rio no mesmo período.[28] Em 1994, a Polícia Federal informou ter apreendido 11,8 toneladas de cocaína na rota da Colômbia para a Europa e os EUA. Esse total supera as sete toneladas de 1993 (US Department of State, 1995). As cifras do tráfico de cocaína no Brasil são bastante inferiores aos bilhões de dólares movimentados nos países andinos. Mas os valores registrados indicam um negócio multimilionário que beneficia um amplo segmento da população brasileira.[29]

Tal como sucede com a maioria das atividades econômicas e a maior parte do crime organizado, o tráfico de drogas no Rio está estruturado hierarquicamente, sendo a cocaína distribuída a partir das favelas e conjuntos populares, no extremo inferior da cadeia de distribuição, e vendida principalmente a uma clientela de classe média. Os grandes atacadistas do narcotráfico no Rio raramente são identificados (ao contrário do que sucede na Colômbia). Uma queixa amarga dos pequenos traficantes é que esses "tubarões" anônimos raramente são tocados, enquanto os distribuidores de classe baixa são violentamente perseguidos. Dentro da estrutura de classes do narcotráfico, esses distribuidores constituem o segmento vulnerável e explorado.[30] Mas, dentro da estrutura social das favelas, eles são ou reverenciados ou relutantemente respeitados e temidos. Sua presença jamais é neutra.

O contexto

Atualmente estima-se que a população favelada varie de 1 a 2 milhões de pessoas, dependendo de quem conta. As favelas surgiram por toda parte na cidade, tanto em bairros de elite quanto da classe operária industrial. Sua população varia de algumas centenas a mais de 200 mil moradores, e elas se situam em terrenos que vão desde morros íngremes até alagadiços. A topografia da favela e sua forma de ocupação (se ela tem ruas largas e urbanizáveis ou becos sinuosos, preferidos pelos traficantes) auxiliam sua "conveniência" para a atividade ilegal. A situação legal dos terrenos de uma favela também varia, pois podem pertencer a particulares, aos governos municipal, estadual ou federal, a entidades religiosas, às Forças Armadas ou mesmo aos próprios favelados.

Em geral as favelas são comunidades estáveis, com residência a longo prazo e populações que abrangem várias gerações, dependendo de quando surgiram. Essa relativa estabilidade produziu na maioria das favelas uma coesão social e um senso comunitário que (apesar das queixas quanto às privações físicas) geralmente criam um sentimento de lealdade e identidade com uma determinada comunidade e também com a condição de favelado.[31] Fisicamente as favelas melhoraram muito nos últimos 25 anos, graças sobretudo aos esforços dos moradores, mas continuam exemplificando a opressiva desigualdade reinante na sociedade brasileira. No caso da Rocinha, os principais exemplos dessa desigualdade são os serviços de educação e saúde, totalmente inadequados. Nos limites da comunidade, apenas quatro escolas primárias servem a mais de 1,5 mil estudantes, numa população de 150 mil a 200 mil habitantes. As demais crianças tentam obter vaga em escolas públicas dos bairros vizinhos de classe média, mas geralmente não conseguem. Cerca de 15 creches e sete estabelecimentos pré-escolares atendem a crianças de até cinco anos. Na Rocinha não há escolas secundárias, mas um dos centros comunitários católicos oferece cursos profissionalizantes para adolescentes. Existem apenas dois pequenos postos de saúde para toda a comunidade — um gerido precariamente pela prefeitura do Rio e outro pela associação de moradores da Rocinha. Quase todos os serviços médicos têm que ser absorvidos pelos hospitais públicos inadequados de bairros vizinhos de classes média e alta.

A grande maioria dos moradores da favela está empregada na indústria ou no setor de serviços ora em expansão, havendo períodos de desemprego que refletem as condições de trabalho na sociedade em geral. As crises econômicas por que passou o Brasil na última década se traduzem, no nível local, em elevados índices de desemprego, subemprego e trabalho autônomo,[32] mas a favela sempre conviveu com vários tipos de atividade econômica no setor informal, legais ou ilegais. A expansão internacional do tráfico de cocaína na última década afetou seriamente as favelas e conjuntos populares cuja estrutura física é propícia à atividade clandestina. Qualquer atividade ilegal no setor informal acarreta consequências que não existem no caso de muitas atividades "legais" no mesmo setor. Tal como estas últimas, as atividades clandestinas alimentam e são alimentadas pelas desigualdades sociais e econômicas. Porém sua ilegalidade requer certo ambiente, certo espaço que somente algumas favelas e conjuntos habitacionais populares podem propiciar.

Cocaína, clientela e poder comunitário paralelo: protetores em nível local

Das 500 favelas e conjuntos habitacionais populares do município carioca (excluindo os municípios da área metropolitana periférica), praticamente todas têm grupos de traficantes de drogas, embora o âmbito das operações e o impacto local variem consideravelmente. Numa única comunidade, o número de pessoas economicamente envolvidas no tráfico pode chegar a várias centenas. Nas comunidades maiores, a atividade ligada ao tráfico apresenta diversas especializações — por exemplo, mulheres que confeccionam os papelotes ("endoladoras"),[33] meninos que são vigias ("olheiros"), meninos mais velhos que efetuam as entregas ("aviões") ou vendem em pontos da favela ("vapores"), adolescentes que patrulham a área ostensivamente armados ("seguranças"), encarregados da contabilidade, o "relações públicas" junto à comunidade e o "dono" do tráfico. Os moradores se referem indistintamente aos traficantes como "o grupo", "a quadrilha", "a rapaziada" ou, mais recentemente, "o movimento". Qualquer que seja a função exercida, a maioria dos envolvidos no tráfico vê neste uma das poucas alternativas economicamente viáveis à sua disposição.[34]

A natureza da interação dos traficantes e a comunidade é determinada pela personalidade, o estilo de liderança e a filosofia pessoal do chefe do tráfico. Tal interação inclui o apoio e a proteção oferecidos à comunidade, a relação do grupo de traficantes com a associação de moradores, a demonstração de força bélica e a extensão do consumo de drogas entre os membros do grupo. São características de um "bom dono": mostrar preocupação com o bem-estar básico dos moradores, evitar a violência gratuita e desencorajar o uso de drogas entre os jovens. Esse tipo de "dono" geralmente cresceu na comunidade, gozando aí de certo respeito, mesmo entre os que não querem saber do tráfico de drogas. Na favela do Morro do Sossego, na Zona Norte do Rio, encontra-se um exemplo que bem mostra a natureza um tanto contraditória e conservadora do "bom dono". Em 1995, criou-se lá um programa pelo qual as crianças trocavam armas de brinquedo por lápis de cor e papel. Perguntada sobre quem financiava o material, a encarregada do programa respondeu que era o "dono".[35] Um bom exemplo de "dono" poderoso e respeitado era "Meio Quilo", herói do Jacarezinho, uma das maiores favelas do Rio (cerca de 150 mil habitantes). Meio Quilo foi morto em 1987, após uma audaciosa tentativa de fuga da prisão. Seu enterro atraiu milhares de pessoas. Duas semanas depois de sua morte, foi lançado um disco com uma música em sua homenagem, e o segmento da comunidade que mais o admirava tentou em vão erigir-lhe um busto numa das praças públicas da favela. Já o sucessor de Meio Quilo costumava ser desnecessariamente violento e pouco ligava para o bem-estar da comunidade. Quando foi morto, meses depois, poucos compareceram ao seu enterro, e ninguém lhe rendeu nenhuma homenagem.[36]

Certamente é importante que os grupos de traficantes tenham o "apoio" da comunidade, a qual não deve cooperar com a polícia. De fato, quem quer que os traficantes suspeitem ser um informante é duramente punido — expulso da comunidade ou até mesmo exterminado. Embora os moradores da favela não raro se sintam constrangidos com essa cooperação forçada, eles têm pouco ou nenhum respeito pela polícia, que sempre os tratou com desprezo e violência simplesmente por serem favelados ou morarem num determinado conjunto popular.

O uso abusivo da força e outros atos discriminatórios contra as populações marginalizadas constituem fenômeno universal. Porém as consequências desses atos variam de acordo com as alternativas organizacionais e sociais disponíveis para a população oprimida. Nos bairros pobres das cidades dos EUA, a reação pode ser uma convulsão urbana prolongada. No Rio, assim como em muitos bairros pobres das cidades norte-americanas, uma consequência a longo prazo é a aceitação, em vários graus, de um sistema alternativo de segurança ou previdência.[37]

Por exemplo, em troca da "proteção" e do anonimato que a comunidade venha a oferecer aos traficantes, ela pode esperar receber uma série de serviços, como segurança interna, dinheiro para ambulância ou táxi até o hospital, dinheiro para remédios, sopa dos pobres, creches, festas infantis em ocasiões especiais e outras verbas de emergência em casos de extrema privação. Apenas uma parcela menor da comunidade pode receber benefícios financeiros diretos desse sistema previdenciário alternativo criado pelo tráfico de drogas, mas a comunidade em geral se beneficia do sistema de segurança interno propiciado pelo grupo de traficantes. Na maioria das favelas e conjuntos populares, delitos como roubo, estupro e outros tipos de violência interpessoal costumam ser combatidos com ações igualmente violentas por parte do "dono", que pode impor sua própria forma de justiça. É comum ouvirem-se comentários como o de um morador da Rocinha que declarou: "Posso dormir de portas e janelas abertas. Agora não tenho medo que minha filha ande pela favela a uma da manhã".

Tal declaração mostra não só quão importante é para a população local a segurança propiciada pelos traficantes, mas também os meios informais de solucionar problemas através do "comportamento antissocial". Assim como a sociedade em geral (a parcela dos cidadãos que é de algum modo atendida pelas instituições formais da sociedade) define o que é comportamento aceitável ou comportamento aberrante, os grupos de traficantes que se tornaram poderosos impõem à comunidade seu próprio código, definindo que forma de violência é permitida e quem pode praticá-la. A percepção dos favelados — na verdade, da maioria da classe operária — de que para eles a justiça formal não funciona levou uma parcela dessa população a aceitar um sistema de justiça alternativo.[38]

Tal aceitação foi comprovada num estudo feito em 1987 pela Ordem dos Advogados do Brasil (OAB)/Rio, que montou um posto de atendimento na favela do Morro da Coroa, na Zona Norte. Os advogados que lá trabalhavam constataram que 56% da amostra pesquisada preferiam "meios informais" de resolver conflitos, contra 20% que preferiam processos formais e 24% que não expressaram preferência (OAB, 1987:50).[39]

A imprensa tem mostrado uma tendência a romantizar os grupos de traficantes e líderes como Meio Quilo e seu colega da favela do Juramento, na Zona Norte, o "Escadinha", este ainda na prisão, apresentando-os como bandidos sociais, modernos Robin Hoods a corrigir as iniquidades de uma sociedade injusta e violenta, seguindo a tradição de Lampião, o mais famoso bandido social do Brasil. Embora esses indivíduos possam sentir-se obrigados a dar algo em troca a suas comunidades, eles são antes de tudo negociantes que usam o espaço físico da favela ou conjunto popular como palco de operações para uma atividade altamente lucrativa do setor informal. Para que esse espaço seja disponível e protegido, eles têm que oferecer algo em troca. Os serviços mencionados só são valiosos porque o Estado não os presta e porque as entidades encarregadas de oferecer segurança — Polícia Militar e Polícia Civil — atuam como forças corruptas e repressivas que geralmente perseguem e matam em vez de proteger.

Presença repressiva do Estado: violência policial, corrupção e segurança paralela

Nas favelas cariocas, a segurança interna é o serviço público mais notoriamente ausente e, logo, o principal serviço "alternativo" prestado pelas gangues de traficantes do Rio. Muitas favelas e conjuntos têm um posto da Polícia Militar situado no espaço físico comunitário, mas poucos favelados confiam nela o suficiente para procurá-la quando surge algum problema. Essa falta de confiança resulta de uma longa tradição de abusos e violência praticados pela polícia brasileira contra as classes inferiores em geral e contra os moradores de favelas e conjuntos em particular.[40]

Tais abusos são cometidos com igual gravidade pelas duas principais forças policiais que cuidam da segurança pública. Nos últimos 150 anos, o papel tradicional da Polícia Militar tem sido garantir a segurança pública (Holloway, 1997). Atualmente, sua função é servir como força pública uniformizada patrulhando as ruas, controlando o tráfego e atuando

Cocaína e Poderes Paralelos na Periferia Urbana Brasileira   245

como tropa de choque em operações especiais. Durante a fase mais repressiva do regime militar, ela foi incorporada às Forças Armadas em 1969, supostamente para "defender os interesses da segurança nacional". Controlar a agitação social e política, inclusive combater a guerrilha, tornou-se a justificativa política para o emprego de táticas repressivas contra a população civil brasileira de todas as classes. Após 1974, tendo o regime se convencido de que a ameaça política diminuíra, a Polícia Militar foi incumbida de combater o crime convencional, mas continuou recorrendo aos mesmos métodos repressivos e violentos usados contra a guerrilha (Pinheiro, 1991b:172). O envolvimento da Polícia Militar na "guerra ao crime" foi intensificado em 1977 por uma emenda que lhe concedeu as mesmas garantias legais vigentes no final dos anos 60, "obliterando assim as fronteiras entre a 'guerra' contra a guerrilha e o combate ao crime comum" (Pinheiro, 1991b:173). Dessa forma, o Estado brasileiro criou novamente um mecanismo de violência ao misturar questões comuns ou civis com aspectos políticos e militares. Assim como juntara criminosos comuns com presos políticos durante a ditadura, contribuindo inadvertidamente para que o crime organizado assumisse a sua forma atual, o Estado novamente contribuiu para criar o mecanismo de violenta repressão policial ao atribuir um papel e uma finalidade militares a uma força policial civil.

Por exemplo, tornou-se comum, no Brasil, a polícia efetuar *blitze* nas favelas, a pretexto de perseguir criminosos, batendo à porta dos moradores, prendendo por vadiagem os que não portassem documentos de identidade, fazendo voos rasantes de helicóptero a ponto de arrancar as telhas dos barracos, disparando armas indiscriminadamente e extorquindo dinheiro e drogas dos favelados sob ameaça de prendê-los.[41] Segundo me disse o chefe do Batalhão de Choque da Polícia Militar do Rio, quando grupos de traficantes rivais promovem tiroteios nas favelas, a tarefa da polícia torna-se mais fácil.[42] Na verdade, tais ações criam uma situação em que a fronteira entre a atividade policial e a criminosa desaparece, de modo que a população da favela já não sabe mais em quem confiar.[43]

A segunda força, a Polícia Civil, é uma organização à paisana com função sobretudo investigadora. Tem o duvidoso mérito de ser a mais corrupta das duas forças policiais. O fato de a polícia ser corrupta no Rio e em muitas outras cidades brasileiras não chega a ser discutido abertamente.[44] Entrevistas com altos funcionários da polícia e do Judiciário produziram observações como as seguintes: "poucos são os crimes cometidos sem o conhecimento e a permissão da polícia"; "quando falamos de 'crime organizado', na verdade estamos falando da polícia"; "o grande problema do Brasil é a impunidade". Num estudo sobre corrupção na

Polícia Civil do Rio em meados dos anos 80, Julita Lemgruber colheu depoimentos de policiais que disseram ser corriqueiro o envolvimento da polícia em atividades ilegais e que, quando uma fonte de renda ilícita se esgota, eles procuram outras. Segundo Lemgruber (1987:25), "a polícia está entrando em outras áreas porque perdeu o dinheiro do jogo do bicho, que sempre foi considerado um complemento de seu salário". Além disso, a polícia, assim como os traficantes, começou a praticar sequestros nos últimos 10 anos para suplementar a sua renda.[45] Evidentemente a polícia não opera num vácuo e sim reage às normas que prevalecem em outros segmentos do sistema judicial. Como disse um alto membro do Judiciário do Rio, "para um advogado, custa menos subornar um membro da Polícia Civil nas fases iniciais de um inquérito do que subornar um juiz numa fase posterior".[46]

Embora a sociedade em geral sofra com a corrupção e a violência policiais, quem mais sofre são as classes inferiores, sobretudo os que vivem na favela. Documentos referentes ao envolvimento da polícia no narcotráfico comprovam sua participação na escolta de carregamentos de drogas e armas para as favelas e no extermínio de outros policiais corruptos, inculpando os traficantes das favelas por esses assassinatos. O exemplo mais violento foi o massacre perpetrado por policiais à paisana (agindo como um esquadrão da morte) contra 21 inocentes que moravam na favela de Vigário Geral, em agosto de 1993, apenas um mês depois do massacre, também pela polícia, de oito meninos de rua no centro do Rio. As primeiras versões diziam tratar-se de uma retaliação pelo extermínio de quatro membros da Polícia Militar por traficantes de Vigário Geral,[47] mas na verdade os policiais assassinos estavam retaliando os traficantes por terem-nos lesado num carregamento. Por não tomar medidas contra os transgressores dentro de suas fileiras, o Estado tornou-se cúmplice e sócio do crime. Nas favelas, pelo menos, a democracia foi substituída pela criação de uma "narcocracia (...), sendo as estruturas econômicas e políticas resultado do envolvimento geral, direto e indireto, no tráfico de drogas" (Sage, 1989:49).

Definição do comportamento aberrante

Repetidamente, ao longo da história, o Estado ou as classes dominantes definiram certos comportamentos e práticas das classes populares como aberrantes ou antissociais e, portanto, passíveis de repressão. O Brasil não é exceção. Thomas Holloway (1989, 1997) e Martha Huggins (1985) estudaram a repressão policial, no século XIX e início do século XX, contra os "capoeiras", escravos e negros livres que praticavam esse jogo inspirado nas artes marciais africanas. Os capoeiras serviam como guarda-costas de pessoas influentes e ajudavam a manter a ordem em eventos públicos como festas e procissões (Huggins, 1985:123). Mesmo assim eram tidos pela polícia como um problema a exigir regulamentação e controle social (Holloway, 1989:674; 1997:206-11). Não seria descabido estabelecer um paralelo entre os capoeiras do século XIX e os atuais traficantes das favelas envolvidos em atividades que são passíveis de repressão quando praticadas pelas classes inferiores e toleradas quando praticadas pela classe média ou os próprios policiais, como, por exemplo, o tráfico de drogas. Em ambos os casos, os grupos têm certas funções sociais positivas num segmento da sociedade no qual as instituições sociais e políticas não funcionavam ou não funcionam.[48]

Outras práticas hoje aceitas como manifestações culturais válidas da classe trabalhadora foram igualmente reprimidas no Brasil no século XIX e início do século XX. Por exemplo, a celebração pública do carnaval pelas classes inferiores era proibida e reprimida pela polícia numa época em que somente as pessoas brancas que tinham posses podiam comemorar nas ruas (Queiroz, 1985:18; Raphael, 1980:52, 54, 76). O candomblé e outras religiões afro-brasileiras também foram declarados ilegais e passíveis de repressão policial (Maggie, 1988). Tais práticas (ou pelo menos sua versão moderna) são hoje aceitas como válidas e legais e mesmo praticadas por segmentos das classes médias. Mas o problema da distribuição e do consumo de drogas continuou sendo um pretexto para o controle e a repressão das classes inferiores por mais de um século.

Ao longo da história, as acusões de consumo e tráfico de drogas recaíram principalmente sobre as classes inferiores e as minorias.[49] Por exemplo, em seu estudo intitulado *Drugs and minority repression*, John Helmer (1975) diz que nos EUA, nos séculos XIX e XX, certas minorias foram injustamente acusadas de usar e distribuir drogas. Segundo ele, o suposto uso excessivo de ópio pelos imigrantes chineses em fins do século XIX, de cocaína pelos negros no início do século XX e de maconha pelos mexicanos durante a Depressão não passava de mito criado durante períodos de crise econômica. Em todos esses casos, as populações visadas estavam tirando vagas dos operários norte-americanos nos mercados de trabalho em São Francisco, Nova York e no Sudoeste.[50] Quer se trate de acesso a empregos, quer de acesso a outros tipos de recursos (como espaço habitacional nas áreas urbanas preferidas), o uso de drogas como pretexto para a repressão de classes tem sido generalizado em ambos os países. Culpar as favelas pelos males da sociedade ligados ao consumo de drogas torna-se facilmente um pretexto para considerar as favelas fonte de todos os problemas sociais brasileiros e para reclamar novamente a sua erradicação.

248 Um Século de Favela

Não é facil mudar um sistema de repressão que já existe há 150 anos ou mesmo o comportamento adotado para fazer cumprir as suas normas. Durante o primeiro mandato do governador Leonel Brizola (1983-87), tentou-se melhorar o desempenho da polícia e do sistema corretivo, no que tange aos direitos humanos, estabelecendo uma relação melhor entre a Polícia Militar e a favela. Proibiu-se a polícia de efetuar batidas de improviso e de prender favelados simplesmente por não portarem documentos de identidade. O êxito de tal iniciativa depende do segmento da população que é interrogado a esse respeito. Os moradores das favelas reconheceram e apreciaram a mudança no primeiro mandato de Brizola. Mas uma grande parcela da população de classe média condenou o governador por seus métodos populistas e demagógicos, acusando-o de incentivar o tráfico de drogas ao deixar a polícia de mãos atadas. O comandante da Polícia Militar do Rio, que pretendia criar uma força policial mais operante e mais integrada à comunidade, admitiu com frustração a dificuldade de mudar em um ano ou dois uma mentalidade policial formada ao longo de mais de 150 anos.[51]

Visão comparativa de sistemas de poder paralelo

O advento de grupos políticos e sociais alternativos como reação às desigualdades sociais está bem documentado em vários casos ao longo da história: o fenômeno do banditismo (estudado por Eric Hobsbawm e Anton Blok na Europa meridional, por Benjamin Orlove no Peru e por Peter Singelman no Brasil);[52] as gangues nos EUA (ver Moore, 1977; Jankowski, 1991; Padilla, 1992; Venkatesh, 1996); os cartéis do tráfico na Colômbia (Bagley, 1986; Thoumi, 1987) e na Jamaica (Gunst, 1995), e Sendero Luminoso em áreas urbanas e rurais do Peru (Burt, 1994). Analisando as causas do banditismo no sul da Itália, disse Hobsbawm (1969:17, 20) que este "tendia a se tornar endêmico em termos de pauperização e crise econômica". O banditismo tornou-se "não um programa para a sociedade camponesa, mas uma forma de iniciativa independente para fugir a circunstâncias peculiares".

O banditismo prosperou sobretudo onde a inacessibilidade e a ineficiência e complicação administrativas eram a regra. Descrevendo o fenômeno do *abigeato* (roubo de gado) nas montanhas do sul do Peru em começos dos anos 70, Orlove observou que a inacessibilidade (falta de estradas e postos policiais) e a cumplicidade de camponeses dispostos a oferecer guarida determinaram o êxito desses ladrões de gado. A descrição feita por Orlove do reduto propiciado pelas comunidades camponesas bem poderia comparar-se às relações dos traficantes de drogas com as favelas. Enquanto bandidos ou traficantes prestassem benefícios à comunidade, esta lhes daria proteção. Segundo Orlove (1980:190), "a cumplicidade dos camponeses, ajudando os ladrões a fugir, é talvez o fator crucial (...). Quando *hacendados* e policiais tentam capturar os ladrões, os camponeses dizem não tê-los visto e não dão informações sobre seus movimentos. Já os ladrões de gado podem contar com a maioria da população local para informá-los sobre seus perseguidores, especialmente a polícia, e escondê-los se necessário".

Os benefícios prestados à comunidade evidentemente variam de acordo com o contexto histórico e geográfico em questão. Os camponeses das montanhas peruanas, que se viam ameaçados pelo constante avanço dos latifundiários sobre os cultivos e as pastagens comunais, sentiam-se "protegidos" por ladrões de gado que se recusavam a invadir essas terras. Aos olhos dos camponeses, os ladrões de gado estavam limitando o poder dos proprietários rurais enquanto se aliassem aos camponeses (Orlove, 1980:191). Duas décadas depois, a presença crescente do Sendero Luminoso nas *barriadas* de Lima, numa nova escalada urbana após a prisão de Abimael Guzmán, reflete a crise econômica, o aumento da pobreza e uma calculada estratégia de oferecer bens e serviços (geralmente "oferecidos" sob coação) em troca de fidelidade e apoio políticos (ver Burt, 1994; Burt & López Ricci, 1994). E os moradores de um conjunto habitacional dominado por gangues, em Chicago (EUA), mesmo não aprovando a violência e a instabilidade decorrentes do tráfico de drogas, "são no entanto obrigados a aceitar a mão de obra, os recursos e os serviços oferecidos pelas gangues de jovens", num contexto de serviços públicos precários e recursos financeiros escassos. "Os moradores se veem diante de um difícil dilema: aceitar o dinheiro e a mão de obra das gangues ou lutar contra elas e receber pouco apoio da cidade" (Venkatesh, 1996:252, 254).

Quer se trate de camponeses, membros de gangues urbanas ou revolucionários, a relação social e política resulta não só da injustiça social percebida pela comunidade, mas também da possibilidade de tirar proveito dos "espaços desprotegidos" percebida pelos "bandidos". As gangues norte-americanas que atuam nos bairros pobres da maioria dos grandes centros urbanos oferecem o tipo de segurança e proteção que a polícia raramente proporciona. Vários estudos recentes sobre as gangues urbanas nos EUA atestam a existência desses "serviços", como, por exemplo, proteção contra criminosos em outros bairros, contra comerciantes exploradores ou contra empreiteiros interessados na desapropriação ou "gentrificação" de certas áreas. Em todos os quatro estudos aqui citados, uma longa tradição de assédio policial foi a causa primeira desse serviço de proteção mútua — as comunidades oferecendo às gangues um refúgio contra a polícia em troca da proteção dada pelas gangues contra predadores não pertencentes à comunidade (incluindo assédio policial). A dinâmica da relação entre comunidade e bandidos é complexa e variável, assumindo às vezes o significado de protesto social ou político e outras vezes parecendo refletir interesses mais práticos. Como assinalaram Blok e Orlove a respeito do banditismo no sul da Itália, "a imagem heroica do bandoleiro na consciência popular pode servir para despertar e manter um sentimento de protesto, mas geralmente o verdadeiro comportamento do bandido contradiz essa imagem" (Orlove, 1980:181).

Não raro os rótulos que a sociedade confere a membros das classes inferiores fornecem a própria identidade que os membros das gangues (nas cidades dos EUA e da América Latina) podem usar para justificar suas atividades. "A reação mais óbvia era exercer o papel implícito no rótulo de aberrante", disse Félix Padilla (1992:6) a respeito do comportamento da gangue porto-riquenha em Chicago. "Como uma reação simbólica diante do mundo, a subcultura da gangue desenvolve sua própria lógica", afirmou Joan Moore (1977:37) em seu estudo sobre as gangues de chicanos em Los Angeles. E a imagem criminosa projetada por alguns dos mais famosos traficantes nas favelas cariocas teve origem no rótulo de "marginal" aplicado ao favelado pelas classes média e alta, e também na imagem romântica do bandido violento e anárquico projetada na imprensa do Rio. Ao proclamarem que estão executando a "lei do morro" ou a "lei do fumo" (expressão que remonta à época em que a maconha era o principal tóxico), os traficantes geralmente realizam a profecia lançada pela sociedade "lá embaixo".[53]

Drogas e autoridade "legítima" em nível local

A presença do narcotráfico em quase todas as favelas e conjuntos populares do Rio tem graves consequências para o poder e a autoridade legítimos, bem como para a independência da organização política em nível local. Praticamente todas as favelas e conjuntos contam com associações de moradores cujos dirigentes são eleitos pelos membros da comunidade. A associação e seus líderes representam a comunidade junto às estruturas administrativas formais do município ou do estado e cumprem o papel de "mediadores" perante a sociedade. À medida que os grupos de traficantes se tornam mais poderosos nas favelas, aumenta a tensão diante da ameaça, real ou potencial, à autoridade eleita. Como dispõem de poder financeiro, além de um formidável arsenal, os traficantes geralmente procuram influenciar a política da autoridade local ou mesmo eleger-se para o cargo, visando assim a "legitimarem-se" e a tornarem-se respeitáveis na comunidade.

O caso a seguir foi relatado pela líder de uma favela da Zona Norte, uma mulher de 34 anos que se via constantemente pressionada a dividir sua autoridade com o chefe do tráfico. Como ela era presidente da associação de moradores, que construíra e mantinha uma creche comunitária, o chefe do tráfico pediu-lhe para assumir a vice-presidência da associação. Tal cargo lhe daria legitimidade e lhe permitiria prestar favores à comunidade. Como a creche empregava 10 moradores da favela, o traficante disse que poderia contratar cinco pessoas, que assim ficariam em dívida para com ele. Além disso, passaria a dispor de um espaço para realizar festas e outras atividades ligadas ao tráfico. A presidente procurou diminuir seu isolamento e sua vulnerabilidade apelando para a comunidade. Em vez de responder individualmente, convocou uma reunião da comunidade, a que compareceram 80 moradores. Os membros da comunidade responderam aos traficantes dizendo: "Olhem, estamos muito satisfeitos com o trabalho da presidente. Ela é alguém que realmente luta pela comunidade, que realmente trouxe alguma organização para o morro. Se vocês quiserem trabalhar com a gente, vamos unir as nossas forças, em vez de dividir o movimento". A presidente então explicou aos traficantes o modo democrático de dirigir uma organização de favelados: "Não vou substituir ninguém na minha chapa. A única maneira de isso acontecer é na próxima eleição. Se vocês quiserem, podem concorrer com sua própria chapa". Os traficantes não se deram por satisfeitos. Queriam dividir o poder sem assumir as responsabilidades do cargo, e não houve como resolver o impasse satisfazendo ambos os lados.

Tal situação ocorre com frequência nas favelas e mostra o frágil equilíbrio entre a rudimentar organização democrática da comunidade e as forças autoritárias locais com potencial para submeter as lideranças legítimas. Como disse o ex-presidente de uma conhecida favela da Zona Sul, "é preciso ter habilidade política e jogo de cintura para saber quando se deve resisitir e quando se deve ceder". Um dos maiores problemas para os líderes comunitários é definir sua posição perante a lei, especialmente durante hostilidades entre gangues ou invasões policiais para prender ou matar traficantes de drogas. Os líderes comunitários, muitos dos quais já foram maltratados pela polícia, conhecem muito bem a aversão da comunidade aos violentos métodos policiais. Eles têm pouco respeito pela polícia, mas, mesmo assim, frequentemente são acusados de tomar partido, tachados ou como cúmplices dos traficantes, caso não cooperem com a polícia, ou como informantes desta, caso não imponham sua autoridade como líderes comunitários para manter a polícia afastada.[54] Cada vez mais nota-se a tendência

252 — Um Século de Favela

a expulsar ou mesmo assassinar os líderes comunitários que são tidos pelos traficantes como informantes da polícia.[55]

Tal situação é evidente sobretudo na favela de Santa Marta, onde os traficantes de drogas souberam tirar proveito da aversão da comunidade pela violência policial. Protestar contra a violência da polícia mas manter silêncio sobre a violência dos traficantes acabou por fortalecer esta última. No final dos anos 80, os traficantes conseguiram assumir o controle da associação de moradores apoiando uma chapa de candidatos considerados simpáticos aos seus interesses e, logo, menos capazes de envolver a polícia nas questões de segurança da comunidade. Em 1990, os traficantes invadiram a sede da associação de moradores para impedir a instalação de um telefone comunitário, provavelmente temendo que isso viesse a tornar a favela mais acessível à polícia. O secretário da associação protestou contra o ato dos traficantes e foi morto dois meses depois, acusado de ser informante da polícia. No seu enterro, o presidente da associação acusou os traficantes de terem assassinado o secretário. Três meses depois, o presidente e sua mulher também foram mortos.[56]

Devido à desconfiança dos favelados contra a polícia, tornou-se cada vez mais difícil estabelecer um diálogo entre as associações de moradores de favelas e a polícia. Os moradores nunca sabem se seus direitos civis serão violados ou se a própria polícia está envolvida com os traficantes. Um presidente de associação comentou: "Estamos num beco sem saída. Acaba sendo uma contradição perversa, na qual a ausência do Estado [sob a forma da polícia] se torna benéfica. Quanto mais o Estado intervém, mais ele tenta ultrapassar os limites, e mais fica abalada a credibilidade da associação de moradores".[57]

O desenvolvimento de sistemas paralelos de poder, em parte devido à repressão e à corrupção das forças oficiais, significa que os moradores das favelas ficam entre duas forças armadas: a polícia e os grupos de traficantes. Estudo feito recentemente no Rio por uma organização não governamental de direitos humanos destaca o dilema fundamental de se ver acuado entre essas duas formas de violência. Protestar contra a violência e a corrupção da polícia em manifestações coletivas é permitido pelas regras do processo democrático e pode fortalecer as associações locais. Mas protestar contra a violência dos grupos de traficantes significa pôr em risco a própria vida e acaba por dividir e destruir a ação coletiva no âmbito local. Portanto, o clima de medo imposto pelos traficantes destrói o senso de coletividade (Centro Bento Rubião, 1994:64). Essa tensão nas relações intracomunitárias tem graves consequências para a viabilidade da participação popular, em nível local, na democratização. Por causa da ação dos grupos de traficantes, as associações locais correm o risco de perder seu papel de mediadoras junto ao Estado.[58]

O Estado e o tráfico de drogas: criando a percepção da ameaça e recriando o clientelismo

O geralmente frágil equilíbrio de poder numa comunidade, bem como os esforços dos líderes comunitários para criar um movimento local forte diante de ameaças como a representada pelos grupos de traficantes podem ser prejudicados pelas estratégias de governos estaduais ou municipais que costumam usar a presença de traficantes para seus próprios objetivos políticos. Há décadas que as favelas constituem uma mercadoria política para o sistema. Nos anos 50 e antes da repressão imposta pelos militares de linha dura nos anos 60, quando as eleições eram permitidas e os partidos atuavam com relativa liberdade, um dos poucos recursos políticos à disposição das favelas eram as relações clientelistas estabelecidas com os políticos (Leeds & Leeds, 1976; Leeds, 1978). Os votos eram dados (ou pelo menos prometidos) em troca de pequenos favores concedidos pelos políticos, seja a determinados indivíduos nas favelas, seja à comunidade em geral. A relação entre as favelas e o sistema era simbiótica, cada lado procurando obter do outro algum benefício ou serviço. Assim, os canais pelos quais os favelados lidavam com o sistema se limitavam a uma série de manipulações de vínculos de patronagem num contexto em que os partidos políticos eram sobretudo elitistas e a inexistência de partidos de massa dava pouca margem a ganhos expressivos através do sistema partidário formal. Como em todas as relações de patronagem em que os recursos são desiguais, os políticos procuravam criar uma dependência das favelas para com seus benfeitores em época de eleições. Só se prometia numa eleição o suficiente para deixar a favela necessitando ainda de favores na próxima eleição e novamente disposta a trocar favores por votos.

Em meados dos anos 60, surgiu no âmbito estadual uma federação de favelas que procurou questionar as políticas estaduais e nacionais primeiramente responsáveis pelo surgimento das favelas. Tal grupo exigia a prestação de serviços que viessem eliminar as relações clientelistas e dependentes. Mas na atmosfera política cada vez mais repressiva e todavia clientelista do regime autoritário no final dos anos 60 e início dos anos 70, a federação como corpo político independente não chegou a durar muito. Tornou-se mais um dos vários canais clientelistas do governo Chagas Freitas no anos 70, o qual se transformara numa bem azeitada máquina política dentro do regime militar.[59]

Os eventos das duas últimas décadas criaram uma dinâmica algo diferente entre as favelas e o sistema. Os movimentos oposicionistas surgidos nos últimos anos do regime militar, no final dos anos 70 e início dos 80, trouxeram consigo o ressurgimento de um movimento favelado com um novo senso de conscientização política — o conceito de cidadania e o direito a exigir do Estado aquilo a que os cidadãos faziam jus. As favelas passaram assim a dispor de muito mais recursos políticos que nos anos 50 e começos dos anos 60, antes de ter início a dura repressão sob o regime militar. Mas o clientelismo não desapareceu inteiramente. Na verdade, lidando com um eleitorado mais exigente e sofisticado nas favelas, o governo julgou necessário enfrentar essa nova conscientização com esforços mais diligentes para manter as relações clientelistas existentes. Velhas práticas, hoje conhecidas como "política da bica d'água", foram retomadas em maior escala no final do século XX, seja pelos políticos que concorriam a mandatos, seja pelos que, já os exercendo, queriam manter sua base eleitoral. O surgimento de forças políticas paralelas em decorrência do tráfico de drogas facilitou o restabelecimento do clientelismo, como mostra o exemplo a seguir.

Nesse caso, trata-se de autoridades públicas que usam a presença de grupos de traficantes como pretexto para intervir à força em nome da segurança pública e da boa administração, valendo-se desses grupos para ter maior acesso político à comunidade. Alguns meses antes das eleições municipais de novembro de 1988, o então governador do estado do Rio de Janeiro, Moreira Franco, tentou cumprir uma promessa feita no pleito de 1986 — acabar com o tráfico de drogas e a violência na cidade num prazo de seis meses. Moreira Franco adotou um plano de caça e extermínio cujo objetivo era livrar as principais favelas de suas gangues de traficantes, espantando assim os temores da classe média de que o Rio estava se tornando, como dizia a imprensa, "uma nova Beirute". Após o massacre de vários traficantes na Rocinha, o governador criou um programa que pretendia oferecer mais serviços de saúde, assistência jurídica, um banco de empregos e "todo o saneamento básico que faltava há anos". Sendo uma das maiores favelas do Rio, a Rocinha obviamente representava uma virtual mina de votos. Mas a pretensão do governador de livrar a Rocinha da violência e do tráfico de drogas três meses antes das eleições não mereceu muito crédito entre os moradores, que já tinham escutado essas promessas muitas vezes. Um ano depois, pouco restara além de promessas, e na eleição seguinte os assessores do governador estavam negociando com os novos traficantes para que permitissem aos candidatos de seu partido fazer campanha livremente.[60]

Como já foi dito, de outubro de 1994 a julho de 1995 efetuou-se uma operação semelhante, a chamada Operação Rio. A ideia já vinha sendo cogitada desde maio de 1994, mas a decisão de enviar o Exército para ocupar determinadas favelas só foi de fato posta em prática pouco antes das eleições governamentais e presidenciais de novembro. A operação foi anunciada como um plano para desarmar as favelas, livrá-las do narcotráfico,

Cocaína e Poderes Paralelos na Periferia Urbana Brasileira

diminuir os índices de criminalidade no Rio e incorporar as favelas ao resto da cidade com direitos de cidadania em seu mais amplo sentido. Na verdade, a operação não cumpriu nenhum desses objetivos. Prenderam-se alguns traficantes, mas os índices de criminalidade continuaram aumentando em toda a cidade (Fernandes & Carneiro, 1995:31), e violaram-se gravemente os direitos humanos de favelados inocentes.[61] Mais uma vez, os que mais se beneficiaram da campanha foram a classe média — que experimentou uma temporária e ilusória sensação de segurança — e os políticos que diziam estar limpando o Rio.[62] E, mais uma vez, prevaleceu uma visão estreita do problema da violência como estando associado ao tráfico nas favelas.

A exploração política do problema das drogas pode assumir diversas formas. Usar o medo da população propondo medidas paliativas que não raro só exacerbam a violência nas favelas é apenas uma delas. Outra forma mais gritante são as alianças entre candidatos a cargos públicos e grupos de traficantes, as quais costumam ocorrer nas comunidades onde estes últimos são particularmente poderosos. Tais vínculos fazem lembrar os anos 50 e 60, quando o cabo eleitoral de um candidato era geralmente um líder político da favela que, graças à sua influência pessoal, podia garantir-lhe certo número de votos. Mais recentemente, sobretudo nas favelas com lideranças instruídas, os líderes comunitários vêm tentando permanecer neutros, a fim de promover o livre acesso e um diálogo aberto com todos os candidatos. Mas a essa tendência se opõe o crescente poder dos grupos de traficantes. É sabido que candidatos inescrupulosos passam por cima da autoridade legítima nas favelas, preferindo obter um acesso mais exclusivo através de grupos de traficantes que lhes permitam fazer campanha à vontade ou que pressionem a associação de moradores a proibir a campanha de outros candidatos. Um líder comunitário da Rocinha disse ter sofrido ameaças de morte por fazer campanha para um candidato a prefeito que não era do agrado da associação de moradores nem dos traficantes. Os grupos de traficantes podem também pressionar os moradores a votarem de determinada forma. Os votos para o candidato são trocados por dinheiro e influência legítima para os traficantes, que geralmente querem livrar-se da imagem de "marginal" fazendo amigos influentes nos postos certos.[63] Assim como a educação política dos presos durante a ditadura militar, os quais aprenderam a usar os métodos da ação coletiva para sua própria sobrevivência, o envolvimento dos grupos de traficantes na política eleitoral visa igualmente à sobrevivência. Mas ao aprenderem as regras do jogo eleitoral, os traficantes podem estar contribuindo não só para distorcer o processo democrático com a ajuda de políticos inescrupulosos, mas também para criar uma forma ainda mais perniciosa de clientelismo.[64]

Conclusões

Em termos comparativos, a extensão e o montante do narcotráfico no Brasil são bem menores que nos países andinos. Também o grau de violência associado a esse tráfico é consideravelmente menor em todo o Brasil. Por que então deveriam os pesquisadores se preocupar com uma atividade que, numa perspectiva global, é relativamente insignificante? A resposta está na ideia de que a governança democrática em nível local é fundamental para a democratização da sociedade organizada.[65] Numa sociedade como a brasileira, na qual os segmentos mais pobres da população costumam ser ignorados pelo Estado a não ser sob a forma de repressão policial, a necessidade de criar formas locais autônomas de tomada de decisões e de prestação de serviços torna-se uma questão de sobrevivência. Quando tais formas são ameaçadas por sistemas de poder paralelos, autoritários e amiúde violentos, os sistemas democráticos formais da nação tornam-se irrelevantes.

A forma que o tráfico de drogas assumiu nas favelas — em grande parte devido à incapacidade do Estado para prestar serviços básicos e à repressão por ele promovida ao incutir a noção de perigo para justificar a ação policial ou militar violenta — levou à criação de uma nova rede de relações clientelistas. Em muitos casos, os próprios traficantes criaram uma simbiose forçada — "serviços" previdenciários alternativos em troca de proteção e anonimato —, minando a autoridade dos líderes locais legitimamente eleitos. Durante os oito anos em que estive acompanhando as relações entre grupos de traficantes e associações de moradores, a autonomia destas últimas foi-se desgastando paulatinamente. O que antes era definido pelos líderes comunitários como um frágil equilíbrio de forças coexistentes tornou-se hoje o domínio dos grupos de traficantes na maioria das favelas.

O Estado brasileiro usou a presença dos grupos de traficantes como pretexto para táticas repressivas que, nesse período de redemocratização, só têm legitimidade quando certas atividades são definidas como aberrantes, antissociais e passíveis de coerção. Paradoxalmente, tal processo criou uma situação em que, para as favelas, é preferível a omissão do Estado quando este se faz representar pela polícia e as forças de segurança. O Estado e os candidatos que procuram dele fazer parte continuam com sua prática tradicional de granjear votos com promessas, usando a violência associada ao tráfico de drogas e a falta de serviços nas favelas como pretextos para ofertas clientelistas. Daí o surgimento de sistemas de poder paralelos no vácuo deixado pela falta de estruturas formais realmente protetoras. No Rio de Janeiro, o Estado se omite em muitos aspectos fundamentais, mas continua pronto a intervir para tirar proveito de situações criadas por tal vácuo.

Notas

1. Por práticas democráticas entende-se aqui as que são conducentes à liberdade de expressão, à realização de eleições, à liberdade de associação e à livre atividade dos partidos políticos. Tais práticas são usadas como critérios distintos da noção de democracia substantiva, pela qual a igualdade de oportunidades para todos os segmentos da população através de direitos como educação, saúde e moradia deve ser considerada parte essencial da democratização. Uma das principais questões no atual debate sobre a transição democrática é saber se as variáveis sociais e econômicas devem ser incluídas na definição de democracia. Ver, por exemplo, a argumentação de Terry Karl (1990:2). Ela define democracia em termos de práticas políticas, mas assinala a importância dos aspectos substantivos para a sobrevivência das democracias no contexto latino-americano. Diz Karl (1990:13): "Ironicamente, as condições que permitem às democracias perdurar a curto prazo podem restringir o seu potencial para solucionar os enormes problemas da pobreza e da desigualdade que ainda caracterizam o continente (...). Ainda que essas democracias garantam maior respeito à lei e à dignidade humana, em comparação com regimes anteriores, elas podem mostrar-se incapazes de realizar reformas substantivas que melhorem a situação dos cidadãos mais pobres. Se tal vier a ocorrer, elas se tornarão vítimas de sua efetiva consolidação, e as transições democráticas dos anos 80 que perdurarem poderão vir a ser as democracias 'congeladas' dos anos 90".

2. Ver, por exemplo, as atas inéditas da conferência Modelos de Desenvolvimento e Eliminação da Pobreza na América Latina, organizada pelo Programa Latino-americano do Centro Woodrow Wilson, Washington, D.C., 1-3 de dezembro de 1993, particularmente o trabalho de Charles A. Reilly, "Revisiting participation and reinventing empowerment: NGOs and local authorities in Latin America". Ver também Reilly, 1994.

3. Ver os relatos na imprensa carioca a partir de 17-8-1987.

4. As estimativas da população favelada são notoriamente incoerentes e imprecisas. A população da Rocinha varia de meros 32.966 habitantes (Cavallieri, 1986:21) aos 200-250 mil habitantes geralmente citados na imprensa. A estimativa absurdamente baixa baseia-se nos números oficiais do Instituto de Planejamento Municipal do Rio de Janeiro (Iplan-Rio), extraídos do *Cadastro de favelas* de 1983. O *Cadastro* foi elaborado pela Secretaria Municipal de Desenvolvimento Social (SMDS), tomando por base o censo de 1980 realizado pelo Instituto Brasileiro de Geografia e Estatística (IBGE). Estes últimos números são considerados problemáticos pelo pessoal da SMDS. Mas há incoerências nos próprios números do Iplan-Rio relativos ao mesmo período. Por exemplo, enquanto uma publicação do Iplan de 1986 (Cavallieri, 1986:20) registra um total de 722.424 favelados, o *Cadastro de favelas* (Iplan-Rio, 1983:5) fala em 1,7 milhão. O *Cadastro* contabiliza 377 favelas, mas uma publicação municipal de 1988 registra 1,6 milhão de pessoas morando em 480 favelas e 487 loteamentos

258   Um Século de Favela

clandestinos (Bielschowsky, 1988:11-2). Neste trabalho, considerei mais precisas as estimativas mais elevadas.

5. Nas favelas, a cocaína está sendo consumida em maior quantidade do que antes, mas a maconha continua sendo a droga preferida, talvez pelo preço. O *crack* é encontrado nas ruas de Belo Horizonte e São Paulo, mas só de vez em quando nas do Rio de Janeiro, o que talvez indique o poder relativo dos traficantes para mantê-lo fora de circulação.

6. Entende-se aqui por *violência estrutural* ou *violência institucionalizada* as condições que causam ou conduzem a uma distribuição extremamente desigual de recursos básicos, como serviços de saúde precários ou inexistentes, educação pública e transporte de massa deficientes, e serviços urbanos que resultam em elevados índices de subnutrição, mortalidade infantil, evasão escolar, alcoolismo e outras características de uma população urbana carente. Essa lista, conquanto não exaustiva, é típica da maioria dos países em desenvolvimento e de uma parcela crescente das populações urbanas dos EUA.

7. Usei deliberadamente a expressão mais genérica, *periferia urbana brasileira*, embora este estudo se baseie principalmente no caso do Rio de Janeiro. O Rio possui características singulares — como sua configuração geográfica, seu papel como principal polo turístico brasileiro, seu propalado nível de violência e a forma específica que aí assumiu o crime organizado —, mas também apresenta certas tendências em comum com várias outras grandes cidades brasileiras. Curtas viagens exploratórias a São Paulo, Porto Alegre e Belo Horizonte permitiram-me identificar algumas das variáveis cruciais para a formação de "poderes paralelos": tráfico de drogas nas favelas, altos índices de corrupção e violência policiais, e sistemas de ensino e mercados de trabalho que oferecem aos adolescentes poucas opções econômicas "legítimas".

8. Embora este texto analise as consequências do narcotráfico para a vida social e política das favelas, a violência associada ao crime organizado no Rio de Janeiro tornou-se uma preocupação da população brasileira em geral. Se por "crime organizado" entendia-se antes o jogo do bicho, agora a expressão designa popularmente as organizações que, tendo por base as favelas, estão envolvidas em tráfico de drogas e, secundariamente, assaltos e tráfico de armas. Embora a população em geral esteja ciente da existência do crime organizado, sobretudo através da mídia, são os moradores das favelas e conjuntos habitacionais populares que convivem diariamente com a violência e a arbitrariedade dos sistemas paralelos de poder.

9. O regime militar ficou no poder de 1964 a 1984. Teve diversas fases, desde o período relativamente mais brando sob os generais Castelo Branco e Costa e Silva (1964-66) até os anos mais repressivos sob Médici (1970-73) e Geisel (1974-78). A abertura gradual para o processo democrático durou de 1978 a 1984, sob Figueiredo. Sobre a evolução do regime militar, ver Alves (1985). As medidas em questão foram impostas durante a fase repressiva do final dos anos 60.

Cocaína e Poderes Paralelos na Periferia Urbana Brasileira   259

10. Existe uma interessante semelhança entre o Brasil e a Jamaica no tocante às consequências da ação do Estado na orientação e na forma do tráfico de drogas. Ver a análise de Gunst (1995) sobre o papel do governo jamaicano na repressão à produção e à venda de maconha, criando assim espaço para o tráfico de cocaína e *crack* e para o desenvolvimento das gangues na Jamaica e nos EUA.

11. Sobre as origens da Falange Vermelha na ilha Grande, ver o relato de Lima (1991), um de seus fundadores, e o estudo de Coelho (1987).

12. Disse Coelho (1987:114) sobre as prisões em meados dos anos 70: "as deploráveis condições dos detentos e o abandono do Estado tiram toda a credibilidade à implementação de políticas mais humanas, obrigam a população carcerária a empreender uma luta brutal para obter um mínimo de conforto e reforçam a propensão natural do sistema para ser fechado, rígido e repressivo". Desde então, as condições das penitenciárias melhoraram um pouco (ver Americas Watch, 1989).

13. William da Silva Lima (1991:47-9) disse que os dois grupos não coexistiam sem tensões e que os prisioneiros políticos de classe média queriam manter uma separação — sua identidade como prisioneiros políticos distintos dos prisioneiros comuns. Tal separação contradizia "uma velha tradição carcerária pela qual os prisioneiros políticos e revolucionários, quando compartilhavam o mesmo 'chão e pão', passavam a compartilhar também o mesmo ideal". Os atos dos prisioneiros políticos tinham motivações políticas: visavam não só a contradizer a ditadura militar, que dizia não haver prisioneiros políticos no Brasil, mas também tornar a opinião pública nacional e internacional ciente de sua dura situação. Mesmo reconhecendo a estratégia política, a "massa" considerava essa postura elitista. Sobre a colaboração entre revolucionários e "presos comuns" nos anos 30, ver Ramos (1953).

14. Joan Moore fez observação semelhante em seu estudo (1977) sobre as gangues chicanas de Los Angeles. Embora desafiassem o meio exterior (gangues rivais e comunidade anglo-saxônica) com pichações, discursos e vandalismo simbólico, o verdadeiro desafio, sobretudo para os membros mais velhos, era vencer no mundo anglo-saxônico e adquirir certa respeitabilidade. Segundo Moore (1977:38), "as gangues se orgulham muitíssimo de seus membros que venceram no sistema anglo-saxônico (...). Os membros mais velhos da poderosa gangue de Clanton formaram uma associação que hoje promove reuniões com boas orquestras de dança, boas bebidas e outros sinais de sucesso".

15. Vários autores que abordaram o banditismo social na América Latina assinalaram o seu conservadorismo básico, dizendo que "não raro o banditismo representa uma adaptação, mais que uma resistência, a um regime explorador" e que, "nesse processo, contribui para manter tal sistema" (Joseph, 1990:10).

260 — Um Século de Favela

16. Moore (1977:93-127) abordou uma dinâmica semelhante em seu estudo sobre as gangues chicanas de Los Angeles. O capítulo intitulado "Prisões e *barrios*" descreve as complexas relações existentes entre as gangues de *barrio*, a comunidade e as organizações com base nas prisões.

17. O nome original do Comando Vermelho era Grupo União Grêmio Recreativo e Esportivo do Presídio Ilha Grande. O nome Falange Vermelha (e posteriormente Comando Vermelho) foi criado pelos funcionários do presídio, que queriam passar a imagem de um perigoso grupo militar politicamente subversivo. Os nomes Falange Vermelha e Comando Vermelho foram então usados pela imprensa e "pegaram" a partir dos anos 70. Essa informação foi revelada em entrevista com um romancista e ex-repórter policial bem familiarizado com aquele período. Como explicou William da Silva Lima (1991:83-4), "o Comando Vermelho (...) não era uma organização, mas principalmente um tipo de conduta, um modo de sobreviver em tempos difíceis. O que nos mantinha vivos e unidos não era uma hierarquia nem uma estrutura material, e sim uma simpatia que desenvolvemos uns pelos outros na época mais difícil de nossas vidas".

18. Edmundo Campos Coelho (1988:114) distingue entre a "Lei de Segurança" dos anos 70, mais "normativa", e o atual Comando, mais calculista e voltado para o lucro, comparando dois líderes representativos: "William [da Silva Lima, da velha geração de bandidos] exercia uma espécie de poder normativo; Escadinha [bandido mais jovem], um poder remuneratório. A 'Lei de Segurança' preconizava um envolvimento de natureza moral; os novos líderes, um envolvimento de natureza calculista".

19. Cumpre distinguir entre o crime organizado do narcotráfico, dos assaltos a banco e dos sequestros, tal como praticado por grupos como a Falange (ou Comando) Vermelha, e a organização contraventora do jogo do bicho. Os "bicheiros" têm presença marcante nas favelas, mas não dependem de relações simbióticas como as que existem entre as favelas e os traficantes. No Rio, os pontos de jogo do bicho estão em toda parte e gozam de relativa liberdade, enquanto o tráfico de drogas se concentra nas favelas, exigindo assim maior cooperação entre moradores e traficantes. Outra diferença fundamental entre essas duas formas de crime organizado é a base essencial de seu poder. O jogo do bicho, mesmo não sendo destituído de violência, sempre dependeu de um processo de negociação e captação de clientes em que a estrutura personalista e paternalista de cada grupo (geralmente chefiado por uma só pessoa) é mantida por laços de lealdade do tipo familiar. A natureza mais coletiva do tráfico de drogas se impõe pelo uso ou ameaça de violência. Este último ponto foi levantado por Luís Antônio Machado da Silva (1994:164).

20. Segundo William da Silva Lima (1991:85), os custos e riscos associados ao roubo de bancos superavam o dinheiro obtido: "o assalto a bancos não é tão compensador quanto se pensa. Requer muita gente, e, quando a polícia detecta a presença de um bando especializado, a repressão aumenta para todos".

Cocaína e Poderes Paralelos na Periferia Urbana Brasileira   261

21. Relatado em entrevista com o ex-repórter policial Valério Meinel, cujo romance *Avestruz, águia e cocaína* é um relato ficcional levemente dissimulado de certos segmentos do crime organizado no Rio.

22. Antônio Carlos (Caio) Ferraz, líder da comunidade de Vigário Geral, diz que o traficante da favela, Flávio Negão, ao ser perguntado sobre o que faria se as drogas fossem legalizadas, respondeu: "Podem legalizar, mas a gente encontra outro negócio". Ver Ferraz (1995).

23. Entre 1989 e 1992, o número de sequestros no estado do Rio de Janeiro aumentou 133% (de 39 em 1989 para 124 em 1992). Os índices continuam elevados, tendo havido 90 sequestros em 1994 (Fernandes & Carneiro, 1995:17). Mas estes não são praticados somente por traficantes. O envolvimento da polícia em sequestros foi noticiado recentemente no artigo "Golpe no bom astral", publicado na revista *Veja* (1 nov. 1995, p. 75-6).

24. As armas são obtidas de várias maneiras. Podem ser roubadas de arsenais militares ou importadas por via aérea ou marítima, graças a funcionários da alfândega (sob jurisdição da Polícia Federal) que aceitam suborno para deixar a mercadoria entrar no país sem notificar as autoridades. Entrevistas feitas em 1994 com altos funcionários da polícia no estado do Rio revelam que o contrabando e o tráfico de armas são hoje considerados um problema muito pior do que a venda de cocaína. Em artigo para o *New Times*, jornal de Miami, Elise Ackerman (1995) mostrou como se efetua o contrabando de armas de Miami para o Brasil.

25. Segundo William da Silva Lima (1991:85): "Começamos a nos instalar nas favelas por uma questão de segurança. Respeitávamos a comunidade e éramos bem recebidos".

26. As versões jornalísticas sobre a extensão do poder da Falange ou Comando Vermelho devem ser vistas com reserva, embora deem alguma noção desse poder. Carlos Amorim (1993:29) menciona uma estimativa de 1990, do jornal *O Globo*, segundo a qual 90% das 480 favelas eram dominados pelo grupo, ou seja, cerca de 2,5 milhões de habitantes do Rio. Uma análise mais realista da atual situação, tomando por base entrevistas feitas com líderes das favelas em julho de 1994, sugere antes um esquema de alianças do que propriamente uma organização, dividindo-se essas alianças entre dois grupos, o Comando Vermelho e o Terceiro Comando. As organizações de traficantes das favelas costumam aliar-se a um ou outro grupo, sem um controle rígido ou geral.

27. Em toda a literatura recente sobre tráfico de drogas na América Latina, raramente se menciona o Brasil. São exceções uma nota de Peter Reuter (1985:90), afirmando que quase toda a cocaína chega à Europa através do Brasil, e um artigo de Velez e Lado (1995), que analisa o potencial do Brasil como superpotência do narcotráfico. No noroeste da Amazônia brasileira começou-se a cultivar um

262   Um Século de Favela

tipo de cocaína chamado "epadu", mas a quantidade é relativamente insignificante comparada à cocaína dos Andes.

28. Vários pesquisadores que escrevem sobre a Bolívia, o Peru e a Colômbia falam da dificuldade de estimar o valor econômico total do tráfico de cocaína num determinado país. Por exemplo, Alvarez (1992) diz como é problemático estimar todo o potencial agrário e a quantidade de mão de obra envolvida, a fim de determinar o valor da produção de coca no Peru. Segundo ela, o valor agregado fica entre 500 milhões e 1,2 bilhão (2 a 4% do produto interno bruto do Peru), numa indústria que gera de 3 a 4% de todo o emprego no país. Na Bolívia, país produtor que mais influencia diretamente a quantidade de cocaína que entra no Brasil, a produção de coca em 1987 representou quase um terço do total da produção agrícola nacional no mesmo ano. Em 1988, totalizou 6,4% do produto nacional bruto boliviano e quase 60% de toda a produção do setor manufatureiro. Cerca de 150 mil pessoas participam do ciclo coca-cocaína (cultivo da coca, produção de sulfato e indústria de transformação), o equivalente a 7% da população economicamente ativa da Bolívia (Machado, 1992). Para um estudo abrangente tratando do valor econômico da cocaína, ver Healy (1995). As estimativas do montante das exportações apresentam uma série de problemas inteiramente diversos e números também divergentes. Analisando as dificuldades para computar as receitas ilegais provenientes das drogas, Francisco Thoumi (1995:199) diz que os lucros variam entre US$2 e 5 bilhões por ano. Sobre o valor econômico do ciclo coca-cocaína, ver também Tullis (1995, esp. caps. 2 e 5) e Bagley & Walker (1995).

29. As estimativas do montante do tráfico de cocaína no Rio são ainda menos fidedignas do que os dados sobre coca e cocaína apresentados para os países andinos. As mais acessíveis provêm de diários paulistas e cariocas e de semanários nacionais, mas nenhuma é particularmente confiável, pois a maioria das publicações tem sua própria agenda política com relação a essas estatísticas tão problemáticas. Consta que, em 1987, as favelas mais ativas realizaram aproximadamente US$350 mil mensais cada, perfazendo os 66 pontos de venda no Rio cerca de US$10 milhões por mês. Ver o artigo "A explosão da droga nos guetos do Rio", publicado na revista *IstoÉ* (2 set. 1987, p. 21-2). Numa análise mais recente sobre o volume do tráfico de cocaína no Rio, Juliana Resende (1995:61), repórter de *O Estado de S. Paulo*, menciona 344 pontos vendendo mensalmente um total de duas toneladas de maconha e cocaína, chegando a 962 quilos o total vendido por mês nas 15 favelas mais ativas (não se mencionam cifras). A dificuldade de obter estatísticas precisas sobre o narcotráfico decorre da estrutura centralizada em que este é efetuado. Além disso, a quantidade considerável de cocaína desviada por vários agentes policiais sugere que a polícia não estaria interessada em divulgar estatísticas precisas sobre drogas.

30. A complexa hierarquia do narcotráfico se patenteia em todos os países nele envolvidos. Nos países que produzem e processam cocaína, a camada mais baixa e explorada é constituída pelos pequenos proprietários rurais produto-

res de folhas de coca (*campesinos*), os transportadores de coca (*zepes* ou *moto-bones*) e os produtores de sulfato (*pisacocas*). A especialização continua, envolvendo menos pessoas, até o produto refinado chegar ao seu destino e a "narcoburguesia" acumular seus lucros monopolistas (ver Suárez Salazar, 1993:88, 90). Tirante os conhecidos chefões colombianos que foram capturados ou mortos nos últimos anos (só para serem substituídos por outros), os que mais lucram com cocaína costumam manter uma conduta discreta e não raro gozam de certa proteção contra acusações. Falando da situação no Peru, Edmundo Morales (1990:102) cita um ditado local que diz: "quem está por cima não pode brincar com fogo porque tem rabo de palha".

31. Nos anos 60, quando iniciei minha pesquisa nas favelas, o termo "favelado" era usado pelas classes média e alta em sentido pejorativo, equivalendo a "marginal" ou "criminoso". Hoje, muitas vezes é usado como símbolo de identidade pelos próprios moradores das favelas, geralmente em relação ao "exterior", denotando uma espécie de orgulho de classe, como por exemplo "eu sou favelado". Geralmente o termo não é usado desse modo dentro das favelas. Para uma análise dos usos políticos do termo dentro das favelas, ver Segala (1991:317-8).

32. As condições econômicas se deterioraram bastante na última década em todo o Brasil, mas o Rio sofreu um declínio particularmente acentuado, perdendo terreno para São Paulo, Belo Horizonte e Porto Alegre em termos de investimento industrial e financeiro. Estudo recente do Instituto Brasileiro de Geografia e Estatística (IBGE) revelou que no estado do Rio de Janeiro, nos anos 80, a renda real dos 20% mais pobres da população diminuiu 24%, enquanto a renda *per capita* global do estado caiu 15%. A incapacidade para atrair novos investimentos, somada a uma drástica redução do investimento público federal e a uma diminuição de 50% no emprego no setor da construção civil, acarretou uma proliferação de empregos no setor informal, a maioria dos quais desvinculada do sistema previdenciário nacional (Oliveira, 1991:7). Isso tudo no contexto da tendência, observada no país nos anos 80, de redução do emprego assalariado e, logo, do número de brasileiros com direito aos benefícios previdenciários (IBGE, 1994:xxv). Estudo da pesquisadora Jane Souto de Oliveira (1991:6), do IBGE, mostra que, na difícil tarefa de medir o tamanho do setor informal, é muito tênue a linha de separação entre emprego, desemprego, mendicância e atividades ilegais. Analogamente, estudo de Sônia Rocha (1994:126), do Instituto de Pesquisa Econômica Aplicada (Ipea), revela que, de nove capitais pesquisadas, o Rio era uma das duas em que a parcela da população pobre aumentou nos anos 80, de 27 para 32%.

33. A palavra vem de dólar, com referência ao fato de ser verde o papel geralmente usado para enrolar as trouxinhas de maconha. Outra das poucas funções desempenhadas por mulheres é a de "mulas", que transportam grandes pacotes de cocaína (dois a três quilos) para pontos de venda em outras favelas. Geralmente as mulheres têm participação limitada no tráfico existente nas favelas porque os homens que disso se ocupam costumam ter uma visão tradi-

cional do papel delas. Para uma análise do papel das mulheres no tráfico de drogas e dos casos relativamente raros em que elas têm aí posição destacada, ver Zaluar (1994:224-34, esp. cap. 23).

34. Em sua etnografia do Morro da Cruz, a maior favela de Porto Alegre, Robert Shirley (1990:265) diz que a principal atividade econômica na comunidade é o tráfico de drogas, que emprega "um grande número de jovens da região, provavelmente às centenas, como 'olheiros' e 'aviões'".

35. Agradeço ao arquiteto e planejador urbano Manuel Ribeiro por ter me transmitido essa informação. Sobre outro "dono" no Rio, ver Vieira (1985), que apresenta uma longa entrevista com Flávio Negão, da favela de Vigário Geral, morto recentemente.

36. Em sua esclarecedora etnografia da política e da vida associativa na favela de Santa Marta, na Zona Sul do Rio, Atílio Machado Peppe (1992:432) chama a atenção para o risco de, a longo prazo, o bom dono vir a tornar-se um modelo para os jovens da favela. Segundo ele, "os bandidos que são estrategicamente 'bons', 'charmosos' e 'sociáveis' podem alcançar seus objetivos espúrios mais facilmente que os tipos taciturnos e brutais de outras gangues".

37. Na verdade, já existiam sistemas previdenciários alternativos nas favelas bem antes dos traficantes de drogas. Alison Raphael (1980:38) fala do papel dos "bambas" no policiamento e na manutenção da ordem nas favelas nos anos 20.

38. O desgaste das instituições oficiais e o surgimento de instituições alternativas também já foram vistos como consequência do tráfico de drogas na Colômbia. Segundo Thoumi (1987:47), "um efeito ainda mais importante sobre o governo é o enfraquecimento das instituições oficiais que ocorre quando muitas atividades começam a sair do âmbito do sistema legal (...). Por exemplo, a segurança pessoal começa a ser propiciada pelo setor privado (...). Mas como na economia clandestina não se pode fazer cumprir os contratos por meio do sistema oficial, surge um novo sistema de justiça em que as questões costumam ser resolvidas com violência (...). Daí a impotência das instituições formais para proteger adequadamente os fracos quando se eleva o nível de agressão social (...)". Mesmo havendo na Colômbia uma analogia com a situação brasileira, uma diferença importante é que, na Colômbia, essas instituições funcionaram no passado, enquanto no Brasil elas nunca funcionaram efetivamente para o segmento da população mais afetado pelos traficantes. Portanto as instituições alternativas criadas pelos traficantes vieram preencher uma lacuna que sempre existiu.

39. Segundo o estudo da OAB, as penas aplicadas aos que violassem a "lei do fumo" iam desde a prisão domiciliar até a execução sumária, passando por medidas intermediárias como ser barrado em certas áreas da favela, expulsão temporária ou permanente da favela, espancamento, atirar na mão de um ladrão ou condenar à morte um estuprador.

Cocaína e Poderes Paralelos na Periferia Urbana Brasileira   265

40. Ver o estudo de Maria Victoria Benevides (1985:239) sobre a violência policial e a necessidade de preencher cotas diárias de prisões. Tais cotas são mais facilmente preenchidas prendendo-se moradores das favelas que sejam vistos pela polícia como criminosos em potencial. Os abusos da polícia também foram documentados por Chevigny (1991) e Americas Watch (1993b).

41. A antropóloga Alba Zaluar (1983) estudou a Cidade de Deus, conjunto residencial popular construído nos anos 60 na periferia do Rio para abrigar os moradores das favelas erradicadas. Zaluar registra um comentário feito frequentemente pelos adolescentes que optaram por juntar-se aos traficantes: "É a polícia que cria os bandidos". Menciona igualmente o "processo de repressão-medo-revolta" entre os jovens e a presença ameaçadora da polícia, por ela própria testemunhada inúmeras vezes durante seu trabalho de campo. A delegacia local nem mesmo se preocupava em esconder que torturava os que fossem detidos, culpados ou não: "ao contrário, esse fato notório faz parte da imagem da polícia todo-poderosa, que inspira temor".

42. Entrevista feita no Rio em julho de 1994. Esse comentário parece dizer nas entrelinhas: "Eles que se matem uns aos outros, pois assim não temos que fazê-lo". Não há nenhuma consideração para com os membros da comunidade, em sua maioria inocentes e cuja vida é assim posta em perigo. Ver também a descrição da ação violenta da Polícia Militar durante a guerra entre bandos rivais de traficantes na favela de Santa Marta em agosto de 1987 (Machado, 1992:397-8).

43. Num seminário sobre a violência urbana e na mídia, o coronel Nazareth Cerqueira, comandante da Polícia Militar do estado do Rio, assinalou o enorme destaque que a mídia confere ao arsenal possuído pelos traficantes. Segundo ele, dá-se pouca atenção à corrupção policial, a "grande arma de que dispõe o crime organizado para poder agir livremente" (Faperj, 1993:37).

44. O que está dito a seguir se baseia em entrevistas com Antônio Carlos Biscaia, ex-procurador-geral do estado do Rio de Janeiro; Hélio Luz, recém-nomeado chefe da Polícia Civil do estado do Rio de Janeiro; outros magistrados do Rio de Janeiro, e membros do Judiciário e de entidades de direitos humanos de Belo Horizonte e Porto Alegre. Ver também a entrevista com Hélio Luz na reportagem de Xico Vargas e Telma Alvarenga, "Um estranho no ninho", publicada na revista *Veja*, 23 ago. 1995. p. 5.

45. Ver também Lemgruber (1985). Sobre o envolvimento da Polícia Civil em sequestros praticados recentemente, ver as declarações de Hélio Luz na matéria "Golpe no bom astral", publicada em *Veja*, 1 nov. 1995. p. 75-6. Relatório interno da Polícia Civil, recém-liberado, diz que 80% dos policiais (9.600 numa força de 12 mil) eram desonestos e estavam arrecadando 1 milhão de dólares por mês extorquindo dinheiro de traficantes e sequestradores. Ver Schemo, Diana Jeano. A common bond: fear of each other. *The New York Times*, 24-12-1995. p. A15.

46. Entrevista pessoal com um membro anônimo do sistema de justiça penal, em 17-7-1995, Rio de Janeiro.

47. Ver Americas Watch (1993a); Ventura (1994, esp. p. 48-52, 67, 191); e Ferraz (1994). Ferraz é líder comunitário e diretor da Casa da Paz em Vigário Geral. Em números que se aproximam daqueles registrados nos bairros pobres de cidades norte-americanas, o grupo etário mais afetado pela violência ligada às drogas é o dos adolescentes, sobretudo garotos entre 12 e 17 anos. Quatro quintos dos óbitos nessa categoria decorrem de intervenção policial ou guerras entre bandos (Fernandes & Carneiro, 1995:14).

48. Peter Singelman (1975:60) estudou fenômeno semelhante no Nordeste brasileiro, onde eram frequentes os conflitos entre cangaceiros e "coronéis". Os coronéis tinham suas próprias milícias independentes, cujas atividades se assemelhavam às dos bandidos. Segundo Singelman, "a diferença era que os coronéis, por controlarem a polícia e a justiça, podiam rotular de criminosos os cangaceiros".

49. O Brasil (especialmente o Rio) não foge a essa regra. Ver o estudo de Júlio César Adiala (1986), para quem o mito vinculando o uso de maconha pela população afro-brasileira às suas origens africanas serviu para fortalecer a política de discriminação racial no Brasil. Segundo o ex-defensor público Lizst Vieira (1985:80, 84), "não é a classe média que é acusada. Os acusados nos tribunais são os pobres, os setores populares". Os filhos das classes média e alta subornam os funcionários antes de serem indiciados: "Os que têm dinheiro escapam à indiciação".

50. Essa argumentação também foi formulada num livro de Mathea Falco (1992), advogado que serviu como subsecretário de Estado para questões internacionais ligadas a narcóticos no governo Carter. Explicando a adoção do Marijuana Tax Act em 1937, durante a Depressão, quando os trabalhadores estrangeiros eram vistos como uma ameaça ao emprego, Falco diz: "tendo o público associado essas drogas a minorias raciais e estrangeiros perigosos, criaram-se certas atitudes populares que persistem até hoje".

51. Em entrevistas concedidas em 1988, 1991 e 1994, o coronel Carlos Magno Nazareth Cerqueira, comandante da Polícia Militar do Rio de Janeiro, expressou grande frustração por ter que lidar com práticas e atitudes arraigadas dentro da polícia. Nilo Batista, então secretário de Justiça e vice-governador do estado, supervisionava as polícias Civil e Militar e assumiu o governo quando Leonel Brizola decidiu concorrer à presidência no início de 1994. Falando sobre o modelo de reorganização dos serviços policiais para a comunidade, Batista (1994:70) afirmou em entrevista publicada: "o que precisamos reformular são as relações dentro da corporação, e isso é um processo gradual". A dificuldade de modificar instituições policiais há muito arraigadas foi extensamente documentada em 1992 por Guaracy Mingardi em estudo que examinava as malogradas tentativas do governador paulista Franco Montoro de promover reformas duradouras na Polícia Civil. Nos dois mandatos de Brizola, a tentati-

Cocaína e Poderes Paralelos na Periferia Urbana Brasileira 267

va do governo estadual de criar um novo modelo de relações entre a comunidade e a polícia se concretizou num projeto piloto intitulado Centros Comunitários de Defesa da Cidadania. Criados inicialmente em três comunidades, os centros deveriam contar com postos locais de defesa civil; defensores públicos; escrivãos municipais para emitir carteiras de identidade e de trabalho, bem como certidões de nascimento, casamento e óbito; postos locais das polícias Civil e Militar; serviços de mediação; tribunais de pequenas causas; assistentes sociais para tratar de problemas familiares e benefícios previdenciários; uma agência de emprego, e um banco.

52. O tema do banditismo social, sobretudo após os trabalhos seminais de Hobsbawm, *Primitive rebels* e *Bandits*, tornou-se um filão aparentemente inesgotável. Para uma ampla discussão do fenômeno no tocante à América Latina, ver Gilbert Joseph (1990). Meu estudo não pretende entrar na discussão, e sim apontar certas analogias históricas com as precondições que levam ao banditismo em suas várias formas (rurais e urbanas) e com as consequências do banditismo.

53. A distinção entre "lei do morro" e "lei do asfalto" certamente já existia muito antes da presença dominadora dos traficantes de drogas. Sobre as complexidades da distinção, ver Segala (1991). Nos últimos anos, porém, as expressões assumiram novas conotações, e "lei do morro" passou a significar o poder dos traficantes.

54. Nota-se uma dinâmica semelhante entre os plantadores de coca no Peru, as forças do Sendero Luminoso e as forças de segurança do governo peruano empenhadas na erradicação da coca. Os plantadores de coca se veem numa situação análoga à dos líderes favelados cariocas. Para o governo peruano, o plantio da coca serve de apoio político ao Sendero, enquanto o Sendero vê na recusa a plantar coca uma forma de apoio ao governo. Como assinalaram Mason e Campany (1993:3), "quem planta coca arrisca-se a sofrer duras sanções por parte do governo, e quem se recusa a plantar coca arrisca-se a sofrer sanções por parte do Sendero". Analogamente, os migrantes que vieram para as imediações da Carretera Central, em Lima, fugindo da violência na região de Ayacucho viram-se entre dois fogos: as pressões do Sendero em Lima para que lhe prestassem favores e as suspeitas da polícia de segurança (Smith, 1992:134).

55. A Federação de Favelas do Estado do Rio de Janeiro (Faferj) registrou mais de 25 assassinatos de líderes favelados entre 1987 e 1995.

56. Esse relato se baseia em entrevistas com líderes comunitários de Santa Marta em 1992 e na versão dos fatos fornecida por Machado (1992:429-30). Dois jornais cariocas concorrentes, *Jornal do Brasil* e *O Globo*, encheram-se de acusações e contra-acusações referentes ao envolvimento de líderes comunitários com os traficantes de drogas. Porém o fato de esses líderes estarem ou não ligados ao tráfico é irrelevante para a questão que realmente importa. Em todo caso, o poder inescrupuloso dos traficantes e o dilema dos líderes com relação

268   Um Século de Favela

à polícia significa que toda a comunidade está constantemente ameaçada pela violência de duas forças armadas.

57. A generalização desse fenômeno para outras grandes cidades brasileiras é assinalada no estudo de Teresa Caldeira (1992:183, 190) sobre os efeitos e a perpetuação da violência em São Paulo. Referindo-se a um bairro operário (um dos vários bairros paulistas examinados), ela diz que "eles temem tanto a polícia, que os confunde com criminosos, quanto os criminosos, que os ameaçam em suas comunidades (...). O proletariado se vê paralisado entre o medo da polícia, o medo da retaliação dos criminosos e (...) a visão de que o sistema judicial é incapaz de propiciar justiça". Caldeira conclui: "Um dos efeitos mais paradoxais da arbitrariedade e injustiça constantemente sofridas pelas classes proletárias é que o império da lei passa a ser visto como mais uma forma de injustiça".

58. Ver também o comentário de Alba Zaluar (1994:95): "A intimidação de testemunhas e líderes de associações de moradores em várias partes do estado do Rio de Janeiro tem graves consequências, pois elimina o que veio a ser uma saída para o ciclo de pobreza e violência: a reivindicação dos direitos políticos, sociais e civis como parte desta nação, como seus cidadãos".

59. Para uma análise da máquina de Chagas Freitas, ver Eli Diniz (1982, esp. cap. 4: "Articulando bases de sustentação"). Esse período também é analisado por Valladares (1978) e Gay (1994).

60. Ver, em particular, Adriana Bacellar, "Rocinha vive de promessas", *Jornal do Brasil*, 12-9-1988, Cidade, p. 5. O fato de o Estado usar a ameaça à segurança para promover sua própria agenda política certamente não constitui novidade. Além do trabalho de Charles Tilly, Brown (1990:259, 268) observou, com relação ao Egito nos anos 20, que a definição do banditismo como problema nacional teve papel fundamental na formação do Estado. Um motivo pelo qual o banditismo merecia tanta atenção era que os governantes egípcios "podiam promover seu ambicioso programa de formação do Estado invocando uma ameaça à segurança e uma crise nacional da lei e da ordem causada pelo banditismo. Se o banditismo era um problema nacional, então o Estado egípcio teria que enfrentar o desafio; teria que criar novas instituições ou fortalecer as já existentes, a fim de vencer a ameaça recém-descoberta".

61. As violações dos direitos humanos ocorridas durante a Operação Rio estão fartamente documentadas no relatório feito em 1996 pela Human Rights Watch/Americas (ver Americas Watch, 1996) e Resende (1995).

62. Obviamente, a política partidária e as questões eleitorais foram fatores determinantes no cronograma da Operação Rio. Fernando Henrique Cardoso acabara de eleger-se presidente no primeiro turno das eleições, em 3 de outubro de 1994. No segundo turno, em 15 de novembro, os dois principais concorrentes ao governo estadual eram o Partido Democrático Trabalhista (PDT), de Leonel Brizola, e o Partido Social Democrático Brasileiro (PSDB),

de Fernando Henrique. O acordo entre os governos estadual e federal para realizar operações militares em conjunto foi firmado em 31 de outubro. Foi inicialmente combatido pelo governador pedetista em exercício e pelo candidato pedetista ao governo, por representar uma virtual ameaça aos direitos humanos. O candidato do PSDB responsabilizou as políticas liberais do PDT pela escalada da violência e do tráfico de drogas, dizendo estar o Rio desprotegido e necessitando de uma intervenção federal. A vitória de Fernando Henrique no primeiro turno dava-lhe condições de apoiar a intervenção. Quando a opinião pública tornou-se favorável à intervenção, ambos os candidatos defenderam a ideia, mas o do PSDB venceu o pleito. Ver Americas Watch (1996:14) e Resende (1995:22).

63. Os traficantes também fazem alianças com donos de negócios legais na favela, visando a obter vantagens econômicas e políticas. Machado (1992:407) descreveu a aliança que funcionou na favela de Santa Marta em 1988/89, quando os traficantes usavam negócios locais para a lavagem de dinheiro e também para criar vínculos com o PDT de Brizola. O PDT assumira a prefeitura em 1988 e queria derrubar os dirigentes da associação de moradores (que já estavam no cargo há oito anos), porque eles formavam com o Partido dos Trabalhadores (PT). Entendendo que seria melhor aliarem-se ao PDT, os traficantes se prontificaram de bom grado a ajudar a destituir os petistas da associação.

64. Situação análoga, porém numa escala maior, criou-se na Colômbia, onde o tráfico de drogas em grande escala levou os chefões a procurarem obter influência política. Carlos Lehder (atualmente cumprindo pena de prisão nos EUA) fundou um partido político, o Movimento Cívico de Liberación Nacional, caracterizado pelos observadores como "uma espécie de mistura eclética de fascismo e anarquismo" (Bagley, 1986:95). Lehder atraiu seguidores nos bairros pobres de várias cidades colombianas, onde ele e seus capangas distribuíam grandes somas de dinheiro.

65. Ver a análise de Jonathan Fox (1994b:106) sobre a importância da democratização em nível local para a consolidação da democracia em nível nacional: "A persistência de enclaves autoritários pode pôr em risco a consolidação democrática em nível nacional. Velhas práticas exclusivistas não desaparecem por causa de decretos nem por causa da transferência do poder nas capitais nacionais".

Referências bibliográficas

Ackerman, Elise. Guns R us. *New Times*, 7-13 Sept. 1995. p. 11-9.

Adiala, Júlio César. O problema da maconha no Brasil: ensaio sobre racismo e drogas. *Série Estudos*. Rio de Janeiro, Instituto Universitário de Pesquisas do Rio de Janeiro (52), 1986.

Alvarez, Elena. Coca production in Peru. In: Smith, Peter H. (ed.). *Drug policy in the Americas*. Boulder, Colo., Westview Press, 1992. p. 72-87.

Alves, Maria Helena Moreira. *State and opposition in military Brazil*. Austin, University of Texas Press, 1985.

Americas Watch (Human Rights Watch/Americas). *Prison conditions in Brazil*. New York, Americas Watch, 1989.

————. *The killings in Candelária and Vigário Geral: the urgent need to police the Brazilian police*. New York, Americas Watch, 1993a. (A Human Rights Watch Short Report 5, n. 11.)

————. *Urban police abuse in Brazil: summary executions and tortures in São Paulo and Rio de Janeiro after five years*. New York, Americas Watch, 1993b.

————. *Fighting violence with violence: human rights abuse and criminality in Rio de Janeiro*. New York, Human Rights Watch, 1996. (A Human Rights Watch Short Report 8, n. 2 B.)

Amorim, Carlos. *Comando Vermelho: a história secreta do crime organizado*. 4 ed. Rio de Janeiro, Record, 1993.

Bagley, Bruce. The Colombian connection: the impact of drug traffic in Colombia. In: Pacini, Deborah & Franquemont, Christine (eds.). *Coca and cocaine's effects on people and policy in Latin America*. Cambridge, Mass., Cultural Survival, 1986. p 89-100.

———— & Walker III, William O. (eds.). *Drug trafficking in the Americas*. New Brunswick, N.J., Transaction, 1995.

Batista, Nilo. Polícia renovada e centros comunitários, soluções para um país real (entrevista). *Proposta*, 22(60):67-73, mar. 1994.

Benevides, Maria Victoria. Violência, povo e polícia: violência urbana na grande imprensa. (Trabalho apresentado à Associação Nacional de Pós-Graduação em Ciências Sociais — Anpocs, Águas de São Pedro, 26-28 out. 1983.)

————. Violência da polícia e violência do bandido: uma relação causal? *Revista OAB*, 22:237-45, jul. 1985.

Bielschowsky, Ricardo. Programa plurianual de urbanização de favelas e loteamentos de baixa renda. In: Prefeitura da Cidade do Rio de Janeiro, Secretaria Municipal de Desenvolvimento Social. *Pensar e fazer*. Rio de Janeiro, 1988. p. 11-8.

Blok, Anton. *The Mafia of a Sicilian village, 1860-1960: a study of violent peasant entrepreneurs*. Prospect Heights, Ill., Waveland, 1974.

Brown, Nathan. Brigands and State-building: the invention of banditry in modern Egypt. *Comparative Studies in Society and History,* 32(2):258-81, Apr. 1990.

Burt, Jo-Marie. Political violence and the grassroots in Lima, Peru. (Trabalho apresentado à Conferência sobre Desigualdade e Novas Formas de Representação na América Latina, New York, Columbia University, 3-4 mar. 1994.)

————— & López Ricci, José. Shining Path after Guzmán. *NACLA Report on the Americas,* 28(3):6-9, Nov./Dec. 1994.

Caldeira, Teresa Pires do Rio. *City of walls: crime, segregation, and citizenship in São Paulo.* Berkeley, University of California, 1992. (PhD Thesis.)

Carvalho, Maria Alice Rezende de. Guerra no Rio. *Presença: Revista de Política e Cultura* (11):88-101, Jan. 1988.

Cavallieri, Paulo Fernando. Favelas cariocas: mudanças na infraestrutura. In: Instituto de Planejamento Municipal, Secretaria Municipal de Planejamento, Prefeitura da Cidade do Rio de Janeiro. *Quatro estudos.* Rio de Janeiro, 1986.

Centro de Defesa de Direitos Humanos Bento Rubião. *Favelas e organizações comunitárias.* Petrópolis, Vozes, 1994.

Chevigny, Paul G. *Police deadly force as social control: Jamaica, Brazil, and Argentina.* São Paulo, Núcleo de Estudos de Violência, Universidade de São Paulo, 1991. (Série Dossiê, 2.)

Coelho, Edmundo Campos. *A oficina do diabo: crise e conflitos no sistema penitenciário do Rio de Janeiro.* Rio de Janeiro, Espaço e Tempo; Iuperj, 1987.

—————. Da Falange Vermelha a Escadinha: o poder nas prisões. *Presença: Revista de Política e Cultura* (11):106-14, jan. 1988.

Diniz, Eli. *Voto e máquina política: patronagem e clientelismo no Rio de Janeiro.* Rio de Janeiro, Paz e Terra, 1982.

Falco, Mathea. *The making of a drug-free America.* New York, Random House, 1992.

Faperj (Fundação de Amparo à Pesquisa do Rio de Janeiro). *Seminário Mídia e violência urbana.* Rio de Janeiro, Faperj, 1993.

Fernandes, Heloísa Rodrigues. Authoritarian society: breeding grounds for *justiceiros.* In: Huggins, Martha (ed.). Vigilantism and the State in modern Latin America: essays in extra legal violence. New York, Praeger, 1991. p. 61-70.

Fernandes, Rubem César & Carneiro, Leandro Piquet. *Criminalidade, drogas e perdas econômicas no Rio de Janeiro.* Rio de Janeiro, Núcleo de Pesquisas Iser, 1995.

Ferraz, Antônio Carlos (Caio). Vigário Geral: de palco da chacina a cenário de esperança. 1994. (inédito.)

———. Entrevista. *Revista Democracia* (109):16-19, jan./fev. 1995.

Fonseca, Cláudia. Bandidos e mocinhos: antropologia da violência no cotidiano. *Humanas, Revista do IFCH-UFRGS, 16*(2):67-89, jul./dez. 1993.

Fox, Jonathan. The difficult transition from clientelism to citizenship: lessons from Mexico. *World Politics, 46*(2):151-84, Jan. 1994a.

———. Latin America's emerging local politics. *Journal of Democracy, 5*(2):105-16, 1994b.

Gay, Robert. *Popular organization and democracy in Rio de Janeiro: a tale of two favelas*. Philadelphia, Pa., Temple University Press, 1994.

Gunst, Laurie. *Born dead: a journey through the Jamaican Posse underworld*. New York, Henry Holt, 1995.

Hagopian, Frances. After regime change: authoritarian legacies, political representation, and the democratic future of South America. *World Politics* (45):464-500, Apr. 1993.

Healy, Kevin. The boom within the crisis: some recent effects of foreign cocaine markets on Bolivian rural society and economy. In: Pacini, Deborah & Franquemont, Christine (eds.). Coca and cocaine's effects on people and policy in Latin America. Cambridge, Mass., Cultural Survival, 1986. p. 101-43.

———. Recent literature on drugs in Bolivia. In: Bagley, Bruce & Walker III, W. O. (eds.). Drug trafficking in the Americas. New Brunswick, N. J., Transaction, 1995. p. 201-16.

Helmer, John. *Drugs and minority oppression*. New York, Seabury, 1975.

Hobsbawm, Eric. *Bandits*. New York, Delacorte, 1969.

Holloway, Thomas. "A healthy terror": police repression of capoeiras in nineteenth-century Rio de Janeiro. *Hispanic American Historical Review, 69*(4): 637-76, Nov. 1989.

———. *Polícia no Rio de Janeiro*. Rio de Janeiro, Fundação Getulio Vargas, 1997.

Huggins, Martha. *From slavery to vagrancy in Brazil*. New Brunswick, N. J., Rutgers University Press, 1985.

———. Introduction: vigilantism and the State — a look South and North. In: Huggins, Martha. *From slavery to vagrancy in Brazil*. New Brunswick, N.J., Rutgers University Press, 1985. p. 1-18.

——— (ed.). *Vigilantism and the State in modern Latin America: essays in extra legal violence*. New York, Praeger, 1991.

Cocaína e Poderes Paralelos na Periferia Urbana Brasileira   273

IBGE (Instituto Brasileiro de Geografia e Estatística). *Mapa do mercado de trabalho no Brasil*. Rio de Janeiro, Diretoria de Pesquisas, Secretaria de Planejamento, Orçamento e Coordenação, 1994. n. 2.

Iplan-Rio (Instituto de Planejamento Municipal do Rio de Janeiro)/Secretaria Municipal de Desenvolvimento Social/Prefeitura da Cidade do Rio de Janeiro. *Cadastro de favelas*. 2 ed. Rio de Janeiro, Instituto de Planejamento Municipal, 1983. v. 1.

Jankowski, Martin Sanchez. *Islands in the street: gangs and American urban society*. Berkeley, Los Angeles, University of California Press, 1991.

Joseph, Gilbert M. On the trail of Latin American bandits: a reexamination of peasant resistance. *LARR, 25*(3):7-53, 1990.

Karl, Terry Lynn. Dilemmas of democratization in Latin America. *Comparative Politics, 23*(1):1-21, 1990.

Leeds, Anthony & Leeds, Elizabeth. Accounting for behavioral differences: three political systems and the responses of squatters to them in Brazil, Peru, and Chile. In: Walton, John & Masotti, Louis (eds.). *The city in comparative perspective: cross-national research and new directions in theory*. Beverly Hills, Calif., Sage, 1976. p. 193-247.

Leeds, Elizabeth. Favelas e comunidade política: a continuidade da estrutura de controle social. In: Leeds, Anthony & Ledds, Elizabeth. *A sociologia do Brasil urbano*. Rio de Janeiro, Zahar, 1978. p. 186-247.

Lemgruber, Julita. A Polícia Civil: conflitos e contradições. *Revista OAB, 22*:207-36, jul. 1985.

————. A face oculta da ação policial. *Ciência Hoje* (5):23-26, 1987. (Suplemento *Violência*.)

Lima, William da Silva. *Quatrocentos contra um: uma história do Comando Vermelho*. Rio, Iser; Vozes, 1991.

Machado, Flávio. Coca production in Bolivia. In: Smith, Peter H. (ed.). *Drug policy in the Americas*. Boulder, Westview Press, 1992. p. 88-98.

Maggie, Ivone. Medo de feitiço: relações entre magia e poder no Brasil. Rio de Janeiro, Universidade Federal do Rio de Janeiro, 1988. (Tese de Doutorado.)

Mason, T. David & Campany, Christopher. Guerrillas, drugs, and peasants: the rational peasant and the war on drugs in Peru. (Trabalho apresentado à American Political Science Association, Washington, D.C., 2-5 Sept. 1993.)

Meinel, Valério. *Avestruz, águia e cocaína*. Rio de Janeiro, Espaço e Tempo, 1987.

Mingardi, Guaracy. *Tiras, gansos e trutas*. São Paulo, Página Aberta, 1992.

Moore, Joan W. *Homeboys, gangs, drugs, and prison in the barrios of Los Angeles.* Philadelphia, Pa., Temple University Press, 1977.

Morales, Edmundo. The political economy of cocaine production: an analysis of the Peruvian case. *Latin American Perspectives* (17):91-109, Fall 1990.

OAB (Ordem dos Advogados do Brasil). Relatório de pesquisa: formas comunitárias de intermediação de conflitos. Rio de Janeiro, 1987. (Documento Interno.)

O'Donnell, Guillermo. Transitions, continuities, and paradoxes. In: Mainwaring, Scott; O'Donnell, Guillermo & Valenzuela, J. Samuel (eds.). *Issues in democratic consolidation.* Notre Dame, Ind., University of Notre Dame Press, 1992.

Oliveira, Jane Souto de. Desigualdades sociais no Rio: a violência quotidiana. *Rio de todas as crises.* p. 4-16. (Série Estudos, 81.)

Orlove, Benjamin. *The position of rustlers in regional society: social banditry in the Andes.* New York, Holmes and Meier, 1980.

Pacini, Deborah & Franquemont, Christine (eds.). *Coca and cocaine's effects on people and policy in Latin America.* Cambridge, Mass., Cultural Survival, 1986. (Cultural Survival Report, 23.)

Padilla, Felix M. *The gang as an American enterprise.* New Brunswick, N.J., Rutgers University Press, 1992.

Peppe, Atilio Machado. Associativismo e política na favela de Santa Marta (RJ). São Paulo, Universidade de São Paulo, 1991. (Tese de Mestrado.)

Pinheiro, Paulo Sérgio. Autoritarismo e transição. *Revista USP* (9):45-56, 1991a.

————. Police and political crisis: the case of the Military Police. In: Huggins, Martha (ed.). Vigilantism and the State in modern Latin America: essays in extra legal violence. New York, Praeger, 1991. p. 167-88.

————. Social violence of transitions: comparative perspectives in new democracies. (Trabalho apresentado à Latin American Studies Association, Los Angeles, 24-27 Sept. 1992.)

Queiroz, Maria Isaura Pereira de. Escolas de samba do Rio de Janeiro ou a domesticação da massa urbana. *Cadernos Ceru.* Centro de Estudos Rurais e Urbanos (1):7-35, 1985.

Quijano, Anibal. Entrevista. *Brasil Agora,* 2(36):7, 1993.

Ramos, Graciliano. *Memórias do cárcere.* Rio de Janeiro, José Olympio, 1953.

Raphael, Alison. Samba and social control: popular culture and racial democracy in Rio de Janeiro. Columbia University, 1980. (PhD Thesis.)

Reilly, Charles A. Revisiting participation and reinventing empowerment: NGOs and local authorities in Latin America. (Trabalho apresentado à conferência Modelos de Desenvolvimento e Eliminação da Pobreza na América Latina, Latin America Program, Woodrow Wilson Center, Washington, D.C., 1-3 Dec., 1993.)

———— (ed.). *Joint ventures in urban policy: NGO-municipal collaboration in democratizing Latin America.* Washington, D.C., Inter-American Foundation, 1994.

Resende, Juliana. *Operação Rio: relato de uma guerra brasileira.* São Paulo, Página Aberta, 1995.

Reuter, Peter. Eternal hope: America's quest for narcotics control. *The Public Interest* (79):79-85, Spring 1985.

Ribeiro, Luiz César de Queiroz & Santos Júnior, Orlando Alves dos (eds.). *Globalização, fragmentação e reforma urbana.* Rio de Janeiro, Civilização Brasileira, 1994.

Rocha, Sônia. Renda e pobreza nas metrópoles brasileiras. In: Ribeiro, Luiz César de Queiroz & Santos Júnior, Orlando Alves dos (eds.). *Globalização, fragmentação e reforma urbana.* Rio de Janeiro, Civilização Brasileira, 1994. p. 121-45.

Sadek, Maria Teresa (ed). *O judiciário em debate.* São Paulo, Instituto de Estudos Econômicos, Sociais e Políticos de São Paulo (Idesp); Sumaré, 1995. (Série Justiça.)

Sage, Colin. Drugs and economic development in Latin America: a study in the political economy of cocaine in Bolivia. In: Ward, Peter (ed.). *Corruption, development, and inequality.* London, New York, Routledge, 1989. p. 38-57.

Segala, Lygia. O riscado do balão japonês: trabalho comunitário na Rocinha (1977-82). Rio de Janeiro, Universidade Federal do Rio de Janeiro, 1991. (Tese de Mestrado.)

Shirley, Robert. Recreating communities: the formation of community in a Brazilian shanty-town. *Urban Anthropology, 19*(3):255-76, 1990.

Silva, Luís Antônio Machado da. Violência e sociedade: tendências na atual conjuntura urbana no Brasil. In: Ribeiro, Luiz César de Queiroz & Santos Júnior, Orlando Alves dos (eds.). *Globalização, fragmentação e reforma urbana.* Rio de Janeiro, Civilização Brasileira, 1994. p. 147-68.

Singelman, Peter. Political structure and social banditry in Northeast Brazil. *Journal of Latin American Studies, 7*:59-83, May 1975.

Smith, Michael L. Shining Path's urban strategy: ate vitarte. In: Palmer, David Scott (ed.). *The Shining Path of Peru.* New York, St. Martin's, 1992. p. 127-47.

Suárez Salazar, Luis. Drug trafficking and social and political conflicts in Latin America: some hypotheses. *Latin American Perspectives,* 20(1):83-98, Winter 1993.

Thoumi, Francisco. Some implications of the growth of the underground economy in Colombia. *Journal of Inter-American Studies and World Affairs,* 29(2):35-53, Summer 1987.

————. *Political economy and illegal drugs in Colombia.* Boulder, Colo., Lynne Rienner, 1995.

Tilly, Charles. War making and State making as organized crime. In: Evans, Peter; Rueschemeyer & Skocpol (eds.). *Bringing the State back in.* Cambridge, Cambridge University Press, 1985.

Tullis, Lamond. *Unintended consequences: illegal drugs and drug policies in nine countries.* Boulder, Colo., Lynne Rienner, 1995.

US Department of State, Bureau for International Narcotics and Law Enforcement Affairs. *International narcotics control strategy report.* Washington, D.C., Government Printing Office, 1995.

Valladares, Licia do Prado. *Passa-se uma casa: análise do programa de remoção de favelas do Rio de Janeiro.* Rio de Janeiro, Zahar, 1978.

Velez de Berliner, Maria & Lado, Kristin. Brazil, the emerging drug superpower. *Transnational Organized Crime,* 1(2):239-60, Summer 1995.

Venkatesh, Sudhir Alladi. The gang in the community. In: Huff, C. Ronald (ed.). *Gangs in America.* 2 ed. Thousand Oaks, Calif., Sage, 1996.

Ventura, Zuenir. *Cidade partida.* São Paulo, Companhia das Letras, 1994.

Vieira, Lizst. Maconha, um problema político. In: Sabina, Maria (ed.). *Maconha em debate.* São Paulo, Brasiliense, 1985. p. 75-88.

Zaluar, Alba. Condomínio do diabo: as classes populares urbanas e a lógica do "ferro e fumo". In: Pinheiro, Paulo Sérgio (ed.). *Crime, violência e poder.* São Paulo, Brasiliense, 1983. p. 251-77.

————. *A máquina e a revolta: as organizações populares e o significado da pobreza.* São Paulo, Brasiliense, 1985.

————. *Condomínio do diabo.* Rio de Janeiro, Revan; Universidade Federal do Rio de Janeiro, 1994.

Drogas e símbolos
redes de solidariedade em contextos de violência*

> Clara Mafra

EM JUNHO DE 1997, Flávia e Catarina, apoiadas por diferentes organizações, da "favela" e do "asfalto",[1] procuravam iniciar mais um projeto na favela Santa Marta.[2] Sua ideia era juntar, no aprendizado de jardinagem, adolescentes de famílias em situação mais precária, encarregando-os posteriormente de cuidar dos jardins de Botafogo. A iniciativa partiu de Flávia, seguindo uma linha de atuação social que parece estar se difundindo pelo mundo, basta ver a semelhança desse projeto com outro já desenvolvido com sucesso em Barcelona, onde meninas prostitutas transformaram-se em estudantes e jardineiras da cidade. Mas o que vale destacar nesse caso é que Flávia e Catarina tiveram dificuldades antes mesmo de dar o primeiro passo, pois, mesmo tendo os recursos financeiros, os contatos e o espaço para realizar o curso, não conseguiram atrair mais que 10 adolescentes. A dificuldade não decorria — como é comum acontecer entre esses mediadores sociais de classe média — da pouca familiaridade das organizadoras com os moradores locais, pois ambas já tinham trabalhado anteriormente na comunidade: Flávia, como representante de uma ONG que gere um banco de solidariedade no local, e Catarina, numa das creches.[3] Certamente que tais atuações dariam um perfil mais simpático a alguns e mais antipáti-

---

CLARA MAFRA é do Instituto de Estudos da Religião (Iser).

* A primeira versão deste texto foi apresentada na VI Jornada sobre Alternativas Religiosas na América Latina (6-8 de novembro de 1996). O texto foi lido e discutido com Otávio Velho, Regina Novaes, Cecília Mariz, Marcelo Camurça e Rubem César Fernandes, entre outros, a quem sou grata. Porém, como sabiamente reza a tradição, cabe a mim a responsabilidade pela forma e o conteúdo finais.

co a outros, mas isso não justificaria um boicote por parte dos moradores, inclusive aqueles com quem elas já haviam estabelecido contato, como estava acontecendo.

A solução do mistério veio à tona paulatinamente, quando, atentas ao circuito das fofocas, elas compreenderam que o local do curso — a quadra da escola de samba — era considerado espaço do "movimento". O vínculo do curso com a quadra fez correr à boca pequena que Catarina e Flávia iriam treinar meninos já com dívidas para com o tráfico. Daí a resistência das mães e a falta de interessados. Nem mesmo depois de ter percorrido as casas, explicando a impropriedade da fofoca e explicitando os financiadores e a idoneidade da iniciativa, Catarina conseguiu romper o bloqueio imposto ao projeto. Então, no último fim de semana daquele mês, um menino do "movimento" se aproximou de Catarina e a "convocou" para uma conversa. Catarina foi ao encontro e, em meio a uma roda de adolescentes armados, viu-se crivada de perguntas sobre o projeto: quem estava envolvido, quem financiava, qual era o objetivo, quanto tempo duraria etc. Feitas as perguntas, Catarina foi dispensada com o OK do "movimento". Na segunda-feira seguinte, o número de inscritos já ultrapassava a sua cota máxima.

Para o antropólogo, essa história é uma entrada e uma chave para se compreender o campo tenso e singular do sistema de reciprocidade existente nas favelas cariocas. Podemos começar pela ironia da história: enquanto Flávia e Catarina desconheciam ou pretendiam ignorar o bando de narcotráfico como uma instância de poder e autoridade e usar a quadra segundo seus próprios desígnios, elas foram acusadas de manter vínculos com o narcotráfico. Quando, posteriormente, foram a uma "reunião" com o "movimento", a comunidade rompeu o boicote ao projeto, pondo de lado os receios de "contaminação", antes questão candente.

Nessa versão, a história abre uma incógnita que se amplia ainda mais após o desfecho dos eventos. Inicialmente, desconhecendo os códigos implícitos de divisão do espaço, Flávia e Catarina se dirigiram ao chefe da quadra, que lhes deu, sem colocar em dúvida sua função de gerenciador do espaço, o direito de utilizá-lo. Contudo, para os que dominam os sentidos implícitos dos códigos locais, havia uma tensa sobreposição de autoridades constituídas: de um lado, o "movimento" como "dono da quadra", e de outro, o chefe atual da quadra, membro da escola de samba. O fato de Flávia e Catarina levarem em conta apenas uma dessas autoridades colocava em risco o próprio projeto e todos os que nele se envolvessem, pois na possibilidade real de alguma disputa mais clara entre ambas as autoridades, um dos lados poderia sustentar sua opinião, literalmente falando, com "poder de fogo". Nesse caso, o boicote converte-se em medida de cautela das mães para com seus filhos adolescentes,

Drogas e Símbolos

devido ao desconhecimento do código local pelas coordenadoras do programa e à possibilidade iminente de o mal-entendido transformar-se em atrito, recorrendo-se à força e à violência. A solução do impasse ter-se-ia dado, nesse contexto de duplicidade de poderes, quando as organizadoras do projeto "reconheceram" a necessidade de dialogar com esse "outro poder" e acertaram, mais uma vez, os limites do "pacto implícito". O "movimento", mesmo sem impor nenhuma condição à realização do projeto dos jardineiros ou à utilização da quadra, fez-se notar como um interlocutor presente e atuante, capaz de ditar a conduta dos moradores e investido de "autoridade" na organização do espaço local. Esse "acordo tácito" eliminou as tensões decorrentes da indiferença à autoridade do "movimento" e, sintomaticamente, suspendeu a acusação, veiculada nas redes de fofoca, de conivência e submissão dessas mulheres ao narcotráfico — pelo menos num determinado círculo de moradores, pois, como veremos mais adiante, a acusação de ligação com o narcotráfico é de certo modo bastante rotineira entre os grupos que se instalam na favela e, por vezes, tão eficaz na promoção da "desgraça" do grupo concorrente nas redes de prestígio local quanto a acusação de bruxaria entre os Azande —, permitindo a alguns moradores utilizar o serviço.

Essa história poderia ter se desenrolado de outra forma. As autoras do projeto chegaram a cogitar a possibilidade de usar algum outro espaço na favela, eliminando assim o problema da fácil associação entre o uso da quadra e o narcotráfico. Quando decidiram prosseguir, conta Flávia, elas levaram em conta tanto a qualidade do espaço para suas atividades, quanto a oportunidade de desmistificar uma associação baseada em inúmeros elementos implícitos e no uso da força. Havia também a hipótese de o projeto construir uma sede própria — como fazem muitos grupos de atuação social —, mas até quando a "convocação" dessas mulheres para uma conversa com o "movimento" seria postergada? No mercado imobiliário do morro, por exemplo, a oferta de barracos é um tanto quanto rarefeita. Alguns barracos, contudo, permanecem desocupados por longos períodos, alguns deles marcados pela dubiedade da propriedade do vendedor que se apresenta. Assim, as casas do irmão do "gerente", da sogra do antigo chefe, da terceira esposa de fulano de tal, fugido da polícia, podem ficar vagas por tempo indeterminado, independentemente da qualidade e localização do imóvel — ainda que à venda. Quando uma pessoa ou uma associação aproveita a barganha de algum desses imóveis, coniventemente ou não, passa a ser alvo de fofocas. Além disso, os terrenos vagos, os barracos abandonados, as praças, as quadras são, como rege o "acordo tácito", espaços do tráfico. Nesse contexto, se Flávia e Catarina tivessem contornado o problema da quadra investindo na compra de um imóvel no morro, ainda assim não estariam resguardadas da possibilidade de contaminação com o narcotráfico, na medida em que há uma geopolítica interna que penetra, por diferentes caminhos e em diferentes níveis, os mais diversos espaços e bens disponíveis no morro. A "linha de perigo"das relações com o narcotráfico não se inscreve nitidamente no espaço e nos bens, embora esteja potencialmente presente.

Assim como são tênues os limites dessa geopolítica, são confusas as relações de favor e contrafavor de inúmeros moradores do morro com o "movimento", principalmente entre os jovens. Assim como existem os sistemas de reciprocidade diretos — pelos quais o narcotráfico financia o casamento ou o enterro, garante o tratamento de saúde, subsidia a compra do cimento etc., estabelecendo um compromisso face a face —, há inúmeros meios indiretos de reciprocidade que podem ser acionados sem que a pessoa venha a ter intenção ou consciência da relação. As redes de amizade, vizinhança e parentesco, com o sistema recorrente de ajuda mútua que os moradores estabelecem entre si, dificilmente estão incólumes, havendo sempre algum membro com "passagem" no "movimento".

Voltando mais uma vez ao caso de Flávia, em muitas situações o que está em causa não é a reciprocidade envolvendo bens ou pessoas, mas sim a reciprocidade no reconhecimento de hierarquias e a submissão a quem tem força, poder e prestígio. Nesse sentido mais tênue — mas simbólica e materialmente eficaz — é que é válida a correspondência entre morador do morro e submissão ao narcotráfico. Numa vertente durkheiminiana de interpretação sociológica, pode-se dizer que a própria condição de sobrevivência no morro — o domínio dos códigos de hierarquias e valores sobre o espaço, os bens e as pessoas — faz do morador um sujeito "poluído" pela contravenção e o poder paralelo.

Para não cristalizarmos essa associação entre ser morador e "contaminação" com o narcotráfico, lembremos, por exemplo, o campo de atuação das ONGs e associações filantrópicas, esses centros produtores de redes de solidariedade e formuladores de mediações entre o "morro"e o "asfalto". Essas instâncias, articuladas geralmente a partir de diferentes versões do discurso social sobre a reparação de injustiças, tendem a buscar como clientela os segmentos mais carentes cultural e materialmente ou, para usar um termo do campo, "em situação de risco". Essa característica comum implica inevitavelmente uma convivência bastante próxima com a condição dúbia daquele que está sendo ajudado.

Nesse contexto em que a porosidade da presença do narcotráfico, com seus bens, valores e hierarquias, invade os diferentes territórios, parece inadequada e fora de propósito a questão de quem não é conivente com o narcotráfico. Entretanto, essa é a primeira questão para quem está

Drogas e Símbolos

de fora e pretende estabelecer laços mais efetivos de ajuda mútua, como lembra Boltanski ao discutir a dinâmica da linguagem da mídia e a noção de piedade romântica que a movimenta. As redes de solidariedade monetária e material ou de força voluntária que se estendem pelo mundo visam a mitigar o sofrimento da "vítima", distinguindo-a do "cúmplice" ou do "mediador inidôneo". Além disso, essa questão é central para quem se movimenta internamente nas redes em contextos violentos, na medida em que reconhecer as nuanças e os graus de pertencimento, de endividamento com a contravenção, garante a oportunidade de resolver convenientemente as situações.

Uma distinção qualitativa, em termos do uso da linguagem proposto por Boltanski (1990), auxilia-nos nessa problemática. Segundo esse autor, o discernimento de diferentes usos da linguagem é fundamental porque, geralmente, entre as ações guiadas pela violência, pelo interesse, pela justiça e pelo ágape — os quatro tipos puros de ação que o autor define mais detalhadamente — existem lapsos que não são preenchidos racional ou argumentativamente. A passagem de uma competência para outra — passagem que fazemos constantemente no nosso cotidiano — exige movimentos, ritmos e posturas específicos, que podem se processar mais fácil ou dificilmente conforme o campo de competência que se recusa ou a que se adere. Nesse caso, a ordem dos fatores altera o produto.

Na ação violenta, a ênfase está colocada nos bens em circulação, em detrimento das pessoas envolvidas; inversamente, no regime do ágape, as pessoas é que são supervalorizadas na troca, em detrimento da consideração dos bens circulantes. A tendência centrípeta da ação violenta, sua capacidade de transformar os demais modos de ação, tornando-as ou semelhantes a ela ou parte, mesmo que periférica, de sua composição, relaciona-se com sua natureza absoluta. A linguagem em curso na ação violenta não é argumentativa nem racional, mas poderosa na medida em que instaura o vazio mais básico de sentido na recusa da continuidade do circuito de reciprocidade com a alteridade. A presença do regime da violência no contexto da favela, por exemplo, abre a possibilidade de um vazio de reciprocidade que facilmente inibe as modalidades concorrentes e esvazia o sentido de humanidade. Numa imagem ilustrativa, podemos reconhecer o narcotráfico como o buraco negro cuja força invisível organiza o centro de gravidade da estrela visível da comunidade, criando eixos de tendências sociais formadas por repulsões e impulsões que só existem sob a condição de se afirmarem fora de suas margens.

De forma menos metafórica, o argumento deste estudo é que o uso da força faz diferença no contexto da favela não apenas por tornar mais árido o cotidiano do morador — dada a possibilidade constante da não

282   Um Século de Favela

reversibilidade da troca e do vazio de sentido, interrompendo circuitos de bens, pessoas e símbolos —, como também pela conformação de uma interlocução coletiva que deve responder, explícita ou implicitamente, elaborada ou canhestramente, ao impacto dessa presença que subverte a lógica do gerenciamento democrático do espaço coletivo. Dessa forma, levarei a sério a questão de quem é ou não conivente com o tráfico, questão mobilizadora e formadora de diferentes discursos sociais eficazes porque ordenadores da ação dos indivíduos e das organizações em contextos violentos. A questão é válida, nesse sentido, porque homens e mulheres querem respondê-la e têm o capital simbólico para isso, sendo o trabalho do antropólogo o mapeamento da formulação dessas diferentes respostas e o balizamento do entrelaçamento geral dos discursos. Baseando-me na etnografia que realizei na favela Dona Marta[4] e servindo-me das distinções conceituais enunciadas por Boltanski, destacarei, inicialmente, as principais vertentes discursivas sobre a relação dos diferentes grupos e associações com o dado da presença dos bandos de narcotráfico,[5] para, posteriormente, diante do leque de alternativas de códigos sociais presentes naquele contexto, discutir alguns dos efeitos mais evidentes dessa combinação.

As diferentes redes associativas em face do narcotráfico

Cada uma das associações existentes na favela Dona Marta foi constituída num momento diferente da formação da favela; em certa conjuntura do debate sobre as "questões sociais" na sociedade mais ampla; num momento específico da presença do narcotráfico no morro.[6] Esse caráter conjuntural da formação de cada associação pode ser mais ou menos valorizado, formar memórias mais ou menos tradicionalistas, marcar ou não os rumos e a estrutura da organização, permitir uma permeabilidade maior ou menor com as questões candentes do momento e com a sociedade mais ampla. Mesmo reconhecendo esses aspectos, limito-me a abordar neste texto as questões das diferentes redes articuladas pelas associações ao longo de 1996, período da minha pesquisa de campo. Quer dizer, não tratarei das questões da dinâmica social, mas me preocuparei em reconstituir um quadro sincrônico em que se possam delinear as áreas ocupadas pelas instituições legais, seu campo de negociação com o tráfico, as principais frentes do jogo de acusações e contra-acusações, com seus descompassos entre o discurso explícito e as posturas implícitas. A princípio, é possível distinguir três tendências entre as redes associativas existentes na favela Santa Marta.

Drogas e Símbolos

Do "asfalto" para o "morro" — o caso das associações voltadas para o atendimento

Segundo Silvana, uma das diretoras da Pequena Obra de Nossa Senhora Auxiliadora (Ponsa), é para suprir à necessidade dos trabalhadores do morro, prestando serviços de apoio a essa população carente, que as ex-alunas do Colégio Sacre Coeur se mantêm ativas ainda hoje, administrando e gerindo recursos em torno da entidade. A Ponsa é uma associação que atua no local desde 1941, prestando preferencialmente às crianças do morro serviços como creche, curso complementar educacional e cursos profissionalizantes, como marcenaria, empalhamento, datilografia. A noção de caridade e de ação social católica está na origem do grupo, formado em 1925. Graças ao apoio do padre Velloso, jesuíta, fez--se a ligação entre o grupo de senhoras de classe média e média alta com a favela Santa Marta.

Um dos pontos tensos do gerenciamento da Ponsa, visando a cumprir adequadamente os objetivos de caridade cristã, é a equidade com que seus serviços são distribuídos entre os moradores da favela. A possibilidade de que a ajuda prestada por esse grupo à população carente venha a beneficiar apenas seus segmentos mais privilegiados é um problema visualizado pela coordenação da entidade, ainda que não extensamente equacionado. Segundo Silvana, essa questão é contornada pelos mecanismos de autocontrole da entidade no seu dia a dia, de forma a "não fazer distinção entre o público que atende", servindo de referência comum à maioria dos pais, meninos e meninas que nasceram e cresceram no morro. A creche, diz Silvana, treina suas educadoras para tratar da mesma forma o filho do "chefe" e o filho do Zé Ninguém, sem preocupação de ferir os brios de quem quer que seja.

Traços singulares dessa linha de atuação social são a preocupação com o caráter redistributivo da ajuda social implementada — donde a atenção, como dissemos, aos mecanismos cotidianamente ativos contra a sobreposição de privilégios — e, em outro nível, a preocupação em ser suficientemente flexível para adaptar a entidade aos dramas da história comum da população. A história da Ponsa é um exemplo típico dessa segunda característica, tendo a entidade servido de ponto de apoio em diferentes momentos da história da favela, adaptando-se às necessidades durante calamidades como enchentes e deslizamentos, transformando-se em dormitório de famílias desabrigadas, centro de recebimento de doações, local de entrega de material de construção etc.

Esse entrelaçamento da entidade com a "comunidade"[7] tem, entretanto, limites bem claros. A diretoria é composta de uma rede restrita de amigos católicos, moradores do "asfalto", que faz uma administração de forma cen-

284   Um Século de Favela

tralizada, com completa autonomia e responsabilidade pelos rumos da associação. A relação com os moradores do morro é de empregador — já que estes são preferencialmente contratados como auxiliares — ou de clientela.

Pelo menos quatro outras associações têm perfil similar ao da Ponsa, quer dizer, são instituições criadas principalmente por iniciativa e empenho de senhoras de classe média e/ou média alta, moradoras do asfalto, que por motivação religiosa iniciaram uma creche, um trabalho de complemento escolar etc. Em geral, essas senhoras levaram anos para conseguir construir a sede, tendo mobilizado ao máximo as redes de influência a seu alcance, procurando garantir certa regularidade e boas condições de atendimento. É fácil ver que as estruturas que essas senhoras montaram se mantêm a duras penas, refletindo em grande medida as redes de solidariedade que o trabalho social e seu prestígio social conseguem mobilizar. Silvana, Carmem e Amália são três dessas mulheres, cada qual a face mais visível de serviços de atendimento permanente a crianças e adolescentes locais, cada qual capaz de mobilizar uma rede de apoio na sociedade mais ampla.

Em geral, os moradores do morro, os donos de birosca, os pastores, os padres e o presidente da associação reconhecem o "valor" dessas senhoras, incluindo-as entre as "personalidades locais". Além disso, o prestígio pessoal também funciona "para fora" na identificação, de uma forma ou de outra, dessas pessoas com uma atitude de solidariedade do asfalto com as áreas carentes da cidade. E é seguindo essa percepção de respeito conquistado que elas articulam o discurso sobre como responder à presença do narcotráfico em sua área de ação: como prestadoras de serviço pontual, suas instituições atendem a todos, sem discriminação de crença, cor ou mesmo atividades dos pais. Por esse princípio de prestação de serviço de forma universal, sabem que num dado momento estão cuidando de filhos de contraventores, dando orientação a pais de alunos que têm atividades escusas, fornecendo abrigo à família de um "chefe" numa calamidade etc. Essa postura resvala entre o risco da cumplicidade com o "criminoso" ou com o "ato ilícito" e o risco da ofensa pela quebra de um circuito de prestígio que funciona dentro da comunidade. Usualmente, o cálculo e neutralização do risco passa pelo jogo entre poder de influência e prestígios acumulados.

Em conformidade com essa linha de atuação social, duas posturas são caraterísticas na formulação de respostas à presença do narcotráfico: por um lado, a criação de mecanismos inibidores da reprodução dos valores de honra e força,[8] complementares ao tráfico nos limites das atividades desenvolvidas como educadoras e administradoras; por outro lado, a inibição e recusa da interação direta, evitando a participação em circui-

Drogas e Símbolos

tos que envolvam o tráfico como organização coletiva, mesmo que haja oferecimentos de "dom" gratuito, através de doações financeiras ou de força de trabalho em momentos de maior necessidade. Contudo, como tantos outros moradores, essas pessoas e suas entidades participam da "lei do silêncio", cumprem certas regras do ir e vir na favela (a metade do morro é um limite respeitado mesmo para visitas ocasionais), conhecem e acompanham as trajetórias de seus "meninos" e "meninas", e, por meio dessa relação afetiva e "maternal", procuram articular opções alternativas ao tráfico, sempre que necessário e possível, para aqueles que se "envolveram".

Sinteticamente, essas associações são fundamentalmente prestadoras de serviços pontuais aos moradores do Dona Marta, articulando preferencialmente redes de fora para dentro, com uma administração em geral centralizada, baseada em grande medida no prestígio pessoal. Por essas características, tais associações estabelecem uma continuidade em diferentes níveis com noções e valores da sociabilidade cotidiana da favela, assim como do asfalto, sem formular uma política ou estratégia específica para enfrentar a questão do narcotráfico.

O ideal participativo e o resgate do morro pelo morro

Não é possível uma contextualização apropriada da favela Santa Marta sem se levar em conta o Grupo Eco. Formado por um grupo de jovens no começo da década de 70, inicialmente reunidos para produzir um pequeno jornal local, *O Eco,* esse grupo ampliou suas ambições graças à presença de um morador singular no morro. Trata-se do padre Agostinho, jesuíta professor da PUC, articulador de inúmeras experiências de atuação social da Igreja Católica na cidade do Rio de Janeiro. Padre Agostinho comprou um barraco no meio do morro, um pouco mais acima da Assembleia de Deus, onde passou a residir ainda no ano de 1978. Pessoa apaixonada e apaixonante, acabou conquistando a amizade daqueles garotos e fazendo da família Campos um ponto de referência obrigatório para seus amigos do asfalto.

O movimento que nasceu desse encontro, mesmo que influenciado pelas mesmas correntes católicas que originaram inúmeras CEBs, acabou não se constituindo como tal. Esse movimento desenvolveu atividades variadas, como mutirões comunitários — foi o grande responsável pela substituição das tábuas de madeira por tijolos na maioria dos barracos, pela abertura das primeiras valas e caminhos de concreto e pela construção da sede da Associação de Moradores do Morro Santa Marta —, organização de equipes e campeonatos de futebol, colônias de férias, teatro, a edição do jornal *O Eco*, criação da Escola de Informática etc., marcando sua presença local mais por uma atuação político-cultural e não necessariamente religiosa.

A valorização da cultura popular, da participação democrática e da formação de uma "comunidade" está no bojo dessas diferentes iniciativas. A adesão às noções de participação e democracia faz com que as associações criadas por esse movimento contem com mecanismos representativos na tomada de decisões. Como no caso anterior, a mobilização entre esses grupos está vinculada a noções de justiça social, mas com um duplo e novo significado: por um lado, por trazer ao centro da discussão sobre desigualdades sociais a questão das lacunas em termos do capital cultural. Daí uma atenção maior desses segmentos não só à criação de atividades educativas, lúdicas e artísticas, visando a responder a diferentes níveis de "desapossamento" cultural, mas também à exposição do potencial de criatividade dos moradores do morro. Por outro lado, a condição de "morador" é revalorizada como ponto de apoio legitimador da ação justa. Alimenta-se assim uma noção de equivalência social que se produz a partir do próprio sujeito, não sendo "recebida" de um agente exterior, que até pode ser cúmplice mas não pode ser "coparticipante na privação".

O desgaste do modelo que tem o ideal comunitário e a valorização da participação como elementos centrais da ação política, referência comum a inúmeros movimentos sociais surgidos na década de 70, processou-se lentamente ao longo das décadas seguintes. É que a sobreposição, ocorrida em meados da década de 80, do tráfico às associações de moradores nas favelas do Rio de Janeiro (Zaluar, 1995) teria não apenas fortalecido a organização do narcotráfico como aparelho, mas também explicitado o descrédito da utopia participativa emancipatória. Essa utopia fora responsável por quase uma década de mobilização popular, num movimento tão intenso, criador de novos atores e aglutinador de composições específicas de forças sociais, que chegou a merecer o nome de Novo Associativismo Local (Peppe, 1992).

Na história do Santa Marta, a adesão a esse modelo valeu mesmo quando o projeto de ação envolvia alianças com o "asfalto", como no caso das alianças com o Colégio Santo Inácio e com a Associação dos Antigos Alunos do Colégio Santo Inácio (Asia), instituições que garantem o fomento de estruturas profissionalizadas, como o berçário Casa Santa Marta e a Unap (centro de complemento educacional). Um momento alto da afirmação dessa posição foi a construção da Casa Santa Marta — com os recursos na mão para construir um prédio, duas posições se formaram no movimento: uma ligada à Asia, que pretendia empregar os recursos na criação de um centro de recreação e de formação dos adolescentes; e outra, ao grupo de moradores da favela, que defendia a construção de um berçário. Ao

Drogas e Símbolos

final da negociação, a Casa Santa Marta foi construída segundo os propósitos dos moradores.

Em relação à presença do narcotráfico no morro, a posição das mais fortes lideranças desse movimento é de recusa à relação direta e disputa de espaço e influência. Faz parte da sua história a concorrência com chapas para a Associação de Moradores ligadas ao narcotráfico; a rejeição de sua influência na organização de centros de criadores de cultura, como a escola de samba, grupos de pagode, festas *funk* etc. Essa oposição se dá não apenas pelo caráter ilegal, mercantilista e armado da organização do narcotráfico, mas pela adesão ao que eles definem como estilo "clientelista" e "populista" dos seus líderes.

De modo bastante explícito, a postura dessas lideranças visa a criar um jogo de forças entre os setores organizados da favela e a organização do narcotráfico regida pela lógica da exclusão: onde a ideologia participativa cristã ganha terreno, não haveria "contaminações" pela presença subterrânea do tráfico. Vale notar que essa oposição não implica adesão ao modelo repressivo, pois, como justifica uma de minhas entrevistadas, a presença da polícia na favela expõe usualmente os moradores ao perigo, sem inibir efetivamente a presença do narcotráfico.

Uma das críticas dos setores evangélicos a esse movimento é que "o rigor na rejeição do tráfico leva esses católicos à rejeição da própria comunidade". A premissa desse raciocínio é que não há como estabelecer fronteiras claras com o narcotráfico, pois, queiramos ou não, sempre haverá um parente, amigo, filho, vizinho ou namorado que transpôs a fronteira, atuando, mesmo que temporariamente, no "movimento". Para completar o raciocínio, argumenta-se que são justamente as pessoas mais pobres, mais carentes, geralmente moradoras do "pico", que acabam empurradas para esse tipo de "negócio". A indiferença a essa problemática, completam os evangélicos, levaria essas associações católicas a prestar serviço aos setores mais providos da comunidade.

Diante desse jogo de acusações, vale sublinhar que, ao priorizar as estratégias macrossociais, a clareza da concepção e do raciocínio acerca das possibilidades de transição para uma sociedade justa, a linha de atuação católico-comunitária minimiza os efeitos constrangedores e desmobilizadores que a presença do narcotráfico produz no conjunto das redes sociais na favela. Algumas questões que esses movimentos enfrentam no seu dia a dia — por exemplo, no apoio afetivo, emocional ou financeiro a jovens que eles estão formando e que se veem envolvidos momentaneamente com o tráfico — são excluídas do discurso, mesmo fazendo parte da ação. Esses descompassos entre intenção e efeito, discurso e ação, dão margem ao surgimento de discursos concorrentes, entre os quais, mais visivelmente, um segmento entre os evangélicos.

"Armados na palavra": a "guerra de movimentos" entre evangélicos e traficantes

Há segmentos bastante diferenciados entre os evangélicos residentes no morro. Um conjunto, formado por igrejas de vertente pentecostal, como a Assembleia de Deus e a Deus é Amor, tem uma vida comunitária bastante ativa, com cultos cerca de três vezes por semana, vigílias conjuntas ao menos uma vez por mês e encontros bastante frequentes com outras congregações evangélicas, geralmente da periferia. Além disso, o vínculo com um ideal de "santificação" e de "negação do mundo" faz com que o fiel demonstre 24 horas por dia, no seu modo de vestir, no seu conhecimento da Palavra, no uso de uma linguagem particular, que ele é realmente "cristão". O consumo também é regulado por esse ideal de santificação, sendo comum os amigos e parentes crentes promoverem um controle rígido das músicas ouvidas, dos programas de TV permitidos, da mensagem escrita que se lê.

A peculiaridade, em termos do código de usos e costumes, compartilhada por esses evangélicos reflete-se inclusive na sua leitura da história do morro: nessa versão, o protagonista da ação não é a "comunidade", como entre os grupos descritos anteriormente, e sim os "crentes" e as congregações pentecostais, protagonistas efetivos da verdadeira ação — "a guerra espiritual" — que se desenrola entre os homens como reflexo da disposição da batalha entre Deus e o diabo. A ressacralização do mundo, intrínseca a esse código, não implica uma atitude de acomodação diante do mundo — interpretação linear que subverteria uma leitura mais rica da teoria de secularização de Weber, segundo a argumentação de Geertz (1978) —, e sim uma leitura específica da "ação no mundo". Nos últimos anos, essa guerra espiritual — que pode assumir os mais diferentes contornos — tem recebido uma versão particularmente voltada para o drama da violência.

A resposta desses grupos à presença do narcotráfico não é direta, mas assume contornos "espirituais" — segundo seus próprios termos — envolvendo ações como encontros de oração, vigílias em fins de semana, leituras da Palavra, encontros de louvação etc. Não é raro que em épocas de tiroteio, nos dias ou semanas de "guerra" do narcotráfico, as vielas permaneçam vazias e silenciosas, sem crianças a correr e adultos a circular, sem as rodas de conversa, os rádios no último volume, o som da televisão na birosca mais próxima, o que contrasta com a rotina populosa e movimentada desses bairros. Nesses períodos, que muitas vezes ficam como marcos da memória coletiva, o silêncio é cortado de tempos em tempos pelas secas espocadas dos tiros, pelas rajadas de AR-15 e, significativamente, pelo som dos coros e vigílias das igrejas pentecostais. Essa linguagem indireta e simbólica contrasta com o discurso claramente dirigido que ocorre

Drogas e Símbolos

no nível individual, na mensagem proselitista dos crentes em favor da "aceitação de Jesus" e da mudança de vida do irmão, do marido, do vizinho etc. — aquelas pessoas da rede de relações mais próxima que se deixaram envolver pelo "movimento".

A questão sociológica que permanece com relação a esses grupos evangélicos é quanto ao ponto de apoio da eficácia de seu discurso, pois se por um lado eles parecem desprezar a elaboração de estratégias diretamente contrárias ao narcotráfico, concentrando-se nas questões "espirituais" — o que poderíamos descrever como uma atitude quietista —, por outro a rede dessas igrejas tende a se ampliar, ao que parece, justamente nesses contextos de violência.[9] O paradoxo da questão está no fato de que esses grupos pentecostais crescem em contextos de violência justamente por não darem respostas diretas à presença da violência, dado seu "apartamento" do mundo e a diabolização de tudo o que se refira ao "movimento". Uma possível explicação seria que o discurso dos "crentes" e dos "bandidos", mesmo com questões substantivas opostas, assume as mesmas formas: maniqueístas, clientelistas, hierárquicas etc. A continuidade entre os dois sistemas simbólicos propiciaria o crescimento de um no outro: onde se amplia a presença dos bandos de narcotráfico, crescem as possibilidades de avanço dos "crentes". Uns são violentos pelo uso da arma, outros, pelo uso da palavra dogmática.

A fragilidade dessa linha de argumentação é que a relevância do problema repousa na diferença: mesmo que haja similaridades e proximidades, "crentes" e "bandidos" se organizam como tais, autorreferidamente. Enquanto os "bandidos" afirmam o poder da "arma", os crentes afirmam que sua "arma" é a Palavra; se os rapazes do movimento têm que se prevenir contra a "tomada do morro" pelo bando rival, um ou outro crente tem uma "visão" de como deve preparar a "tomada" do morro pelas "forças celestes"; para uns, a ininteligibilidade da possibilidade da morte por tiro, para outros, a ininteligibilidade da fala do Espírito Santo etc. Se esses exemplos ilustram continuidades e a banalidade do uso diferenciado das mesmas palavras e expressões, indicam também a existência de diferenças no plano metafísico articulado em cada discurso. E aqui recorremos novamente a Boltanski, com sua ênfase nos diferentes usos da linguagem, para ampliarmos o horizonte de interpretação da questão.

Entre os tipos ideais de ação propostos por Weber, Boltanski (1990:223) inclui um tipo a mais, que ele denominou ação *ágape*, assim definida: *"l'agape possède des propriétés singulières, comme la préférence pour le présent, le refus de la comparasion et l'équivalence, le silence des désirs, ou encore l'absence d'anticipations dans l'interaction, qui l'éloignent des modèles sur lesquels nos disciplines — économie, sociologie ou psychologie sociales — prennent habituellement appui"*.

Tomando esse tipo ideal de ação como referência de compreensão sociológica, torna-se mais inteligível a linguagem articulada pelos grupos de "crentes" e sua relativa eficácia em contextos de violência. Assim como os grupos envolvidos no "movimento", os crentes não procuram encontrar referências de princípios gerais para ordenar suas noções sociológicas de reciprocidade. Ao invés da ênfase em parâmetros de equidade e justiça social, investem na criação da "vida espiritual santificada", que poderíamos traduzir como a busca de uma utopia sem exterioridade. Não há exterioridade porque não se apresenta a possibilidade de recusar o estado de coisas tal como está dado, seja em relação a algum passado, exigindo a recuperação de algo que existia e foi perdido, seja em relação a um futuro, protestando porque o prometido e o acordado não se realizam.

Essa utopia autorreferida, tal como a linguagem do regime do ágape, pode-se difundir, mas por caminhos muito mais tortuosos que o da imposição — presente na ação violenta — ou da argumentação. Seguindo Kierkegaard, Boltanski (1990:240) propõe que a forma de difusão do ágape é a própria suposição do sujeito que ama de que o amor está no coração do outro: *"L'être qui aime (...) fonde et fait surgir en cet autre homme l'amour"*. O que não tem existência passa a existir a partir da convicção da sua existência. Essa economia de reciprocidade independente do contra-dom e sem passar pelo cálculo do ganho e da falta encaminha a expansão do ágape no silêncio da linguagem.

Nestes termos, se o circuito da violência se impõe pelo absolutismo de sua presença — a força ignora justificativas —, o circuito do ágape quer se difundir pela influência de uma presença na singularidade. Os termos da troca no ágape são estabelecidos no próprio ato — presente — segundo a singularidade das pessoas envolvidas na relação. Esse modelo conceitual indica o leque de alternativas de regimes de reciprocidade presentes na linguagem: pode-se ir do vazio da reciprocidade da ação violenta ao cálculo da equidade entre dom e contra-dom da ação justa ou ainda à possibilidade da doação presentificada do ágape. Assim como torna mais claro o ponto onde os extremos se tocam: as ações regidas pela violência e as do ágape, ambas indiferentes ao cálculo e à equidade, ambas distanciadas de expectativas de transformação dos homens pela argumentação e ponderação racionais.

Com esse apoio conceitual, ao invés de condenarmos ao truísmo ou à banalidade a autoafirmação desses grupos pentecostais como "guiados pelo amor", podemos encontrar aí a chave de interpretação para a nossa questão. Para tanto, temos que estabelecer uma correspondência, mesmo que *grosso modo*, entre o "movimento" e o uso da força, e entre os "crentes" e a adesão ao modelo do ágape. Levando isso em conta, a proximidade entre os dois movimentos é dada pela organização de relações de reciprocidade, sem apoiar-se em perspectivas de referentes gerais, o que incluiria leituras mais sofisticadas do social e suas segmentações. Nesse sentido, o universo peculiarmente autocentrado dos "crentes" relaciona-se com o caráter pouco argumentativo da difusão e manutenção do "tônus" linguístico do ágape, enfatizando-se, em contrapartida, o "estar juntos" na participação da vida congregacional e no compartilhamento de um peculiar sistema ritual, pleno de formas e símbolos, que contém "significados em excesso", seja nas profecias, na glossolalia ou na presença do Espírito Santo. A eficácia da interação contrastante com o "movimento" decorre do plano da linguagem que cada rede de sociabilidade enfatiza, uns e outros valorizando "o não dito" e os significados do silêncio. Em contraposição, na perspectiva dos católicos progressistas, a "boa cabeça" e a "boa liderança" são confirmadas por uma capacidade de elaboração de discursos argumentativos e sociologicamente informados.

Uma das novidades no campo evangélico, nas décadas de 80 e 90, é a emergência de uma nova corrente — os neopentecostais — com maior visibilidade pública.[10] Na etnografia do morro Dona Marta, um grupo de missionários interdenominacionais se destacou por mesclar entre seus objetivos a "busca de santificação" com um projeto claro de atuação política, bem no estilo dos novos movimentos evangélicos. A Jovens com uma Missão (Jocum) reunia missionários jovens de igrejas evangélicas de diversos estados do Brasil, com menos de 25 anos, que, após um curso de treinamento de oito meses, normalmente passavam a residir nas favelas. Segundo o idealizador do movimento no Rio de Janeiro, Wellington de Oliveira, o intuito do grupo é interferir diretamente na questão da violência nas favelas, numa guerra de símbolos e contraexemplos, que ele chama de "guerra espiritual". Ele espera que os missionários, jovens como os traficantes, venham a promover um modelo de vida alternativo tanto para esses jovens "bandidos" quanto para as novas gerações.

Tal objetivo, que supõe a possibilidade da criação de uma rede de sociabilidade em função do critério geracional,[11] tem implicado um contato entre missionários e traficantes, num trabalho de assistência espiritual e proselitista. Algumas vezes esse "contato" fere o "acordo tácito" local. Ao contrário de uma postura mais reservada, esses missionários não rejeitam em bloco o contato com a organização do tráfico e com os traficantes. Na sua concepção, têm que ser bem claras as fronteiras entre os dois grupos, mas isso não significa que não sejam feitos "movimentos" de aproximação entre indivíduos. Mais especificamente, a ideia é que a "guerra é de movimento" (Velho, 1996), com avanços táticos visando a ocupar o território inimigo, sobretudo por laços de solidariedade humana. Tal concepção supõe atitudes ousadas. O caso de Tartaruga, ex-gerente do tráfico local, atual membro da Assembleia de Deus, é bastante ilustrativo. Cerca de um ano atrás, um missionário ficou sabendo, enquanto tratava um ferimento de um rapaz, que o bando rival do de Tartaruga iria "acertar contas" com ele naquela tarde. Poucos dias antes, esse mesmo bando tinha assassinado o chefe de Tartaruga. Depois de terminar o curativo na sobrecoxa do rapaz, o missionário se dirigiu imediatamente para a "boca", a fim de tirar Tartaruga de lá. Com essa atitude, o missionário interferiu no andamento "normal" das coisas, quebrando a lei do silêncio e da não participação. Mas, na "visão" do missionário, com aquela atitude salvou-se uma vida e, mais tarde, ganhou-se um "servo de Deus".

Essa estratégia de "atitudes ousadas" correlaciona-se muito bem com a peculiaridade da estrutura do grupo, formado por uma rede internacional de jovens religiosos. Tal estrutura permite, localmente, uma mobilidade de residência dos missionários e uma capacidade de circulação de informações nos níveis nacional e internacional, com receptores especialmente disponíveis para a doação de recursos de solidariedade, seja em termos financeiros e materiais, seja com trabalho voluntário. Por exemplo, para a construção da creche do "pico", a equipe da Jocum conseguiu atrair, só no primeiro semestre de 1996, mais de 30 jovens evangélicos norte-americanos, que vieram ao Brasil para aplainar o terreno, levantar pedra, carregar cimento etc.

De modo geral, a inserção da Jocum no morro tem-se realizado através do preenchimento de lacunas deixadas pelas demais associações: o trabalho foi iniciado em 1993 com a criação de um ambulatório; depois eles compraram casas em pontos pouco assistidos, como o centro do morro e o pico; e hoje eles reúnem recursos para construir uma creche também no "pico". Em 1994, o líder da Jocum no Dona Marta reuniu representantes de outras seis denominações evangélicas presentes no morro, com o propósito de formar a Associação dos Evangélicos do Dona Marta. O primeiro e último resultados da iniciativa foi a Caminhada da Paz pelo morro Dona Marta, após a qual o grupo se desfez, cindido por divergências quanto à tomada de decisões.

No final de 1994, os evangélicos, mais especificamente a AEVB, passaram a ter uma presença na mídia em função da campanha Rio Desarme-se, implementada em parceria com o Viva Rio. Essa campanha, com diferentes frentes, teve como referência básica a questão da integração do morro e o asfalto, enfatizando atos simbólicos. O centro da campanha foi a realização de caminhadas de pastores e leigos do asfalto em diferentes favelas na cidade. Nessas caminhadas, além das orações em fa-

Drogas e Símbolos   293

vor da localidade e da cidade, dos louvores e de uma pregação, desenvolveu-se a campanha "troque sua arma de brinquedo por um brinquedo de verdade", junto às crianças. As armas de brinquedo dadas pelas crianças formam agora o monumento pela paz na entrada da Fábrica de Esperança, em Acari.

As principais críticas a essas estratégias evangélicas provêm do estoque discursivo compartilhado pelas lideranças católicas locais, que disparam principalmente contra a Jocum: questionam a idoneidade da ligação desses jovens com o tráfico. De onde surgiram os recursos para que, em tão pouco tempo, missionários que não tinham sequer uma sede conseguissem adquirir três casas e construir uma creche? A resposta está, segundo os membros da Jocum, nos jovens amigos europeus que, após acompanharem seu trabalho no morro durante algum tempo, retornam a suas casas deixando recursos para a missão. Mas, além disso, alguns católicos creem pouco na capacidade de discernimento e resistência desses "meninos inexperientes". Sugerem que essa tática de infiltração e de cordialidade com os membros do tráfico pode voltar-se contra os próprios missionários, pois nessa "guerra santa" travada em fronteiras bastante tênues, pode chegar o dia em que o mínimo necessário de resistência, que articula as diferenças, seja anulado diante do poder do carisma do chefe do tráfico atual, o Márcio V.P.

A título de conclusão

Acompanhando as respostas dadas pelas diferentes associações existentes na favela Santa Marta ao problema do narcotráfico, percebe-se que a linguagem religiosa fornece alguns dos subsídios fundamentais para as atuações sociais agregadoras. No contexto da cultura cristã ocidental, o campo religioso é um campo privilegiado para a formulação de respostas às questões relativas a injustiças e desigualdades sociais. Esse arcabouço comum reflete-se, por exemplo, na relutância dos participantes das mais diversas associações em negar solidariedade às pessoas envolvidas no tráfico, em situações especiais, mesmo que se compartilhe a rejeição do contato institucional. Algumas associações religiosas mais tradicionais entendem que a assistência social, baseada na ideia de caridade, é o meio pelo qual se pode reforçar os vínculos interclasses e a ajuda mútua. Apoiadas em noções como essas, senhoras de classe média e média alta vêm mantendo as mais sólidas e tradicionais organizações de assistência a crianças e adolescentes locais.

Outras associações, formadas "no morro por pessoas do morro", surgiram a partir de concepções de "comunitarismo cristão" e do ideal da transformação das consciências através da participação democrática. Com discursos bastante ideologizados, tais organizações tendem a afastar de sua rede de influência os setores menos escolarizados e menos providos de capital cultural, mas têm forte noção de cidadania na interação com pessoas e instituições do "asfalto". Esse segmento, ligado ao Grupo Eco, se destaca por implementar *respostas desafiadoras ao tráfico como organização*, bancando disputas em chapas para a Associação de Moradores, influenciando decisões de políticas públicas quanto ao narcotráfico etc. Porém, esse conjunto de esforços voltados para a reparação de injustiças e a equidade no nível coletivo tem acarretado também separações e exclusões, havendo uma gama cada vez maior de moradores com pontos de contato com o tráfico. A porosidade do narcotráfico na favela é tal que é necessário uma postura bastante militante para excluir da rede de parentesco ou vizinhança pessoas que se "envolveram" no tráfico.

Descrevi, por fim, como os evangélicos se expõem em programas de risco: seja nas campanhas, chamando a classe média carioca a subir o morro, seja nos desafios morais e nas aproximações corporais. A atuação dos evangélicos, incluindo aí os pentecostais clássicos, é mais *individualizada*, em contraste com a atuação coletivista dos católicos. Também em contraposição, os evangélicos investem menos na reparação de injustiças, no sentido de equilíbrio de direitos (Oliveira, 1996). Isso se reflete no fato de que muitas vezes os traficantes convertidos "esquecem" crimes que cometeram ou mandaram cometer, comprometendo-se em cumprir apenas as sentenças da sua consciência e da "lei dos homens".

O deslocamento que os evangélicos propiciam nesse contexto relaciona-se com sua inserção de noções de reciprocidade presentificadas no horizonte do possível. Daí essa diferença com relação ao campo do pecado essencialista ou ao campo do legal, os quais supõem a reparação da situação de equanimidade dos direitos. Os evangélicos que conheci não procuraram investigar a vida de Tartaruga, a fim de que ele, após a conversão, restaurasse o equilíbrio de justiça perdido, balizando suas razões das razões de quem ele feriu em sua vida no tráfico. O que faz diferença é que há *menos um "menino do morro" envolvido na "guerra"*, e *mais uma pessoa que busca*, no caso de Tartaruga, apaixonadamente, *agir conforme a "Palavra"*. Sendo assim, nesse circuito evangélico, o descompasso entre intenção e ação, palavra e ato, passa a ser medido a partir do rito de passagem, desde o dia em que Tartaruga "aceitou Jesus".

Para finalizar, temos até aqui um quadro geral com os discursos e forças sociais atuantes em justaposição na favela. Mesmo que esse quadro seja rico em relação a outras leituras concentradas na interpretação de contextos de violência a partir de um ou outro ponto de referência, focalizan-

Drogas e Símbolos

do, por exemplo, a atuação das associações de moradores como núcleo mobilizador das demais relações sociais, falta ainda indagar quanto ao efeito de conjunto. Como, diante desse estado geral de diferenciação e integração social, se dispõe o conjunto das cadeias de interdependência e de consolidação de controle mais gerais? Quais os efeitos dessa "constelação" de forças sociais sobre o morador da favela Santa Marta?

Antes de uma avaliação nesse sentido, é preciso sublinhar que a etnografia básica deste texto foi realizada num contexto especialmente denso de associações e mediações sociais e que tem forte "visibilidade" na mídia local, nacional e até mesmo internacional. A ausência dessas condições em outras favelas cariocas diminui a capacidade de pressão de seus moradores sobre a sociedade mais ampla, tornando-as internamente mais suscetíveis à presença do narcotráfico. Levando isso em conta, fica patente que a intepretação e a análise aqui desenvolvidas têm pouca capacidade generalizante, mas fornecem subsídios à reflexão antropológica e sociológica pelo aprofundamento de um caso específico.

Feita essa ressalva, vale dizer que existe a possibilidade de que o efeito combinado do "vazio" de cidadania experimentado pelos grupos de narcotráfico e da atuação de redes de solidariedade no contexto da favela tenha promovido o redimensionamento da noção mais restrita de cidadania habitualmente em vigor naquele contexto. Vimos anteriormente como, via de regra, os grupos católicos mostram-se impermeáveis e arredios em relação ao narcotráfico, não apenas por sua condição ilegal, mas também porque perpetua o "clientelismo" e o "paternalismo" que se quer combater. Nessa postura de oposição, os grupos católicos procuram corroer as bases do narcotráfico oferecendo os instrumentos básicos de cidadania ao conjunto dos favelados, ficando impotentes, contudo, ante os efeitos perversos de sua estratégia, na medida em que ela reforça os mecanismos de exclusão que possibilitaram o surgimento do próprio narcotráfico. O contraponto a essa posição grupal articula-se no campo dos evangélicos, que têm adquirido visibilidade basicamente por suas atuações pontuais, pelo gerenciamento de uma guerra de símbolos e pela formação de redes de solidariedade face a face. É significativo que na interface desses movimentos se esteja desenvolvendo um processo de construção de cidadania que rompe com o imobilismo herdado, na medida em que, por um lado, põem-se em xeque noções muito restritas que equalizam o cidadão ao trabalhador, e por outro, desgastam-se as concepções meramente individualistas, dualistas e segregadoras, próprias a certas lideranças evangélicas que perdem espaço. No bojo desse processo, é possível que forças sociais criativas ganhem livre curso no nível local, contribuindo para uma concepção cidadã mais universal e plural.

Notas

1. A oposição morro x asfalto ou comunidade x asfalto é uma oposição básica na linguagem da população carioca residente em favela e que enfatiza e sobrepõe os aspectos sociogeográficos da classificação social em relação aos econômico-culturais, sem ignorá-los.

2. Segundo dados do Censo de 1991, a favela Santa Marta tem uma população de 4.019 habitantes, 1.008 domicílios e ocupa uma área de 61.660m². Situa-se numa encosta irregular no bairro de Botafogo, Zona Sul do Rio de Janeiro, apresentando, segundo o Iplan, sérios riscos de desabamento, deslizamento e rolamento de pedras.

3. A etnografia básica deste texto foi realizada na favela Santa Marta, entre fevereiro e junho de 1996 e entre setembro e dezembro do mesmo ano, tendo eu residido no morro no primeiro mês. Para proteção de meus entrevistados, utilizo aqui nomes falsos.

4. Existe entre os moradores da favela uma disputa pública quanto ao seu nome, se Santa Marta ou Dona Marta, tendo-se de um lado católicos e de outro evangélicos. Os primeiros preferem a alcunha de "Santa", e os últimos, a de "Dona". Para legitimar cada alcunha, evocam-se histórias diferentes: os católicos contam que padre Velloso quis homenagear a santa ainda no início de seu trabalho social na área, quando surgiram os primeiros barracos, nos anos 40. Para os evangélicos, a favela foi levantada no terreno de uma senhora que, morando no exterior, teria generosamente cedido sua propriedade aos moradores. Daí a homenagem da comunidade, dando ao lugar o seu nome: dona Marta. Neste artigo utilizo os dois nomes alternadamente, sem me preocupar em referendar uma ou outra versão.

5. Especialistas no tema da violência tendem a concordar quanto ao caráter um tanto precário e intermitente das organizações de narcotráfico no Rio de Janeiro, considerando mais apropriado descrevê-las como *bandos organizados em redes de "comando"* do que como gangues ou máfias (ver, entre outros, Zaluar, 1994; Ventura, 1994; Fernandes & Carneiro, 1995).

6. Segundo Peppe (1992), a organização do narcotráfico — como organização com pontes de importação e exportação de drogas e armas — só se instalou no morro Santa Marta no início dos anos 80. Até esse período, seria mais apropriado falar-se em famílias que controlavam o ilícito: o contrabando de furtos e um comércio incipiente de drogas, mais o jogo do bicho.

7. A categoria "comunidade" é aqui usada como categoria nativa — habitualmente presente, como se pode acompanhar ao longo do artigo, nas diferentes redes católicas — e supõe uma unidade (espacial, social e/ou moral) mais orgânica que na "não comunidade", envolvendo jogos de inclusão e exclusão, ativados mais ou menos estrategicamente pelo agente.

Drogas e Símbolos   297

8. Entre os trabalhos que descrevem os meandros da sobreposição entre sistemas de honra e prestígio e a organização do narcotráfico, destaco aqui os textos de Marcos Alvito, em *Cidadania e violência* e nesta publicação, a partir de sua etnografia em Acari.

9. Sigo aqui uma impressão decorrente do meu trabalho de campo, concordando com avaliações de autores como Zuenir Ventura e Alba Zaluar. Contudo, ainda está para se fazer uma justaposição de mapeamentos das redes de igrejas evangélicas e das zonas de incidência da violência na cidade, pesquisa que daria subsídios importantes para a avaliação dessas correspondências.

10. Ver, entre outros, Freston (1992), Mariz & Machado (1994) e Fernandes, (1996).

11. O recorte pelo viés da juventude é uma das marcas comuns a inúmeros movimentos sociais emergentes na década de 90, peculiaridade que permite a composição de redes de solidariedade cortando transversalmente divisões sociais em termos de classe, estilo de consumo e espaço. O recorte da juventude como chave de composição de uma certa mediação social é tema estudado por Regina Novaes (1996).

Referências bibliográficas

Alvito, Marcos. A honra em Acari. In: Velho, Gilberto & Alvito, Marcos (orgs.) *Cidadania e violência*. Rio de Janeiro, UFRJ; FGV, 1996.

Boltanski, Luc. *L'amour et la justice comme compétences*. Paris, Métailié, 1990.

————. *La souffrance à distance — morale humanitaire, médias et politique*. Paris, Métailié, 1993.

Burdick, John. *Looking for God in Brazil: the progressive catholic church in urban Brazil's religious arena*. Berkeley, University of California Press, 1993.

Fernandes, Rubem Cesar. Novo nascimento — os evangélicos em casa, na igreja e na política. Rio de Janeiro, 1996. mimeog.

———— & Carneiro, Leandro Piquet. *Criminalidade, drogas e perdas econômicas no Rio de Janeiro*. Rio de Janeiro, Iser, 1995. (Cadernos de Pesquisa do Iser.)

Freston, Paul. Protestantes e política no Brasil: da Constituinte ao *impeachment*. IFCH; Unicamp, 1992. (Tese de Doutorado em Sociologia.)

Geertz, Clifford. *A interpretação das culturas*. Rio de Janeiro, Zahar, 1978.

Jankowski, M. S. *Islands in the street — gangs and American urban society*. Berkeley, Los Angeles, London, University of California Press, 1991.

Leeds, Elisabeth. Cocaine and parallel polities in the Brazilian urban democratization. *Latin American Research Review, 31*(3), 1996.

Mariz, Cecília & Machado, Maria das Dores Campos. Sincretismo e trânsito religioso: comparando carismáticos e pentecostais. *Comunicações do Iser, 13*(45), 1994.

Novaes, Regina. *Caminhos cruzados: juventude, conflito e solidariedade*. Rio de Janeiro, Iser, 1996. (Cadernos de Pesquisa do Iser.).

Oliveira, L. R. C. Entre o justo e o solidário: os dilemas dos direitos de cidadania no Brasil e nos EUA. *Revista Brasileira de Ciências Sociais, 11*(31), jun. 1996.

Peppe, Atilio M. Associativismo e política na favela Santa Marta (RJ). São Paulo, USP, 1992. (Tese de Mestrado.)

Soares, Luis Eduardo et alii. *Violência e política no Rio de Janeiro*. Rio de Janeiro, Iser; Relume-Dumará, 1996.

Ventura, Zuenir. *Cidade partida*. São Paulo. Companhia das Letras, 1994.

Velho, Otávio. Globalização: objeto — perspectiva — horizonte. *Mana*. Rio de Janeiro, *3* (1), 1996.

Violência. *Religião e Sociedade*. Rio de Janeiro, Iser; CER, *15*(1), 1990.

Zaluar, Alba. *Condomínio do diabo*. Rio de Janeiro, Revan; UFRJ, 1994.

———. Crime, medo e política. *Sociedade e Estado*. Brasília, *10*(2), jul./dez. 1995.

Marginais, delinquentes e vítimas
um estudo sobre a representação da categoria favelado no tribunal do júri da cidade do Rio de Janeiro

Alessandra de Andrade Rinaldi

ESTE TEXTO é parte da dissertação de mestrado realizada no Programa de Pós-graduação em Antropologia e Ciência Política da Universidade Federal Fluminense, em que discutimos a importância da oratória no tribunal do júri da cidade do Rio de Janeiro. A temática surgiu a partir de uma disciplina cursada: poder do direito e direito de poder.

Os discursos orais, parte do conteúdo dessa disciplina, despertaram a nossa curiosidade. E foi através de um breve levantamento bibliográfico que pudemos compreender a importância da oralidade não só na cultura jurídica, mas também na sociedade brasileira como um todo. Portanto, a relevância conferida aos discursos orais era algo a ser destacado.

A partir de uma nota de jornal anunciando um curso de oratória oferecido pela OAB-RJ, propusemo-nos investigar a importância da oralidade na cultura jurídica brasileira. Fomos àquela instituição e nos matriculamos nesse curso, a fim de realizar um trabalho de campo com observação participante.[1]

Durante o curso, pudemos perceber sua importância para os integrantes desse universo. Havia duas turmas — sendo o trabalho feito em apenas uma —, cada qual com mais de 20 alunos, compostas de profissionais "iniciantes" e pessoas que já estavam no ofício do direito há mais tempo. Informalmente, fomos perguntando aos integrantes da turma por que faziam um curso que "ensinava a falar", e um deles respondeu:

ALESSANDRA DE ANDRADE RINALDI é da Universidade Federal Fluminense.

Mesmo que alguns tenham experiência profissional, esta não é suficiente porque a maneira de falar é muito importante. Isso não é necessário para todos os ramos do direito, como o é no júri, por exemplo, que é um teatro, mas é importante para falar com o juiz, para saber como se expressar.

Com esse contato inicial, fomos construindo nosso objeto. Notamos que os integrantes não eram, em sua maioria, advogados criminais, mas, quando se referiam à oralidade, faziam menção ao tribunal do júri. Assim, fomos percebendo que, apesar de advogados das áreas trabalhista, civil e criminal (não ligada ao júri) estarem num curso para "aprender a falar", a oratória era considerada mais necessária para os "advogados de júri".

As aulas e o programa do curso eram conduzidos como se todos os alunos fossem falar em "plenário". Ensinava-se como ficar de pé ante o adversário e o público (com as pernas entreabertas e as palmas das mãos para cima); como usar microfone (com uma das mãos apenas, deixando a outra para a gesticulação); como falar (articulando bem a boca, com frases cantadas); como olhar (fixamente para o adversário, sem desafiá-lo, mostrando firmeza nos argumentos); como expressar um "semblante" (variando de acordo com os argumentos, aparentando tristeza, alegria ou perplexidade); como alternar argumentos e tons de voz de acordo com o interesse ou desinteresse do ouvinte, como mostra a seguinte fala da professora:

O bom orador deve criar um campo magnético com sua interlocução. Caso perceba o público desatento, deve mudar o tom de voz ou os argumentos.

Todas as técnicas ensinadas eram reproduções de representações construídas acerca de atitudes de oradores de júri. É nesse lugar que o advogado ou promotor, na condição de orador, fica de pé ao falar. É em "plenário" que o orador usa o microfone e precisa se preocupar com o tom e com a atenção prestada a seus argumentos. Ao contrário, noutros ofícios do direito, como por exemplo numa "vara de família", advogado e promotor permanecem sentados um em frente ao outro, numa mesa grande, com o juiz ao meio. Chamou-nos a atenção, pois, o fato de que um curso de oratória, não específico para advogados criminais, ensinasse técnicas características das falas do tribunal do júri.

Percebemos que esses cursos estavam reproduzindo algo difundido na cultura jurídica: a ideia de que a "oratória ideal" é a do júri e que oradores são aqueles que sabem proferi-la. Foi então que optamos por investigar

Marginais, Delinquentes e Vítimas

301

a prática dos discursos no júri; a ideia que seus profissionais fazem da oratória e os mecanismos que o universo jurídico inventa (cursos e manuais) para produzi-la como um bem passível de ser ensinado.

Construímos o objeto a partir da noção de campo jurídico de Pierre Bourdieu e também de suas considerações sobre sistema de ensino e de pensamento (Bourdieu, 1987 e 1989). Com a noção de campo[2] jurídico, pensamos o tribunal do júri como parte de um universo jurídico relacionado à nossa sociedade, entendendo que sua dinâmica e funcionamento são ligados às nossas representações sociais. Com essa noção pudemos também pensá-lo como parte integrante de um universo que se constitui de lutas de forças ou conflitos de competência, fundados no saber jurídico. Com as considerações sobre sistema de ensino e de pensamento, pudemos ver os cursos e manuais como veículos de transmissão, produção e reprodução de representações da oratória que fazem parte da cultura jurídica.

Desse ponto de vista teórico, partimos para investigar o objeto construído realizando trabalho de campo nos cursos de oratória e no II Tribunal do Júri da Comarca do Rio de Janeiro. Fizemos levantamento bibliográfico de manuais de oratória forense e entrevistas formais e informais com profissionais do júri e alunos de cursos de direito. Mediante entrevistas com estes últimos, investigamos de que maneira as escolas de direito tratam a oratória do júri.

O tema deste estudo — como advogados e promotores veem os *favelados* — é parte dessa dissertação, na qual procuramos mostrar como os integrantes do júri incorporam representações sociais em seu ofício.

Considerando que a sociedade brasileira constrói uma série de categorizações sobre a *favela* e os grupos que nela residem, os chamados *favelados* — por exemplo, as ideias de falta de higiene, "marginalidade", "periculosidade", "pobreza", "delinquência"—, propusemo-nos investigar de que maneira os oficiantes do direito que atuam no tribunal do júri, órgão do Poder Judiciário, incorporam, reproduzem e recriam representações desses grupos e fazem uso delas em seu ofício. Melhor dizendo, como promotores de justiça, defensores públicos e advogados articulam seus argumentos — quando do debate oral que ocorre no júri —, atribuindo ou deixando de atribuir responsabilidade penal aos atos do réu morador de uma *favela*, com base nas ideias construídas a seu respeito.

O "sistema judiciário" brasileiro e o tribunal do júri [3]

O tribunal do júri é um órgão do Poder Judiciário[4] com competência para julgar os crimes intencionais, ditos *dolosos*, contra a vida e crimes que tenham conexão com estes.[5] Compõe-se de profissionais do campo jurídi-

302 Um Século de Favela

co, como promotores, advogados, defensores públicos e *juízes togados*, e dos chamados *juízes leigos*, os jurados.

No campo jurídico[6] brasileiro, esse tribunal é representado como uma instituição democrática e popular, tendo como característica a capacidade de trazer para seu universo "os cidadãos comuns", que, ao se tornarem jurados, segundo crença desse universo, terão o papel de assegurar, de forma democrática, a aplicação da justiça (ver Lima, 1996).

> O tribunal do júri é uma conquista do cidadão e de seu poder soberano. A prerrogativa de ter um acusado julgado por seus pares é a prova da democracia e da soberania do cidadão. (Discurso de um defensor no júri.)

Porém, o exercício dessa atividade, vista como garantia e perpetuação da democracia nacional, é consequência de uma atuação personalizada e hierarquizante. Na prática, o "arrolamento" dos jurados (que formalmente deveriam ser os representantes dos "cidadãos comuns"), apesar de pautado em critérios formais,[7] é feito a partir de escolhas arbitrárias do juiz.

Este formula critérios reconhecendo algumas pessoas como habilitadas social e intelectualmente para tal exercício. Na maioria das vezes, a escolha, de maneira implícita, é feita a partir de um rol de amigos e conhecidos (ver Lima, 1995).

Essa prática é o reflexo do funcionamento do sistema judiciário brasileiro, formalmente constituído de princípios constitucionais igualitários e, na prática, fundamentado por uma ideologia hierarquizante e diferencial.

O sistema judiciário brasileiro (e, logo, sua organização judicial) constitui-se a partir de diferentes princípios. De um lado, encontram-se ideais da tradição portuguesa de manutenção da ordem, vigentes no Brasil-colônia, cuja característica é a crença na desigualdade de direitos dos litigantes, compensada pela ação do Estado, cujo papel é promover a justiça de forma compensatória. Por outro lado, esse sistema se baseia em princípios da tradição do inquérito judicial da Europa continental, no qual a construção da verdade é feita, com a contribuição das partes, de forma pública e dialógica. Esse sistema possui também princípios do discurso político liberal, que entende serem os conflitos essenciais ao estabelecimento de uma ordem consensual.

Esse sistema, originário de uma "tradição da inquirição portuguesa",[8] lidando de forma compensatória e mediadora com as desigualdades sociais, ao ter que pôr em prática princípios igualitários de sua carta constitucional (pautada na ideologia de que "todos são iguais perante a lei"), introduz privilégios, hierarquizações e distinções sociais. Tal prática ocorre tanto entre os agentes do campo jurídico, quanto na relação entre esse campo e a sociedade, questão que discutiremos a seguir.

O tribunal do júri: os debates e os diferentes réus

Com base nas considerações anteriores, podemos afirmar que o sistema judiciário e, logo, o tribunal do júri atuam como reflexo da coexistência desses princípios que os constituem.

Internamente ao universo jurídico, a constituição do júri faz com que seus agentes (promotores, advogados), formalmente considerados "iguais", busquem diferenciar-se. Na relação que estabelecem entre si, operacionalizam mecanismos para distinguirem-se de seus pares. Ao entrarem em plenário, procuram diferenciar-se através de sua fala. Procuram reconhecimento entre os pares e o público em geral, a fim de serem consagrados e, com isso, galgarem um grau maior numa hierarquia virtual, uma vez que no plano formal não há uma escala hierárquica a ser atingida.

Um dos aspectos que permite essa relação de distinção estabelecida pelos oficiantes é a representação de que exista uma "verdade real" oposta à "verdade formal", aquela trazida pelas partes ao processo, voluntariamente, como é próprio do "sistema adversário",[9] em especial nos Estados Unidos. A partir dessa crença, as partes (acusação e defesa) "lutam" no júri para impor sua verdade, a fim de que uma delas seja reconhecida como a melhor "verdade real". Como podemos notar na seguinte frase de um promotor, ao iniciar sua acusação: "Vim hoje aqui trazer a verdade dos fatos. Não importa o que a defesa fale, vou mostrar a 'verdade real'".

Esse tipo de prática diferencial é possível porque nesse sistema a "verdade" não é construída de forma dialógica (com a exposição dos fatos e a busca do consenso), mas a partir de interpretações. Como podemos observar no trecho de uma fala da promotoria no júri: "Vamos interpretar que ele [o réu] agiu sem dolo de matar, e sim com o de ferir".

A argumentação oral distingue-se bastante do que consta no processo escrito. Os debates são conduzidos a partir do que os oradores consideram crenças e valores sociais, o que chamam de "emoção". Baseiam-se na crença de que os jurados julgam a partir de sua "consciência". Com isso, as "partes" pautam suas falas não só por "provas técnicas" — resultado de um longo período, iniciado com o *inquérito policial*, de depoimentos, interrogatórios e "laudos periciais"[10] produzidos no decorrer do processo judicial —, mas também por valores sociais.

As "partes", porém, ao construírem seus argumentos, dizem estar fundamentando-os nas "provas dos autos" e reiteram a importância do que consta no processo escrito, como podemos ver nessa frase de um advogado de defesa: "o doutor está dizendo que o réu confessou, mas isso não consta nos autos; o que não está nos autos não está no mundo".

No entanto, na prática, essas "provas dos autos" — ou seja, o que está escrito (laudos, requerimentos, depoimentos) — são pouco utilizadas. Há situações em que o orador chega a dizer que vai deixar de lado o processo escrito e passar aos fatos: "vamos deixar de lado essa confusão processual que consta nos autos e passemos aos fatos".

A argumentação é muito mais ligada aos valores sociais do que aos argumentos técnicos, característicos do universo jurídico. O que constitui um paradoxo: formalmente, as "provas dos autos" são postas em primeiro plano; na prática, são complementares aos argumentos pretendidos. No entanto, podem retornar ao lugar de importância formal nas situações em que o veredicto dado é diferente do esperado pelos oficiantes do direito. Nesse caso, os valores sociais são tidos como erros ou como contrários às "provas dos autos", e o saber característico desse universo adquire um lugar de maior prestígio. Quando acontecem julgamentos nos quais o veredicto não é o previsto pelas prescrições do universo, a argumentação dos oficiantes do direito é que os jurados julgaram contra as "provas", donde o direito de "recorrer da decisão" questionando a idoneidade dos "juízes leigos" e também a idoneidade do tribunal do júri, visto como instituição garantidora da democracia, como podemos ver nessa matéria publicada no jornal *O Globo*, de 20-6-1997:

> Condenado num primeiro julgamento, em novembro de 1996 (...) o ex-soldado da PM Nélson Oliveira dos Santos Cunha foi absolvido ontem (...). A decisão chocou os juristas e representantes da sociedade civil (...). Ontem o Ministério Público recorreu da sentença pedindo anulação do julgamento, alegando que a decisão do júri contraria as provas do processo. (...) O jurista Virgílio Donnici (...) afirmou que nunca viu um processo com duas sentenças em primeira instância tão contraditórias e concluiu que a decisão pôs em dúvida a soberania do júri. (...) A linha de defesa era a de que o policial conhecido como Sexta-feira 13 foi o grande mandante do crime. No entanto, as provas recolhidas mostraram que essa teoria era fraca demais.

Apesar disso, é uma constante nos julgamentos do júri o fato de que os debates sejam pautados mais pelos valores[11] (pelo que é considerado certo ou errado, normal ou patológico) do que pelas "peças" e provas construídas no decorrer do processo.

O sistema do júri, com sua prática, diferencia não só os agentes internos ao campo jurídico, mas também os grupos sociais ou os indivíduos.

Marginais, Delinquentes e Vítimas

De acordo com o *espaço social*[12] ocupado pelos diferentes litigantes, os julgamentos distinguem-se em quatro tipos, que variam de acordo com o *status* da vítima ou do réu.

O primeiro é aquele em que o acusado é reconhecido como uma *pessoa* (Da Matta, 1979) possuidora de um *capital econômico ou cultural* (Bourdieu, 1996a:18), de um *habitus* reconhecido como dominante em nosso meio social, e a vítima é um *indivíduo* (Da Matta, 1979) a quem não se reconhecem direitos diferenciais pelo fato de, por exemplo, ser morador de uma *favela*. O segundo tipo é aquele no qual o réu é um *indivíduo*, e a vítima, uma *pessoa*. No terceiro tipo de julgamento, réu e vítima são tidos como *pessoas*. No quarto tipo, acusado e vítima são vistos como *indivíduos*.

Os três primeiros tipos são mais longos (chegando a durar mais de três dias); os profissionais são consagrados internamente ao universo; os debates são extensos, com "tréplicas"[13] e "apartes" (interferência na fala do adversário no decorrer de sua exposição); há leitura de "peças" (partes do processo); há requerimentos feitos pelas "partes", com pedidos de anulação de provas.

Nos do quarto tipo, em que ambos são *indivíduos* e fazem parte do mesmo *espaço social*, as sessões chegam a durar até menos de duas horas, raramente há leitura de "peças" e na maioria das vezes são dispensadas as testemunhas; os profissionais são pouco reconhecidos no universo jurídico; muitas das defesas são feitas por defensores públicos que, segundo relato de campo, devido ao excesso de trabalho e ao seu número reduzido, não têm tempo de se dedicarem às leituras mais detalhadas dos processos ou mesmo vão a "plenário" sem ter tido nenhum contato anterior com seu cliente.

Há julgamentos excepcionais, que fogem à tipologia mencionada. São aqueles em que réu ou vítima, mesmo ocupando um *espaço social* reconhecido como inferior, tem direito a um julgamento especial, como o das *pessoas*.

Isso ocorre quando o delito é avaliado do ponto de vista dos direitos humanos. Por exemplo, os julgamentos dos acusados na "chacina da Candelária" (assassinato de "meninos de rua" por integrantes de grupos de extermínio de menores) ou dos acusados da "chacina de Vigário Geral" (assassinato de moradores da favela de Vigário Geral por policiais).

Nestes casos, os julgamentos são também extensos e têm características muito semelhantes às dos três primeiros tipos já descritos. Mas isso por uma pressão externa ao âmbito do campo jurídico. A importância dada a esses julgamentos decorre de pressões populares, políticas, de redes de tevê, jornais e rádios. Por conta dessa pressão e da exposição desses casos pela mídia, geralmente os profissionais que realizam esses julgamentos já são consagrados no meio em questão.

O tribunal do júri funciona desigualmente, de acordo com a *posição social* do acusado, não só na organização e disposição dos julgamentos, mas também na articulação de diferentes defesas e acusações. Os profissionais do júri atuam de maneira diferente conforme a posição social do réu ou vítima. Baseiam sua atuação nas distinções que a sociedade estabelece entre grupos e indivíduos. Suas falas de defesa e acusação, além de diferirem segundo a repercussão da causa ou a posição social dos litigantes, se pautam pelas representações que se fazem de grupos e indivíduos. Quando são defendidas pessoas que pertencem a um dado grupo social, usam-se nas falas em plenário as representações que a sociedade fez desses grupos.

Quando do debate oral que ocorre no júri, promotores de justiça, defensores públicos e advogados formulam seus argumentos atribuindo ou deixando de atribuir responsabilidade aos atos do réu em função das ideias construídas a seu respeito. Para corroborar essa afirmativa, procuraremos mostrar como são esses debates no júri, quando os oficiantes do direito têm que defender ou acusar réus moradores de uma favela.

O lugar das marcas sociais, ou quando a condição de favelado deve ser reavaliada

A ideia corrente em nossa sociedade e, logo, entre os oficiantes do direito é que a *favela* é um lugar de grande perigo. Isso porque ela não confirma as *expectativas normativas* ideais que essa sociedade formulou.

Por "fugir ao padrão", apresenta-se como uma espécie de ameaça ao esquema classificatório de nossa estrutura social. Por não representar os valores "ideais" do padrão social, passa a ser vista como algo a ser evitado, como perigosa.

A ideia de perigo (Douglas, 1976) formada a respeito da favela e dos favelados tem por função coordenar ações sociais. A favela é vista como um lugar sem ordem, capaz de ameaçar os que nela não se incluem. Atribuir-lhe a ideia de perigo é o mesmo que reafirmar os valores e estruturas da sociedade que busca viver diferentemente do que se considera ser a "vida na favela".

As atitudes e comportamentos dos *favelados* passam a ser vistos como poluentes, capazes de oferecer perigo aos que não são da favela. Isso porque estes que se incluem na categoria geral de favelado são tidos como "ladrões", "bandidos", "assaltantes", "delinquentes", "marginais"; "violentos" e "perigosos".

Como esse rótulo genérico é atribuído aos moradores indistintamente, todos eles são considerados perigosos, capazes de, ao se relacionarem com as "pessoas do asfalto", contagiá-las com sua "falta" de valores

Marginais, Delinquentes e Vítimas   307

da sociedade. No contato entre favelados e não favelados, esse contágio é visto como ameaçador à integridade dos "bons cidadãos".

Ser morador da favela é trazer a "marca do perigo", é ter uma identidade social pautada pela ideia de pobreza, miséria, crianças na rua, família desagregada, criminalidade, delinquência. Tais imagens são realimentadas pelos veículos de informação, que trazem notícias sobre o "morro" sempre do ponto de vista negativo, enfatizando o tráfico de drogas e a violência.

Por causa dessas crenças, o fato de um indivíduo morar numa favela o transforma num *estigmatizado,* sendo-lhe atribuída uma condição *desviante,*[14] de anormalidade e periculosidade.

O tribunal do júri, ou como os oficiantes do direito veem a favela e os favelados

Os oficiantes do direito, ao defenderem ou acusarem réus moradores de favelas, usam em seus discursos representações previamente formuladas pela sociedade e incorporadas nesse campo profissional.

Suas falas se fundamentam nas representações inventadas a respeito da favela e que acabam por marcar a identidade dos indivíduos que nela residem. Os argumentos utilizados se pautam pela situação de *estigma* em que se encontram os moradores das favelas.

A favela se apresenta, aos olhos dos oficiantes do direito, como um lugar de perigo, um "meio difícil" e propício ao crime, infestado de "marginais", integrantes "da boca de fumo", que ameaçam a vida das populações carentes, como podemos ver na frase a seguir:

> o fato, em si, diz respeito a uma diligência entre policiais e "marginais" do tráfico de entorpecentes que infestam a favela e ameaçam a vida das populações carentes.

As categorizações a respeito de seus moradores variam de acordo com os rumos da argumentação de quem profere o discurso: se um advogado de acusação ou de defesa.

Um favelado pode ser classificado como "vítima da sociedade", "criminoso", "traficante", "marginal", "pobre, porém honesto". A variação de sentidos depende da necessidade que o oficiante tenha. Ao negociar os diferentes significados para a categoria favelado, ele pode estar pretendendo ou aumentar a responsabilidade penal do delito ou diminuí-la ou mesmo anulá-la.

Há argumentações que tentam negar a identidade estigmatizada do réu com ideais como: "apesar de favelado", não tem um comportamento característico deste; outras, ao contrário, reafirmam-na: "ele cometeu um crime porque estava no morro, um lugar propício para tal".

Os dois argumentos têm como ponto de partida essa identidade *estigmatizada*: "no morro só há traficantes? Só há marginais? Mas também há pessoas honestas. Pobres, mas honestas".

No caso de o defensor de um réu precisar afirmar que na favela não existem só "marginais", ele está apontando para a existência de uma categoria mais ampla, a de favelado, à qual deve atribuir novos significados — por exemplo, honestidade — diferentes dos que são correntes na sociedade.

Como, ao formular seu discurso, o oficiante do direito pressupõe que os jurados compartilhem determinados valores, ele procura atingi-los, para que seu discurso seja eficaz.

Ao fazer uma defesa ou uma acusação em que o réu seja um favelado, o advogado ou promotor discutirá a partir do que considera ser a opinião dos jurados. O fato de um advogado precisar dizer, numa fala de defesa no júri, que na favela há pessoas honestas denota a crença generalizada a respeito da identidade "marginal" do favelado. Mesmo que o agente do direito a esteja negando, não deixa de mencioná-la.

O mesmo pode ser observado quando se faz menção ao fato de o réu ser morador da favela e estar em contato com um universo e indivíduos considerados perigosos.

Na sociedade existe uma crença, muito bem expressa pelo adágio popular "dize-me com quem andas e dir-te-ei quem és", segundo a qual as pessoas são capazes de influenciar o comportamento umas das outras.[15] Essa crença também está presente no universo que estamos examinando. Há uma representação de que a favela, como "meio marginal", é capaz de produzir "bandidos", uma vez que o mero contato com estes acaba transformando o comportamento de "pessoas inocentes", devido às más influências.

Essa é a expressão da ideia do contágio, da poluição (Douglas, 1976) social produzida por esse meio considerado marginal. A favela é vista como lugar propenso a contaminar aqueles que nela estão envolvidos.

Essa ideia de poluição social produzida pelo contato com "marginais" também está presente nas argumentações dos oficiantes do direito no tribunal do júri. Isso pode ser observado na fala de um promotor que, ao proferir seu discurso (no caso, pedindo a absolvição do réu por tentativa de homicídio, por falta de provas), aponta como um dos pontos negativos, capaz de depor contra a absolvição do réu, o fato de este conhecer

Marginais, Delinquentes e Vítimas

traficantes: "Ele mesmo (o réu) disse que conhece de vista um desses traficantes. O que por si só é péssimo".

Nessa fala está presente a ideia de que o simples fato de o réu ter algum contato com traficantes já o coloca sob suspeita. Com base nessa ideia se produzem outras argumentações, mas em sentido inverso. Argumentações de defesa buscam desconstruir a ideia de que o contato com o meio considerado "marginal" possa produzir esse tipo de comportamento.

Tal argumento representa um esforço para impor a ideia de que pode haver contatos sociais entre "marginais" e "não marginais" sem o contágio destes últimos. Esforço porque essa ideia está arraigada na sociedade, sendo também compartilhada pelos oficiantes do júri, os quais se valem dela ainda que para negá-la:

> Senhores jurados, eu poderia estar no lugar do réu e ser confundido com um marginal porque já trabalhei entre favelados na Pastoral junto ao morro da Formiga. Dessa forma eu poderia, então, ter sido confundido com um dono de "boca de fumo". Então, quer dizer que, porque eu conheço um marginal, eu sou um também?

> Conhecer um traficante, estar perto dele não prova associação com o tráfico. Qualquer um poderia estar próximo de um marginal. Apenas a presença física do meio marginal não prova que o réu tenha matado por causa de tráfico de drogas.

> Isto deveria ser investigado antes, mas ninguém sobe a favela para perguntar: "fulano integra o tráfico?"

As argumentações são conduzidas dessa maneira porque, apesar de procurarem impor uma "nova visão" através de sua fala, elas se baseiam numa representação anterior, que apresenta a favela como um lugar de perigo. No discurso, usa-se todo um conjunto de ideias e categorizações que fazem parte do rol de representações a respeito do que se acredita ser a favela. Por exemplo, num julgamento: "Esse rapaz é morador da favela, mas é trabalhador".

Essa fala revela a noção mais ampla de favelado empregada nos discursos no júri. Significa dizer: mesmo que afirmem que nem todos os favelados são bandidos, isso deve ser dito, demonstrado com esforço, falando dos antecedentes do réu, porque a representação maior é que favela é lugar de "marginal", é lugar de perigo: "A vítima morreu porque vivia nesse meio, o da favela. Assim como o réu está aqui porque vive nesse meio".

Símbolos de estigma e símbolos de prestígio: as insígnias de honestidade; a carteira de trabalho e a folha penal "limpa"

A identidade social do favelado articulada nos discursos do júri está diretamente relacionada à ideia que a sociedade cria a respeito da favela. Favelado, se não for um criminoso, está na iminência de sê-lo, como podemos ver na seguinte declaração:

> Carlos Alberto não é um sonho. Não é um padrão que nossa sociedade quer. Este homem viveu em um meio difícil, sua mãe residia em Vigário Geral, favela da cidade do Rio de Janeiro. Em 30 anos, como morador de uma favela, esse homem só cometeu um único delito.

Esse tipo de argumentação mostra a ótica em que os favelados são vistos: eles estão inevitavelmente fadados ao "mundo do crime".

Essa fala é conduzida de modo a diminuir a responsabilidade penal do réu a partir da ideia de que todos os favelados necessariamente serão "bandidos". Nesse caso, especificamente, o fato de o réu ter cometido "apenas" um único delito representa algo a seu favor. Ele é colocado numa posição de vantagem em relação aos outros que se envolvem por completo no universo criminoso.

Além disso, o modo pelo qual é definida a vida na favela corrobora as representações correntes. Uma vida "difícil", o que significa dizer uma vida de carência, de falta, uma vida "anômica".

Essa argumentação está fundada num ponto de vista externo à favela, ou seja, dos oficiantes do direito que, ao usarem essa fala, estão colocando em relevo os valores da ordem social e de seus sistemas de classificação.

Com base nessa ideia, aquele agente do direito, ao usar o argumento referido anteriormente, acaba por reforçar a identidade social construída acerca do favelado, reafirmando seu lugar de estigmatizado, uma vez que seu comportamento não é o padrão que a sociedade quer. Se foge do padrão, logo, é "anormal". Mas, no caso, essa "anomalia" deve ser perdoada porque, apesar dela, o réu está numa posição de vantagem, porque, mesmo tendo-se formado nesse mundo entendido como caótico, ele conseguiu não ser "tão marginal assim".

Nesse tipo de argumento, a condição de favelado, como *símbolo de estigma*, é usada a favor do réu. O orador, ao ratificar tal representação, faz de seu discurso o portador dos valores do mundo social do qual ele faz parte (Bourdieu, 1996b).

Falas desse gênero, que tocam abertamente nas representações petrificadas de um dado grupo social, dependem, para ser eficazes, do reconhecimento da pessoa que as está proferindo. A sociedade brasileira tem dificuldade em lidar com seus próprios valores, em "olhar-se no espelho". Por isso, um argumento que revele abertamente ideias que essa sociedade procura esconder (como, por exemplo, preconceitos em relação aos favelados), para ser aceito e ter eficácia, tem que ser apresentado por alguém reconhecido, alguém que "possa dizê-lo".

Um discurso que tenha por objetivo falar abertamente dos valores (como o que apresenta a visão que a sociedade constrói a respeito de uma vocação do favelado para o universo da criminalidade), quando proferido por um orador não reconhecido no campo jurídico, é visto como preconceito e, ao invés de ser eficaz, produz o efeito contrário.

Como foi dito antes, há entre os oficiantes do direito um processo avaliatório que visa a diferenciá-los, atribuindo-lhes ou deixando de lhes atribuir prestígio. Essa avaliação difunde-se pelos espaços desse ofício e por consequência chega até os jurados, de maneira que, quando investidos nesse lugar, estes já sabem quem será o promotor, o defensor ou o advogado e qual o conceito que existe sobre eles. Isso faz com que ouçam as falas de maneira diferenciada a partir dessas valorações que existem nos espaços intersticiais do júri.

Quando o advogado não reconhecido faz uso de argumentos que mostram abertamente a representação de uma identidade social, sua fala não é vista com bons olhos. Isso geralmente ocorre com advogados que se estão iniciando na prática do júri, e o adversário simétrico, sabendo disso, faz uso de seu lugar já reconhecido (ou, pelo menos, mais reconhecido que o do advogado) para "atacar" sua fala, declarando-a preconceituosa e pouco elucidativa em relação aos "fatos". Ou como costumam dizer: "Doutor, isso é irrelevante, pois não consta nos autos. Isso não elucida nada sobre o processo".

Esse é um elemento adicional aos argumentos, não sendo possível porém negligenciá-lo, colocando-o em segundo plano em relação àquele que fala. São coisas inter-relacionadas que contribuem para a eficácia do discurso.

Voltemos a falar sobre a identidade do favelado construída no júri. Como dissemos, os argumentos usados pelos oficiantes do direito reafirmam o seu lugar de estigmatizado. No entanto, esses mesmos oficiantes criam uma ambiguidade nessa identidade, a fim de diminuir a responsabilidade penal.

Ambiguidade porque, apesar de se incluírem novos elementos na construção da identidade do favelado no júri, a categorização mais ampla permanece. O círculo mais amplo no qual se inclui favelado (perigoso, anômico) é o ponto de partida, como na frase já citada: "Esse rapaz é morador da favela, mas é trabalhador".

A qualidade de trabalhador é apresentada como uma espécie de exceção à regra que não deve deixar de ser levada em conta, uma vez que se apresenta como algo capaz de favorecer o réu.

A condição de trabalhador torna-se então um *símbolo de prestígio*[16] para esse réu, capaz de diferenciá-lo e de produzir uma ambiguidade em relação a sua identidade estigmatizada. Esse tipo de *símbolo* só pode ser usado como argumento a favor do réu e, quando em uso, deve remeter à identidade anterior, acrescentando novos elementos capazes de retirar ou diminuir sua responsabilidade penal.

> Não tenho mais o que falar. O réu é honesto, trabalhador, tem residência certa e carteira profissional. Seu único erro é ser do morro. Será que no morro só tem bandido?

A ideia da pergunta acima, que consta também da argumentação, aponta para uma outra questão. Uma pergunta (Canetti, 1983) é uma forma de utilização de poder por parte daquele que a faz. Na situação de argumentador, aquele que a faz já sabe o tipo de resposta que irá ter, mas sua intenção não é obtê-la, e sim introduzir uma dúvida a respeito da ideia corrente, que levou à formulação de tal questão.

Perguntar se no "morro" só há "bandido" não é procurar responder à questão; é, antes, introduzir dados na nova identidade de favelado que está sendo construída. É uma forma de atribuir insígnias de honestidade (como a residência certa, a folha penal limpa) a uma identidade estigmatizada, transformando-a, colocando-a em outra ordem.

> Os antecedentes do réu não o apontam como culpado. Hoje ele está em uma situação favorável. A prova lhe favorece. Diante disso, não resta a esse promotor senão pedir a absolvição do réu. Se ele realmente for traficante, voltará para cá ou como réu ou como vítima de um assassinato consumado.

Vítima social, ou quando a situação de favelado condiciona a irresponsabilidade penal

Outra maneira de representar o morador da favela no tribunal do júri é como "vítima da sociedade".

Essa ideia da vitimização decorre da representação segundo a qual, como excluídos da sociedade, eles não tiveram a possibilidade de compartilhar de seus valores. Sua condição de pobreza e de carência os leva a conviver num universo de anomia. Por esse motivo, acabam envolvendo-se no mundo da marginalidade. Estar nessa condição não é um ato de escolha, mas antes uma consequência de sua situação de exclusão.

Essa representação está presente nos discursos no júri nos casos em que os oficiantes procuram retirar por completo a responsabilidade penal do réu. Ela parte do princípio de que existe a crença de que o favelado é vítima da sociedade, do lugar de exclusão e de carência que esta lhe reserva e que faz com que ele acabe por cometer um crime, como podemos ver na seguinte alegação:

> Esse homem (réu) é vítima da sociedade. Morava numa favela, uma cabeça de porco, onde o banheiro é público. Ele não tinha lazer, a alternativa que tinha era beber. Ao beber, acabou cometendo um ato impensado, atirou num momento de fúria, mas não teve o dolo de matar.[17]

Esse argumento indica uma outra ideologia: a ocupação como forma de evitar comportamentos desviantes. É a ideia foucaultiana (1987) da disciplina. Se o corpo é controlado por regimes disciplinares, como o trabalho, por exemplo, o poder social, ou seja, as regras da sociedade não são quebradas, mesmo porque não há tempo para isso. O corpo é então utilizado como instrumento do poder. Seu uso passa a estar fundamentado em sua utilidade prática.

A ideia de que existem agrupamentos sociais que não têm o que fazer nem como ocupar seu corpo e seu tempo nos momentos de lazer implica considerá-los propensos a uma inadequação às normas sociais. A consequência lógica desse tipo de raciocínio é que os indivíduos que fazem parte desses agrupamentos tendem a comportar-se indisciplinadamente, porque tendem a dar vazão aos seus desejos.

É essa a ideia que está presente quando, no argumento anterior, o orador diz que o réu não tinha o que fazer, ou seja, não tinha como disciplinar-se. Sendo assim, tenderia para o crime. A questão, como temos dito, é que há a pretensão de isentar o réu de responsabilidade quando se usam argumentos desse tipo.

Ele cometeu um ato delituoso porque é um indisciplinado, mas não por sua vontade, e sim por sua condição de favelado, por conta do lugar de

314

onde provém, que não lhe dá possibilidade de escolha e de adequação às normas sociais.

O mesmo tipo de argumento podemos ver nos trechos a seguir:

> Vejamos o passado deste menino, que veio da favela e se transformou num menino de rua. Ele é uma vítima, quem deveria estar assentado ali é o Estado, pelo descaso das autoridades públicas. O réu matou? Não sei, ninguém sabe.

> Este que está aqui é uma vítima da sociedade, assim como os sobreviventes da chacina da Candelária, a maioria dos quais cumpre pena por roubo.

> Como acusar e questionar o comportamento deste homem, que se envolveu numa briga de rua? Como falar em dignidade diante deste homem, que conheceu como casa telhados e árvores. É justo, senhores jurados, condenar este homem? É justo colocarmos uma cruz em seus ombros?

Nesse caso, a busca de isenção de responsabilidade se pauta pela ideia de que alguém que não tenha sido criado com os valores da sociedade "normal" não pode apresentar um comportamento que esta considere adequado. Ou seja, um indivíduo que não partilhe de valores tais como família, que não tenha casa nem os valores a ela associados está fadado a ser um criminoso. Sendo assim, não deve ser condenado por seu comportamento porque, ao contrário de "criminosos comuns", não tem responsabilidade por seus atos, que não são fruto de escolhas individuais, e sim consequência de sua situação social de excluído.

Há outro tipo de argumento cujo propósito é o oposto do referido anteriormente. Mostrar que, ao invés de vítima, o réu é inteiramente responsável por seu comportamento criminoso, como podemos ver a seguir:

> O acusado matou ou não matou a vítima? Ele foi forçado na delegacia a confessar? Vejam sua folha penal e tirem suas conclusões. Ele já foi preso duas vezes por roubo, com violência. Este que está aí é manso? É inocente? É vítima de sua condição de favelado?

Nesse tipo de alegação, o comportamento de um indivíduo que tenha cometido um crime passa a ser visto não mais como uma fatalidade

Marginais, Delinquentes e Vítimas

social, mas como um ato de escolha ou produto de uma "personalidade" voltada para o crime, questão que abordaremos a seguir.

Quando o crime é naturalizado: a situação de favelado, apenas mais um condicionante

Entre as representações que ligam o crime à pobreza e ao meio de origem, há no universo jurídico aquela segundo a qual se cometem crimes porque existem indivíduos propensos a fazê-lo, seja por causa de uma herança genética, seja por terem algum distúrbio psicológico (congênito ou adquirido).

Essas ideias fazem parte do processo de socialização dos advogados e remontam ao final do século XIX,[18] quando chega ao Brasil a biologia como modelo explicativo dos fenômenos sociais. Esse modelo relacionava patrimônio genético, aptidões e comportamentos sociais.

As faculdades de direito no Brasil incorporaram essas ideias através da chamada escola positiva, surgida na Itália em fins do século XIX e início do século XX. Essa escola tinha como um de seus pontos centrais a compreensão do crime como um fenômeno físico e hereditário, detectável nas diferentes sociedades. Sua proposição era criar uma "concepção positiva do crime".[19]

Através das proposições de Lombroso, Garofalo e Ferri, mentores dessa escola, o crime passa a ser avaliado a partir do criminoso. Como método de análise, construíram-se *tipologias* de delinquentes, a partir de seus tipos físicos e suas idiossincrasias. Não porque acreditassem que existia morfologicamente um tipo de delinquente, mas porque argumentavam que estes traziam em seus corpos anomalias comuns a todos os que apresentassem o mesmo comportamento criminoso. A tipologia servia então para auxiliar na identificação de delinquentes através do que acreditavam ser seus *estigmas típicos*.[20]

Segundo essa escola, o criminoso era condicionado por sua morfologia, seu meio de origem e sua personalidade (seu caráter psicológico). Este último elemento era de grande importância, pois acreditavam que um indivíduo, mesmo num "ambiente propício ao crime", só praticaria o delito se possuísse o "caráter ou o estado psíquico especial para tanto" (Ingenieros, 1914:146).

No Brasil, essas ideias foram introduzidas inicialmente nos cursos de direito através dos estudos de criminologia e, após a década de 20, da cadeira de medicina legal. Hoje, essa mesma cadeira é oferecida nas faculdades de direito com um conteúdo muito semelhante às proposições da escola positiva italiana.

Na cadeira de medicina legal, existe ainda hoje em algumas faculdades de direito — como pude constatar[21] — uma parte reservada a uma certa criminologia nos moldes da que foi introduzida nas escolas de direito no início deste século e na qual são tratadas questões referentes a base biológica da criminalidade, base sociológica da criminalidade, classificação dos criminosos, prognóstico, profilaxia e tratamento. Outros tópicos são reservados à chamada psicopatologia forense: doenças mentais, biotipologia das personalidades psicopáticas e psicoses. Adotam-se manuais que discutem o crime e o criminoso à luz do determinismo morfopsicológico, tal como formulado originariamente pela escola italiana: "O conhece-te a ti mesmo socrático assenta, primeiro, no autoconhecimento biológico, depois no psicológico e no moral. Se não há psiquismo sem somatismo, para se compreender o mental é necessário estudar-se o orgânico. (...) Os conhecimentos biológicos ministrados pela medicina legal aos estudantes de direito enriquecem-lhes a cultura científica, descortinam-lhes mais vastas perspectivas no estudo do direito criminal, facilitam-lhes a compreensão da gênese dos atos humanos".[22]

A reprodução dessas ideias é uma constante nos itens que essa disciplina reserva à identificação de criminosos. Citam-se autores como Garofalo, Ferri e Lombroso. Sobre os critérios formulados para a identificação do criminoso encontramos o seguinte:

> Examinaremos sucessivamente, sem maiores detalhes, a determinação da raça, do sexo, da idade, altura, peso, conformação, sinais individuais abrangendo cicatrizes, os sinais profissionais e tatuagens (Gomes, 1989:52).

Nos livros adotados na disciplina de medicina legal, há fotografias mostrando *indivíduos anômalos* (gigantes, anões, pessoas gordas, tatuagens, arcadas dentárias, indivíduos com sindactilia), o que reflete a ideia da escola positiva de que indivíduos *degenerados* apresentam anomalias comuns. Essas ideias contribuem para formar a opinião dos advogados atuais e acabam por refletir-se em seu ofício, quando se trata, por exemplo, de defender ou acusar um réu no tribunal do júri.

Por serem formados nessas ideias, os profissionais do campo jurídico atual fundamentam seus argumentos, muitas vezes de maneira inconsciente, com proposições originárias dessa escola. Por exemplo, há falas no júri em que o oficiante acusa ou defende o réu a partir do que considera presença ou ausência de *marcas corporais* ou *personalidade criminosa*:

Marginais, Delinquentes e Vítimas

317

Olhem para este homem. Ele não tem tipo de marginal. Não tem tipo de traficante. Um sujeito como este não tem cara nem características de traficante, senhores jurados.

Nessa afirmativa, considerando que o réu em referência era branco, há a crença implícita de que uma das marcas corporais de um criminoso é a cor da pele; isso porque existe um preconceito em relação aos negros difundido em nossa sociedade. Quando, num tribunal do júri, o advogado de defesa está diante de um réu originário da favela e branco, não hesita em usar, de maneira implícita, o argumento de que, por não apresentar em seu corpo uma das marcas que o incluiria numa tipologia de delinquente, ele é então inocente. Não se diz "esse homem é branco", mas "um sujeito desse não tem cara de marginal". Portanto, a delinquência pode ser detectada por fatores externos, pelo tipo físico do réu.

Encontramos outro exemplo de ideias dessa escola na seguinte afirmação: "Esse homem não tem perfil de integrante de boca de fumo. Integrante do fumo não leva tapa na cara".

Encontra-se pois difundida nesse universo uma classificação anterior do perfil psicológico criminoso e também do perfil de "criminosos" originários da favela.

No caso, o argumento usado para retirar a responsabilidade penal do réu é o fato de ele ter levado um tapa na cara e não reagido. Isso porque existe a representação de que um criminoso oriundo da favela tem um perfil psicológico pautado pela violência. Se o réu não reage é porque sua personalidade não condiz com uma tipologia formulada anteriormente acerca da psicologia de "marginais" e de "favelados marginais".

Quando o que pretende é a isenção da responsabilidade pelo suposto delito, usa-se o argumento da personalidade, do perfil, da falta de marcas corporais. Isso porque, havendo referência à favela, existe a representação mais geral de que favelado é delinquente por natureza. Ao se usar o argumento da personalidade, introduz-se outro elemento que diminui o peso da condição de favelado, tornando-se esta apenas mais um condicionante do ato delituoso.

Conclusão

Os profissionais do campo jurídico, ao reproduzirem representações acerca da identidade estigmatizada do favelado, assim o fazem por conta do processo de socialização pelo qual se constituíram.

Tendo-se formado numa sociedade e numa escola de direito (que, como todas as escolas, incorpora as representações sociais e as sistematiza,

318   Um Século de Favela

transformando-as em saberes) que *estigmatizam* o favelado, esses profissionais tornam-se uma espécie de prisioneiros de nossas crenças sociais.

Nos debates do júri, essa "prisão" é ainda mais evidente por conta da eficácia que cada "parte" procura emprestar ao seu discurso. Tais partes, ao atuarem, procuram adequar-se aos valores e às ideologias daqueles a quem se dirigem.

Uma vez que os oficiantes discursam para os membros da sociedade, suas argumentações vão ao encontro do que acreditam ser os valores dessa sociedade. Por isso as falas do júri reproduzem ou, quando muito, inovam pontos de vista baseados em representações sociais já sedimentadas.

Podemos corroborar tal afirmativa com os dados até aqui apresentados a respeito de como os favelados são vistos no júri. As referências que pudemos encontrar reproduzem as ideias que a sociedade inventa acerca desse grupo social. Mesmo quando alguns advogados, ao falar sobre favelados, procuram dar a seus discursos rumo oposto ao das representações correntes, acabam reafirmando uma representação mais geral, que permanece.

Em certas falas, esses profissionais afirmam que nem todos os favelados são marginais; que ter contato com eles não oferece perigo; que existem favelados honestos e trabalhadores. O que permanece, no entanto, é que toda vez que procuram renegociar a identidade do favelado, o ponto de partida é o estigma, o lugar da "anormalidade", da anomia, da carência. Por isso, mesmo quando se usam *símbolos de prestígio*, tais como uma folha penal limpa e uma carteira de trabalho, permanece a categorização mais geral acerca desse grupo. Favelado continua sendo "marginal", e os que não confirmam a regra são exceção.

Notas

1. Técnica de investigação antropológica que consiste em colocar o pesquisador em contato com seu objeto de estudo, a fim de poder compreendê-lo do ponto de vista daqueles que constituem o objeto em questão.

2. "A noção de campo é, em certo sentido, uma estenografia conceitual de um modo de construção do objeto que vai comandar — ou orientar — todas as opções práticas da pesquisa. (...) Por meio dela torna-se presente o primeiro preceito do método que impõe que se lute por todos os meios contra a inclinação primária para pensar o mundo social de maneira realista ou substancialista, pensando-o de forma relacional" (Bourdieu, 1989:27-8).

3. As considerações nesse item se baseiam na tese apresentada ao concurso de professor titular de antropologia da UFF pelo prof. Kant de Lima (1995). Para

Marginais, Delinquentes e Vítimas

fins práticos, evitaremos citações em excesso. Fica, porém, registrado que utilizamos aqui as argumentações do autor.

4. O sistema judiciário brasileiro "é organizado em diferentes níveis de jurisdição, chamados de instâncias, que constituem degraus progressivos numa sucessão de apelações. Existem juízos singulares e tribunais do júri na primeira instância, tribunais regionais na segunda instância e tribunais superiores na terceira instância. Esses níveis jurisdicionais são graduais: os juízos singulares classificam-se em entrâncias e, juntamente com os tribunais regionais, subordinam-se ao Tribunal de Justiça (âmbito estadual). Estes e os tribunais superiores estão subordinados ao Supremo Tribunal Federal" (Lima, 1994:4).

5. Um crime, para ser julgado pelo tribunal do júri, passa por uma série de etapas que são iniciadas (Lima, 1995:75) com um flagrante feito pela polícia, que se encarregará de *produzir provas* da autoria do delito, sem que haja nessa fase participação da defesa do acusado. Finda essa fase, é enviado para o Ministério Público o *inquérito policial,* que traz *provas produzidas sem o crivo do contraditório* (sem a presença das *partes*), depoimentos do acusado e de testemunhas; de posse deste, o promotor decide se fará ou não a "denúncia" (acusação pública) contra o acusado. Fazendo-a, é iniciado o *inquérito judicial,* no qual o juiz chama os envolvidos para depor (já com a presença da acusação e da defesa); caso fique convencido de que há indícios da autoria do crime por parte do acusado, o juiz o *pronuncia,* transformando-o em réu que será julgado pelo tribunal do júri.

6. Campo jurídico "é o lugar de concorrência pelo monopólio do poder de dizer o direito (...) no qual se defrontam agentes investidos de competência ao mesmo tempo social e técnica, que consiste na capacidade reconhecida de interpretar (...) um *corpus* de textos que consagram a visão legítima, justa, do mundo social" (Bourdieu, 1989:212).

7. "Todo brasileiro, homem ou mulher, está apto a servir como jurado desde que seja nato ou naturalizado, maior de 21 anos e cidadão idôneo" (Marques, 1963:90-1).

8. "Tradição da inquirição portuguesa" (Lima, 1995:84) — que, em sua origem, aparece para lidar com as desigualdades de uma sociedade aristocrática, fornecendo, através do Estado, princípios de justiça a todos.

9. O sistema adversário opõe-se ao acusatório e ao inquisitorial porque, de acordo com Kant de Lima (1995), as partes, e não o juiz, controlam a iniciativa do processo. De acordo com o mesmo autor, o "sistema inquisitório surge dos procedimentos eclesiásticos, como forma de dar acesso à justiça aos fracos, pobres e oprimidos (a lei é igual para todos), em uma sociedade nitidamente representada como marcada por hierarquias e desigualdades substantivas. O sistema acu-

320   Um Século de Favela

satório, por sua vez, remete a uma representação igualitária dos contendores, que se defrontam, cada um por si, em iguais condições (todos são iguais perante a lei), em uma arena de acusações públicas".

10. Por exemplo, quando o juiz, ao iniciar o julgamento, faz a leitura do *relatório do processo*, ou quando a acusação inicia a sua fala e lê o *libelo crime acusatório* ou quando alguma das partes requer a leitura de alguma *peça* (partes) do processo antes do debate oral.

11. Apesar de não estarmos tratando dos casos das "chacinas", o que podemos observar é que um réu confesso, como foi o caso do PM citado, pode ser absolvido quando, implicitamente na sociedade, o extermínio é visto como uma prática eficaz para eliminar ou diminuir a delinquência.

12. "O espaço social é construído de tal modo que os agentes ou grupos são distribuídos em função da posição (...) de acordo com os dois princípios de diferenciação (...) o capital econômico e o capital cultural. Segue-se que os agentes têm tanto mais em comum quanto mais próximos estejam nessas duas dimensões, e tanto menos quanto mais distantes estejam nelas" (Bourdieu, 1996a:19).

13. Nos debates que ocorrem no júri, as "partes" têm direito de falar duas horas cada, sendo a primeira fala a da promotoria. Finda a fala da defesa, caso a promotoria queira reargumentar, tem direito a mais meia hora de "réplica", e a defesa, por sua vez, a mais meia hora de "tréplica".

14. "A própria noção de desviante vem tão carregada de conotações problemáticas que é necessário utilizá-la com muito cuidado. A ideia de desvio implica, de um modo ou de outro, a existência de um comportamento 'médio' ou 'ideal', que expressaria uma harmonia com as exigências do funcionamento do sistema social" (Velho, 1981:17).

15. Não é nossa intenção discutir teoricamente a influência do meio e dos contatos sociais, mas antes discutir como a sociedade pensa esses contatos.

16. "Símbolos de prestígio podem ser contrapostos a símbolos de estigma, ou seja, signos que são especialmente efetivos para despertar a atenção sobre uma degradante discrepância de identidade que quebra o que poderia, de outra forma, ser um retrato global coerente, com uma redução consequente em nossa valorização do indivíduo" (Goffman, 1988:53).

17. Esse argumento foi utilizado num caso em que o réu, após beber e ser chamado de "corno" (o que é traído pela esposa), foi em casa buscar uma arma para atirar em quem o havia agredido verbalmente.

18. Então, penetram no Brasil outras ideias do pensamento social da época: as teorias deterministas. Estas entram em nosso campo intelectual por intermédio de nossos "homens de ciência" (elite intelectual que se forma no Brasil a partir

Marginais, Delinquentes e Vítimas 321

do final do século XIX, oriunda de universidades europeias, cursadas depois das faculdades nacionais de direito e medicina), que assumiram posições teóricas tais como o darwinismo social, o evolucionismo e teorias fundadas no determinismo geográfico. "Do darwinismo social adotou-se o suposto da diferença entre as raças e sua natural hierarquia, sem que se problematizassem as implicações negativas da miscigenação. Das máximas do evolucionismo social sublinhou-se a noção de que as raças humanas não permaneciam estacionadas, mas em constante evolução e aperfeiçoamento, obliterando-se a ideia de que a humanidade era una. Buscavam-se, portanto, em teorias formalmente excludentes, usos e decorrências inusitados e paralelos, transformando modelos de difícil aceitação local em teorias de sucesso" (Schwarcz, 1993).

19. "Foi assim que nasceu a concepção positiva do crime, aplicando-se ao estudo deste as regras do método científico e lançando os alicerces da criminologia. E isso com o auxílio da escola italiana, cujos chefes eram Lombroso, Ferri e Garofalo. O método positivo comum aplicado ao estudo particular dos fenômenos específicos da patologia humana e social nos ensina que estes devem ser encarados em três fases: as causas, as manifestações e as modificações terapêuticas" (Ingenieros, 1914:139).

20. Por exemplo, Lombroso, com sua tabela de tipos subdividida em elementos anatômicos, como o tamanho do cérebro, as arcadas dentárias, as mandíbulas; fisiológicos, como a ambidestria, olfato ou paladar fraco ou forte; psicológicos, como falta de atividade, inibição; e, por fim, sociológicos, como a existência de tatuagens pelo corpo, elementos que seriam reveladores do lugar de origem (Schwarcz, 1993:166).

21. Analisei o conteúdo programático da cadeira de medicina legal nos cursos de direito das faculdades Presidente Antônio Carlos (Ubá, MG) e Cândido Mendes (Rio de Janeiro, RJ).

22. Gomes (1989:8). Utilizamos a 26ª edição desse manual. Isso mostra que serviu a muitas gerações de profissionais de direito no Brasil, contribuindo para o seu processo de socialização.

Referências bibliográficas

Lima, C. Araújo. *Os grandes processos do júri.* Rio de Janeiro, Lumem Juris, 1996. v. 1.

Bourdieu, P. Sistema de ensino e sistema de pensamento. In: Bourdieu, P. *A economia das trocas simbólicas.* São Paulo, Perspectiva, 1987.

————. A força do direito — elementos para uma sociologia do campo jurídico. In: Bourdieu, P. *O poder simbólico.* Rio de Janeiro, Bertrand Brasil, 1989.

————. Espaço social e espaço simbólico. In: Bourdieu, P. *Razões práticas.* Campinas, Papirus, 1996a.

————. Linguagem e poder simbólico. In: Bourdieu, P. *A economia das trocas linguísticas (o que falar quer dizer).* São Paulo, Edusp, 1996b.

Canetti, E. *Massa e poder.* São Paulo, Melhoramentos, UnB, 1983.

Da Matta, Roberto. Você sabe com quem está falando? In: Da Matta, R. *Carnavais, malandros e heróis. Para uma sociologia do dilema brasileiro.* Rio de Janeiro, Zahar, 1979.

Douglas, M. *Pureza e perigo.* São Paulo, Perspectiva, 1976.

Foucault, Michel. Os corpos dóceis. In: Foucault, M. *Vigiar e punir.* Petrópolis, Vozes, 1987.

Goffman, E. *Estigma (notas sobre a manipulação da identidade deteriorada).* Rio de Janeiro, Guanabara, 1988.

Gomes, H. *Medicina legal.* Rio de Janeiro, Freitas Bastos, 1989.

Ingenieros, J. Classificação nova dos delinquentes. In: Ingenieros, J. *As formações naturais na filosofia biológica.* Lisboa, Tipografia de Francisco Luiz Gonçalves, 1914.

Leeds, Anthony & Leeds, Elizabeth. *A sociologia do Brasil urbano.* Rio de Janeiro, Zahar, 1964.

Lima, R. Kant de. *A polícia da cidade do Rio de Janeiro. Seus dilemas e paradoxos.* Rio de Janeiro, Polícia Militar do Estado do Rio de Janeiro, 1994.

————. *Da inquirição ao júri: modelos para a produção da verdade e a negociação da culpa em uma perspectiva comparada (Brasil/EUA).* 1995. (Tese para Professor Titular de Antropologia da UFF.)

Marques, F. *A instituição do júri.* São Paulo, Saraiva, 1963. v. 1.

Pereira, A. *Bandidos e favelas (uma contribuição ao estudo do meio marginal carioca).* Rio de Janeiro, Eu e Você, 1984.

Perlman, J. *O mito da marginalidade.* Rio de Janeiro, Paz e Terra, 1977.

Perelman, C. Argumentação. In: *Oral/ escrito (argumentação).* Lisboa, Imprensa Nacional-Casa da Moeda, 1987. v. 11.

Schwarcz, L. *O espetáculo das raças: cientistas, instituições e questão racial no Brasil (1870-1930).* São Paulo, Companhia das Letras, 1993.

Velho, Gilberto. Estigma e comportamento desviante em Copacabana. In: Velho, G. *Desvio e divergência.* Rio de Janeiro, Zahar, 1981.

Os universitários da favela

Cecília L. Mariz
Sílvia Regina Alves Fernandes
Roberto Batista

Por que estudar os universitários da favela?

O tráfico de drogas, a criminalidade, a violência são hoje em dia os aspectos mais marcantes não só da imagem que a mídia divulga das favelas do Rio de Janeiro, mas também da ideia que delas fazem os moradores de outras áreas da cidade. Por isso a literatura das ciências sociais sobre favela tem recentemente focalizado esses problemas sociais. Isso não significa que todos os estudos se debrucem apenas sobre os aspectos negativos dessas áreas. Pesquisas sobre associação de moradores, lutas pela legalização da terra, participação em movimentos sociais e mesmo atividades lúdicas, como escolas de samba e bailes *funk*, também contribuem muito para ampliar o conhecimento sobre as favelas. No entanto, esses trabalhos em sua grande maioria tendem a colocar os habitantes das favelas num universo cultural distante daqueles que estão no "asfalto". Sem negar que essa distância cultural — que na verdade reflete em parte uma oposição e uma diferença dos interesses desses grupos — existe e persiste, queremos chamar a atenção para os processos de aproximação que estão ocorrendo entre os da "favela" e os do "asfalto". Pretendemos neste trabalho entender a dinâmica, os limites e o alcance de um desses processos. Assim, embora haja outros processos de aproximação, falaremos aqui apenas de um que é a chegada à universidade de habitantes de favelas.

CECÍLIA L. MARIZ é da Universidade do Estado do Rio de Janeiro (Uerj), SÍLVIA REGINA ALVES FERNANDES é aluna do mestrado em ciências sociais (Uerj) e ROBERTO BATISTA é bolsista de aperfeiçoamento, do CNPq.

324   Um Século de Favela

Recentemente, tem-se notado maior presença, em certos cursos nas universidades do Rio de Janeiro, de estudantes de origem popular em geral, vários dos quais moram em favelas (Novaes, 1994). Esse fenômeno tem sido observado especialmente por professores de cursos das áreas humanas, tanto nas universidades públicas da cidade como nas universidades particulares que têm programa de bolsas. É evidente que esses estudantes são minoria, tanto nas universidades como nas áreas onde moram,[1] mas mesmo assim não podemos explicar sua existência como simples exceções. O aparecimento desses universitários indica uma tendência de mudança nas favelas. Conhecer o perfil desses indivíduos e sua visão de mundo pode ajudar a entender que mudança é essa, que fatores contribuem para ela e que direção parece estar tomando.

Como já mostrou Alba Zaluar (1985:64-5), a percepção — subjacente nos trabalhos acadêmicos e nas políticas públicas da década de 60 e início da de 70 — de que as favelas são um fator físico e ecológico gerador de marginalidade vem sendo superada. A urbanística da favela não é mais considerada o principal problema nem o elemento causador da marginalidade no Rio de Janeiro. Embora a favela não seja mais o único lugar de pobreza e marginalidade, pois outras áreas, como a Baixada, são tão ou mais pobres, as diversas análises sobre as favelas enfocam, em geral, as mazelas e a pobreza dessas áreas e mostram como essa pobreza implica muito menos vantagens e possibilidades sociais, levando jovens ao ingresso no tráfico de drogas e ao fracasso e à evasão escolar. Destaca-se que os jovens das favelas se encontram num círculo vicioso de pobreza, passando a reproduzir e reforçar a situação de exclusão e marginalidade material e cultural em que vivem suas famílias. Poucos estudos tentam explicar como algumas pessoas conseguem escapar disso. Tanto já foi repetido que pobreza gera pobreza e por vezes desvio, que se tornou muito difícil, e mais complicado, explicar como alguns rompem esse círculo vicioso. De fato, considerando todas as condições sociais que incentivam os jovens a abandonar a escola, como explicar a motivação dos que se esforçam e chegam a entrar na universidade, conseguindo romper tal círculo e por vezes até alcançar melhor situação social? Que outras forças em jogo podem se opor à carência de recursos materiais e sociais, já mencionada, que limita a possibilidade de mudar de condição de vida? Não podemos aceitar a ideia de que os universitários encontrados na favela são exceções, pessoas especiais cuja vida particular nada teria em comum com a dos demais habitantes de sua comunidade. Também rejeitamos o argumento de que o estudo desse grupo, por ser numericamente insignificante, em nada contribui para o entendimento sociológico da realidade. Por um lado, o fato de moradores da favela chegarem à universidade não apenas significa mudança no perfil educacional dessa população, como também pode implicar redefinições

Os Universitários da Favela

no encaminhamento das lutas e da forma de organização popular nessas áreas. Por outro lado, identificar o que permite a alguns fugir ao círculo vicioso que leva à exclusão e à marginalidade pode ser tão ou mais útil para propostas de políticas sociais quanto apontar esse círculo vicioso. Ao buscarmos identificar os fatores que levam certos indivíduos a romper o círculo vicioso da pobreza e ainda evitar o fracasso escolar a que pareciam estar condenados, estamos adotando um enfoque similar àquele proposto pelo sociólogo israelense Aaron Antonovsky para estudar sociologicamente saúde e estresse.

Analisando os trabalhos em sociologia médica, Antonovsky (1982:13, 36) chama a atenção para o predomínio do enfoque analítico que ele chama de modelo da *patogênese*. Nessa perspectiva de análise, a principal pergunta que se faz é: "como surge a doença?" Para respondê-la, os pesquisadores procuram identificar os transmissores de doenças e os fatores estressantes que enfraquecem o paciente e o levam a adoecer. Mas Antonovsky chama a atenção para a ubiquidade de elementos potencialmente patógenos — microbiológicos, químicos, físicos, psicológicos e sociais, entre outros —, e parece-lhe evidente que as pessoas sucumbam ao bombardeio desses elementos. Assim, argumenta que, dada a ubiquidade desses elementos, a questão mais intrigante é: por que certas pessoas resistem à doença? A saúde parece ser mais difícil de ser explicada do que a doença. Por isso, ao invés dos doentes, Antonovsky se propõe estudar as pessoas que estão saudáveis, para identificar os elementos que as ajudam a escapar das doenças. Esse modelo centrado na saúde, no qual a questão primordial se refere aos fatores que geram a saúde e não a doença, ele chama de modelo da *salutogênese*.

Nossa referência a Antonovsky absolutamente não significa que consideramos a pobreza uma doença, nem que estamos adotando um modelo de patologia social *à la* Durkheim para entender os problemas sociais. Não pretendemos fazer nenhuma analogia entre o biológico e o social. Nosso interesse em Antonovsky é sua proposta metodológica e sua sugestão quanto ao redirecionamento de questões e temas da pesquisa. Seus argumentos nos inspiraram a focar a atenção num fenômeno quantitativamente menor, mas que ganha importância por ser o de mais difícil explicação. Parece-nos sociologicamente mais difícil compreender como certos jovens de famílias pobres de favelas chegam à universidade e conseguem evitar o mundo do crime do que explicar como os demais permanecem numa situação de exclusão. Portanto, nosso objetivo aqui será tentar identificar que forças e/ou elementos motivam esses jovens a desenvolver estratégias integradoras que se contrapõem ao processo de exclusão. Interessam-nos pois os processos de integração dos jovens de camada popular e as estratégias de ascensão social por eles desenvolvidas. Tal como o trabalho reali-

326 — Um Século de Favela

zado por Novaes, Catela e Nascimento (1996:1-2), nosso estudo se propõe identificar algumas das "dinâmicas integradoras" que estão disponíveis para os jovens das favelas e que os têm incentivado a buscar mais instrução e entrar numa universidade.

Através de contatos que tínhamos previamente a este trabalho com alguns estudantes universitários moradores de favelas, notamos que muitos deles tinham ou tiveram uma vivência religiosa importante em grupos católicos. Essa observação nos levou a levantar uma hipótese relacionando o ingresso de jovens da favela na universidade com a prática religiosa. Tal hipótese também se inspirou na literatura que chama a atenção para o papel integrador e de agente motivador de ascensão e luta social desempenhado pelos grupos religiosos em camadas populares (Mariz, 1994). Respaldou-se igualmente em pesquisas recentes no Rio de Janeiro (Novaes et alii, 1996; Mesquita, 1995; Pinheiro, 1997), que mostram o papel integrador desempenhado por grupos religiosos na vida dos jovens das camadas populares. De certo modo, estamos aqui tentando dar continuidade a algumas ideias desenvolvidas em trabalhos anteriores sobre religião e enfrentamento da pobreza, nos quais se discutia o papel das igrejas pentecostais e das comunidades de base na luta pela sobrevivência e a melhora material das camadas populares no Brasil (Mariz, 1994). Sabemos que não é novidade discutir o papel integrador de grupos religiosos. Mas nossa questão aqui é mais ampla: queremos saber se de fato a religião tem motivado jovens da favela para um tipo específico de ascensão social: a ascensão via educação universitária. Se assim for, passamos a nos perguntar: como isso ocorre? Todos os grupos religiosos enfatizariam esse tipo de ascensão?

Apesar da propalada desvalorização dos títulos de cursos de nível superior, obter um diploma universitário é ainda um indicador de ascensão social. Os que têm educação superior em geral têm melhor remuneração, mesmo que esse rendimento seja também afetado por fatores outros como raça, gênero e origem social. No entanto, se por um lado a educação superior nem sempre acarreta uma transformação objetiva na posição econômica do indivíduo, proporcionando-lhe maior nível de renda, por outro, obter um diploma de curso superior significa uma ascensão em termos de *status* e também uma mudança subjetiva, que implica uma nova visão de mundo, novos valores, nova postura política e nova atitude em relação ao gênero.

Assim, quando definimos como nosso objeto de estudo o universitário da favela, estamos preocupados não apenas com o problema das dinâmicas integradoras pelas quais os jovens de camadas populares evitam o desvio social, mas também com o problema da ascensão social. Contudo, essa ascensão, como já dissemos, pode ser mais de *status* do que propriamente de renda. A melhora material e econômica proporcionada pela educação superior não ocorre necessariamente no mesmo grau que a mudança de visão de mundo trazida por essa mesma educação. Entre os cursos superiores em que mais frequentemente encontramos estudantes de favelas, como veremos mais adiante, estão os que oferecem diplomas com menor valor no mercado de trabalho; claramente, a ascensão promovida por esses cursos será basicamente de *status*. Uma ascensão desse tipo provavelmente terá causas e consequências sociais bem diferentes de outros tipos de ascensão, que pode ser basicamente econômica, como aquela experimentada, por exemplo, pelos que tiveram relativo sucesso financeiro com o comércio em suas favelas.

Há poucos estudos sobre a ascensão social no Brasil.[2] Parece subsistir certo preconceito de origem marxista em relação a esse tema. Supõe-se que analisar a mobilidade social é reconhecer e de certa forma "pregar" a existência da ascensão social, negando a oposição entre as classes e defendendo assim o *status quo* e a opressão social através de uma ideologia de "querer é poder". É comum acusar de conservadores os trabalhos sobre esse tema. Analogamente, considera-se que a busca de ascensão individual está quase sempre na contramão da luta pela mudança social. Queremos neste texto contestar essa visão. Como veremos, nossos dados nos sugerem que a luta pela ascensão individual pode se atrelar a uma proposta de mudança social e vice-versa.

Para responder à questão levantada por nossa hipótese da relação entre religião e ingresso de moradores da favela em curso superior, realizamos uma pequena pesquisa exploratória, visando apenas a levantar pistas e novas questões para serem aprofundadas no futuro. Nossa análise é baseada em entrevistas com moradores das favelas da Rocinha e da Maré que tiveram ou têm vivência universitária. Nessas entrevistas, procuramos construir a história de vida de cada um de nossos sujeitos. Nosso objetivo era avaliar nossa hipótese sobre os fatores que ajudam esses jovens a chegar à universidade e obter um diploma, apesar de todas as dificuldades, já tão conhecidas e discutidas, que enfrentam os indivíduos de camadas populares para realizar tais projetos. A aplicação de questionários a estudantes do Curso Pré-vestibular para Negros e Carentes da Rocinha e ainda o prévio e amplo conhecimento do campo (Rocinha e Maré) por dois dos autores deste estudo complementaram os dados obtidos através das entrevistas.

O que disseram nossos entrevistados

Entre estudantes e já graduados na universidade, entrevistamos nove pessoas (três graduados e seis estudantes). Para não identificar nossos informantes, usamos aqui pseudônimos.

O primeiro elemento que nos chama a atenção é que, embora todos comentem o desejo de melhorar de vida e conseguir um emprego que lhes permita satisfazer sua aspiração de uma vida mais confortável, a motivação para ter um diploma não é meramente econômica. Isso fica claro em várias entrevistas. Marluce, 32 anos, acha que é importante fazer um curso superior para adquirir conhecimentos em geral, ficar informada sobre a realidade e também porque sente necessidade de crescer. Kardecista e ex-militante do PT, criada na Rocinha, essa estudante de serviço social tenta organizar grupos de mulheres, e sua motivação para estudar está portanto ligada a sua luta e interesse por trabalhos comunitários e políticos. A declaração de Arlindo, bacharel em direito pela UFRJ e morador da favela da Maré, revela motivação semelhante à de Marluce. Diz ele: "eu sempre fui meio inconformado com a realidade, sempre achei que a vida tinha que ser diferente, que não era justo, por exemplo, algumas pessoas terem muita coisa e outras não terem quase nada (...), eu então achava que de repente eu podia ser alguém que ajudasse a mudar essa situação, então eu precisava de um curso (...). Eu dizia: 'vou estudar para defender o pessoal pobre'". Um mesmo tipo de preocupação humanitária e política reaparece na entrevista de Carmem, estudante de psicologia na Fahupe, quando ela afirma que queria fazer uma faculdade "para ajudar as pessoas de alguma forma".

Isso não significa que não seja forte a motivação para conseguir um emprego melhor. Todos dizem querer também melhorar economicamente, mas apenas Otávio, negro de 34 anos e formado em química industrial, coloca explicitamente sua motivação econômica como primordial. Como quase todos (há exceções) conseguem apenas ingressar em cursos de ciências humanas, onde é menor a disputa por vagas e onde se sabe de antemão a dificuldade no mercado de trabalho, fica claro que a motivação econômica não pode ser a mais importante. A pouca ênfase no mercado de trabalho e na profissionalização também se notam nas respostas dos 23 estudantes do pré-vestibular que responderam ao questionário: apenas quatro relacionaram sua motivação para entrar na universidade com o mercado de trabalho; a maioria (15) alegou o desejo de realização pessoal, e três apresentaram motivos ideológicos, afirmando que com curso superior poderiam contribuir mais para mudar a sociedade.

Não falar tanto sobre o mercado de trabalho pode revelar uma visão realista dos estudantes, que reconhecem os limites profissionais dos diplomas que vão conseguir. Os cursos que mais profissionalizam são os que apresentam maior dificuldade de ingresso. Os entrevistados afirmam, por exemplo, não conhecer ninguém em sua favela que tenha ingressado no curso de medicina, embora saibam de alguns que tentaram esse vestibular. Um entrevistado lembra de uma moça que há cinco anos vem tentando

Os Universitários da Favela

passar sem sucesso. A perseverança é uma qualidade importante para conseguir entrar na universidade. Essa perseverança, para alguns, resulta do apoio familiar, da determinação pessoal e também do exemplo e do apoio de um grupo de amigos — o apoio de amigos e colegas é mais frequentemente mencionado pelos que participam do movimento Pré-vestibulares para Negros e Carentes, que analisaremos mais adiante.

O apoio familiar é sempre tido como importante pelos entrevistados. Em geral esse apoio é mais afetivo e psicológico, mas em alguns casos é também material. Por vezes, quando há maior estabilidade econômica, os pais não exigem que os filhos contribuam materialmente para as despesas da casa e permitem que eles destinem o que ganham ao custeio de seus estudos, como foi o caso de Otávio e Bartolomeu, da Rocinha, que tiveram que pagar o cursinho que fizeram numa escola particular, a Hélio Alonso. Alguns pais, como os de Arlindo, da Maré, chegaram a manter os filhos sem trabalho por um ou dois anos, quando o curso superior exigia-lhes muito tempo de estudo. O grande incentivo familiar é mesmo afetivo e motivacional, como afirma Otávio. Segundo ele, apesar de analfabetos, seus pais incentivaram muito os filhos a estudar, "talvez devido às dificuldades que passaram por não ter instrução". Na sua família, dos sete filhos, os dois caçulas fizeram curso superior. Outro entrevistado relata como foi motivado por um tio, que o fazia lembrar o quanto seu pai sofrera por não ter estudado. "Na minha família havia essa cobrança, a minha avó dizia 'estude para você ser alguém na vida'." A maioria considera que a família teve papel importante, incentivando a estudar, mas há casos como o de Carmem, que comentou: "sinto que meu pai, devido à pouca formação dele, não soube motivar a gente até mesmo para um trabalho melhor (...), ele falava muito que nunca ia poder pagar estudo para a gente (...), então isso bloqueava a nossa expectativa, nosso desejo de querer vencer profissionalmente".

Em geral, os jovens universitários da favela fizeram mais de uma tentativa de ingresso através do vestibular, e nenhum dos entrevistados entrou no curso de sua escolha no primeiro vestibular que prestou. Para alguns, a frustração de não passar da primeira ou da segunda vez retardou uma nova tentativa, mas não os levou a desistir. No entanto, mencionam-se casos de conhecidos que, desestimulados, desistiram de vez. O que faz alguns não desistirem facilmente e terem disposição para tentar o vestibular outras vezes, até quatro vezes, como fez Flávio, um de nossos entrevistados? Ele explica que foi o seu grupo de amigos. Tendo decidido ingressar no Pré-vestibular para Negros e Carentes junto com outros amigos da Juventude Operária Católica (JOC), Flávio conta que alguns entraram na faculdade antes dele, mas sempre o incentivaram a estudar, pois permaneceram ligados ao curso como diretores. No pré-vestibular, Flávio conheceu sua atual esposa, e juntos continuaram estudando. Da mesma forma, Carmem, que também participou de pastoral católica, lembra que quem lhe deu apoio e incentivo foram outros jovens de sua favela, a maioria dessa mesma pastoral, os quais já tinham conseguido entrar na universidade. Assim, os amigos que têm meta similar, estejam ou não num mesmo movimento religioso, são importantes para gerar perseverança. Parece-nos que o cursinho pré-vestibular, que analisaremos adiante, também contribui para o sucesso no vestibular, na medida em que cria um grupo de amigos que se estimulam mutuamente, o que impede que alguns desistam da meta antes de haverem tentado o bastante. Como é raro alguém ser aprovado logo no primeiro ano, o grupo contribui também para impedir a evasão e o desânimo. Coordenadores do pré-vestibular da Rocinha, que são estudantes universitários, comentando a respeito dessa dificuldade para entrar na universidade, brincavam uns com os outros dizendo que alguns tinham ficado no cursinho tanto tempo quanto num curso superior (quatro anos), até conseguirem passar no vestibular. Um deles gracejou: "quase fiz meu doutoramento em pré-vestibular".

Uma experiência comum a todos é o trabalho desde a adolescência. O trabalho fez alguns adiarem seu projeto de continuar estudando. Alguns chegaram a interromper o curso secundário, outros pararam de estudar ao concluir o segundo grau e passaram alguns anos apenas trabalhando. No entanto, para muitos essa experiência no mundo do trabalho também contribuiu para fortalecer o desejo de estudar na universidade. No trabalho, sente-se que a instrução superior pode ajudar a progredir. Mas nem sempre se consegue ingressar no curso que o trabalho motiva a fazer; daí a importância de outras motivações para levar a cabo o projeto de educação universitária. É o caso de Bartolomeu, que queria entrar no curso de administração de empresas, não conseguiu e, influenciado pela Pastoral da Juventude, optou por ciências sociais. Caso semelhante é o de Carmem, que pretendia estudar direito e, após algumas tentativas sem sucesso, decidiu cursar psicologia, incentivada por sua experiência com adolescentes no grupo de sua igreja. Diz ela: "coordenei o grupo de jovens, isso foi mudando essa minha ideia de cursar direito e pensei: acho que vou fazer psicologia, estudar mais o comportamento desses jovens para poder dar respostas mais práticas, mais coerentes para eles".

A motivação humanitária e social declarada por quase todos os entrevistados, já graduados ou estudantes, é reforçada pelo sentimento, compartilhado pela maioria, de que seu sucesso educacional é importante não apenas para sua vida individual, mas também para a vida de sua comunidade. Têm consciência de que os parentes e vizinhos da favela, que os viram crescer, têm orgulho daquilo que alcançaram. Mesmo conhecendo vários outros moradores da favela que também têm curso superior, sabem que eles são minoria. Por isso, sentem uma responsabilidade social para com sua favela. Como diz Arlindo: "eu acho que é importante também a gente poder dizer: 'olha, tem um monte de gente aqui que estudou, que está fazendo faculdade; pobre, sem nenhum apoio, nenhum estímulo (...), se esforça tanto que consegue"; e conclui: "é, o pessoal gostava, admirava". Apenas uma das entrevistadas não estava engajada numa atividade social ou política em sua favela; e somente essa mesma entrevistada declarou que pretendia mudar-se da favela. Os demais, embora fossem também mudar-se, explicavam que o faziam por outros motivos, como trabalho ou casamento com alguém de outro lugar. De qualquer modo, deixavam claro que não viam essa saída da favela como parte de seu projeto de ascensão social. Assim, faz parte do discurso desses estudantes a afirmação e valorização de sua origem social.

Por outro lado, a experiência na faculdade traz suas dificuldades. Muitos falam de decepção e de sensação de estar fora de seu lugar. Um entrevistado comentou a respeito de seus professores na universidade: "[eles] passavam pra gente que você precisava ter toda uma história de vida pra você fazer alguma coisa na área de direito, ter pistolão (...), pra mim foi decepcionante". Outra entrevistada relata sua dificuldade com os colegas: "Então o contraste começou (...), eu tenho uma realidade de vida: moro em favela, pago faculdade com muito sacrifício, e o povinho lá é de outra realidade (...), vão fazer psicologia às vezes para resolver seus problemas emocionais". E prossegue: "os professores eram todos novinhos também (...), cheios de conhecimentos, encontram pessoas também com conhecimentos (...). Quem não tinha conhecimentos ficava fora do assunto. Aí eu falo (...) comigo mesma: eu gosto de participar, sempre liderei os assuntos, agora estou me vendo, me sentindo muito pequena, entendeu? Não consigo participar, não consigo fazer perguntas". Embora todos de certa forma afirmem sentir-se pouco à vontade convivendo com estudantes com melhores condições materiais, a entrevista de Lúcia nos chamou a atenção porque conta a experiência de uma minoria que busca se organizar. Lúcia, que cursa serviço social na PUC com bolsa do convênio com o movimento Pré-vestibulares para Negros e Carentes, explica que há muitas alunas da favela que fazem esse mesmo curso. Assim, esse grupo de estudantes, que têm a mesma origem social e a mesma experiência de pré-vestibular e de bolsistas, se uniu para realizar atividades e eventos que chamem a atenção para o papel e a situação do negro na sociedade. Lúcia comenta com orgulho que a própria direção da PUC já reconheceu a mudança positiva que esse grupo tem trazido para aquela universidade. Portanto, outro papel que esse tipo de curso parece exercer é preparar os estudantes para se organizarem dentro da universidade, de forma a superar a sensação de *outsiders* que possam vir a experimentar.

Todos os entrevistados tinham tido forte experiência religiosa (os que à época da entrevista não participavam de um grupo religioso tinham participado no passado), a maioria em pastoral de juventude católica de cunho progressista. No entanto, eles não viam uma relação clara entre sua motivação para entrar na universidade e sua prática religiosa. Alguns reconheceram que sua prática e seus valores religiosos influenciaram na escolha do curso, mas todos foram unânimes em afirmar que em seus grupos religiosos nunca ouviram um discurso que os incentivasse abertamente a tentar entrar na universidade. Disse uma entrevistada: "as pessoas que trabalhavam com a gente, quer dizer, padres e irmãs, mostravam uma outra realidade, mostravam que você tinha que evangelizar, tinha que se doar, tinha que ajudar a Igreja a crescer (...), eu acho que esqueceram um pouco da formação humana que a gente precisa". Essa entrevistada sublinha assim que a preocupação da pastoral com a luta da comunidade parecia ser mais importante do que a luta individual para a melhoria de vida. Mas reconhece que esse incentivo vinha de forma indireta, de outros jovens que participavam do grupo. Havia uma estimulação mútua, como disse outro entrevistado, nos seminários e debates realizados. A linha progressista da Pastoral da Juventude também requeria um bom conhecimento da realidade sociopolítica para participar desses debates. Admiravam-se os mais verbalmente articulados e informados, e aspirava-se a desenvolver essas habilidades intelectuais. O desenvolvimento dessas habilidades era importante para a própria "caminhada religiosa".

A ideia da Pastoral Negra e da Pastoral da Juventude de trazer para o Rio de Janeiro o movimento Pré-vestibulares para Negros e Carentes é portanto uma mudança significativa na pastoral popular. Esta ganha nova dimensão quando passa a ver como instrumento de luta social a luta do indivíduo pela ascensão social e o progresso material. Tal movimento nos chamou a atenção por explicitamente motivar ascensão social via educação e por estar, ao menos em sua origem, no Rio de Janeiro, vinculado a um grupo religioso.

Um pouco sobre o Curso Pré-vestibular para Negros e Carentes

Para complementar nossas entrevistas com graduados e estudantes universitários de favelas, fizemos visitas e aplicamos questionários a alunos do Pré-vestibular para Negros e Carentes, na Rocinha. Esse curso da Rocinha faz parte do movimento Pré-vestibulares para Negros e Carentes,

Os Universitários da Favela

que se expandiu no estado do Rio de Janeiro a partir da Baixada, chegando posteriormente às favelas. Tais cursos atraíram a atenção de alguns pesquisadores recentemente, não apenas por seu sucesso, mas também por sua proposta estar relacionada com a questão negra. No entanto, essa experiência de cursos pré-vestibulares para a camada popular não é única. Os entrevistados se referiram a outros cursos pré-vestibulares para jovens de baixa renda, com inspiração e matriz ideológica diferentes daqueles para negros e carentes. Mencionam, por exemplo, o curso pré-vestibular ministrado pelo IFCS, da UFRJ, para trabalhadores, e o pré-vestibular Êxito. Decidimos estudar essa experiência por ser a que mais cresce e também por nos parecer interessante sua primeira vinculação com a pastoral católica. Como já foi registrado no trabalho de Novaes, Catela e Nascimento (1996:61-2), esse movimento se articula com a Pastoral da Juventude em Nova Iguaçu ou com a Pastoral Negra em outras localidades.

As primeiras experiências do movimento de pré-vestibular para negros se deram na Bahia a partir da reflexão de grupos ligados ao movimento negro. O pré-vestibular foi proposto como instrumento de conscientização, articulação e apoio à juventude negra da periferia de Salvador. Da Bahia a ideia foi disseminada para outros estados e cidades. Esses cursos chegaram ao Rio de Janeiro através do trabalho da Pastoral Negra e, posteriormente, da Pastoral da Juventude. Nesse estado, a proposta ampliou-se, passando os cursos a se chamarem pré-vestibulares para negros e carentes.

A primeira experiência do estado do Rio de Janeiro foi em São João de Meriti, Baixada Fluminense, em 1992/93. A partir das reflexões dos grupos engajados em trabalhos populares e eclesiais, especialmente a Pastoral do Negro, formou-se o primeiro núcleo da Baixada, que teve como principal articulador o frei Davi R. Santos. De São João de Meriti esse movimento de pré-vestibulares se espalhou por várias cidades do estado, como Duque de Caxias, Nilópolis, Petrópolis, Rio de Janeiro, Belford Roxo, Itaguaí, Nova Iguaçu, Mangaratiba, São Gonçalo e Niterói. Segundo o informativo do movimento, o jornalzinho *Azânia*, atualmente os pré-vestibulares contam com mais de 600 professores voluntários e coordenadores envolvidos nas 46 experiências. Ainda segundo o informativo, esses cursos conseguiram colocar estudantes em diversas universidades do estado do Rio de Janeiro, tanto públicas quanto particulares, como Uerj, UFF, PUC, UFRRJ, Estácio de Sá, Nuno Lisboa, Unigranrio, Luíza de Marilac, Uni-Rio, Feuduc, UCP e Cefet. Algumas universidades particulares oferecem bolsas. A PUC oferece bolsa integral para estudantes carentes, enquanto a Estácio de Sá e a Luíza de Marilac oferecem bolsas parciais de acordo com convênio feito com esse movimento. Além de preparar o estudante para o vestibular, esses cursos oferecem uma disciplina chamada cultura e cidadania, na qual se discutem política de democracia racial e outros problemas referentes à questão da cidadania para populações negras e carentes. Custeado pelos próprios estudantes, que pagam a quantia mensal de 5% de um salário mínimo, cada núcleo é inteiramente autônomo, com vida própria dentro dos seus limites. Faz parte da proposta do grupo rejeitar qualquer tipo de financiamento vindo de fora. Tenta-se com isso manter a autonomia e evitar que as pessoas se envolvam com o trabalho por questões financeiras.

O movimento propõe que, se possível, os cursos sejam ministrados basicamente por professores negros ou da própria área carente. No entanto, por falta de pessoal com essas características, admitiram-se professores de fora que aceitassem o trabalho voluntário e compartilhassem dos ideais do grupo. Para ser professor não é necessário ter concluído um curso superior. Muitos dos professores são estudantes universitários. Os coordenadores do movimento estabeleceram 12 critérios para orientar a escolha do pessoal docente. Apenas o item cinco refere-se a sua competência profissional, quando diz ser necessário que os professores "possuam sólido conhecimento das disciplinas que se disponham a ministrar, mesmo não sendo academicamente formados". Os demais chamam a atenção para os ideais e valores desses professores. O critério de escolha que encabeça a lista é o que afirma ser necessário que esses candidatos a professores "se mostrem conscientes do alcance socioeducativo do movimento Pré-vestibulares para Negros e Carentes". Observa-se que a lista de critérios é também uma lista de aconselhamentos: segundo o item oito, o professor "deve reconhecer que todo cidadão é livre para escolher e praticar a religião ou a opção partidária de sua preferência (...), comprometendo-se a respeitar e a tratar todos de forma igual e não influenciar ninguém nesse sentido". Já o item nove diz que é preciso que o professor não transforme sua ajuda "num ato paternalista, pois induzirá o 'beneficiado' à indolência, à autodepreciação e à dependência". A lista também faz referência ao livro de Carl Rogers *Por que falham os professores?*

Esses cursos pretendem não só preparar o estudante para entrar na universidade, mas também formar uma "consciência negra e de classe". Colocar negros e outros de origem popular em universidades é uma proposta de luta que alia o progresso individual a uma luta social. Não vendo necessariamente uma tensão entre esses dois projetos, os que fazem esses cursinhos de pré-vestibular sabem também dos limites de sua ascensão econômica ao ingressar na universidade.

Na Rocinha, o pré-vestibular iniciou-se em 1995. Em 1997, quando de nossa visita, esse curso funcionava aos sábados, das 8h às 20h, no prédio de um Ciep. Havia então cerca de 30 alunos, e conseguimos aplicar um

Os Universitários da Favela 335

questionário a 23 deles. O curso foi trazido para a Rocinha por uma freira e inicialmente funcionava num templo da Igreja Metodista, mas atualmente não tem nenhuma vinculação com grupos religiosos.

No grupo de 23 entrevistados, havia 15 mulheres e oito homens. A faixa etária era mais elevada que a de um pré-vestibular de classe média: oito estudantes tinham entre 17 e 25 anos; sete tinham de 25 a 30 anos, e cinco, mais de 30 anos. Portanto a maioria já tinha completado 25 anos. Embora o grupo tenha surgido a partir da discussão da questão do negro: apenas cinco alunos se identificaram como negros, seis como brancos, 10 como pardos e dois não declararam a raça.

Os dados sobre participação religiosa são significativos porque, embora apenas seis dos 23 alunos tenham afirmado participar regularmente de um grupo religioso, uma vez por semana ou mais, 11 já o haviam feito no passado. Apenas seis declararam não ter tido nenhum envolvimento religioso maior, nem no presente nem no passado. A maioria participou ou participa de grupos católicos. Há ainda três espíritas kardecistas e três evangélicos. Esses dados reforçam nosso argumento de uma afinidade eletiva, como diria Weber, entre prática religiosa e ambição educacional, sendo talvez a procura de um curso superior por parte de jovens da favela uma consequência não intencional de sua vivência religiosa.

Religião e motivação para entrar na universidade

Embora alguns dos estudantes universitários sejam filhos da elite econômica da favela, nossos dados indicam que nem sempre isso ocorre. Ou seja, o elemento renda da família de origem, mesmo podendo contribuir para o ingresso na universidade, não é o único responsável por esse sucesso educacional, nem o mais importante. Já um elemento comum a todos os nossos entrevistados que eram graduados ou estudantes universitários é sua experiência religiosa presente ou passada. Além da vivência religiosa, muitos deles tinham também uma experiência de luta política, seja em sindicato ou em movimento de mulheres. Muitos, mas não todos, dos que estavam fazendo pré-vestibular e que responderam ao nosso questionário têm ou tiveram em algum momento uma prática religiosa intensa. Como não fizemos estudo com amostra representativa, não podemos falar aqui de correlação estatisticamente significativa entre prática religiosa e ingresso na universidade de indivíduos da favela. Mas nossos dados indicam uma grande afinidade entre o discurso religioso, especialmente o discurso "religioso-politizado", e o desejo de adquirir maiores conhecimentos.

Não estamos afirmando que qualquer prática religiosa leve ao desejo de estudar, nem que alguns grupos religiosos preguem explicitamente o aprimoramento intelectual. O que nossa análise sugere é que essa procura de um curso superior parece surgir como consequência não intencional de um tipo específico de vivência religiosa. Parece-nos que especialmente a religiosidade desenvolvida nas pastorais dos grupos progressistas da Igreja Católica teria essa consequência não intencional por sua ênfase em debates, leituras e conscientização. Nessas pastorais surgem grupos de amigos com metas semelhantes de aprimoramento intelectual. Esses amigos são importantes para criar um sentimento de solidariedade que contribui para a perseverança necessária ao sucesso escolar. É assim que muitos dos entrevistados foram motivados a tentar várias vezes o vestibular ou a redefinir suas escolhas quanto ao curso que queriam fazer e — apesar das dificuldades enfrentadas na universidade — a concluir esse curso. A maioria de nossos entrevistados era ligada ao catolicismo progressista, mas nos parece que outros grupos religiosos, como evangélicos e kardecistas, que também enfatizam leitura e estudo, têm influência similar. A pastoral católica, contudo, teve a intenção explícita de promover maior educação entre os jovens pobres quando trouxe da Bahia para o Rio de Janeiro a proposta do movimento Pré-vestibulares para Negros e Carentes.

Nossa hipótese de que a religião é um fator integrador e motivador para a educação não nega a existência de outros possíveis fatores. Mas ele também se destaca quando se observa que a motivação declarada pelos entrevistados para seguir um curso superior, embora se relacione com um desejo de melhoria material, não se reduz a este. De fato, há outras formas mais rápidas e menos custosas para se conseguir melhoria material. Argumentamos aqui que a motivação para procurar um curso superior tem, para esses estudantes, um significado humanitário e social que está de certa forma relacionado com discursos políticos e religiosos. Notamos essa afinidade entre o discurso religioso e o dos universitários da favela quando estes falam de sua motivação para concluir a universidade. Como a maioria só consegue entrar em cursos tais como geografia, ciências sociais, história, serviço social e filosofia, que não oferecem chances de melhoria material rápida e concreta, os estudante alegam motivações que não são econômicas nem estão ligadas ao mercado de trabalho. É portanto uma visão de mundo político-religiosa que dá significado ao diploma desses estudantes.[3]

Observamos que, para os estudantes de favelas ou outras áreas pobres do Rio de Janeiro, o movimento Pré-vestibulares para Negros e Carentes desempenha de forma explícita e intencional o mesmo papel que tiveram alguns grupos religiosos para vários de nossos entrevistados.

Oferece um discurso que alia a luta política e social a maior instrução, dando motivação e significado à obtenção de qualquer diploma superior, mesmo aqueles com pouco valor no mercado. Oferece estímulo e apoio afetivo para que se persevere na busca desta meta, seja tentando o vestibular seja depois enfrentando os problemas e dificuldades na própria universidade.

Notas

1. Os dados da pesquisa que Inácio Cano está realizando na Rocinha mostram que o percentual da população com curso superior é muto baixo nessa favela.

2. Pastore (1982) é um dos poucos que se dedica a esse tema.

3. A partir dessa análise, levantamos a hipótese de que a maior religiosidade que Regina Novaes observou entre os estudantes de ciências sociais do IFCS pode estar relacionada com a origem social desses estudantes.

Referências bibliográficas

Antonovsky, Aaron. *Health stress and coping: new perspectives on mental and physical well-being*. 4 ed. San Francisco, Jossey Bass, 1982.

Machado, M. D. C. *Carismáticos e pentecostais: adesão religiosa na esfera familiar*. Campinas, Editores Associados, 1996.

Mariz, Cecília L. *Coping with poverty base communities and pentecostals in Brazil*. Philadelphia, Temple University Press, 1994.

Mesquita, Wânia Amélia B. Participação religiosa dos jovens evangélicos. Niterói, Universidade Federal Fluminense, 1995. (Monografia de Bacharelado em Ciências Sociais.)

Novaes, Regina. Religião e política: sincretismos entre alunos de ciências sociais. *Comunicações do Iser*, 45:62-74, 1994.

———; Catela, Ludmila & Nascimento, Rozicléa. *Caminhos cruzados: juventude, conflitos e solidariedade*. Rio de Janeiro, Iser, 1996.

Pastore, José. *Desigualdade e mobilidade social no Brasil*. São Paulo, Edusp, 1979.

Pinheiro, Márcia L. A linguagem do funkeiro — inovações e estratégias conversionistas em igrejas neopentecostais no Rio de Janeiro. Rio de Janeiro, Universidade do Estado do Rio de Janeiro, 1997. (Dissertação de Mestrado.)

Zaluar, Alba. *A máquina e a revolta: as organizações populares e o significado da pobreza*. Rio de Janeiro, Brasiliense, 1985.

Poemas

Deley de Acary

VALA

> *à Delma, irmã*

Vala,
manancial de "xistossomose"
berço de tifo
cova natural de muitos
amigos de infância
crivados de bala.

Rio,
dos meus barquinhos
de elástico e graveto
Rio das pescarias de rã
com barbante e miolo de pão.

PARA ALÉM DE TESÃO

E aquela tesão da manhã
que rareou um pouco no dia
na cozinha e no tanque da madame
E aquela tesão da manhã
que rareou mais um pouco ainda
com o sufoco no ônibus Castelo-Acari
sem sequer eu saber se chegava viva ou não
E aquela tesão da manhã
que rareou ainda mais um pouco
com a fome não saciada
pelo pedaço de ovo com macarrão
e feijão requentado pra sobrar
mais um pouco pras crianças
almoçarem amanhã, dividindo
o pouco, irmão com irmão.

E aquela tesão que pouco a pouco
se rareou mais um pouco
até ser quase só desespero
esse amor feito quase sem gosto
e com muito cansaço até o gozo
misto de orgasmo e aflição
esse amor feito dum outro jeito
de se amar que nos foi preciso encontrar
pra fazermos bem gostoso...
porque só a gente se amando,
se amando muito mesmo
para além das necessidades do espírito
e do corpo ou simplesmente paixão
para conseguir fazer amor gostoso
cansada e quase sem tesão.

SÍNDROME DO DESEMPREGO

Saindo do barraco bem cedo
à procura de emprego, levou
a força do meu amor, minha fé.
No último anúncio marcado,
mente e corpo abalados,
pela má aparência rejeitado, deixou
que vissem seus olhos pela fome
bem fundo escavado, que vissem
o carapinha emaranhando, deixou
o suor fazendo da face negra
um ébano vitrificado
mas não deixou
que lhe vissem o medo
comum a quem vive a síndrome do desemprego
não deixou que lhe vissem
o velho medo porque é da certeza
que existe o medo em nós é que
o burguês racista faz do humano dócil escravo
um inimigo finalmente vencido
depois que de sua humanidade
ele mesmo já havia se esquecido.

Saindo do barraco bem cedo
à procura de emprego levou
a força do meu amor, minha fé
deixou um beijo gostoso de Colgate
e café saboroso feito mel
voltou à noite trazendo
um beijo mau gosto de caldo de cana
amargoso feito fel.
Ah, a insegurança do amanhã
de todos, do tudo, ah, seu velho medo
desaguado em lágrimas no regaço
do meu colo, chorado em segredo,
longe do olhar racista do senhor burguês
dono e senhor dos empregos
ah, esse imenso desejo que
seu velho medo se transforme
com o axé do meu amor, minha fé
na minha, na sua, na nossa nova e indestrutível
coragem libertária do amanhã.

POR UM AMOR MAIOR

Hoje tua preta amada
não pode fazer amor contigo
chegou do trabalho, cansada,
explorada, currada, assediada
pelo olhar tarado
do senhor patrão.

Hoje tua preta amada
não pode fazer amor contigo
precisou de ti, mais
que pai, irmão ou homem
precisou e encontrou-te amigo.

Hoje tua preta amada
não pode fazer amor contigo
mas te ensinou um amor,
um amor maior que jamais
havias aprendido.

DOMINGO

A catuaba para
escorregar o café
um "giro" na feira
comprar uma Roberta Close
para comer ao molho pardo
a pelada no "rala-coco"
para tirar a barriga
um mocotó com arroz
uma cerveja com
um "vapô" da área
na tendinha do Tião
um pagode esperto
um samba do Nei e do "Luso"
o maraca à tarde
Vasco e Flamengo
de "casa cheia"
os trapalhões na TV
o fantástico mentir da vida
uma bimbada na nega
para relaxar corpo e mente
e amanhã acordar "tranquilis"
e ser explorado
pelo patrão "numa boa"...

E me deixar fazendo
o almoço que será jantar
talvez amanhã outra vez almoço
que você irá comer
temperado com "amortesão"
que sempre fica recolhido
em meu corpo inteiro
ardente, inquieto, angustiado
de insatisfação e frustração
de quase sempre e esse quase sempre
entre nós é todo dia
que você me come, jorra-se
cai pro lado e dorme
antes mesmo que eu sinta
dor, prazer ou gozo
de ter você dentro de mim.

Ivo Vê o Ovo

à Delma, irmã amada

Barquinho de graveto
nas valas da favela
banhos de rio
jogo de gude
cachorro fazendo trenzin
dibico de pipa
vizinha de perna aberta
aparecendo a calcinha
pique de esconder
gazeta bem batida
machucadinho no dedo
priminha fazendo xixi
cavalo cavalgando
professora sorrindo
correição de formiga
manga roubada
contar estrelas com dedo
viajar pelo mundo
na goiabeira do fundo do quintal
ver São Jorge na lua
tudo isso me assustava
fascinava e emocionava
a um só tempo
fazendo da minha infância
pobre e desamada
uma infância quase feliz

Mas nada, nada me assustava
fascinava e emocionava a um só tempo
que ficarmos horas a fio
vendo pintinhos nascerem do ovo.

Só Crioulo

à Liane Galvão

Ipanema...
Madureira
sou Favela

branco...
negro...
sou mestiço

operário
intelectual
sou poeta

machista...
feminista...
sou simplesmente
amante...

esquerda...
direita...
sou só crioulo... só!

QUEM DIZ QUE... NÃO VIVE, NÃO SABE O QUE DIZ

Quem diz que favela é quilombo urbano
não vive, não sabe o que diz
não vive, não sabe da angústia da favela.

Quem diz que favela é quilombo urbano
não vive, não sabe o que diz
não vive o medo que a favela vive constantemente

Quem diz que favela é quilombo urbano
não vive, não sabe o que diz
não vive a miséria que vive a favela

Quem diz que favela é quilombo urbano
não vive, não sabe o que diz
não vive a violência do crime organizado que domina a favela

Quem diz que favela é quilombo urbano
não vive, não sabe o que diz
não vive os abusos e as chacinas policiais que atingem a favela

Quem diz que favela é quilombo urbano
não vive, não sabe o que diz
só vive a favela nas retóricas acadêmicas de suas teses
de doutorado, exceções da regra, é claro

Quem diz que favela é quilombo urbano
não vive, não sabe o que diz
só vive a favela, nas lombras alucinadas das madrugas
do Baixo-Gávea, ainda meio cheirado

Quem diz que favela é quilombo urbano
não vive, não sabe o que diz
só vive a favela, no assistencialismo paternalista
da neodireita vivariqueana que
periga imobilizar a favela de sua autonomia

Quem diz que favela é quilombo urbano
não vive, não sabe o que diz
não sabe que quilombo urbano seria sinônimo de socialismo,
não machismo, não racismo, igualdade, irmandade,
parceria, ajuda mútua, amor, felicidade, harmonia
e que na favela, há muito pouco de cada
isso, um quase nada de cada isso.

Daí que, a existência da favela
é ela mesma a prova mais contundente
da inexistência de quilombos urbanos.

FAVELA: CEM ANOS

Tá visto que em cem anos de favela
muito sangue de morte banhou
as terras batidas de becos, ruas e vielas.

Mas tá visto também que na favela
há muito mais mulher que a gente
e muita menina vira moça a toda hora, todo dia
se vendo meio que assustada e maravilhada
pela primeira vez menstruada.

Vai daí, que por bênção de Mãe Oxum
dessa sanguinolência toda que jorra na favela
por cem anos a fio, filetes e chimbicas
tem sido menos de certeza da morte
e muito mais da verdade da possibilidade da vida

Daí que pela graça de Mãe Oxum
na favela, centenariamente, se sangra ainda
muito mais da divina maravilha da criação
que dos horrores letais das chacinas.

ACARI — SUPRAEMERGENTE

(ou entregando a favela à cidade)

Quem sabe na próxima enchente
a favela submerge no Rio Acari
duma vez... só de vez

e emerge na Avenida Sernambetiba
frente à barraca do Pepê
vai daí que para gáudio dos emergentes

dá até pra acreditar que só assim
nós da favela sejamos entregados

saco na cabeça e algema nos pulsos
favelabairranamente à cidade

Zé Gabiolé: ói nós da favela
supraemergentes da Barra.

REGRAS E EXCREÇÕES

Vê legal... são cento e cinquenta e três bairros
e seiscentas favelas dentro deles
coisa meio assim que matar o porco, tirar a tripa do porco
e botar o porco dentro da tripa que vira linguiça.

Vê legal que já há mais favela que bairro
e agora os bairros tão dentro da favela

Vê legal então... já não é alguma pobreza
dentro de muita riqueza

agora é alguma riqueza dentro de muita pobreza

Vê legal então, se favela hoje é regra
então se bairro é exceção

ser da favela hoje é regra
ser do asfalto hoje é excreção.

Poemas

Não Há um Canto da Favela

Não há um canto da favela
que não guarde uma história

Não há um canto da favela
que não tenha um conto pra cantar

Não há um canto da favela
que não guarde histórias na marca da última enchente
na parede
que levou água abaixo tvsvideogeladeiras
armários, roupaspanelas que ficou-se
devendo prestações
mas com sorte saiu-se com vida

Não há um canto da favela
um cantinho de viela que não guarde
ainda os sons de vozinhas femininas
infantis brincando de casinha e Barbie
até uma saraivada de AR-15
botar todo mundo embaixo da mesa
da cozinha longe do lugar da bala perdida achar um.

Não há um canto da favela
que não guarde as vozes sussurradas
dos meninos contando à boca miúda
os feitos lendários de jotaélli
quando da retomada épica do seu
reino d'pó das paradas de Acari

Não há um canto da favela
que não guarde o testemunho choroso
de um irmão em Deus subitamente
per'vertido à fé cristã depois de
tantas dores e horrores que infligiu
aos seus inimigos e suas famílias em Terra.

Se Ficam Impunes... nos Chacinam a Dignidade

Chacinam em Hiroxima, Nagasaki, Auschwitz...
se ficam impunes... uma chacina contra nossa verdade.
Depois, que verdade diremos às nossas crianças
e a toda gente que amamos e que nos amam também

Chacinam em Sharpville, Saigon, Luanda...
se ficam impunes... uma chacina contra o nosso olhar
depois, com que olhares olharemos nos olhos de nossas crianças
e a toda gente que amamos e que nos amam também

Chacinam em Ruanda, em Bagdá... Guerra do Golfo...
se ficam impunes... uma chacina contra nossa alegria
depois, com que alegria abraçaremos nossas crianças
e a toda gente que amamos e que nos amam também

Chacinam no Carandiru, na Candelária, em Acari, Ianomamis...
se ficam impunes... uma chacina contra a nossa esperança
depois, com que esperança mostraremos o caminho
para nossas crianças... com que esperança caminharemos
junto com elas e com toda gente que amamos e nos amam também

Chacinam em Eldorado dos Carajás, em Belford Roxo, em Vigário Geral
se ficam impunes... uma chacina contra nosso senso de justiça
depois, com que senso de justiça legaremos
às nossas crianças e a toda gente que amamos e nos amam também.

Chacinam em Sabra e Shatila
se ficam impunes... uma chacina contra o amor que existe em nós
depois, com que amor amaremos nossas crianças
e toda gente que amamos e nos amam também.

Chacinam na favela, chacinam no campo, chacinam na cidade
se ficam impunes... uma chacina contra nossa dignidade humana
depois, com que dignidade continuaremos vivendo
com nossas crianças e com toda gente que amamos
e que nos amam também.

Chacinam nossas crianças, chacinam a gente que amamos
e que nos amam também...
se ficam impunes... uma chacina contra nossa própria vida
depois que vida continuaremos a viver
sem verdade, sem olhar, sem alegria, sem esperança, sem justiça
sem amor, sem dignidade humana...

Cidade de Deus

Pablo das Oliveiras

PRÓLOGO

Por quanto tempo tu foste a menina dos meus olhos? Cidade-Orbis. Nem sei se alguma vez fechei os olhos a ti.

Vem, vaga mente, a voz da adolescência... quando tive uma primeira namorada.

Era tão certo que te desposaria. Vem agora, tudo de lance... a lembrança se lança de vez, cegamente.

A decegar-me, quebro o silêncio dos olhos: ah! mesmo assim é noite; como aquelas em que te vasculhei, sitiando tuas luas empoçadas nas calçadas; se antes do anoitecer, foi tarde anunciada para cartão-postal, e ser vista na segurança das janelas e cortinas; antes, cedo ainda, te segui em grave correria desejando o sol agudo do teu meio-dia. Tudo era clareza.

Em nascimento, a céu aberto e terra fresca, tu, sob o arco-íris dos meus olhos,

enfileiravas as janelas das casas que me viam. No pisca-pisca de olhos infantis, tu foras, desde antes, a prometida.

E, para que não roubes mais, com teus beijos em minha boca, palavras para tua palavra, inscrevo versos-relevos da tua íntima anatomia-geográfica, que em mim revelaste.

I

Tu não és um pedaço de mapa mal traçado
Nem Éden ou Eldorado.
Tens casas de pombo cercadas de corvos
Cidade de Deus menina,
Tu caíste na boca do povo.

Só porque
És sumária, nua, templária, pagã
És, sobretudo, de teus filhos, a maçã.

II

No teu seio de cidade se infunde
O que te engana ou confunde;
Se por atributo ou patrimônio,
És feia e forte, ingênua e demônio.

Quem — nativo? estrangeiro? —
Às avessas teu sítio atravessa,
Te espreita, espia e espera?
Onde? longe? O salto da fera.

Se a mão incauta não afaga, sente
E enfeita a flor da pele, sangra
Na fina faca que trazes no dente.

Se a mão direita é atada e dura,
Ela, mesma, se volta àquela
Que Bela, te arrasta às agruras.

III

Afamada é a rama,
O derrame da sombra
E a faminta astúcia.
Trazes no nome a cica das verdes uvas.
Te cobiçam à vertigem
No vértice da torre dos olhos.
Não tombarás, estejas certa
De tuas raízes dementes,
Na espalmada alma, dar das mãos.
Decifra-te
E não esqueças,
Pois, já te viram de ponta cabeça.

Tu cresces na dimensão do ter
E é assim que a si se vê.

Cidade de Deus

Ao que já é cidade, emendas
de meia estética
mão-de-obra-prática.
Achados,
puxadas sem janelas
de dentro da lembrança:
auto-moto-contínua-favela.

IV

Quantos olhos espalhados no espanto!
FOGO! Quanto fogo! Me afobo tanto!
Quantos barracos de fósforos extintos,
As labaredas! em parede de pau e zinco!

Era praia. Era povo. Era pinto.
Nada. Lágrima de um lodo comum.
Na dor desenlace, dor desabrigo,
Dor desespero de um em um.

Se é choro, chuva, cheia, enxurrada
Desmedida; o veio da água é vida
Os desafogados com sobreviventes,

Desaguaram em ti as gentes.
Nenhuma pomba no dilúvio após,
Somente uma estranha Arca de Nós

V

Aquela,
entre outras tantas favelas
chegou a ti num Êxodo.
Terra Prometida ou degredo?
sem dar de ré ou filosofia,
num entra e sai de caminhões velozes,
procissão de fé e fila
num coro de vozes:
"Cidade de Deus.
Cidade de Jesus.
De dia falta água
de noite falta luz"

É a memória da água e do fogo
que ainda ferve no sangue do teu povo.

E tu, Cidade menina,
com casas de pouca intimidade,
ex-favela
ex-passo num salto
"Passa-se uma casa"
de volta pro alto.
De um canto a outro,
"A refavela revela aquela"...[1]

VI

É de manhã...
Mira-te ao espelho transatlântico
Naus Nós n'África
Cabras Caboclos
Carecas Crilouros!

Tuas histórias
de-feito cênicos
o rosto astênico declara:
o tempo desfaz o que o tempo mascara.

Teus insistentes foliões do cotidiano
das festas juninas a-gosto;
de reis; carnavais,
bate-bolas dos olhos infantos...
acordam para as filas
onde seguem murchos olhos, tantos...

Sob a luz do sol
fazes contínuas cenas de rua
ensaios abertos à realidade que se cria,
creias:
é uma linda e louca dramaturgia.

---

[1] *Refavela*, Gilberto Gil.

Cidade de Deus

Sob as lâmpadas de mercúrio se inflama
a paixão de sua tragicomédia humana.
Entre o deboche e o choque do ser e não ser:
"ah! eu tô maluco",
há quem aplauda, há quem se aturda e abafe o grito
quando dá por si no espelho do conflito.

Minha cara Cidade,
és a cara de um, de mil,
daqueles que oh!
sumiu...

VII

Vigia Cidade!
a felicidade se esvai na vírgula,
na busca íngreme de brusca alegria
que te draga;
agora não, droga!
próximo...

num beco, num canto, ao largo
há sempre dentes à mostra.
amargo.
na risca, o riso natural e franco?
arrisca o riso, de bílis infiltrada no esmalte branco.
próximo...
agora não, porra!

— vai encarar?
    sai pra fora filho da puta!
— olhaí! nas costas...
    entra pra dentro, vem...
— taca pedra covarde, taca, viado!
— sai da rua, mané...
    acertô? vem pra cá
— sai pra rua, filho da puta!
— Ai meu Jesus toca o coração dessa gente!
— vai explodir o quê?
    vai explodir é o caralho!

as palavras quase sempre são tentativas.
entre elas e o gesto, o tempo é incerto
um tiro dispara em ângulo
e reto.
acobertado por ti, Cidade,
o tiro diz para antes e depois
a bala alada louca e desabalada abala lá...
denúncia vazia. despejo.
...no corpo, casa que invade num dilacerado beijo.

VIII

Tu és o sorriso
dessa juventude de púberes adorno
top-short
bermuda-pareô
onde o rio do rego desemboca
pernas coxas; dorso bunda. ombros e abraços...
todo balanço é tua dança.

És íntima e pública como um banco de praça,
onde abunda solidão
e o segredo se avizinha da devassa;
na transparência das paredes, os ciúmes.
na transparência das roupas, os volumes.

A turba grita sem fadiga
e a palavra em fuga
pelos ares voa avulsa
nem poesia, nem prosa
na voz que a recusa
nos samplers que ensandecem
no diabo que abusa.

És dos sem-voz, agora
atual trilha sonora
samba-soul
brother-bamba
que o baticum
finca-funca-funk-faz
do mix, ritmos tribais.

Cidade de Deus

Quem é o porta-voz-da-vez?
esse coro uníssono que diz — diz
"Eu só quero ser feliz!"[2]
Quantas como tu formam uma nação?
sem geografia e sem mapa.
Cidade, és igual a tantas outras
quantos mais se revela,
ainda mais se encapa.

IX

Conheces de perto os anjos;
esses filhos do amor,
esses filhos de arranjos.
Tens o poder de cedo concebê-los
nos esconsos,
ao nascer dos pelos;

nem sete e a boneca aposenta,
nem catorze em-grave-vida, tantas
com vinte um, vinte oito, como se fossem oitenta.

no tempo prudência não há,
no espaço da demência que é
mais uma indigestação adquirida.
as ruas estão grávidas
e as crianças gravitam de dentro delas
à infância e à asfixia.
entre a palmada e o berro,
o ar e o erro, o ir reconhecível das ruas.
ardendo ao sol.
virando as luas.
Cidade, tu ainda, segues a trama contra
a velhice e a demência,
posto que confias na veleidade das aparências

---

[2] *Rap da felicidade*, Kátia e Júlio Rasta.

X

Vocação de comércio tens à vista
artigos de compras, vendas, conquistas
pelas ruas perfilam ambulantes
e camelôs e trailers e biroscas
onde a porta de casa era antes.
são as assembleias de feiras — sábado — domingo,
e o dia do descanso, sempre, findo.

No meio da encruzilhada
o lixo pré-fixo.
calcinha sem elástico
amarrando a boca do saco plástico
por sobre
retrato peteca boneca sapato
colchão caixote comida cachorro sem pelo
garrafa tapete jornal sofá cabelo
casca de ovo absorvente menstruado meia escarro...
antes e depois da coleta!
o velho; a criança; o mendigo; o esteta
o bancário; a dona de casa; a vizinha; o usuário
do ambulante, da janela dos carros
vêm de todos os lados... papel — cigarro — cinzeiro...
ao invés de lixo fosse o que é
Dinheiro!

Aglomerada de mais
és uma cidade que se estica
puxada pra-um-lado-pra-outro
no stress de nervos, tijolos, arames
subindo sobre ti os andaimes
alicerce de carne-osso
e trepa no primeiro o segundo, terceiro
mais um quarto,
e te empurram pro alto
pro fundo poço.

XI

Leia-se em memorial, aqui sitiado:
Pré-ocupada. Invadida. Sem meta.
Como um mapa mal traçado,
Em caligrafia analfabeta.

Como os rios, entre paredes marginais,
Tu afluis previsível ou em emanações torrentes;
Mantendo submerso o arbítrio dos limites
Quando avança na desordem das enchentes.

Por um furo, por uma diferença
Vem a rombo toda intolerância.
Convívio? Confinamento futuro.

Parte, reparte teu corpo aos murros;
Valoriza-te na fama adjetiva
Dos teus que morrem e te deixam viva.

O Trem: 35

Aquela torre é uma exclamação:
Quantas gentes!
Chegam norteadas pela quarta-face do relógio-obelisco-Central-do-Brasil.
A base da torre é o (ponto) Palácio do povo.
Afeito ao público, é uma festa à passagem... à espera...
sobre o perseguido fio-frio-brilho-dos-trilhos,
uma festa que recomeça e para.

Festa áspera que o passa-passa lixa todas as manhãs.
No passe ligeiro, diminutos passageiros,
passam tão depressa que não precisam ser vistos.
Passam, por entre altas paredes do imenso salão, os anônimos.
Olha! O Brasil já foi moderno.
O olho passa e, não reconhece o art decor,
esmaecem as cenas panorâmicas dos megamurais,
efetiva a presença e passa o que permanece.

A esperança desesperada de todas as manhãs
abre os bares com fome, mordendo as cores,
os tamanhos e as vitrines de pães-doces.
A espera engraxa e dá brilho de escovas nos sapatos.
A espera é diária e brilhante como as lâmpadas acesas,
despejada ao chão movediço das sombras.
A esperança faz — Psiu...
dos jornais, das loterias, depois se esconde... onde?

Para no ponto a composição diária.
Para a menina vespertina.
Para a mulher noctívaga.
Para a velha ladina.
Os ferroviários pré-param as máquinas.
Para, ainda mais, a parada em trânsito.
Para quem tem fome.
Para homem com homem.
As grades pré-param o serviço social.
Para o camelô, o camburão e o policial.
Para o soldado em continência.
Para o bêbado a sua abstinência.
Param pelas ruas, meninos em cega correria.
Para o malandro da periferia.
Para quem joga. Para quem chora. Para quem ria.
O exército da salvação tira do caldeirão sua cantoria.
Para quem canta e quem esconde sua agonia.
Para quem dorme à sombra da noite e ao relento do dia.
Para quem rouba e quem vigia.
Para na plataforma o trem e sua longa sinfonia.
Para o relógio sem pontaria.
Só o tempo não conhece paralisia.

II

E lá e-vem, rente, rent'rent'rent'rent'rent-e o chão treme trem-e trem-e
                                    trem-e trem-e-vem
longínquo; fonético; retilíneo; dialético; paralelo; concurvo; conforme: o
                                    trem

Determinado e-vem...
Animal ferroso em fuga. In-vento
que rasga raspa risca rima, em ruga: o tempo
de si passageiro, de ser travessia.
Corredor em par de paredes e janelas em fitas-filmica à paisagem
ambulante.

Entre estações advém,
quem de fora, quem de dentro inverte o trem?
X I I I I I I faz pra um. Faz pra mais de mil.

III

Lá vem o trem da manhã!
À vista de lá, o ramal Leopoldina. Outra viagem.
Quando passa Lauro Miller até a Quinta
— Boa Vista — e passa a terceira, a segunda,
passa até quem foi a primeira: Estação verde-rosa de Mangueira;
e para no sobe-desce de Francisco Xavier;
segue em direção aos engenhos engendrados no subúrbio,
o Salgado Filho da cidade.
Passa saudando Todos os Santos, ora profano, ora ao sagrado,
vai o povo pedindo Piedade.
Vem alternando seu embalo, balanço de balsa,
entre o vai-não-vai de avarias várias, segue a valsa.
O trem da manhã, de ré-volta da cidade,
vem vindo sem empurra-sem-segura...
Entre uma e outra estação,
também para em Cascadura.

IV

Em Madureira, o trem também, é Magno.
Alinha-se ao Império do samba, em bateria composta,
X I I I... X I I... X I... seus agogôs com reco-recos...
segue serrano serrano serrano...

Na estação de onde vem: Pedro II — 35 — Sta. Cruz,
quem pensa no futuro, tão longe de Madureira e adjacências,
vê o trem que não passa, atrasado.

Na plataforma alinhada e paralela,
meus olhos irmãos, e muitos outros olhar-imãs, atraem o trem
num vem-não-vem...
num vem-não-vem...
num vem-não-vem...
chegando no subúrbio.
Aqui só o trem é futurístico por concepção,
na ordem dos vagões um túnel móvel.
Dragão festivo, "qualquer coisa irreal".
De fora o povo comemora e conclama:
— Abra-te Sésamo!!!
O dentro e o fora vertem-se: passageiros.
Entro e dentro o expresso é cara-cara;
enquanto um ri, o outro cala.
E parte o trem com-fiando-se por fora
a pôr dentro,
sendo ele mesmo seu inverso-centro.

V

E passa Oswaldo Cruz.
Passa Bento Ribeiro.
Para Marechal Hermes: bairro paramilitar,
bela estação art noveau, casas assobradadas, telhados à francesa.
A paisagem à paisana vai se aquartelando, de vez enquanto,
na vizinhança do burburinho com ordenanças.

Ar
tigos de sua
necessidade e pressa:
Aspirina e Alfinete de cabeça.
Baralho. Biela. Batom pra beijo na boca.
Benjamim. Cadeado de segredo. Cola de dentadura.
Caderno. Caneta. Dedal; Agulha e Linha de costura.
Espátula; Esmaltes de unha. Fita em novelo
Fech'ecler. Fio dental e Gel de cabelo...
Variedade à vista e preço baixo;
é a deixa do homem-gancho
com seu bazar em
cacho suspenso.

Cidade de Deus

De tal forma é o arranjo pré-posto,
que a venda e a compra, antes de ser necessidade,
se faz por apuro do gosto.
Gosto curto que se gasta no passo de um, passa pra outro.
Nenhuma estação se ultrapassa, imobilizada no concreto;
nem os mercadores, com seu mercado, ultrapassam esta-ação
imposta por decreto, lei do cão:
Cigarros; Biscoitos; Chocolates e Refresco sobre rodinhas. Latas de Amen-
doim; Sacos de Balas; Caixas de Cervejas e Picolé do China. Relógios; Brin-
quedos do Paraguai. Jornal do Dia: Óculos de sol; Guarda-chuvas; Ter-
mômetros; Ferramentas e Luvas...
Tudo a preço de banana
e contrato de compro e vende,
feito um jogo de esconde-esconde.
        "Minhas senhoras e meus senhores,
        trago um instrumento que não requer prática ou habilidade,
        mas fará uma verdadeira revolução na sua cozinha...
        Veja!... Basta apenas um toque...
        e nenhuma força, além da sua criatividade."

E o trem segue sua linha utilitária,
frequentando casas; becos; quartos; cozinhas...
numa intimidade invejada entre comadres e vizinhas...
até a chegada da composição para a baldeação de Deodoro...

VI

XI XI I I I I I I I I I...
Apartam-se as portas a pleno despejo
Ah... o alívio de quem veio apertado;
de pé, o passageiro descrito pela pilastra,
em-discreto arco-brilhante-fresco,
injeta um jato de mijo-ácido
no concreto da plataforma;
o corrosivo-ar invade o vagão do trem
que aperta suas portas e parte compacto,
encheio e cheiros
e suor filtrado nos blusões
e óleo de máquina e trabalho queimado
no vapor e poeira por sobre
e ainda paira no ar do comboio
a baunilha das balas e o aroma dos bombons.

Aqui tudo se cruza. Uma viagem ao meio.
As vias e desvios convergidos para
Deo
são todos enviados a voltar, mais cedo ou mais tarde,
cada qual a sua, est'ação: auxiliar.
Quem vem de lá, do lado do lado de lá,
teve ou terá São Cristóvão como guia de baldeação
e norte dos viajantes.
Adorar a deuses em Deo'doro não é heresia.
Pelas linhas de outras línguas que se cruzam,
também chegam a ti: Iguaçu. Inhaúma. Japeri...
E eu sigo pelo sinal de Santa Cruz.

VII

...segunda; terça; quarta; quinta; sexta; ou sábado...
Segue o trem, outra parte da viagem.
Levanta e senta; o de pé se aguenta pendurado por algemas.
Senta-levanta, conformidade, resignação, reclames e ambulantes
atravessam a Cidade Real de São Sebastião do Rio de Janeiro
para seu antecentro, onde o real não é Real, nem São.
Cont'estação de Realengo,
reminiscências de um fausto tempo que nunca houve
e, no entanto, ao imaginário da cidade aquiesce-se.
E se não basta a fantasia, entre Magalhães e a Vila Militar
entram os soldados:
...1. 2. 3. 4 — 4. 3. 2. 1...
Ver-de uniforme os varões da Pátria, oh! mãe gentil
os órfãos e filhos;
dormentes e trilhos de um trem que passa.
E se não basta o vexame,
vale o deboche, que o cabelo-escovinha não uniformiza:
          "O que é, que a boina não esconde
          nem com a mão tapando?
          Quem carrega a maior orelha do 'Albano'?!!!"

VIII

Quem vem?
Entrem no trem... em trem no trem... em trem no trem...
Cada estação é um convite a céu aberto
"quem qué vim-tem!"
Entre o preto e o branco; Maria e Miguel; pastor e com-padre
encontram os fiéis.
E seguem no trem
       Cristo olhai prá isto!
       Cristo olhai prá isto!
       Cristo-isto...
Com a bíblia na mão um carismático
encontra um vagão para seus versículos,
intercalados,
as palavras de um João Batista:
       Todo silêncio, um deserto para atravessar.
       Todo deserto, um tesouro a ser descoberto.
       Entra na casa de vosso coração e vossa mente.
       E verá uma luz que não se apaga, lá dentro,
       De tudo que há, creia, este é o centro.

Entrem... entrem novas o'velhas,
Entrem no trem... em trem os lobos também.
Segue um pastoreio sem fim,
nos desvios e desvãos das vaias, no vai do trem
       O Senhor é santo...
       O Senhor é santo...
       O Senhor é santo...
Apregoa mais um, num coro de tantos pregões
que lixam as paredes dos vagões de ouvidos ocos

IX

       Corra-do-burro-quando-foge!
       Cor-de-burro-quando-foge
        burro-quando-foge
           quando-foge
           quando-foge...

Vagam olhos e avisos gastos nos vagões:
'Preserve'... 'Proteja'... 'Portas fechadas'...
A voz eletrificada dos alto-falantes-indiferentes
conferem em cômoda passagem;
e a viagem segue dentro e fora das janelas.
Em trem. Em trem. Em trem... X I I I I I I
Para! Moça Bonita!
A moça que entra fica de pé,
com-sol-tecido-na-pele e seu vestido de segunda estampa,
avista e mede com-passo um assento no banco-do-trem-corrido,
que as pernas em ângulo dos caval(h)eiros abertos
deixam as senhoras e as senhoritas contritas.
O trem reparou na desistência da moça,
e foi no fio da linha até Bangu,
dando balanço prá dança das curvas dela.
Fosse a manequim da fábrica, os estoques estariam para fora,
como meus olhos que ela levou pela janela.

X

Quem vem... quem vem...
Vem-de trem
Vem-de trem
Vem-de trem
Entre tantos, e-vem o cortejo do cego,
pisando sem descalço: plano ego.
Inversamente a luz: azul profundamente;
nos olhos entrevados do-eu, que vê e nada alcançam.
E o cego resmunga:
       "Meu camarada, bravo-camará.
       Sa-na-dor se tem um amigo,
       Patrício, meu pedido...
       é poder contar contigo."

       ...tá contigo...

O pequeno guia e segue o cego: solfeja...
Abre-alas içando com a bengala-branca,
n'alça do braço que abraça a viola,
o cego velho;

Cidade de Deus

que canta e vigia pelo avesso
a função final do filho, o outro,
que-com-a-cuia-recolhe-colhe-esmolas.
>   "Obrigado por um tudo
>   Que o amigo ofereceu;
>   Quem dá aos pobres
>   Dívida não faz à Deus."

>   ...adeus...

À frente do cego, segue mais agudo a-guia do menino.
Outras vozes vêm em viés;
vem consoante o pregoeiro, mântrico ou matreiro?
>   Amém-do-in do(i)r-mil...
>   Do(i)r-mil amém-do-in

Ouve o trem... ou-vê o trem... ouve o trem...
Que segue afinado e fonético
Na 'scuridão nad'existe...
Na 'scuridão nad'existe...
Na escuridão o nada existe.

XI

O trem é um corredor.
O tempo também é um trem.
Que tem-não-tem... que tem-não-tem...
XIII!
A vida também é uma estação passageira;
lá se vão... lá se vão... lá se vão
Passam bem... passam mal...
Pasta o bicho-homem e o animal;
o "seo doutô"; o peão; o sábio-de-mente.
Passam todas as mães e seus filhos.
Passam os mastros, mestres, maestros
enquanto a música permanece, e se propaga pelo tempo-trem
Pelo trem... não-trem... tem-não-tem...
XIIIII!

O tempo não para. Repara no trem que para
Santíssimo! onde nem se sabe.
Onde fica a estação Dr. Augusto de Vasconcelos
vê-se o trem investir por entre o verde o-este.
Vê-se o verde-azul que ainda resiste no Maciço da Pedra Branca,
na força invisível do vulcão na Serra do Mendanha;
tão de cima à vista as veias expostas do nosso passa-passa.
Passageiro...
Único: segue o trem: seta.
Cada qual seu empenho, seu ofício e meta.

Chiiiiiii... cheguei em Campo Grande.
Onde ia tão depressa?
alinhado; condizente; reto; concurvo: trem
De pé na plataforma sinto o tempo passando
num trem-ido
e a paralisia nest'ação
é de um mastro e sua flâmula;
é de um maestro fechando os olhos à sua música fluida.
E o mestre d'eu e recebeu:
Luz de uma viagem: Campo Grande.

XII

Lá se vai... se vai... se vai...
o trem e sua pontuada cantilena, estórias das gentes,
que somos nós, ante a história a ser escrita.
Lá se foi...
com aquele homenzinho-gabiru em botas e chapéu,
talvez, ainda re-pita e reconta
o acontecido causo d'ante esta-ação,
ele, que o cavalo amarr'em vão:
   "Tenho nessa mão corda-e-laço;
   ninh'outra mão milho e sal.
   Mas não abraço nem traspasso
   o pescoço escasso do animal..."

Ninguém dormia. Ninguém respondia ninguém.
>"Eu dispois, à besta quadruple pedi:
>Não me aperreia e vai-se'mbora!
>Êh êh... não crê na garra d'esporas,
>mas eu cri-na sua..."

E lá ia longe o pégaso...
Pr'álem do aço do trem, foi-se... pegazul
Foi-se... por sobre o cavalo de ferro
que seu dono montava a contragosto...

XIII

Foice na distância.
Foi constante até Benjamim; Inhoaíba,
muito além da próxima, na lonjura das estrelas,
quem já foi ao Cosmos?
Quem foi em guarda dos amores de Pedro, primeiro
dizia: Paciência... Paciência...
como vão, ainda, os jogadores guardando vez-a-vez o lance
no leque do carteado e, na purrinha...
na matemática da sorte e azar;
do horário e avaria, várias vezes ao dia.
Só a avareza do trem com a pontualidade,
justifica uma estação chamada Tancredo Neves,
onde quase tudo é quase nada.

Enfim, o trunfo da chegada.
Fim da linha... (cada qual na sua?)
Pois, para depois de Santa Cruz,
A via férrea continua...
Ilha de Vera Cruz!
Terra de Santa Cruz!
Venerada Cruz do Senhor.
Este sítio guarda de herança em nome,
um martírio consagrado e esquecido num fim de linha.
Estrada Real de Santa Cruz. Um ramal real em agonia.
Tudo por um fio de linha, sem sim, sem fonia.
Quem tem um dó, pró recomeço?
Em quem dói a falta de trilhos para a memória,
para o bem público, para a história que descarrila a meio caminho?

XIV

...ida (v) inda... (e a brevidade quase se perde...)
Pausa: oca ocasião: consecução entre vãos: vagões repousam em si: silêncio.
Perpassa-se sem passos, sem pressa — em círculos — novo começo
ao que foi findo.
Fim impróprio, à vaga de vagões
que delinea-nau;
círculo impróprio, inscrito sobre paralelas.
Ciência. porém, de idas e vindas: vaivém
catando estações: grão-gão-grão...
De ponta cabeça, o trem
desvira-se-per-si: hermafrodita.
Desponta pela força ígnea que o deslinda,
o trem em-forma-se: comboio.

O trem de presença conterrânea.
O trem de aparência dragontina.
O trem, nada tem do fluxo aquoso de um rio,
com sua orientação ígnea.

XV

Os trilhos no chão é a certidão do trem,
conterrâneo de cada passageiro!
Sujeito e objeto nas relações diárias.
Vivo, veloz.
Vítima, algoz
Tem sua existência para o tempo-espaço,
que o fogo do espírito humano dá função.

Parado em quarto de linha, também é recessivo, paralítico, avaro;
justo à hora do relógio-de-ponto.
O trânsito epidérmico das plataformas
às vezes demonstra o que é o movimento intestino do trem
(nenhuma solidão reclusa de Mestre Jonas e Gepeto embaleados);
em-trem-no-trem-em-trem-no-trem-em-trem-no-trem...
O fluxo da manhã em direção ao centro da cidade não tem poesia...
e mais pesado, arrasta-se no rush rush rush rush rush rush
de um carrinho de mão empurrado pela força do peão.
E-vem o trem...

Cidade de Deus

As visões do trem são conforme surpresas; sua aparição!
Dragão faminto!
(a fome nunca é imaginária, mesmo para um dragão),
A viagem peca pela gula, fustigada na pressa alheia,
suas bocas devoram, embarcam à rota:
arrocha, engasga, cospe...
engole, em gole, em gole...
Dragão demente, embandeirado pelo teto,
apinhado de gente;
esfiapa-se no ar suas franjas, pingentes.
Dragonas. Cristas oscilantes, gentes acrobatas
e saltos suicidas.
Oh!
Festejos e fogos de artifícios. Faíscas humanas.
Celebração de morte e esquecimento coletivo.

Arrocha. Arrota. Engasga. Cospe.
Engole. Em gole. Em gole...
O primeiro passe é pela esfinge do funcionário público,
o segundo passe é pela roleta da fortuna burocrática.
O último é o jeitinho, instituição brasileira,
que cava túneis nos muros, lança pontes; abre portões
às passagens pragmáticas.
Lá vai um... dois... mil guerreiros sem lanças!
As lanças modernas são forjadas para a imobilidade,
adornam grades que separam e espetam o ar.
Lá vão três... quatro... mil guerreiros em suas guerras não declaradas.
E lá vem pedra... pedras... pedras... pedras tão ao alcance das mãos;
os pés e as pedras se vão disparados sem qualquer destino...

Encheio vai-e-esvai o trem
arrastando sua crítica pelo chão:
Prest'atenção!
Presta tensão?
Pre-tensão...

XVI

A luz captura imagens: capítulos de janelas: tela-visão:

O Sol. Céu azul. Nuvens. O morro, a mata, o verde, o vale. O vento. A árvore
Os pássaros; as pipas; a calha; a caixa d'água. O sobrado. A Chuva. A cheia.
A torre. A teia. O fio. A antena. A parabólica. O rio. O cio. O passeio.
O poço. O pasto: cabra, vaca, cavalo; a cerca; a porteira. O poente...
Estrela da tarde. Janela aberta. Namoro de moça; porta-e-meia.
O Cristo. O sino; o sinal da cruz. A novela. A ceia.
O breu da noite: estrelas
Lua Cheia...
Luz
...O Sol em cheio
Café com pão. Sangue na veia.
O banho. A fila. O ônibus. O jornal do dia.
O guri. O gude. A conta. A escola; letra escrita leia.
O calo do velho; o ai -ai -ai. A fome come o home. Esmola alheia.
A casa. Água de filtro. As coisas. O credo. A cria da cadela magra e feia.
A praça. A igreja. A fogueira. Festas e fitas. O casório, flor de laranjeiras.
A bola. O jogo. A briga. A peia. A feira. A fábrica. O médico. Sapato e meia.
A ponte. O homem — A mulher — O fruto. Paz n'aldeia. O que o coração vê, creia.

Esta obra foi produzida nas
oficinas da Imos Gráfica e Editora na
cidade do Rio de Janeiro